CW00486387

1 MONTH OF
FREE
READING

at
www.ForgottenBooks.com

By purchasing this book you are
eligible for one month membership to
ForgottenBooks.com, giving you
unlimited access to our entire
collection of over 1,000,000 titles via
our web site and mobile apps.

To claim your free month visit:

www.forgottenbooks.com/free720816

* Offer is valid for 45 days from date of purchase. Terms and conditions apply.

ISBN 978-0-666-40957-7
PIBN 10720816

This book is a reproduction of an important historical work. Forgotten Books uses
state-of-the-art technology to digitally reconstruct the work, preserving the original format
whilst repairing imperfections present in the aged copy. In rare cases, an imperfection in
the original, such as a blemish or missing page, may be replicated in our edition. We do,
however, repair the vast majority of imperfections successfully; any imperfections that
remain are intentionally left to preserve the state of such historical works.

Forgotten Books is a registered trademark of FB &c Ltd.
Copyright © 2018 FB &c Ltd.
FB &c Ltd, Dalton House, 60 Windsor Avenue, London, SW19 2RR.
Company number 08720141. Registered in England and Wales.

For support please visit www.forgottenbooks.com

Oesterreichs Handel

in

älteren Zeiten.

<><>

Von

Franz Kurz,

regul. Chorherrn und Pfarrer zu St. Florian.

Linz,
bey Cajetan Haslinger.
1822.

LIBRARY

MAR 23 1973

UNIVERSITY OF TORONTO

HF
3545
K9

Vorerinnerung.

Die Uiberzeugung, daß sich viel leichter jemand zur Ausarbeitung einer Geschichte der Regenten unsers Vaterlandes, als der Darstellung des inneren Zustandes und der zunehmenden Cultur desselben entschließen werde, hat mich bewogen, meine historischen Beschäftigungen eine längere Zeit hindurch ganz allein der letzteren zu widmen. Ich habe mir wahrlich den mühevollsten Theil unserer vaterländischen Geschichte erwählet, denn vergeblich sucht man da Vorarbeiten; sogar an den unentbehrlichsten Quellen erscheinet allenthalben ein großer Mangel. Hätte ich nicht seit einer langen Reihe von Jahren in Städten, Märkten und Schlössern noch unbekannte Urkunden aufgesucht, so wäre ich nicht im Stande gewesen den Versuch zu wagen, je einmahl den Anfang zu einer so nothwendigen und nützlichen Unternehmung zu machen.

Ich beginne Oesterreichs Culturgeschichte mit der Darstellung des Handels, wohl wis-

)(*

send, daß von diesem allein die Ausbildung
eines Volkes nicht abhänge. Aber dort, wo
der Handel blüht, werden sich bald manche
Künste und Wissenschaften, Bekanntschaft und
freundschaftliche Verbindungen mit dem Auslande, eine gemächlichere und feinere Lebens-
weise, und noch viele andere heilsame Veränderungen als seine Gefährten einfinden. Der
Geist einer handelnden Nation schwingt sich
schnell und rasch empor, während ein stumpf-
sinniges Volk, das sich alles Nöthige von
Fremden herbeybringen läßt, immer in tiefere
Armuth und Trägheit versinkt. Ohne Kenntnisse und Kunstfertigkeiten verlebt es in roher
Unwissenheit wie die Thiere des Feldes seine
Tage, bis es zuletzt des listigen Nachbars
Beute wird.

Die gegenwärtige Darstellung des Öster-
reichischen Handels sehe man als eine Vorar-
beit an, welcher noch gar vieles an der nöthigen Vollständigkeit mangelt. Möge sich derselben ein Anderer bedienen, dem noch mehrere Hülfsmittel als mir zu Gebothe stehen.
Wie viele urkundliche Schätze, die mir unbekannt geblieben sind, mögen sich in der Residenzstadt Wien und im ganzen Lande unter der
Enns noch vorfinden! Meine Lage gestattete
mir es nicht, dieselben aufzusuchen und zu benützen. Dagegen wird es den späteren Lieb-

habern der Geschichte schwerlich gelingen, im
Lande ob der Enns eine bedeutende Nachlese
von alten Urkunden, die meiner Sammlung
nicht schon einverleibt wären, halten zu können:

Zur höchsten Beglaubigung der gegenwär=
tigen Handelsgeschichte zeige ich meinen Lesern
die vorzüglicheren Quellen an, auf welchen
dieselbe beruht. Sie sind theils Originalur=
kunden, theils Urkundensammlungen, die sich
in sogenannten Gedenkbüchern der Städte und
Märkte befinden, und endlich auch Proceßac=
ten, denen alte Privilegien in beglaubigten
Abschriften beyliegen. Auch in alten Urbarien
haben sich manche merkwürdige Notizen erhal=
ten, die zur Geschichte des Handels und zur
Culturgeschichte des Landes Oesterreich über=
haupt erwünschte Aufschlüsse geben. In unsern
inländischen Chroniken erscheinen Handelsnach=
richten äußerst sparsam und ungenügend, wo=
von die Folge ist, daß sich der Geschichtschrei=
ber des Oesterreichischen Handels vorerst ent=
schließen muß, das Geschäft eines Quellen=
sammlers zu übernehmen, bevor er sich an die
Geschichte selbst wagen darf. Es gewährt mir
ein hohes Vergnügen, die Nahmen derjenigen
dankbar zu nennen, welche durch bereitwillige
Oeffnung ihrer Archive und Mittheilung alter
Handschriften mein Unternehmen ungemein be=
fördert und mich in den Stand gesetzt haben,

eine Handelsgeschichte Oesterreichs zu versu=
chen.

Der Hoch= und Wohlgeborne Herr Hein=
rich Graf von Starhemberg, Besitzer der
Herrschaften Wildberg, Lobenstein, Riedeck
2c. 2c., der mir in früheren Jahren mit zuvor=
kommender Güte zur Geschichte der Bauern=
kriege und Oesterreichs unter K. Friedrich dem
Vierten schon sehr viele Urkunden mitgetheilet
hat, ist auch jetzt wieder ein hülfreicher Gön=
ner meiner neuen historischen Untersuchungen
über den Handel unsers Vaterlandes gewor=
den. In seinem reichen Archiv zu Riedeck wer=
den viele Foliobände aufbewahret, in denen
sich Abschriften von Privilegien der Städte,
Märkte, Herrschaften und ihrer Landgerichte,
der bürgerlichen Innungen, und unzählige
Proceßacten über verschiedene Gegenstände be=
finden. Die meisten dieser dicken Bände wur=
den im sechzehnten und siebzehnten Jahrhundert
auf Veranstaltung der berühmten Familien=
häupter des Starhembergischen Geschlechtes
zusammengeschrieben zur Belehrung der Mit=
glieder desselben und ihrer Beamten. Ich ha=
be einige noch vorhandene Originale mit die=
sen Abschriften verglichen, und letztere im Gan=
zen genau befunden, nur ist die Orthographie
des Originals, wie dieß bey späteren Abschrif=
ten beynahe immer, sogar auch in Bestäti=

gungsdiplomen der Landesfürsten und Kaiser
der Fall ist, in die damahls übliche abgeän=
dert worden. Diese merkwürdige Urkunden=
sammlung schränkt sich aber beynahe ausschlie=
ßend nur auf Oberösterreich ein. Um auch von
Unterösterreich bisher noch unbekannte Notizen
an das Tageslicht hervorbringen zu können,
mußten andere Quellen aufgesucht werden.

Ein gutes Schicksal führte mich in das Stift
Seitenstetten, das unter der Leitung des hoch=
würdigsten Abtes Columban seit wenigen Jah=
ren in wissenschaftlicher Hinsicht eine ganz neue,
höchst erfreuliche Gestalt bekommen hat. In
der dortigen sehr reichhaltigen Bibliothek mach=
ten mich meine verehrten Freunde: der vor=
mahlige Bibliothekar, Herr Wolfgang Mit=
ter, jetzt Pfarrer in Aspach; und der jetzige
Archivar, Herr Pius Pfeiffer, auf zwey
Handschriften aufmerksam, die einen köstlichen
Schatz für die Culturgeschichte Oesterreichs
enthalten. Zwey ziemlich dicke Bände, in klei=
nerem Folio auf Papier zu Ende des fünfzehn=
ten Jahrhunderts in Wien geschrieben, ent=
halten den Schwabenspiegel, einstens die Richt=
schnur der Gerechtigkeitspflege in Oesterreich,
viele Gesetze und Privilegien unserer Landes=
fürsten, Verordnungen des Magistrates in
Wien, Verträge mit auswärtigen Fürsten
und Städten, Zollverordnungen und Beleh=

rungen über den damahligen Münzfuß, über
Maße und Gewichte. Sie gleichen vollkommen
den zwey Handschriften in der Bibliothek des
Freyherrn von Prandau, aus welchen uns der
gelehrte Adrian Rauch, mein unvergeßlicher
Freund, so viel Merkwürdiges mitgetheilet
hat *). Mehrere Urkunden davon enthalten
auch, nur mit veränderter Orthographie, die
beyden Handschriften von Seitenstetten, zugleich aber auch noch viel Unbekanntes. Aus
mehreren Stellen geht hervor, daß diese kostbare Sammlung für eine Magistratsperson in
Wien ist verfaßt worden. Mit der größten Be-
reitwilligkeit erlaubte mir der hochwürdigste
Herr Abt die uneingeschränkte Benützung dieser schätzbaren Sammlung, und beyde Foliobände wurden mir nach St. Florian nachge-
schickt, wo ich alles noch Unbekannte zu meinem Gebrauch abschrieb. Die gegenwärtige
Handelsgeschichte verdankt dieser gütigen Mittheilung sehr viel, und auch die folgenden Bände über Oesterreichs Culturgeschichte werden
ihr noch manchen Beytrag verdanken.

Wenn vom Reichthum an Originalurkun-
den die Rede ist, so gebührt vor allen Städten und Märkten Oberösterreichs der Stadt

---

*) Rauch, Scriptores, T. III. p. 1. Hos binos Codices
Jurium medii aevi Austriacorum promptuarium ap-
pelles, etc.

Enns unstreitig der Vorzug. Privilegien aus den Zeiten der Steyrischen Ottokare haben sich nicht erhalten; aber vom Jahre 1212 angefangen finden sich alle Urkunden, nur sehr wenige unbedeutende ausgenommen, im Originale noch vor. Das Mangelnde hat uns ein Urkunden- oder Stadtbuch aufbewahret, das ein dortiger Rathsherr zu Ende des vierzehnten Jahrhunderts verfaßt hat *). Was die Vorfahren mit lobenswerther Sorgfalt zum Gebrauch ihrer Enkel und zur Erhaltung der wichtigen Vorrechte dieser Stadtgemeinde an Urkunden erhalten haben, theilten mir die beyden auf einander folgenden Bürgermeister: die Herren Joseph Reitter und Johann Kain, mit großer Freygebigkeit wohlgefällig mit; und trugen dadurch vieles zur Ergänzung der vaterländischen Geschichte bey. Diese reichhaltige und zugleich höchst reine Quelle habe ich in meinen Geschichtbüchern schon oft benützt **);

*) Dieses Urkundenbuch, auf Pergament geschrieben, sagt am Ende Folgendes aus: „Daz Puech hat geschrieben Hanns von Munspach Petreins des Herisinger Aidem ze Enns di zeit Ainer des Ratz daselbs durch aller meiner Herren pett willen Anno MCCCLXXXXVII in der vasten gott laß sein sell im Himmel bei im rasten sprecht all Amen liebm Herren durch got." — Die Urkunden des fünfzehnten und sechzehnten Jahrhunderts haben spätere Schreiber dieser Sammlung einverleibt.

**) Oesterreich unter den Königen Ottokar und Albrecht; unter H. Rudolph dem Vierten; unter Kaiser Friedrich dem Vierten, u. s. w. Einige Urkunden, die ich dem

sie hat mir auch bey der gegenwärtigen Handelsgeschichte ganz vorzügliche Dienste geleistet.
Die Stadt Wels hat fast alle Originale
der alten Urkunden durch Unglücksfälle, vorzüglich in den Bauernkriegen verloren. Ein
prächtiges Diplom, welches K. Rudolph der
Zweyte den dortigen Bürgern am 27. März
1582 verliehen hat, hält uns dafür größtentheils schadlos, denn fast alle Urkunden von
Wels, die sich damahls noch vorfanden, sind
demselben nach ihrem ganzen Inhalt einverleibt worden. Ein solches Bestätigungsdiplom
heißt in der diplomatischen Sprache eine Pancharta. Unter den vom K. Rudolph bestätigten
Urkunden ist die älteste vom Jahre 1128. Der
Bischof Embrico von Würzburg spricht darin
Alle, welche künftig über die Brücke zu Wels
gehen, von der bisherigen Abgabe frey.
Nicht so glücklich waren die Städte Linz
und Freystadt, wo die Originale ebenfalls
größtentheils zu Grunde gegangen, und viel
später, erst im siebzehnten Jahrhundert,
Sammlungen der damahls noch vorhandenen

Freyherrn von Hormayr aus dem Ennser Archiv mitgetheilet habe, hat derselbe in seinem Taschenbuch 1812
bekannt gemacht. Oben an steht H. Leopolds Stadtrecht
für Enns, das mit vollem Rechte im Taschenbuch 1822
genannt wird — „ein Epoche machendes Diplom in der
Historie des Städtewesens und des dritten Standes in
Oesterreich."

Privilegien veranstaltet wurden. Das Archiv
von Riedeck hilft einigermaßen diesem Mangel
ab. Eine Pancharta haben diese Städte nicht
aufzuweisen. Für die Stadt Steyr hat zu
gutem Glücke Preuenhuber noch früher gesor=
get, als die Documente durch Bauern und an=
dere Unfälle zerstreuet und zu Grunde gerich=
tet wurden.

Die Märkte auf der Nordseite der Donau
standen den Verheerungen der wüthenden Huf=
siten, und späterhin der rasenden Bauern of=
fen; vieles ging auch durch Feuersbrünste und
Mangel an nöthiger Aufsicht verloren. Die
wenigen Uiberbleibsel habe ich sorgfältig ge=
sammelt, um sie dem gänzlichen Untergange
zu entreißen und zu seiner Zeit davon Gebrauch
zu machen. Möchte doch recht bald Aehnliches
auch im Lande unter der Enns geschehen! An
tauglichen Männern, die einem solchen histori=
schen Geschäfte gewachsen sind, ist dort wahr=
lich kein Mangel.

Ich glaube nicht zu irren, wenn ich dafür=
halte, unserer vaterländischen Geschichte durch
die Bekanntmachung der in den Beylagen ent=
haltenen Urkunden einen nützlichen Beytrag
geliefert zu haben. Sie dienen nicht nur der
gegenwärtigen Handelsgeschichte Oesterreichs
zur Grundlage, sondern werden auch in der
Zukunft noch dazu dienen, über manchen Ge=

genstand unserer vaterländischen Geschichte ein
helleres Licht zu verbreiten. Von einigen Urkunden haben sich nur jüngere Abschriften erhalten, in welchen die Orthographie der Originale nicht mehr beybehalten war. Diese neuerdings wieder buchstäblich zu geben, wäre eine unnütze Genauigkeit. Sie erscheinen also
eben so, wie alle jüngeren Urkunden des siebzehnten und achtzehnten Jahrhunderts, zwar
wörtlich genau, aber nach unserer jetzigen
Rechtschreibung.

Findet mein gegenwärtiger Versuch Beyfall, so werden ihm noch mehrere Abhandlun-
gen über den innern Zustand Oesterreichs während des Mittelalters nachfolgen, wodurch die
Culturgeschichte dieses Landes nothwendig gewinnen muß.

Einleitung.

Oesterreichs frühester Handel und älteste Handelsgesetze.

Lebensbedürfnisse, Hang nach größerer Bequemlichkeit, Mangel an hinlänglichen Mitteln zur Selbst-
vertheidigung oder zum Angriff der Feinde oder wilder Thiere; und noch mehr als dieß alles die Reitze
eines erhöhten Sinnengenusses, zu dem sich eine
kindische Eitelkeit und Vorliebe zu einem auffallenden Putze gesellen: alle diese Dinge drängen auch
die rohesten Naturmenschen ihre Wildnisse zu verlassen, und entweder als Räuber oder auch als friedli-
che Nachbarn mit den cultivirteren Anwohnern in einigen Verkehr zu treten. Bald wird ein gegenseiti-
ger Austausch mit rohen Naturerzeugnissen oder auch
mit Menschen und Thieren sich einfinden: der erste
Schritt zu einem Handelsverkehr. Lernen späterhin
solche ungebildete Völker den Werth des Geldes und
die Reitze eines genußvolleren Lebens kennen: so werden sie mehr und mehr ihre Rohheit ablegen, und
mit den benachbarten Nationen ihres eigenen Vortheiles halber engere und freundschaftliche Verbindungen eingehen. Dieß war in den frühesten Zeiten
bey unsern Altvordern der Fall, als sie noch in un-
absehbaren Wäldern wohnten. Die Deutschen an
den Gränzen der Römer schätzten frühzeitig Gold
und Silber wegen des Handels; die weiter entfern-

1

ten Stämme blieben noch länger der alten Sitte ge=
treu, und tauschten Waare gegen Waare aus: ge=
wiß nicht immer zu ihrem Vortheile *).

Die Römischen Legionen trugen viel bey zur Ent=
wilderung der besiegten Gallier und Deutschen. Den
Römern verdankten diese rohen Völker eine ausge=
bildete Sprache, und durch diese ihnen ganz neue
Kenntnisse. Herrliche Tempel, geschmackvolle Land=
häuser und volkreiche Städte nahmen die Stelle öder
Wildnisse und elender, aus Holz und Lehm erbauter
Hütten ein; Künste, Wissenschaften und Handel
wurden ein Eigenthum der überwundenen Nationen,
welches sie mit ihren neuen Oberherren gemeinschaft=
lich theilten. Und doch waren sie keineswegs glück=
lich, denn mit Römischer Bildung kamen auch Rö=
mische Laster nach Deutschland: eine schändliche Ent=
artung der Sitten, List, Betrug, schamlose Hab=
sucht, grausame Unterdrückung der neuen Unterthä=
nen. Die freyen Deutschen wären in den Stand der
niedrigsten Sclaverey versunken, hätten sie sich nicht
ermannet, die schmachvollen Ketten zerrissen und die
entnervten Weichlinge aus dem Deutschen Vaterlan=
de vertrieben. Zum Unglück für die Menschheit bra=
chen aus Asiens Steppen und den rauhen Ländern
des Nordens große Völkerschwärme hervor, und

---

*) Tacitus, de moribus German. C. 5. Est videre apud
illos argentea vasa, legatis et principibus eorum mu-
neri data, non in alia vilitate, quám quae humo fin-
guntur: quamquam proximi ob usum commerciorum
aurum et argentum in pretio habent, formasque quas-
dam nostrae pecuniae agnoscunt atque eligunt; inte-
riores simplicius et antiquius permutatione mercium
utuntur. — Cap. 15. Jam et pecuniam accipere do-
cuimus.

vertilgten bis auf wenige Spuren die vorige Cultur
Deutschlands. Städte, Palläste und Kirchen wurden zertrümmert, die alten Bewohner des Landes
erschlagen, und was der Metzeley entging, verfiel
in eine unglückliche Knechtschaft. Unser Vaterland
Oesterreich ward durch Heruler, Suevén, Rugier,
Longobarden, Hunnen, Avaren schrecklich verwüstet,
und der Menschen beraubt neuerdings zur Wild-
niß; es mußten aus anderen Ländern neue Ansied-
ler herbeygerufen werden, um die Einöde wieder
zu bevölkern.

So verderblich dieses Drängen der wandernden
Völker für den Handel gewesen ist, so findet man
dennoch in Oesterreich während ruhiger Zwischenräume immer einigen Verkehr mit den anwohnenden
Nationen. Der berühmte Ostgotische König Theo-
dorich erlaubte seinen Unterthanen im Noricum, mit
den Alemannen einen Viehhandel zu treiben *). Nach
dem Zeugniß des Biographen des h. Severin linder-
ten Rhätische, mit Lebensmitteln beladene Schiffe
die Hungersnoth, die in Faviana, dem heutigen

*) Cassiodor. Variar. L. III. epist. 50. Edit J. Garetii,
T. I. p. 56. Provincialibus Noricis Theodoricus Rex...
praesentibus decernimus, ut Alemanorum boves, qui
videntur pretiosiores propter corporis granditatem,
sed itineris longinquitate defecti sunt, commutari vo-
biscum liceat, minores quidem membris, sed idoneos
ad labores; ut et illorum profectio sanioribus anima-
libus adjuvetur, et vestri agri armentis grandioribus
instruantur. Die Alemannen führten also mit Ochsen
Tauschwaaren ins Noricum, und luden dort eine neue
Fracht auf. Noricum war einstens eine Provinz von
großem Umfang. Es läßt sich nicht bestimmt angeben,
ob die Verordnung Theodorichs auch dem heutigen Oesterreich einen Handelsvortheil verschafft habe.

Wien, geherrſcht hat *). Die Bürger von Paſſau
bathen den heiligen Mann, ihnen bey Febanus, König der Rugier, die Erlaubniß auszuwirken, mit
dem heutigen Unteröſterreich Handel treiben zu dürfen **). Auch Jahr- oder andere Märkte hat es
unter den Rugiern gegeben, welche von vielen Menſchen beſucht wurden ***). Ja: ſelbſt die räuberi-
ſchen Avaren und ihre hart bedrängten Unterthanen,
die Wenden, trieben einen Zwiſchenhandel mit Waaren, die von Conſtantinopel kamen und Donau aufwärts verſendet wurden ****). Als Carl der Große
dem Reiche der Avaren ein Ende gemacht, kehrte
in unſer Vaterland, und in die benachbarten Provinzen eine längere Ruhe und größere Sicherheit zurück, und der kraftvolle Regent ſorgte durch heilſa-

---

*) Eugipii, Vita ſ. Severini, apud Pez, T. I. p. 67. Ra-
  tes plurimae de partibus Rhaetiarum, mercibus onu-
  ſtae quamplurimis ... ciborum copias fame laboran-
  tibus detulerunt.

**) L. c. p. 79. Interea beatum virum cives oppidi me-
  morati (Batiabini) suppliciter adierunt, ut pergeret
  ad Febanum Rugorum Principem, mercandi eis li-
  centiam poſtulare.

***) L. c. p. 70. Cum nundinis frequentibus interefſet. —
  p. 72. Cuidam praecepit transvadare Danubium, et
  hominem ignotum in nundinis quaerere barbarorum.
  Welſer hielt dafür, daß unter nundinae ein Marktflecken
  zu verſtehen ſey; aber die erſte hier angeführte Stelle:
  cum nundinis frequentibus interefſet, widerſpricht dieſer Vermuthung.

****) Chron. Fredegarii, ad annum 623, apud Ruinart:
  Gregorii Turonenſis Opera omnia. Luteciae Pariſio-
  rum, 1699, p. 626. Homo quidam, nomine Samo,
  natione Francus, de pago Sennonago, plures ſecum
  negotiantes adſcivit ad exercendum negotium in Scla-
  vos, cognomento Winidos, perrexit, etc.

me Verordnungen für den Handelsverkehr seiner neu
erworbenen Länder *).

Die verheerenden Raubzüge der Ungarn hemm=
ten zwar in den folgenden Zeiten den Zwischenhan=
del Oesterreichs nach dem Orient und Norden; aber
vollends unterdrücken konnten sie ihn nicht. An die
Stelle der alten Handelsstadt Lorch, welche in
Trümmern lag, ist die neue Gränzfestung Enns=
burg gekommen, die den Käufleuten Schutz und
Sicherheit gewährte. Die Flüsse Donau, Traun
und Enns begünstigten den Waarenzug nach allen
Richtungen; die Gegenstände des Handels nennt
uns der Zolltarif K. Ludwigs des Kindes, den er
in den ersten sechs Jahren des zehnten Jahrhunderts
festgesetzt hat **). Da uns diese Urkunde nicht nur
von der Zeit der Regierung Ludwigs des Kindes,
sondern auch von noch früheren Jahren über den
Handel Oesterreichs erwünschte Aufschlüsse gibt, so
lohnt es der Mühe, bey ihr etwas länger zu verweilen.
K. Ludwig macht kund, daß ihm Bayerns Bischö=
fe, Aebte und Grafen eine Klage über unbillige Zoll=
abgaben vorgebracht haben, die man den in die östliche
Gränzmark Reisenden abforderte. Ludwig befahl hier=
auf dem Oesterreichischen Markgrafen Arbo, mit den

*) Capitulare Caroli M. ad ann. 805. Capitul. II. c. 7. apud
Baluz. T. I. p. 425. De negotiatoribus, qui partibus
Sclavorum et Avarorum pergunt, quousque procedere
cum suis negotiis debeant ... Ad Ragenisburg prae=
videat Audulphus, et ad Lauriacum Warnarius. Et ut
arma et brunias non ducant ad venundandum. Cf. III.
c. 9. p. 431.

**) Oefele, Rer. Boic. Scriptores. T. I. p. 718. — Cf. Aven=
tini Annal. Bojor. Ingolstad. 1554, p. 479. — Goldast,
Constit. Imper. T. I. p. 210. Letztere zwey Autoren haben
den Originaltext nach ihrer Weise verschönert.

Richtern der Provinz die Sache zu untersuchen, und
sandte zu dieser Commission den Erzbischof Dietmar
von Salzburg, den Bischof Burchard von Passau, und
den Grafen Otachar, welche in seinem Nahmen alle
Ungebühr der Zölle abschaffen sollten. Viele der an-
gesehensten Bewohner der Provinz wurden nach Rafelstetten *) berufen und aufgefordert, die ihnen bekannte Wahrheit eidlich auszusagen. Sie schworen in
Gegenwart der kaiserlichen Abgesandten, und bekräf-
tigten auf die Frage des Markgrafen Arbo, daß seit
den Zeiten der Könige Ludwig und Carlmann folgende
Zollabgaben bestanden haben:

Schiffe, welche den Passauerwald vorbey fahren,
und irgendwo anlegen, zahlen eine halbe Drachme,
das ist, einen Scoter **), und können dann nach Be-

*) Bey Defele wird dieser Ort Rasfoltestetun genannt. In
Asten, einer Filialpfarre des Stiftes St. Florian, liegt an
der Donau das Dorf Rafelstetten. Dort wurde sehr wahrscheinlich die Commission wegen der Verbesserung der Zollgesetze gehalten, denn es handelte sich von den Abgaben der
Schiffe, der Kaufleute und Reisenden, die entweder auf der
Donau oder Traun, oder auch zu Lande über Linz, Ebelsberg und Enns sich in die östliche Gränzmark, das ist, nach
Oesterreich unter der Enns begaben. Räfelstetten lag sehr
bequem zu einer solchen Untersuchung. Nicht ferne davon
vereiniget sich die Traun mit der Donau, und auch die
Landstraße von Linz über Ebelsberg nach Enns geht in
einer geringen Entfernung vorbey. — In alten Urbarien
wird Rafelstetten immer Raffoltzstetten genannt, welcher
Nahme dem alten Rasfoltestetun noch ähnlicher klang.
**) Obvenit pro theloneo Semidragmam, id est, Scoti I.
Es ist eine bekannte Sache, daß das Carolingische Pfund
aus 240 Pfennigen oder 80 Drachmen bestand. Ludwigs
Zollgesetz bestimmt den Werth eines Scoters auf eine
halbe Drachme, also auf einen ganzen und halben Pfennig.
Der Nahme Scoter kommt noch in viel späteren Zeiten vor,
bezeichnete aber dann eine ganz andere Münze. Der Hoch-

lieben Handel treiben. Schiffe, die bis Linz herab fah=
ren, geben vom Salze drey halbe Metzen oder drey
Scheffel; von Sclaven und andern Waaren wird dort
kein Zoll bezahlet. Wer diese Abgabe erleget hat, kann
dann ungehindert an allen Orten bis an den Böhmer=
wald seine Waaren feil biethen. Ein Bayer zahlt von
dem Salze, das er zu seinem Hausbedarf mit sich fort=
nimmt, keine Abgabe. Derjenige, welcher betriegerisch
Kaufmannswaaren verschweigt, um der Zollabgabe
zu entgehen, verliert diese sammt dem Schiffe. Bayern
und Slaven, welche Lebensmittel einhandeln, sind
sammt ihren Pferden und Ochsen zollfrey. Fuhrleute
und Saumer, die auf der Straße über die Enns se=
tzen, sind frey, so wie auch die Schiffe, die aus dem
Traungau oder aus Bayern kommen *). Die Mährer
und Böhmen geben von einem Saum Wachs einen
Scoter am Werthe. Eine Sclavinn wird einem männ=
lichen Pferde gleich geschätzt; man bezahlt bey der
Einfuhr derselben einen Drittelschilling **); von
einem Sclaven und von einer Stutte eine Sai=
ga ***). Die Salzschiffe, die vor dem Passauer=

---

u. s. meister Winrich, der 1382 gestorben ist, schlug eine neue,
sehr gute Münze, Scoter genannt, deren zwölf auf einen
Ungarischen, acht auf einen Rheinischen Gulden gingen.
Kotzebue, Preußens ältere Geschichte. Th. II. S. 238. —
Zirngibl verstand unter Scoter einen guten Dickpfennig;
in Westenrieders Beyträgen, Th. VIII. S. 8.

*) Oesterreich unter K. Friedrich dem Schönen, S. 441, u. f.

**) De una ancilla Tremisamia I., de caballo masculo simi-
liter. Das Tremisamia ist wohl nichts anders, als ein tre-
missus oder triens: der dritte Theil eines Schillings.
In den Capitularien, L. V. c. 98, heißt er transmissus:
apud Baluz. T. I. p. 861.

***) Leges Baiuuariorum, übersetzt von Joh. Mederer. Ingol=
stadt 1793. Tit. IX. c. 2. S. 149. Una saica, id est III.

wald vorbey herabfahren, dürfen ihre Ladung nicht
früher verkaufen, als bis sie in Eperaspurch (Ebelsberg *) angelangt sind. Wer mit den Mährern
Handel treiben will, zahlt von einem Schiffe einen
Schilling. Jüdische Kaufleute, sie mögen woher immer kommen, zahlen von Waaren und Sclaven einen
billigen Zoll.

Der K. Ludwig, der diese Zollgesetze gegeben,
und seine Nachfolger auf dem Deutschen Throne
mußten alle Kräfte aufbiethen, um ihr Reich gegen
die Anfälle der schrecklichen Ungarn zu schützen. Die
östliche Gränzprovinz auf beyden Seiten der Donau
war ihnen schon zur Beute geworden; aber damit
noch nicht zufrieden, setzten sie auch über den Enns-
fluß, und verbreiteten zu verschiedenen Mahlen in
dem heutigen Oberösterreich Tod und Verderben **).
Der Kaiser Otto rettete im Jahre 955 die Kriegs-
ehre der Deutschen Nation auf dem Lechfelde bey

---

denarios. Gewöhnlich aber ist Saiga eben so viel als ein
Pfennig. Cf. l c. S. 150.; et Schilteri Glossarium, v.
Saiga. Weitläufiger handeln von diesem Gegenstande Hüll-
manns vortreffliche Werke: Deutsche Finanzgeschichte des
Mittelalters, S. 182, u. f.; und desselben Geschichte des
Byzantinischen Handels, S. 74, 94, u. f.

*) Ebelsberg liegt freylich nicht an der Donau, aber nicht
weit von der Mündung der Traun in den Hauptfluß. Ein
altes Privilegium dieser einstens wichtigen Burg, sicherte
derselben ein Stapelrecht zu, wodurch die auf der Donau
herabfahrenden Schiffe genöthiget wurden, dort anzulegen
und ihre Waaren feil zu biethen. Aehnliches finden wir in
den späteren Jahren bey Enns. Alles Salz, das von Gmün-
den auf der Traun verführt wurde, mußte von der Donau
in die Enns, Strom aufwärts, gebracht, und in der Stadt
abgeleget werden.

**) Beyträge zur Geschichte des Landes Oesterreich ob der
Enns. Th. III. S. 213, u. f.

Augsburg, und zwang die hart gezüchtigten Ungarn, sich mit ihrem Lande zu begnügen. Die östliche Gränzprovinz ward wieder hergestellet und eigenen Markgrafen anvertrauet; welche mit hohem Heldenmuthe das Land gegen Raubzüge nicht nur vertheidiget, sondern auch die Gränzen desselben bis an die March und Leitha erweitert haben. Mit der erkämpften Ruhe und Sicherheit nahm die Zahl der Bevölkerung zu, und mit dem vermehrten Feldbau und Gewerbfleiß begann von Neuem der lange unterbrochene Handel älterer Zeiten zum Theile mit Oesterreich selbst, noch mehr aber der Zwischenhandel durch dieses Land mit dem Norden, Osten und Westen. Urkunden des zwölften Jahrhunderts stellen uns einen schon weit ausgebreiteten Zwischenhandel Oesterreichs dar, von welchem wir das Merkwürdigere unsern Lesern mittheilen.

Die Stadt Enns gehörte noch zu Ende des zwölften Jahrhunderts zum Herzogthume Steyermark. Sie hatte schon frühzeitig das Stapelrecht und einen Jahrmarkt erhalten, auf welchem sich Kaufleute von Regensburg, Ulm, Cöln, Aachen und aus den Niederlanden eingefunden haben. Der Steyrische Markgraf Ottokar der Fünfte, der vom Jahre 1129 bis 1164 regierte, hat schon die Vorrechte des Jahrmarktes in Enns, und die Zollabgaben der fremden Kaufleute bestimmet; sein Sohn Ottokar der Sechste, der zu einem Herzog erhoben ward, bestätigte im Jahre 1191 die Anordnungen seines Vaters, und fügte wahrscheinlich manches Neue hinzu *). Der Inhalt dieser Urkunde sagt aus,

---

*) Scheid, Origines Guelf. T. III. praef. 30: — Carl Theodor Gemeiner, Reichsstadt Rege nsburgische Chronik. Th. I.

daß H. Ottokar auf die Bitte der Regensburger ihnen
und allen übrigen ausländischen Kaufleuten die alten
Vorrechte erneuere, die ihnen sein Vater früher schon
ertheilet hat. Diese bestanden aber darin. Die Schiffe,
die am Vorabend vor Mariä Verkündigung in die
Enns kamen, durften weiter fahren; diejenigen
aber, welche später anlangten, mußten dort bis zum
Ende des Jahrmarktes verweilen, der am Montag
in der Bittwoche anfing, und am Vorabend vor
dem Pfingstsonntag endigte; übrigens durfte von
diesen aufgehaltenen Schiffen keine Abgabe gefordert werden. Schiffe, die mit Wein und Lebensmitteln
beladen waren, konnten bis zum Georgitag ungehindert vorüber fahren; späterhin mußten sie anlegen.
Nach Beendigung des Jahrmarktes wurden die Füh-
rer der dort befrachteten Schiffe von dem Regensburgischen Hansgrafen *) und den Magistratspersonen von Enns **) um die Ladungen befragt, und
mußten von jedem Centner zwölf Pfennige Zollgebühr
erlegen, die Fracht mochte dann aus Wachs, aus
Häuten oder aus was immer für Waaren bestehen.
Wollten die Magistratspersonen der Stadt den
Aussagen der Schiffer nicht vollen Glauben bey-

S. 280, u. f. — Das Original dieser Urkunde ist im dortigen Stadtarchiv noch vorhanden. Die Nachlässigkeit des
Urkundenschreibers, welcher 1190 statt 1191 geschrieben
hat, schadet der Echtheit der Urkunde nicht, denn ihr Inhalt
wird durch andere Urkunden und historische Nachrichten
vollkommen bestätiget.

*) Von der obrigkeitlichen Person, welche Hansgraf hieß, wird
in einem der folgenden Abschnitte weitläufiger gehandelt.

**) Die Judices der Urkunde sind iene Magistratspersonen
größerer Städte, die allgemein unter dem Nahmen der
Genannten, Nominati, vorkommen. Von ihren Amts-
geschäften wird in der Folge Erwähnung geschehen.

meſſen, ſo ſtand es dieſen frey, ihr Vorgeben mit
einem Eide zu bekräftigen. Schiffe, welche während
der Dauer des Jahrmarktes Getreid oder Wein
herzu brachten, zahlten von einem Muth, oder einem
Fuder *) zwölf Pfennige. War der Jahrmarkt zu
Ende und der Hansgraf der Regensburger von Enns
abgereiſet, ſo zahlte ein Wagen, welcher Waaren am
Ufer ablud, zwölf Pfennige; und ein jeder Wagen,
der über die Brücke fuhr, ſechzehn; ohne daß ſeine
Ladung berückſichtiget wurde. Der Kaufmann, der zu
Pferde ſeinem Laſtwagen folgte, war von aller Abgabe frey; ritt er aber allein über die Brücke, ſo gab
er einen Obolus, mochte er dann was immer für eine
Waare bey ſich tragen. Für ein Saumpferd wurden
ſechs Pfennige bezahlet. Die Wagen, heißt es weiter, welche nach Rußland gehen oder von dorther
zurückkommen, geben ſechzehn Pfennige, und dürfen
nicht aufgehalten werden **). Wagen, welche zu
Enns befrachtet werden, zahlen zwölf Pfennige. Die
Regensburger dürfen um Gold und Silber ungehindert kaufen und verkaufen. Die Kaufleute von Cöln
und Maſtrich geben dem Herzog ein Quart Wein,
zwey Pfund Pfeffer, ein Paar Schuhe und ein Paar
Handſchuhe; auf den übrigen Stationen erlegen ſie
die Abgabe, die ſchon zur Zeit der Regierung Markgraf Ottokars des Fünften beſtanden hat. Wird die

---

*) Modius heißt bald ein Metzen, bald ein Muth; letzteres
enthält noch heut zu Tage bey uns dreyßig Metzen. Die Abgabe von zwölf Pfennigen von einem modius weiſet ſchon
auf ein größeres Quantum hin. Bey flüſſigen Dingen machten dreyßig Eimer ein Fuder, carrada, zwanzig einen
Dreyling.

**) Plauſtra in Ruziam vel de Ruzia tendentia XVI. denarios
perſolvant, nec retineri debent.

gegenwärtige Ordnung übertreten, so sind die Regensburger dem Herzog in eine Geldstrafe von hundert Pfund Silber verfallen.

Eine zweyte Urkunde erhielten die Regensburger zum Vortheil ihres Handels in Oesterreich im Jahre 1192 vom Herzog Leopold dem Tugendhaften, der ihnen ganz vorzüglich gnädig war und die Zollabgaben, die sie in Oesterreich bisher hatten entrichten müssen, verminderte *). Zugleich schützte er sie gegen den Unfug, welchen sich seine Beamten gegen ausländische Kaufleute erlaubten, und schrieb seinen Richtern bestimmte Verhaltungsregeln vor, wie sie sich gegen die Regensburger benehmen sollten, wenn dieselben wegen Geldschulden, Verbrechen oder kleinerer Vergehungen bey ihnen angeklagt würden. Da derley Gegenstände nicht hierher, sondern in die Rubrik: Form der alten Gerichte, gehören, so übergehen wir sie mit Stillschweigen. In Rücksicht des damahligen Handels in Oesterreich enthält die Urkunde einige bemerkenswerthe Stellen. Der H. Leopold erlaubte den Regensburgern einen ganz uneingeschränkten Handel mit Gold, mit Häuten und allen ihnen beliebigen Waaren; nur das Einhandeln

---

*) Scheid, l. c. p. 31 et seq. Inde est, quod nos pensato fideli obsequio civium Ratisponensium, quod Serenitati nostre sepe numero prestiterunt, dignum duximus, eos plus ceteris honorandos, quorum pre ceteris devocionem evidentibus rerum argumentis totiens experti sumus. De justicia itaque nostra que nobis solvebatur de rebus, quas in terram nostram venales adduxerunt, solita liberalitate partem ipsis remisimus, et contra insolentiam eorum, qui officiis nostris presunt, eos veluti familiarius nobis obligatos, stabili jure protegamus inposterum. — Gemeiner, a. a. O. S. 282. Das Original ist noch in Regensburg vorhanden.

des Silbers ward ihnen verbothen. Die Ursache, das von läßt sich leicht errathen, und spätere Urkunden geben sie unumwunden an: der Herzog bedurfte des Silbers zur Ausprägung der Wienerpfennige, weßwegen auch nur die Hausgenossen, nämlich die Münzer, und die mit ihnen verbundenen Goldarbeiter das Vorrecht hatten, Gold und Silber einzuwechseln. Goldmünzen wurden damahls in Oesterreich noch nicht gepräget; deßwegen ward das Gold den Kaufleuten von Regensburg zum Einhandeln noch frey gegeben; in den folgenden Jahren wurde dieß allen In= und Ausländern strenge verbothen.

Ferner werden in der Urkunde H. Leopolds cölnische Tücher erwähnet, die nach Oesterreich eingeführt wurden. Von einer Ladung, welche Wagengwant genannt wurde, zahlte ein Wagen drey Pfund *); von hundert Häuten gab man fünfzig Pfennige. In Mauthausen, Melk, St. Pölten, Stein, Tuln und Wien mußte man für eingeführte Waaren, unter welchen Kupfer, Zinn, Glockenspeise und Häringe genannt werden, eine bestimmte Zollabgabe entrichten. Den Kaufleuten ward auch die Freyheit zugestanden, ihre Waaren zu Wasser oder zu Lande nach Oesterreich zu

------

*) De onere plaustri, quod in vulgari dicitur ein Wagengiwant, si funibus circumligatis a Colonia ducitur, tria talenta solvantur.... Ad quantitatem pannorum, qui de Colonia ligati veniunt. — Unter Gewand, vestimentum, welches Wort in dieser und in andern häufigen Urkunden vorkommt, ist ein jedes Gewebe, ein jeder Zeug, er mag aus Garn, Wolle oder Seide verfertiget seyn, zu verstehen, wenn er zu Kleidungsstücken bestimmt ist. Die Gewand= und Tuchschneider sind Kaufleute von geringerer Art, welche Leinwand, Tücher u. f. w. im Kleinen nach der Elle verkauften. Man hüthe sich, darunter einen Kleidermacher zu verstehen.

bringen. Die Rußlandshändler, zahlten auf ihrer
Durchreise hinein zwey Pfund; auf ihrer Rückkehr
ein halbes Pfund *). Durch diese Stelle erhält obige
Urkunde H. Ottokars die Bestätigung, daß in Oester=
reich ein Waarenzug nach Rußland schon im zwölften
Jahrhundert in vollem Gange war, was auch durch
andere alte Schriftsteller bekräftiget wird **). Daß
sich auch Oesterreicher an die Regensburger ange=
schlossen und Antheil an ihrem Handel genommen
haben, sagen zwar die Urkunden nicht aus; aber höchst
wahrscheinlich sind sie nicht so stumpfsinnig gewesen,
daß sie Caravanen von ausländischen Kaufleuten
gleichgültig durch ihr Vaterland ziehen, und mit ge=
wonnenen Schätzen zurück kehren gesehen hätten,
ohne sich zu gleichen Unternehmungen anreizen zu
lassen. — Die Lobsprüche, welche H. Leopold der

---

*) Ruzarii, quocunque tempore vadant, duo talenta sol-
vant; et in reditu ex Ruzia dimidium talentum.

**) Bern. Pez, Thesaur. anecdot. T. I. P. III. p. 173. Hart-
wic nomine, habitans in regione Rusciae, in civitate
Chiebe dicta. — Vita B. Mariani, in Actis SS. ad 9 Fe-
bruarii, p. 369. Tum quidam de Fratribus loci ejusdem
(vom Schottenkloster in Regensburg) nomine Mauricius:
ad regem Russiae peruveniens, ab eodem Rege ac Principibus urbis ditissimae Chios (legendum Chiof) de ferinis
pellibus pretiosis valentibus centum marcas recepit, atque easdem vehiculis ferens, cum negotiatoribus Ratis-
bonam pacifice peruenit. Dieß geschah im Anfang des
zwölften Jahrhunderts, zu welcher Zeit schon Kaufleute
von Regensburg nach Kiow reiseten. Daß die Deutschen
mit den Russen schon frühzeitig Handel getrieben, ist eine
allgemein bekannte Sache. Georg Sartorius, Geschichte
des Hanseatischen Bundes. Th. I. S. 194, u. f. — Fried=
rich Christoph Jonathan Fischer, Geschichte des teutschen
Handels. Th. I. S. 515. Hier ist aber nur vom Zwischen=
handel durch Oesterreich nach Rußland die Rede.

treuen Ergebenheit der Regensburger ertheilte, und
das Anrühmen ihrer ersprießlich geleisteten Dienste
lassen uns auf ergiebige Geschenke an ihn, oder auch
auf Gemeinschaft des Handels mit seinen Unterthanen
schließen.

Den lebendigen Handel und reichen Waarenzug
durch Oesterreich nach allen Richtungen schon während
des zwölften Jahrhunderts können wir auch zum
Theile aus dem Zolltarif abnehmen, den der H.
Leopold für die Mauth in Stein erlassen hat *). Die
darin festgesetzten Zollabgaben bestanden noch zu Ende des dreyzehnten Jahrhunderts **), wenn gleich
manche Abänderung während eines so langen Zeit-
räumes mag Statt gefunden haben.

Das älteste Stadtrecht in Oesterreich, das sich
bis auf unsere Zeiten erhalten hat, ist jenes, das den
Wienern im Jahre 1198 vom H. Leopold dem Glorreichen ist ertheilet worden ***). Dieser hochberühmte
Regent bestimmte entweder zuerst, oder erneuerte
vielleicht nur alte Gewohnheiten, wie man mit der
Verlassenschaft verstorbener Ausländer in Wien verfahren sollte. Dieses war desto nothwendiger, da sich
die Anzahl der fremden Kaufleute alldort immer vermehrte. Es konnte nicht fehlen, daß sich zwischen diesen selbst, und auch zwischen ihnen und den Wienern
nicht mancher Zwist und Rechtsstreit erheben sollte.

---

*) Ranch. Rerum Austriac. Scriptores. T. II. p. 106.

**) Deßwegen wurde dieser Zolltarif dem Rationarium Au-
striae, welches Rauch bekannt gemacht hat, unter K. Rudolph oder Albrecht dem Ersten einverleibt.

***) Lazius: Vienna Austriae. Rerum Viennensium Com-
mentarii. Basileae Libro II. p. 73. — Dasselbe in Deutscher Sprache: Abermann, Historische Beschreibung der
Hauptstadt Wien. Zweytes Buch, S. 85.

Für solche Fälle schrieb der Herzog besondere Verhaltungsregeln vor und setzte fest, daß sich weder ein Ausländer gegen einen Bürger von Wien, noch auch dieser gegen jenen eines Unterkäufers *) zur Zeugenschaft bedienen dürfe; vor Gericht sollen angesehene und unbescholtene Männer, zu welchem Range gewöhnliche Unterhändler sich nicht aufgeschwungen haben, als Zeugen auftreten.

Um die Handelsgeschäfte möglichst zu sichern und allen Streitigkeiten bey Kauf und Verkauf, bey Verpfändungen und Schenkungen vorzubauen, befahl der Herzog die Wahl von hundert Genannten, von denen wenigstens zwey als Zeugen zugegen seyn mußten, wenn etwas verkauft, verpfändet oder verschenkt wurde, dessen Werth sich auf drey Pfund belief. Auf falsche Maße, Gewichte und Ellen ward eine Geldstrafe von fünf Pfund gesetzt.

Diese Einrichtungen waren für den Handel allerdings von großem Nutzen; nur fingen auch jetzt schon einige Beschränkungen desselben an, welche der Monopoliengeist der Bürger von Wien sehnlichst gewünscht, und H. Leopold aus Mangel der nöthigen Umsicht zu voreilig gut geheißen hat. Bey Strafe von zwey Mark Goldes ward es fremden Kaufleuten untersagt, ihre Waaren selbst nach Ungarn zu verführen. Dieses Vorrecht sollten nur die Bürger Wiens genießen, und sich durch diesen Handel bereichern. Noch verderblicher als dieses waren für den freyen Handel in Oesterreich die verkehrten Maßregeln, die den fremden Kaufleuten verbothen, sich in Wien länger als zwey Monathe mit ihren Waa-

---

*) Von den Unterkäufern, Unterhändlern oder Leihkäufern wird weiter unten die Rede seyn.

ren aufzuhalten, und diese jemand anderm als einem
Bürger von Wien zu verkaufen. Zugleich durfte kein
Fremder Gold oder Silber einhandeln, was noch vor
wenigen Jahren erlaubt war; und besaß er derglei=
chen edle Metalle, so war es ihm verbothen, sie
einem Andern zu verkaufen, denn diesen Handel be=
hielt sich die herzogliche Kammer bevor. — Solche,
und noch weit ärgere Handelsgesetze und Privilegien
waren vielmehr geeignet, den Verkehr mit dem
Auslande möglichst zu erschweren als ihn zu beför=
dern, und nur der vortheilhaften Lage des Landes
hatten es die Oesterreicher zu verdanken, daß unge=
achtet eines sehr schweren Druckes der Zwischen=
handel dennoch fortdauerte, und die Landeserzeug=
nisse Absatz fanden.

Wir haben die wenigen Notizen, die über den
ältesten Handel unsers Vaterlandes einiges Licht
verbreiten, vorausschicken wollen, denn die ersten
rohen Versuche, den Handel zum Vortheile des
Staates und der Unterthanen zu beleben und zu
ordnen, dauerten, so unglaublich es seyn mag, doch
einige Jahrhunderte als unübertreffliche Muster noch
fort, und das Mittelalter gefiel sich darin gar sehr,
beym Alten stehen zu bleiben, nicht leicht etwas
Neues aufkommen zu lassen, um nur nicht weiser
und klüger werden zu müssen. Die Belege hierzu
wird die folgende Geschichte liefern.

Wir reden zuerst von den Hindernissen des
Handels während des zwölften und der folgenden
Jahrhunderte, und dann von Gesetzen, Privilegien
und Anstalten, die zum Ziele hatten, ihn zu beför=
dern und auszubreiten.

Allgemeine Hinderniſſe des Handels, vorzüglich aber für fremde Kaufleute.

Erſter Abſchnitt.

Zollerpreſſungen.

Die Grundherrlichkeit war in den alten Zeiten der gefährlichſte Feind der Freyheit. Alles, was ſich im Gebiethe und auf dem Boden eines Grundherrn befand, ſah dieſer für ſein Eigenthum an: die Menſchen eben ſo wie das Vieh. Und gab es gleich viele Abſtufungen zwiſchen den Unfreyen und Höri= gen, ſo war doch für Alle, die ſich eine längere Zeit im Gebiethe eines Grundherrn aufhielten, die per= ſönliche Freyheit eben ſo verloren wie für jene, die auf demſelben ſchon unfrey geboren wurden. In den früheſten Zeiten des Frankenſtaates bildete ein jeder Beſitzer eines freyen Eigenthumes gleichſam einen Staat im Staate, und herrſchte innerhalb der Gränzen desſelben mit unumſchränkter Gewalt. Dem Anführer des Volkes, der ſchon frühzeitig Kö= nig genannt wurde, war er zu keiner Abgabe ver= pflichtet, und in den Krieg begleitete er ihn nur dann, wenn ein Volksbeſchluß denſelben genehmiget hatte. Eben ſo wenig erkannte der alte Franke einen Richter über ſich. Hielt er ſich für beleidiget, ſo ver= ſchaffte er ſich vermöge des Fehderechtes ſelbſt Ge= nugthuung. Trieb er's gar zu arg, ſo fielen ſeine Nachbarn oder auch der König über ihn her, und be= dienten ſich ebenfalls des Fauſtrechtes, um dem Un= weſen ein Ende zu machen; noch öfter aber wurde ein Meuchelmord verübt, um ſich von einem läſtigen oder gefürchteten Gegner zu befreyen*). Dieser wilde Zustand, in welchem das Recht beynahe nichts, Gewalt aber allenthalben gegolten und entschieden hat, dauerte so lange fort, bis es den Königen gelang, auf verschiedenen Wegen eine Uibermacht über die unbändigen Franken zu gewinnen, und ihnen mit Uibereinstimmung der Großen Gesetze vorzuschreiben.

Der gemeine Freye war nun gedemüthiget und durch häufige Gesetze an eine Ordnung gebunden, die ihm die Willführ barbarischer Könige, oder an ihrer Stelle der Uibermuth der königlichen Hausmayer und des Adels auferleget hat. Daß bey dieser Umformung alter Verhältnisse die Mächtigen auf Kosten der gemeinen Freyen ihren eigenen Vortheil gut bedachten, und keine Gelegenheit, ihre Macht zu erweitern, unbenützt vorbeygehen ließen, darf man nicht nur vermuthen, sondern man kann es auch aus unzähligen Stellen der Urkunden und alter Geschichtschreiber unwiderleglich beweisen. Schon vor mehr als tausend Jahren finden wir große Grundeigenthümer mit ungemeiner Macht und hohen Vorzügen ausgerüstet, auf welchen das ganze System der sogenannten Immunitäten der Grundherrschaften beruhte. Aus den von Königen verliehenen, oder auch nur angemaßten Vorrechten der Grundherrlichkeit gingen alle jene Hindernisse hervor, welche dem Aufblühen des Handels durch

---

*) Dergleichen Unthaten findet man beynahe auf jedem Blatt in der Geschichte Gregors von Tour. Eine vortreffliche Uibersicht über einen Theil der altdeutschen Verfassung verdanken wir dem Herrn Konrad Mannert: Freyheit der Franken. Adel. Sklaverey. Nürnberg und Altdorf. 1799.

2 *

viele Jahrhunderte immer mit erneuerter Kraft sich
entgegen gestellet haben.

Wie bey den meisten alten Völkern, sah man
auch in Deutschland Fremdlinge für Feinde, oder
doch wenigstens für verdächtige Menschen an *); an
freundschaftliche Verhältnisse mit auswärtigen Staa=
ten dachte man nur zur Zeit der Noth oder eines
augenblicklichen Vortheils: barbarischen Völkern ist
ein friedlicher Zustand verhaßt, denn Beute und
Sclaven verschafft nur der Krieg. Daher kam es
auch, daß der Reisende, welcher fremde Länder be=
suchte, immer ein sehr gefährliches Wagestück unter=
nahm, und sich einer Plünderung, der Sclaverey
oder gar dem Tode aussetzen mußte **). Mit dem
Christenthume hörten dergleichen Gewaltthaten zum
Theile auf; ganz verdrängen konnte es dieselben
nicht, denn die Grundherrlichkeit behauptete trotzig
ihre alten Vorrechte.

Allerdings gestatteten die Grundherren den
Fremden freyen Zutritt auf ihr Gebieth; suchten
aber von ihnen für diese gnädige Erlaubniß alle
nur erdenkbaren Vortheile zu erpressen: Hielt sich
ein Fremder ein ganzes Jahr hindurch im Gebiethe

_____

*) Bey den Römern war hostis die Benennung eines Feindes
und auch eines Fremdlings. Bey den Deutschen hieß der
herrenlose Ausländer ein Wilder. Im Latein des Mittel=
alters nannte man solche Fremdlinge Albani. Cf. Du Fres=
ne. Daher das jus albanagii, welches dem Landesfürsten
oder dem Grundherrn die Verlassenschaft eines verstorbe=
nen Fremden zueignete, worauf aber die Herzoge von
Oesterreich schon frühzeitig Verzicht gethan haben.
**) Im Jahre 1012 fing man den frommen Pilger Colomann
zu Stockerau, dessen Sprache man nicht verstand, als einen
verdächtigen Fremdling, und hing ihn an einen Baum
auf. Pez, Scriptor. T. I. p. 97 et seq.

eines Grundherrn auf, so ward er desselben höriger
Diener, und man übte gegen ihn das Wildfangsrecht
aus *); die Luft, hieß es, mache eigen. Kam der
Fremde als Fußgänger an, so zahlte er für die Be-
tretung des Bodens dem Grundherrn eine Abgabe **); ein Gleiches geschah für Pferde und Wagen ***). Auch für die Erlaubniß, auf dem Wasser
vor seinem Grunde vorbey zu fahren, dort anzulan-
den, oder über einen Fluß zu setzen, mußte man
verschiedene Zölle entrichten. Die grundherrlichen

---

*) Pfeffinger, Vitriarius illustratus. L. III. Tit. XII. c. 22.
p. 145. Jus Wildfangiatus, est jus in numerum hominum propriorum cooptandi extra legitimum matrimo-
nium natos, et adventitios, qui sua sponte ad loca, ubi
advenas hujusmodi inter homines proprios post certum
tempus censeri mos est, se conferunt, et ibidem domi-
cilium figunt. Das Wildfangsrecht hieß auch attractus.

**) Hier sollen nur die Nahmen der Zollabgaben stehen; die
Erklärung derselben findet man bey mehreren Schriftstel-
lern. Wir nennen ganz allein den vortrefflichen Hüllmann:
Deutsche Finanzgeschichte des Mittelalters, S. 223, u. f.
Pedagium, pedaticum, viaticum, pulveraticum, tran-
stura oder transitura.

***) Rotaticum, temonaticum, volutaticum, plateaticum,
silvaticum, pontaticum, portaticum, Thorgeld. Sag-
maticum vel saumaticum, salutaticum, eine Natural-
abgabe von Waaren; mutaticum, Mauth. Zu Wasser
ward gefordert: navaticum, barganaticum, Barken-
oder Kahngeld; tranaticum, ripaticum, cespitaticum,
Rasengeld für die Erlaubniß an grünen Plätzen anzufah-
ren, laudaticum, nautum. — Hierher gehört die Stelle
des Zollpatentes H. Leopolds, apud Rauch, T. II. p. 109.
Duo Franzones (Franken, die in der Stadt Stein anlan-
den, dent unum denarium choloniensem; pueri uero
eorum qui sunt infra XII. annos nihil dent. — Beynahe
alle oben angeführte Nahmen der Zollabgaben finden sich in
einer Urkunde K. Ludwigs des Frommen für die Straß-
burger Kirche, apud Schoepflin, Alsatia diplom. I. 799.

Forderungen an Reisende arteten bald in eine scham=
lose Geldgierde, und sogar auch in offenbare Raub=
sucht aus. Stand irgendwo eine Brücke, so nöthigte
man die Reisenden über sie zu gehen, wenn es gleich
bequemere und kürzere Wege anderswo gegeben
hat *); ja man war unverschämt genug, ganz unnö=
thige Brücken, sogar auf trockenem Felde anzulegen,
um nur unter einem vorgeblichen Vorwand einen
ergiebigen Brückenzoll erheben zu können **). Uiber
Flüsse wurden Seile gespannt um die Schiffe zu
zwingen an das Land zu fahren, und den Grundherrn
mit mancherley Abgaben zu bereichern ***). So vie=
ler und so großer Unfug wurde unter der kraftvollen
Regierung Carls des Großen getrieben und durch
wiederhohlte Befehle strenge untersagt; aber unter
seinen Nachfolgern stiegen die Zollerpressungen der
Grundherren auf den höchsten Grad. Bald schwach=
sinnig, bald durch Noth gedrungen verliehen sie Lieb=

---

*) Capit. I. Caroli M. anno 809. c. 19. Ut nullus cogatur ad
pontem ire ad flumen transeundum propter telonei cau=
sam, quando ille in alio loco compendiosius illud flumen
transire potest. Cf. Capitul. Ludovicii Pii, anno 819,
c. 17.

**) Capit. II. Caroli M. anno 809, c. 9. Similiter in plano
campo, ubi nec pons nec trajectus est, ibi omnimodis
praecipimus ut non teloneum exigatur.

***) Cap. II. Caroli anno 805, c. 13. De teloneis. Nova sive
injusta, ubi vel funes tenduntur, vel cum navibus sub
pontibus transitur, seu his similia, in quibus nullum
adjutorium itinerantibus praestatur, ut non exigantur.
Similiter etiam de his qui sine negotiandi causa substan=
tiam suam de una domo sua ad aliam, aut ad palatium
seu in exercitum ducunt. Die neu errichteten Zollstätte
schaffte Carl gänzlich ab. Cap. V. anno 806, c. 11. De telo=
neis et cispitacis ... ut ubi antiqua consuetudo fuit, exi=
gantur; et ubi nova fuerint inventa, destruantur.

lingen und auch gefürchteten Magnaten häufige Zoll-
privilegien entweder nach Launen umsonst, oder auch
gegen bare Bezahlung. Den privilegirten Großen
eiferten bald Andere nach, und erschlichen oder er-
trotzten sich ein gleiches Vorrecht, bis zuletzt, vorzüglich während des langen Zwischenreichs, das eine
wahrhaft goldene Zeit für das Faustrecht und für Anmaßungen und Gewaltthaten aller Art gewesen: ist,
an unzähligen Orten eine Zollstätte errichtet wurde
zu großem Nachtheile des Handels und aller Gewerbe. Und stand einmahl so ein Haus der Erpressung,
so ließ es sehr schwer, dasselbe wieder abzuschaffen,
denn ein jeder Mißbrauch, jeder Unfug, jede Gewaltthat, nur einige Mahle versucht und glücklich
ausgeführt, ward sogleich zu einer alten, wohl hergebrachten guten Gewohnheit und zu einem Vorrechte, auf das man nur nothgedrungen wieder Verzicht that *).

Dieses Unwesen vermehrte sich in den folgenden
Jahrhunderten nach der Auflösung der alten Gau-
verfassung noch um Vieles, denn ein jeder Verwalter
eines königlichen Gutes oder Amtes sah dasselbe bald
für Eigenthum und für eine Erwerbsquelle an, die
ihn in kurzer Zeit bereichern und auf seine Abkömm-
linge forterben sollte. Schwache Regenten konnten
keinen Widerstand leisten und mußten dieß alles ungeahndet geschehen laffen; mehrere von ihnen theilten mit den zugreifenden Magnaten die wenigen
Uiberbleibsel noch vorhandener Reichsgüter und Re-

---

*) Baluz, T. II. p. 41. Capit. Caroli Calvi anno 847.
Tit. IX. c. 6. Ut rapinae et depraedationes, quae
quasi jure legitimo hactenus factae sunt, penitus in-
terdicantur, et nemo se impune post haec eas praesu-
mere posse confidat.

galien, und eigneten die Beute ihrem eigenen
Stammhause zu.

So viele Beyspiele in allen Provinzen Deutsch=
lands reitzten auch den Oesterreichischen Adel zur
Nachfolge, und schon H. Leopold fand es für nöthig,
dem alten Landrechte ein Verboth gegen Errichtung
neuer Mauthen einzuverleiben *). Dessen ungeachtet
nahmen sich mehrere Grundherren in Oesterreich die
Freyheit heraus, Reisenden neue Zölle aufzubürden,
was vorzüglich während der allgemeinen Verwirrung
nach H. Friedrichs des Streitbaren Tode und in den
letzten Jahren der Regierung K. Ottokars geschehen
ist. Der K. Rudolph schaffte diesen Unfug im Jahre
1276 in allen Oesterreichischen Provinzen wieder
neuerdings ab **). Doch auch dieser kaiserliche Befehl
konnte das Uibel nicht mit der Wurzel ausrotten,
denn es gab Zollstationen in Oesterreich, welche ein
Eigenthum altadeliger Geschlechter waren, und seit
undenklichen Jahren mit Bewilligung der Kaiser be=
standen ***). Wir machen nur von einer der vorzüg=

---

*) Senkenberg, Visiones diversae de collectionibus Legum
Germanicarum. Lipsiae, 1765. Es soll auch niemant weder
auf wasser noch auf land newe Maut legen noch nemen in
ain rechten geswornen Landfrid an da man zu Recht mauten
sol es sey dann das Jms der Landesherr erlaub. Wer es dar=
über tut da sol man gegen richten als gen ain Straßrauber.

**) Lambacher, Oesterreichisches Interregnum. S. 119 im An=
hang. Item auctoritate Imperiali tollimus et finaliter irri-
tamus omnes mutas, thelonia, Vectigalia et pedagia de
novo imposita per aquas et terras, antiquis secundum
terrarum consuetudinem ab antiquo hactenus observa-
tam in suo robore duraturis. Alioqui contra faciens se
sciat nostra gratia cariturum, et secundum quod nostra
providentia dictaverit puniendam.

***) Supplementum Codicis Austriaci. Leipzig, 1748. S. 3
und 4. Im Lande unter der Euns gab es sieben und siebzig

lichsten Meldung, von welcher der Wassertransport
nach Oesterreich gesperrt werden konnte. Diese war zu
Aschach im Lande ob der Enns.

Reich an Besitzungen und mit mehreren regieren=
den Häusern verschwägert waren die unmittelbaren
Reichsgrafen von Schaumberg *). Ihr Hauptsitz
war das gleichnahmige Schloß oberhalb Eferding;
im Mühlviertel besaßen sie die sehr feste Burg Neu=
haus. Dort fließt die Donau von hohen Bergen einge=
engt in manchen Krümmungen vorbey: eine höchst
günstige Lage für Freybeuter, welche Kaufmannsgü=
tern auflauerten, die von oben herab nach Wien und
nach dem Orient, oder von dorther nach Passau, Re=
gensburg, und weiter nach Westen verführet wurden.
Zu Aschach, welcher Marktflecken in alten Urkunden
sehr oft Aschau genannt wird, hatten die Grafen die
gesetzliche Befugniß, den vorbeyfahrenden Schiffen
einen Zoll abzufordern, welches Vorrecht sie aber
nach der Sitte der damahligen Zeit sehr oft miß=
brauchten. Der Zoll wurde willkührlich gesteigert, die
Donau bey Neuhaus mit Seilen gesperrt und man=
ches Schiff, das mit kostbaren Waaren beladen war,
weggenommen und für ein Eigenthum der Grafen er=
klärt: und dieß alles aus keiner andern Ursache, als
weil es diesen mächtigen Herren so beliebte. Selbst
feyerlich abgeschlossene Verträge schützten nicht vor
schreyenden Ungerechtigkeiten.

Dieß haben die Bürger von Regensburg erfah=
ren, welchen ein reich beladenes Schiff von den Gra=
fen ist weggenommen worden. An einen oberrichterli=

Zollstationen, die ein Eigenthum adeliger Geschlechter und
verschiedener Gemeinden waren.
*) Oesterreich unter H. Rudolph dem Vierten. S. 7, u. f.

chen Ausspruch, der die Grafen zur Genugthuung
verpflichtet hätte, war damahls gar nicht zu denken;
man nahm alfo feine Zuflucht zu Unterhandlungen,
die nach mehreren Jahren die Folge hatten, daß die
Grafen im Jahre 1332 ihr begangenes Unrecht be=
kannten, und einen Erfatz von fünfhundert Mark
Silbers verfprachen. Bis zur Erlegung dieser Sum=
me verhießen fie, fich mit der alten Zollabgabe begnü=
gen zu wollen, die von einem jeden beladenen Schiffe
in zwey und dreyßig Pfennigen, zwey Pfund Pfeffer,
zwey Hauben und zwey Hutfchnüren beftand *). Unge=
achtet dieses Vertrages und eines neuen Verfprechens
des Grafen Heinrich im Jahre 1345, das den Kauf=
leuten von Cöln, Gmünd und Augsburg volle Sicher=
heit des Handels zu Waffer und zu Lande verbürg=
te **), wurden doch wieder Schiffe der Regensburger
und Cölner 1361 ***) und 1382 angehalten, und un=
ter mancherley nichtigen Vorwänden bey Neuhaus an
der Fortfetzung der Reife gehindert ****). Der Graf
Heinrich wird in den alten Chroniken als ein wilder
Räuber gefchildert, der fein Zollrecht zur Plünderung
der Kaufleute und zur Beeinträchtigung des ganzen
Landes fchändlich mißbrauchte *****). — Mehrere

---

*) Gemeiner, Chronik. Th. I. S. 557, u. f.
**) Gemeiner, Th. II. S. 45.
***) A. a. O. S. 119.
****) A. a O. S. 205.
*****) Pez, Scriptor. T. I. p. 1161. Appendix ad Chron. Hageni,
  ad annum 1381. Des jar kriegt Hertzog Albrecht mit dem
  Grauen von Schaumberkh, der nam den Chölnern zwölf
  Scwm gwantzß (Tücher), und andere habe wol auf taufent
  pfunt, und raubt zu Land und waffer, das dem Land fcha=
  den bracht, und ließ kein wein auß den Land, das der wein
  fo wohlfail ward, das fein nyempt acht, und trug der an=
  dern jars chaum halben Vngelt in dem Land. — Chron.

Klöster erhielten zu verschiedenen Zeiten von den Grafen eine Zollfreyheit zu Aschach *).

Aber nicht die Adeligen allein thaten durch ihr Zollrecht dem Handel großen Abbruch; auch die Landesfürsten der damahligen Zeiten hemmten die Fortschritte desselben durch häufige und übermässige Zollabgaben. Beynahe ein jeder Herzog steigerte sie ohne jede andere Rücksicht, als nur seinen Finanzen aufzuhelfen. Dabey wurde nur ein geringer, oft auch gar kein Unterschied zwischen inländischen und auswärtigen Producten gemacht. Und um diese Geldquelle recht reichlich fließen zu machen, ergriff man das verkehrte Mittel, den Zoll immer zu erhöhen, und wähnte sich dadurch eines reichlicheren Ertrages bemeistern zu können. Aus diesem falschen Grundsatz ging die Folge hervor, daß die Zollstationen bis zum Unglaublichen vermehret wurden, denn man setzte voraus, daß der Fürst desto mehr Einkünfte bezöge, je öfter die Zollabgabe wiederholet würde. Die Belege hiervon liefern häufige Zollpatente vom dreyzehnten bis zum siebzehnten Jahrhundert, von welchen im gegenwärtigen Buche an gehörigen Orten weitläufiger Erwähnung geschehen wird. Von der Menge der Zollstationen in Oesterreich zeugen die Urkunden. Kaufleute, die zu Wasser oder zu Lande von den Bayerischen

---

Thomae Ebendorfer, l. c. T. II. p. 218. Erat (Dux Albertus) tardior ad iram, provocatus tamen vix placari potuit. Quod et Henricus Comes de Schaumberg medullitus senſit pro eo, quod a ſuis praedis in Auſtria ſe non cohiberet, etc.

*) Die Urkunden hierüber finden sich in Monumentis Boicis, im Archiv des Klosters Wilhering, u. ſ. w. Für das Kloster Baumgartenberg sind eine Urkunde von 1323, und zwey Bestätigungen derselben theils abgedruckt, theils angezeigt in meinen Beyträgen, Th. III. S. 433, u. f.

Gränzen bis nach Wien ihre Waare verführten, hatten davon nicht etwa einen Straßen= sondern eigentlich einen Waarenzoll an folgenden Orten zu entrichten: in Aschach, Wels, Linz, Enns, Mauthausen, Emmerstorf, Ips, Stein, Melk, St. Pölten, Tuln, Wien. Die meisten dieser Zollstationen kommen schon im zwölften und dreyzehnten Jahrhundert vor*), bestanden noch in den folgenden Zeiten, und wurden sogar mit mehreren neuen vermehret. Zu den vielen Zollstationen des Landesfürsten und der Grundherren kamen noch eben so viele andere hinzu, als es landesfürstliche Städte im Lande gab, denn alle, und auch die meisten landesfürstlichen Märkte, erlangten das Vorrecht, von den durch= oder vorbeygeführten Waaren eine bestimmte Abgabe zum Besten der Gemeinde zu fordern. Durch so viele Beyspiele aufgemuntert sich mit leichter Mühe zu bereichern, wagten auch die Besitzer eines Landgerichtes den Versuch, durchziehenden Kaufleuten eine Zollabgabe unter dem Vorwande abzufordern, weil sie für die Sicherheit der Straßen zu wachen hätten. Den schlechten Zustand der öffentlichen Sicherheit für reisende Kaufleute während des Mittelalters kennen wir genugsam. Dessen ungeachtet drangen die Landgerichtsherren einen langen Zeitraum hindurch mit ihren Anmaßungen durch: Gewalt hat für Recht gegolten**).

Noch drückender wurden diese häufigen Zollabgaben durch die Habsucht der Zollbeamten, die sich Erpressungen aller Art erlaubten. Schon H. Leopold der

---

*) In den oben angeführten Urkunden und in dem Stadtrecht, welches H. Albrecht 1287 den Bürgern von Steyr verliehen hat. Preuenhuber, S. 36.

**) Die Beweise davon werden an einem anderen Orte vorkommen.

Glorreiche ſah ſich bewogen zu befehlen, daß betriegeri=
ſche Zollbeamte wie die Räuber beſtraft werden ſoll=
ten *). Daß es wirklich dergleichen verworfene Beamte
bey den herzoglichen Gerichten und Zollſtationen ge=
geben, erhellet aus dem Privilegium, welches H. Leo=
pold 1192 den Bürgern von Regensburg verliehen
hat **). Aehnliche Befehle ſind aus ſpäteren Zeiten
noch häufige vorhanden: ein Beweis immer wieder=
hohlter Uibertretungen derſelben ***). Betriegereyen
der Zollbeamten hatten damahls auch einen weit
freyeren Spielraum als ſpäterhin. Um läſtigen Un=
terſuchungen bey ſo vielen Zollſtationen zu entgehen
und nicht lange aufgehalten zu werden, mußte ſich der
Kaufmann zu manchem Opfer bequemen. Und da es
noch Sitte war, einen Theil der Waaren anſtatt des
Geldes als Zollabgabe auszuliefern, ſo war es den
Beamten ein Leichtes, einen Zank zu erregen, und
nach dem Beſſeren zu greifen. Manchmahl mögen
auch die Kaufleute ihre Fracht nicht redlich angegeben
haben. Mit einem Wörte: Bey Zollämtern, wo man
gewöhnlich ſehr willführlich und habſüchtig verfuhr,
durfte man die hoch angeprieſene alte Redlichkeit und

---

*) Senkenberg, Viſion. p. 237. Wir wellen vnd gepieten das
   kain Mautner noch kain Zollner kain vnrecht Maut noch
   Zol nem. wer das darüber tut den ſol man richten als über
   ain rauber.

**) Scheid, l. c. Contra inſolentiam eorum, qui officiis no=
   ſtris preſunt, eos familiarius nobis obligatos ſtabili jure
   protegamus inpoſterum.

***) Gemeiner, Chronik, Th. I. S. 479. Im Jahre 1311 ſchrie=
   ben Deputirte von Regensburg dem dortigen Magiſtrat
   aus Wien: „Wir tun iv chunt. daz wir grozzen gebreſten
   haben von den Mavtenaern hienieden ze Wienne. des wir
   e ongewon ſin geweſen. daz vns die Mavtenaer anſuchent:
   die wellent vns vnſeriv recht brechen, u. ſ. w.‟

Treue nicht suchen. Die Regensburger und Cölner
haben in Aschach und Wien, und die Bürger der
Städte Oesterreichs in ihrem eigenen Vaterlande
davon sehr traurige Erfahrungen gemacht. Erlaubte
man sich gegen letztere, die doch sehr begünstiget
wurden und von unseren Landesfürsten durch häufige
Privilegien genugsam gesichert schienen *), grobe
Erpressungen; wie wird man sich erst gegen Ausländer und andere gemeine Leute benommen haben? Der
Unfug wurde so weit getrieben, daß man sich bey Zollstationen sogar das wilde Recht herausnahm; Repressalien gegen Vorbeyreisende auszuüben, welches
K. Leopold 1665 den Zollbeamten strenge verbothen
hat **).

Der schwere Druck der Mauthen lastete größtentheils nur auf fremden Kaufleuten und auf dem
gemeinen Volke des Landes. Den Adel hat schon
das alte Landrecht von aller Zollabgabe von Lebensmitteln frey gesprochen ***); die Klöster und
Städte zahlten von einigen Dingen einen kleineren

---

*) Aus vielen schon bekannten und noch unbekannten Bey-
spielen nur Eines. Die Stadt Enns hat 1244 vom Herzog
Friedrich, und 1276 vom Kaiser Rudolph eine vollkomme-
ne Mauthfreyheit erhalten. Hormayrs Taschenbuch für
1812, S. 54. Oesterreich unter den Königen Ottokar und
Albrecht, Th. II. S. 130. Und doch wurden die dortigen
Bürger von verschiedenen Zollbeamten durch unbillige
Forderungen gequälet. Es waren neue Befehle nöthig, wel-
che die Beylage No. I. enthält.
**) Quarient, Cod. Austr. Th. II. S. 10. Von den Repressa-
lien handelt ein eigener Abschnitt, der weiter unten folgt.
Vorzüglich arg benahmen sich die Jüdischen Pächter auf
Zollstationen. K. Ferdinand der Zweyte schaffte sie 1627 ab.
Quarient, Th. I. S. 564.
***) Senkenberg, Vision. p. 263. So sol auch kain edlmann
nicht Maut geben weder auf Wässer noch auf land was er

Zoll, von andern waren sie gänzlich zollfrey erkläret. Um die landesherrlichen Gefälle zu vermehren, fing man schon im Jahre 1544 an, die Zollfreyheiten der landesfürstlichen Städte einzuschränken *). Erst den späteren Zeiten blieb der Ruhm vorbehalten, die übergroße Zahl der Mauthstationen beträchtlich zu vermindern, und Einheimische und Fremde vor Plackereyen der Zollbeamten möglichst zu schützen.

Zweyter Abschnitt.

Straßenzwang.

Bey der übergroßen Anzahl von Zollstätten, die sich in allen Gegenden Oesterreichs vorfanden, muß es desto mehr befremden, daß man den Kaufleuten des In- und Auslandes mit großer Strenge die Straßen bezeichnete, auf denen sie ihre Waaren fortbringen mußten. Wer außerhalb derselben ertappet wurde, verlor sein Kaufmannsgut, und verfiel noch überdieß in eine schwere Geldstrafe. Eine freye Wahl der Straßen, auf welchen Handelsleute ihren Waarenzug einleiten wollten, wurde von den Regenten nicht gestattet; sie mußten sich gar oft weite Umwege gefallen lassen, um nicht straffällig zu werden. Die Ursache dieses Zwanges waren gewöhnlich die Stapelrechte begünstigter Städte und Märkte, welche vorbey- oder durchreisenden Kaufleuten die Pflicht auferlegten, ihre Waaren dorthin zu bringen und einige Zeit hindurch den Bürgern feil zu biethen. War dieses geschehen, so durften sie wieder fortziehen. Es hat aber auch in vie-

---

in seim haus essen oder trincken wil das sol er vmb des lanndesherrn dienen mit seinem schilt.
*) Quarient, a. a. O. S. 543, u. f.

len Gegenden ein Straßenzwang bestanden, ohne daß
dieselben sich eines Stapelrechtes zu erfreuen hatten,
wovon wir mehrere Beyspiele aus Urkunden anzuge=
ben im Stande sind. In solchen Fällen konnte demsel=
ben keine denkbare vernünftige Ursache zum Grunde
liegen, als die Verhinderung des Schleichhandels oder
die Begünstigung landesfürstlicher Städte und Märk=
te, welche an den vorgeschriebenen Straßen lagen, und
aus dem Durchzug der Reisenden mancherley Vor=
theile zogen; der Regent gewann und verlor dabey
nichts.

Zur bequemeren Uibersicht der großen Last, die
der Straßenzwang den Handelsleuten zu ihrem Scha=
den aufbürdete, werden wir von dem großen Vorrath
an Urkunden, von welchen der größte Theil noch nicht
bekannt gemacht worden, nur diejenigen anführen,
welche Oesterreichs berühmtere Städte und Märkte
von den Herzögen erhalten haben, und die uns den Un=
fug des alten Straßenzwanges in seiner ganzen häßli=
chen Gestalt zeigen. Wir fangen von Wien an.

Den ältesten, uns bekannten Straßenzwang zum
Vortheile der Wiener enthält das Privilegium, das
ihnen H. Leopold 1198 verliehen hat. Den fremden
Kaufleuten wurde befohlen, ihre Waaren dorthin zu
bringen, sie aber ja nicht weiter nach Ungarn zu ver=
führen *). Diese Verfügung wurde vom Kaiser Ru=
dolph 1278 mit dem harten Zusatz erneuert, daß die
Kaufleute ihre Waaren nur auf der Landstraße, und
nicht zu Wasser nach Wien zu bringen verpflichtet
seyn sollten; nach Ungarn zu handeln ward ihnen

---

*) Lazius, l. c. p. 74. Nulli civium de Suevia vel de Ratis-
bona vel de Patavia liceat intrare cum mercibus suis in
Hungariam.

neuerdings unterſagt *). Es dauerte aber nicht lange,
daß eine leidige Erfahrung die Wiener belehrte, welche
ſchädliche Folgen ſo ein Uibermaß von Privilegien
nach ſich zöge, denn ſie mußten ja die Waaren, die
man ihnen auf der Achſe aus entfernten Ländern zu-
führte, deſto theurer bezahlen. Der damahlige Landes-
verweſer H. Albrecht, der Adel und die Bürger von
Wien bathen den Kaiſer um Milderung eines höchſt
verderblichen Straßenzwanges, und dieſer ſtimmte
ihren Wünſchen bey. Den Kaufleuten ward 1281 die
Freyheit ertheilet, ihre Waaren nicht nur auf der
Landſtraße, ſondern auch auf dem Waſſer nach Wien
zu bringen **).

Im vierzehnten Jahrhundert wurde das Syſtem
des Straßenzwanges durch viele Verordnungen zum
Vortheile einzelner Städte, aber auch zum Schaden
der übrigen Landesbewohner und zur Beeinträchtigung des Handels überhaupt erweitert, und den Kaufleuten verſchiedener Gegenden genau die Straße beſtimmt, auf welcher ſie nach Oeſterreich kommen, und
aus dieſem Lande wieder in andere Provinzen fortwandern mußten. Gleiche Befehle ergingen auch für die
einheimiſchen Kaufleute und für den Handel im In-

---

*) Lambacher, im Anhang, S. 156. Nulli homini de Suevia,
vel Ratisbona, vel Patavia, vel de terris aliis quibuſcun-
que liceat intrare cum mercibus ſuis in Hungariam, ſed
via regia in Viennam procedat tantummodo.

**) Lambacher, S. 191. In der Urkunde Albrechts heißt es:
„Wand uns und unſern .. Rat ouz den purgern ze Wiennen der vorgenant Saz und der Artikel den Choufleuten
geſten (fremden) ze ſchwer deucht, nu hab wir in den vorgenanten rat .. alſo geleit und geſazt, das die vorgenanten
Choufleut, die in daz Lant ze Oeſterreich arbeitent (Handel
treiben) mit ir Choufſchaz die gemeinen ſtrazze ouf Wazzer
und ouf Lante für ſich gen Wienne ſchulen varen.‟

3

nern des Landes; um schädlichen Privilegien mancher
Orte nicht zu nahe zu treten, durften alte, bequeme,
wohl erhaltene Straßen nicht mehr befahren werden,
oder blieben doch für gewisse Reisende und Waaren
gänzlich verbothen. Auf Zeitverlust durch weite Um=
wege, und auf größere dadurch verursachte Frachtko=
sten wurde keine Rücksicht genommen.

Uiber den Straßenzwang nach Wien hat der K.
Albrecht eine Verordnung erlassen, welche H. Albrecht
der Lahme 1351 erneuert hat *). Im Jahre 1361
verboth H. Rudolph allen Kaufleuten, die Straße
über Zeyring in der Steyrmark zu befahren, weil sie
ausschließlich nur den Bürgern der landesfürstlichen
Städte im Lande ob der Enns angewiesen sey. Die
Straße vor Laybach vorbey zu fahren war allen Kauf=
leuten verbothen **). Etwas vor Wien vorbey, und
nicht in die Stadt hinein zu bringen, ward 1364
neuerdings untersagt ***). — Der H. Albrecht der
Dritte hatte es einigen ausländischen Kaufleuten er=
laubt, auch auf anderen Straßen, als die ihnen bisher
vorgeschrieben waren, durch Oesterreich zu ziehen, wor=

---

*) Rauch, T. III. p. 73. Wir wellen ernstlichen pey vnsern
   hulden, das aller kaufschacz von wann er gefurt wirt, Auf
   dem sand oder auf dem wasser In vnser landt gen osterreich
   die rechten straßen für sich gen wienn gefurt werde, u. s. w.
**) Rauch, l. c. p. 91. Der Codex, dessen sich Rauch bediente,
   hat die Stelle: „das chain gast weder von Wehem von Vn=
   gern oder von andern lannden nach chainer vnser purg fur=
   baz mer ziech mit seiner chausmanschafft vber die zeprik denn
   nur allain vnser purger in vnsern steten ob der Enns " —
   Der Codex von Seitenstetten hat die richtigere Leseart:
   „Das kain gast weder von Behem, von Vngern oder von
   anndern landen, Noch kainer vnnser purger fürpas mer
   Zich .. Vber die Zeyrigk.“
***) L. c. p. 94.

über ihn aber die Wiener mit Klagen über die Verle=
zung ihrer Freyheiten so lange bestürmten, bis er ih=
nen 1369 sein Wort gab, ihre Privilegien künftig bes=
ser zu achten und zu schützen *).

Im Jahre 1368 entstand ein Streit zwischen den
Bürgern in Wien und den Bürgern von Pettau. Letz=
tere gaben vor, die Freyheit zu besitzen, Waaren von
Venedig über den Karst führen zu dürfen. Dagegen
ereiferten sich die Bürger von Wien und von mehreren
Steyermärkischen Städten gar sehr, und riefen wider
solchen unaussprechlichen Frevel und Beeinträchtigung
ihrer theuren Privilegien den landesfürstlichen Schutz
an. Der H. Albrecht befürchtete von dieser Straßen=
freyheit der Pettauer schlimme Folgen für seine Ge=
fälle und auch für die Kaufleute der übrigen Städte;
wollte aber doch keinen übereilten Ausspruch thun, oh=
ne sich von dem Vorgeben der Pettauer überzeugt zu
haben. Er forderte also die Städte im Lande ob der
Enns auf, Bericht zu erstatten, ob die Bürger von
Pettau wirklich das Vorrecht besäßen, Waaren von
Venedig über den Karst zu führen, und sie an der Drau
nach Ungarn zu versenden. Die Bürger von Linz,
Enns, Steyr, Wels und Freystadt betheuerten bey
ihrer Treue, daß die Pettauer nie ein solches Vorrecht
besessen haben; worauf H. Albrecht durch einen Ur=
theilsspruch dem Streit ein Ende machte und den
Kaufleuten die Straßen bezeichnete, auf welchen
schwere und leichte Kaufmannsgüter verführt, und
das Schlachtvieh getrieben werden sollte **). Später=
hin, im Jahre 1386, verboth H. Albrecht den Kauf=
leuten, die nach Venedig Handel trieben, sich der

---

*) L. c. p. 110 — Sonkenberg, Selecta juris. T. IV. p. 464.
**) Beylage Nro. II.

Straße über den Karst zu bedienen, und befahl, daß
sie sowohl hinein nach Venedig, als auch von dorther
zurück, nach Oesterreich über den Semering und durch
Villach reisen sollten; nur den fünf Städten im Lande
ob der Enns *) ward die Straße über Zeyring nach
dem Inhalt ihrer Privilegien zu befahren erlaubt,
wenn sie nach Venedig Handel trieben **). Da ungeachtet mehrerer Verbothe doch noch immer Einige
die Straße nach Pettau benützten: so erging 1389
ein neuer Befehl, alle Kaufleute, die auf diesem Wege
betreten würden, sammt ihren Waaren anzuhalten,
darüber dem Herzog Bericht zu erstatten, und weitere
Verhaltungsbefehle abzuwarten ***).

Als die Stadt Grätz 1393 ein Stapelrecht für
alle Kaufmannsgüter, die von dort nach der Windi-
schen Mark, oder von derselben nach der Steyermark
gebracht wurden, auf sieben Jahre erhielt: so setzte
H. Albrecht die ausdrückliche Bedingung hinzu, daß
diese neu verliehene Freyheit weder dem Stapelrechte
der Stadt Wien, noch auch dem Handel mit Venedig
einen Nachtheil bringen dürfe. Zugleich wurde den
Bürgern von Grätz aufgetragen darüber zu wachen,
daß auf den Straßen über den Karst und über den
Hartberg gegen Pettau und nach der Mark kein Handel getrieben würde. Träfen sie auf diesen beyden
Straßen Handelsgüter an, so sollen sie dieselben zum

---

*) Diese fünf Städte waren: Linz, Enns, Steyr, Wels
und Freystadt. Vöcklabruck ist wahrscheinlich damahls verpfändet gewesen. Gmunden, obgleich eine alte Stadt,
erscheinet viel später als eine freye landesfürstliche Stadt.
Damahls war sie es schon, hatte aber wahrscheinlich dasselbe Loos, wie Vöcklabruck.

**) Beylage Nro. III.

***) Beylage Nro. IV.

Vortheil des Herzogs und ihrer Stadt hinwegneh=
men. Kämen aber Ungarische Kaufleute mit Waaren,
die sie nach Wien verführen wollten, oder mit Frach=
ten von Wien nach Ungarn in die Gegend von Grätz:
so dürfte man sie nicht zwingen, dieselben wegen des
neuen Stapelrechtes in der Stadt abzuladen *).

Spätere Patente über den Straßenzwang zum
Vortheil der Stadt Wien enthalten nichts Merk=
würdiges; wir übergehen sie daher mit Stillschwei=
gen **).

Bevor wir in der Geschichte des Straßenzwanges
das Land unter der Enns verlassen, müssen wir noch
von einem Marktflecken Erwähnung thun, der wegen
seines hohen Alters und seiner Vorrechte unsre Auf=
merksamkeit verdienet. Es ist dieß der Markt Aspach
in einer geringen Entfernung vom Kloster Seitenstet=
ten; welchen vor mehr als tausend Jahren Kaiser Carl
der Große nebst anderen Gütern dem Bischof Walde=
rich von Passau geschenkt hat ***). Aspach war schon

---

*) Beylage Nro. V.

**) Guarient, Th. II. S. 320. Dort findet man Patente über
den Straßenzwang von den Kaisern Maximilian II., Ru=
dolph II., Ferdinand II., Ferdinand III. und Leopold ange=
zeiget.

***) Hansiz, Germania Sacra. T. I. p. 114 et 155. K. Ludwig
der Fromme sagt in einer Urkunde für den Bischof Reginar
im Jahre 823: Genitor noster beatae memoriae piissimus
Imperator Carolus ... quaedam loca ad eandem Eccle=
siam Sti Stephani, ubi tunc Waldaricus Venerabilis Epi=
scopus praeerat, tradidit ... in terra Hunnorum Zeysen=
murum, Trasmam ... Aspach. — Bey der Erweiterung
des dortigen Rathhauses im Jahre 1821 fand man Trüm=
mer Römischer Denksteine. Die Ueberbleibsel der Inschrif=
ten hat mein verehrter Freund, Herr Wolfgang Mitter,
vormahls Bibliothekar in Seitenstetten, nun Pfarrer in
Aspach, gesammelt.

im dreyzehnten Jahrhundert mit einem eingeschränk=
ten Stapelrecht und einem Privilegium des Straßen=
zwanges begabt *) : ein seltener Vorzug eines Markt=
fleckens in so früher Zeit.

Linz, die Hauptstadt im Lande ob der Enns, hatte
nie ein Stapelrecht, oder eine sogenannte Waarennie=
derlage, was auch die Ursache ist, daß es dort keinen
strengen Straßenzwang gegeben hat. Die Bürger von
Linz und den übrigen Städten Oberösterreichs unter=
lagen aber selbst dem Zwange, daß sie auf keiner an=
dern Straße als über Zeyring nach Venedig Handel
treiben durften **). Indessen unterlagen Weine, die
bey Linz auf der Donau hinaufgeführt wurden, wenn
nicht alle, doch ganz gewiß einige, dem sonderbarsten
Straßenzwang. Im Jahre 1564 gab der Kaiser Fer=
dinand den Landständen Oberösterreichs und dem
Magistrat von Linz einen Verweis über ihre Sorg=
losigkeit, die Landesprivilegien aufrecht zu erhalten,
und befahl ihnen, die Neuerung nicht länger zu gestat=
ten, daß der Erzbischof von Salzburg und der Propst
von Berchtesgaden den alten Freyheiten des ganzen
Landes und auch der Stadt Linz zuwider, ihre Weine
auf dem Wasser vor der Stadt vorbeyführen. Die
Weine sollen künftig wieder nach alter Gewohnheit
niedergelegt, und auf der Achse nach Salzburg und

---

*) Meichelbeck, Historia Frisingens. T. II. p. 84, n. 139.
Daz chorn oder saltz, daz man feurt oberhalb Ardacher, oder
niderhalb Erlach, daz man furfeuren welle, daz sol man
feuren ze Aspach, und sol ez da vail haben.

**) In der Beylage Nro. III. geschieht schon 1386 Erwähnung
von alten Briefen, nach deren Inhalt die fünf Städte ob
der Enns über Zeyring nach Venedig handeln durften.
Vielleicht gehört der Urtheilsspruch H. Albrechts des Drit=
ten in der Beylage Nro. II. darunter. In der Beylage Nro.
VI. ist diese Anordnung ausdrücklich enthalten.

Berchtesgaden verführt werden *). — Der Ursprung
dieser vorgeblich alten Gewohnheit ist uns unbekannt;
er verräth aber desto mehr eine feindselige Gesinnung
gegen die genannten geistlichen Vorsteher, da wir ein
gleiches Benehmen gegen andere Eigenthümer der
Weine, die vor Linz vorbey auf der Donau ins Ausland verführt wurden, in den Urkunden nicht finden.
Die Stadt Linz hat 1369 vom H. Albrecht, und
1477 vom K. Friedrich das Recht erhalten, vom
Wein eine Abgabe zu nehmen **); daß aber die Landstände und der Magistrat von Linz die Befugniß hatten zu fordern: man solle den Wein dort aus den
Schiffen nehmen, und auf der Achse nach Bayern und
Salzburg verführen — darüber hat sich noch keine
alte Urkunde vorgefunden ***).

Auf der Nordseite der Donau in Oberösterreich
übten die Bürger von Freystadt, durch landesfürstliche Privilegien dazu bevollmächtiget, über das ganze
obere und untere Mühlviertel einen äußerst drückenden Straßenzwang aus, wodurch aller Handel in der
dortigen Gegend ungemein erschweret wurde. Die erste
Veranlassung dazu hat K. Rudolph gegeben, der den
dortigen Bürgern im Jahre 1277 ein Stapelrecht
verliehen hat ****), das durch spätere Privilegien der

---

*) Das Datum ist: Geben in Vnser Statt Wien, am 20 tag
Martii, Anno ꝛc. 64.

**) Beylage Nro. VII.

***) Vergebens sucht man im ständischen Archiv dieses Privile-
gium. Reichard Strein, der in seiner noch ungedruckten
Landhandvest des Erzherzogthums Oesterreich viele Privilegien gesammelt hat, kannte es ebenfalls nicht.

****) Oesterreich unter den Königen Ottokar und Albrecht. Th.
II. S. 262. Hanc gratiam concedimus, ut singuli Mercatores, undecunque venientes, ibidem debeant deponere
merces suas.

nachfolgenden Regenten bis zur Ungebühr erweitert
ward. Der H. Rudolph erneuerte ihnen 1359 das
Stapelrecht in einer Lateinischen Urkunde *). Da aber
dieselbe der fremden Sprache halber zum täglichen
Gebrauch und zur Beweisführung gegen widerspän-
stige Kaufleute nicht wohl geeignet war, so bathen ihn
die Bürger, ihnen die Urkunde über ihr Stapelrecht
in Deutscher Sprache auszustellen. Rudolph erfüllte
1363 ihre Bitte, ließ seine Lateinische Bestätigung des
Stapelrechtes in die Muttersprache übersetzen, und
fügte noch neue Freyheiten hinzu. Diese bestanden
darin, daß innerhalb einer Meile im Umkreise von
Freystadt niemand Wein, Meth oder Bier ausschenken dürfe, wenn er diese Getränke nicht von einem dortigen Bürger gekauft hat, und daß alles Salz und alle
Kaufmannsgüter, die zwischen den Wäldern aus dem
Lande unter der Enns herauf, oder auch in dasselbe
hinab geführt werden, nach Freystadt gebracht und
dort niedergelegt werden sollen **). Es war ein un-

---

*) Beylage Nᵒ. VIII.

**) Am Ende der verdeutschten Urkunde H. Rudolphs heißt
es: Darzue haben wir vnsern ehe genandten Burgern von
der Freystatt die gnadt gethan, von Neuen dingen für vns,
vnser Grueder, Erben vnd Nachkummen. Vnd thuen auch
wissentlich mit dem Brieff durch sundern nutz vnd frumen
derselben vnser Statt, Das Niemandt wer er sey Edl oder
vnedl, Inner ainer Meyll vmb die Statt khainen wein,
Meth noch Pir schenckhen soll, Er hab es dann gekhaufft
von ainem Burger in der Statt daselbs. Was man auch
khaufmanschafft für die Stat zwischen den walden auf oder
Ab fierdt, Es sey Saltz Grosses oder Khlaines, oder wie dieselb khaufmanswar genandt ist, die soll man in der Statt
Niderlegen ohne widerredt vnd geuährde. Wer aber darwider thett, der soll verfallen sein der Peen vnd des wandls,
die darvor geschriben stuendt. Diser sachen seyndt gezeugen
die Ehrwirdigen Paul zu freysingen vnd Fridrich zu Re-

glücklicher Gedanke Rudolphs, den Bürgern von
Freystadt auf Kosten des halben Landes ob der Enns
und aller durchreisenden Kaufleute ein so auffallend
schädliches Privilegium zu ertheilen; und doch ward
es auf eine unbegreifliche Weise dreyhundert Jahre
hindurch von seinen Nachfolgern in der Regierung
immer neuerdings bestätiget und mit vieler Strenge
in Wirksamkeit erhalten. Wollten die an Kloster
Schlägel, an Weißenbach und Leonfelden angränzenden Böhmen Salz oder andere Oesterreichische Waaren einkaufen, so durfte man ihnen diese Bedürfnisse
nicht auf dem nächsten geraden Wege von Linz über
Ottensheim, Neufelden, oder auch St. Martin, wo
eine alte Straße nach Böhmen vorbeyging *); auch

_____

gensburch Bischoff, unser getreuen Lieben, Steffan von
Meissau ... Diser brieff ist geben Ze wienn an Sant Peters
und Pauls tag der zwelf Potten. Nach Christes Gebuerth
dreytzechen hundert Jar, und darnach In dem drey und
sechtzigisten Jar. Unsers Alters in dem vier und Zwaintzigisten, und unsers gwalts in dem fünfften Jar.
      Wier der vorgenannt Hertzog Ruedolf sterkhen disen
Brieff mit der Unnderschrifft unser selbs Hannden." — Aus
dem Riedecker Codex. Diese Urkunde ist auch späteren Bestätigungen einverleibt worden. Die Richtung der Straßen
zwischen den Wäldern zeigt die Beylage Nro. XII.
*) In einer Urkunde, welche K. Conrad 1142 dem Kloster St.
Florian verliehen hat, heißt es: A posenbach usque in
uiam quo dicitur regia uia juxta ecclesiam sancti Nicolai.
Letztere war die nun abgebrochene Filialkirche von St. Martin im oberen Mühlviertel. Die Straße durch den Haselgraben nach Böhmen wird in der Urkunde des Bischofs
Wolffer von Passau 1198 schon erwähnet, als derselbe die
Herrschaft Wildberg den Starhembergen zu Lehen gegeben
hat. Hoheneck, Genealogisch-historische Beschreibung der
Stände. Th. II. S. 511. A Castro Wildperch ad orientem
est quaedam antiqua via Savinstraze (Saumstraße) vulgariter appellata; quae ducit versus Bohemiam.

nicht durch den Haselgraben über Helmonsed und
Leonfelden zuführen: sondern man mußte sie von Linz
zuerst nach Freystadt, und von dort über ungeheure
Berge und auf elenden Straßen durch meilenweite
Umwege nach Leonfelden, Haslach oder Rohrbach
bringen, um nur nicht das Stapelrecht der Frey=
städter zu verletzen. Eben so mühevoll und kostspielig
wurde durch dieses verderbliche Vorrecht der Waaren=
transport aus dem Lande unter der Enns über Weytra
und Kloster Zwettel herauf. Durch den Königswieser
Wald ging schon frühzeitig eine gut erhaltene Straße
über Pierbach, Pregarten und Wartberg nach Maut=
hausen, aber sie nützte den Kaufleuten nur wenig,
denn kamen sie in Pregarten an, so durften sie ihre
Reise mit den Waaren nicht bis zum nahen Mauthau=
sen, und von dort nach Enns und Steyr fortsetzen,
sondern mußten sich bequemen nach Freystadt zu wan=
dern, und dann den nähmlichen Weg zurück zu ma=
chen, oder über Linz und Enns nach Steyr zu kom=
men, um dort Eisenwaaren zu kaufen und die mitge=
brachte Ladung abzulegen. Hatten sie endlich ihr Ziel
erreicht, so fing die alte Beschwerde wieder von vorne
an. Sie durften keineswegs den nächsten und bequeme=
ren Weg von Steyr über Enns nach Mauthausen,
Pierbach und Königswiesen zur Zurückkehr nach Un=
terösterreich einschlagen, sondern mußten zuvor wieder
nach Freystadt, um den dortigen Bürgern durch den
Stadtzoll und Aufenthalt in einem Gasthause einen
Vortheil zu verschaffen. Von einem Verkauf der
Waaren konnte keine Rede seyn, weil man sie zu ei=
genem Bedarf nach Unterösterreich führte.

Man sucht vergebens nach einem vernünftigen
Grund, aus welchem dergleichen sonderbare Vorrechte
einer Stadt geflossen seyn möchten, denn sie beschränk=

ten doch ungezweifelt nicht nur den Handel der Kaufleute, sondern auch, den Vortheil der Einkaufenden
auf eine unnütze Weise. Man findet davon keinen
anderen Grund als nur die damahlige verkehrte An-
ficht alles dessen, was zur Emporbringung des Handels taugen konnte. Da sich in Pregarten ohnehin
eine Filialmauth von Freystadt wegen des Viehtrie-
bes aus den Waldgegenden nach Mauthausen befand,
warum forderte man denn von Frachtwagen und
Saumthieren nicht gleich auf der Stelle die bestimmte
Zollabgabe, sondern zwang sie nach Freystadt zu
gehen? Aber dann hätten die dortigen Bürger manchen Vortheil, den sie von Reisenden zogen, entbehren
müssen: ein hinlänglicher Grund während des Mittelalters, daß Landesfürsten zum Nutzen der Städte
und Märkte, deren Grundherren sie waren, mit freygebiger Hand Privilegien ausspendeten, durch welche
alle übrige Unterthanen und die Freyheit des Handels gar sehr beeinträchtiget wurden, denn je weitere
Umwege die Waaren nehmen mußten, desto theurer
kamen sie den Käufern zu stehen. Häufige Urkunden
bezeugen es leider, daß so ganz verkehrte Maßregeln
selbst noch im siebzehnten Jahrhundert als kostbare
und ehrwürdige Uiberbleibsel eines hochgeschätzten
weisen Alterthums immer erneuert und in voller
Kraft erhalten wurden. Als Belege führen wir einige
derselben unsern Lesern vor.

Im Jahre 1376 verboth H. Albrecht, ein Salz
aus Oberösterreich nach Böhmen auf einer anderen
Straße als durch Freystadt zu führen. Nach einigen
Jahren, 1393, wurde dieses Verboth erneuert, und
auch auf alle übrige Kaufmannsgüter erweitert, welche aus Oesterreich nach Böhmen, oder von dorther
nach Oesterreich verführet wurden. Vorzüglich wurde

den Kaufleuten die nähere und bequemere Straße von
Linz durch den Haselgraben nach Böhmen untersagt.
Solche auffallende und willkührliche Beschränkungen
des Handels reitzten zum Ungehorsam, und das obige
Verboth muß oft übertreten worden seyn, weil es in
den Jahren 1395 und 1398 wieder neuerdings einge=
schärft wurde *).

Gegen einen so drückenden Straßenzwang ent=
standen häufige Klagen und langwierige kostspielige
Processe. Vorzüglich fanden sich die Bürger der grö=
ßeren Märkte im oberen Mühlviertel gekränkt, daß sie
ihre Straßen nicht benützen durften, sondern Waaren
und auch sogar manche Lebensmittel nicht von dem
nahen Böhmen oder auch von Linz, sondern von der
weiter entfernten Freystadt auf sehr beschwerlichen
Wegen mit großen Kosten abhohlen sollten. Wir über=
gehen Streitigkeiten einzelner Märkte mit Freystadt,
die mit einem Verbothe der Regierung in Linz sogleich
wieder abgethan waren, mit Stillschweigen, und ver=
weilen bey den häufigen Proceßacten des Marktes
Leonfelden mit Freystadt, aus welchen der harte
Druck, der auf den Handel Jahrhunderte hindurch la=
stete, genugsam erhellet.

Nach langem Zwiste, in welchem sich die Bürger
von Leonfelden auf ihre uralte Straße nach Böhmen,
die deutlich genug einen vormahligen Waarenzug an=
deutete, und auch auf die wirkliche Benützung dersel=
ben; die Freystädter aber sich auf ihre Privilegien be=
riefen, sprach der H. Albrecht 1428 das Urtheil, daß
alle Handelswaaren und auch das Salz nach dem
Stapelort Freystadt müßten geführet werden **).

---

*) Beylage Nro. IX.
**) Beylage Nro. X.

Die bequeme Straße von Linz über Hellmonsed war
für sie also wieder nutzlos vorhanden. In den Jahren
1459, 1489, und 1495 wurde der Waarentransport
auf der Leonfeldner Straße immer neuerdings verbothen, bis es endlich den Bürgern von Leonfelden 1496
gelang, vom K. Maximilian eine Linderung des strengen Stapelrechtes der Freystädter zu erlangen. Der
Kaiser entschied den neu entstandenen Zwist über die
Freyheit der Straßen nach Böhmen auf folgende
Weise: Alle eigentliche Kaufmannsgüter: Tücher,
Häute, Eisen, Wachs, Honig, u. s. w. sollen wie zuvor nach Freystadt gebracht werden; die Lebensmittel
hingegen: Fische, Weitzen, Roggen, Hafer, Schmalz,
Bier und andere Eßwaaren kann man aus Böhmen
nach Oesterreich sowohl über Freystadt, als auch über
Leonfelden einführen *). Kaiser Ferdinand bestätigte
diese Entscheidung seines Großvaters im Jahre 1533,
und verboth den Unterthanen bey Reichenthal, Schenkenfelden, Weißenbach und der ganzen dortigen Gegend, mit Gütern oder Eßwaaren eine andere Straße
zu befahren, als die über Freystadt oder Leonfelden.—
Mit dem freyen Durchzug der Lebensmittel hat der
Markt Leonfelden auch an der Zollabgabe von denselben gewonnen, die zwar schon früher bestanden hat,
aber sich nur auf Waaren erstrecken kounte, die von
Freystadt her für den Bedarf der dortigen Gegend gebracht wurden.

So gering der Vortheil war, den der Kaiser dadurch den Bürgern von Leonfelden verliehen hat, so em-
pörte sich doch dawider der Monopoliengeist der Freystädter; und es waren mehrere landesfürstliche Befehle
und eine große Strenge nöthig, die Widerspänstigen

---

*) Beylage Nro. XI.

zum Gehorsam gegen kaiserliche Gebothe zu zwingen.
Wie weit ihr Trotz gegangen, und welcher Mittel sie
sich bedienet haben, um den vom K. Maximilian be-
willigten Waarenzug von Lebensmitteln über Leonfelden zu hindern, sagt eine Urkunde K. Ferdinands vom
Jahre 1533 aus. Die Freystädter, heißt es in derselben, zogen in nahmhafter Anzahl zu Roß und zu Fuß
mit Büchsen und Harnischen bewaffnet aus, und lager-
ten sich auf dem Grund und Boden der Herrschaft
Waxenberg, die eben damahls dem Hofkanzler Nicolaus Rabenhaupt verpfändet war. Dort fielen sie die
Kauf- und Fuhrleute an, ohne zu untersuchen, ob sie
verbothene oder erlaubte Waaren über Leonfelden
herführten. Sie drohten auch letzteren so fürchterliche
Dinge und verbothen ihnen so ernstlich die Straße
über Leonfelden, daß es niemand mehr wagte dieselbe
zu befahren. Weil sich denn, setzt die Urkunde hinzu,
keineswegs gebührt so zu handeln und zu thun: demnach sind die Vielgedachten von der Freystadt schuldig,
die Gerichtskosten und den verursachten Schaden den
Leonfeldern zu ersetzen, mit angehängtem ernstlichen
Befehl, daß beyde Partheyen sich in der Zukunft genau nach der Entscheidung K. Maximilians halten
sollen: alles bey schwerer Strafe *).

Da ein so wilder Frevel so gelinde bestraft wurde,
wuchs den Freystädtern der Muth, Aehnliches noch
öfter zu wagen. Um unnöthige Weitläufigkeiten zu
vermeiden, übergehen wir mehrere dergleichen Zwiste
der Freystädter mit ihren Nachbarn mit Stillschweigen, und erwähnen nur einige Vorfälle, die sich auf

---

*) Diese Urkunde befindet sich im Archiv des Marktes Leonfel-
den. Der Schluß lautet: „Geben in vnser Statt Wien am
22 tag des Monaths Aprilis nach Christi Geburt 1533.‟

ihrer Mauthstation in Pregarten, wo sie mehrere
Zollaufseher unterhielten, ereignet haben, denn aus
ihnen geht ein eckelhaftes Bild des damahligen Straßenzwanges hervor.

Ueber Königswiesen ging eine wohl erhaltene
Straße nach Pregarten und Mauthausen, auf welcher vorzüglich viel Schlachtvieh zur Donau herauf
getrieben wurde. Von einem Pferde und von einem
Ochsen wurde dort ein Pfennig, von einem kleineren
Vieh ein Heller bezahlt; die Frachtwagen mußten
alle ohne Ausnahme von Pregarten nach Freystadt
fahren und dort den Zoll entrichten. Im December
1550 kamen mehrere, mit Weitzen beladene Wagen
an, konnten aber des tiefen Schnees halber unmöglich
nach Freystadt kommen. Die Fuhrleute schickten den
festgesetzten Zoll durch einen eigenen Bothen nach
Freystadt, und fuhren auf der mehr gebahnten Straße
nach Linz fort. Dadurch fanden sich die Freystädter
an ihrem Stapelrechte so sehr gekränkt, daß sie den
Wagen nacheilten, und sie sammt der Bespannung
für eine gute Prise erklärten. Da aber der Weitzen
für das kaiserliche Kammergut eingekauft und nach
Gmunden bestimmt war, erließ der Vizdom in Linz
am ersten Jänner 1551 den Befehl, Pferde und Wagen sogleich wieder loszugeben, und sie an ihrer Reise
nicht weiter zu hindern.

Erlaubte man sich, selbst gegen kaiserliche Waa-
rengüter das Stapelrecht mit der größten Strenge
auszuüben, so läßt sich daraus leicht schließen, wie man
mit dem Privatgut eines Bürgers werde verfahren
seyn. Rupert Schuh, Bürger zu Gmunden, kaufte
1558 achtzig Centner Eisen, die er auf vier Wagen
lud, und über Ennsmach Mauthausen und Pierbach
führte. Dort wurde er aber von den Aufsehern der

Freyſtädter an ſeiner weiteren Reiſe über Königswie-
ſen nach Unteröſterreich verhindert und angehalten.
Vergeblich entſchuldigte er ſich mit ſeiner Unwiſſenheit
der Freyſtädter-Privilegien, und er mußte ſich noch
glücklich ſchätzen, daß er nicht den ganzen Transport,
ſondern nach dem Urtheil des Kaiſers nur die Hälfte
deſſelben verlor; deſſen ungeachtet mußte er noch
über dieß dreyßig Pfund Pfennige zur Strafe bezahlen. — Der Bürger Wolfgang Grünbäck von Weitra
wollte zwey mit Schmalz beladene Wagen über Kö-
nigswieſen nach Linz führen. Weil er nicht nach Freyſtadt gekommen war, wurde er in Pregarten angehalten, und erſt nach einer langen Unterſuchung ſprach ihn
die Regierung von der Confiscation ſeiner Fracht los,
weil es erwieſen ward, daß er von dem Straßenzwang
nach Freyſtadt nie eine Kunde erhalten habe. — Wolfgang Millauer, Bürger zu Weitra, kaufte 1572 zu
Steyr verarbeitetes und rohes Eiſen, fuhr über Enns
und Mauthauſen nach Zell, wurde dort von den Auf-
ſehern der Freyſtädter angehalten und ſammt ſeinem
Eiſen verhaftet. Es dauerte ziemlich lange, bis die kai-
ſerliche Entſcheidung anlangte, daß er — „aus Gnaden, unangeſehen ſeiner Unwiſſenheit Entſchuldi-
gung“ — nur die Hälfte ſeiner Fracht verlieren ſoll. —
Georg Hochſtraßer, Bürger von Wien, führte 1573
fünfzehnhundert Ungariſche Schaffelle über Königs-
wieſen, Zell und Pregarten nach Linz. Bey Pregarten
ergriff man ihn, und hielt ihn ſammt ſeinen Fellen in
Verhaftung. Weil er aber gar nie von dem Straßenzwang nach Freyſtadt gehört hatte, begnadigte ihn der
Kaiſer, und verwandelte die Confiscation der Pferde
und des Wagens in eine Geldſtrafe von vier Pfund
Pfennige. — Da ſich der nähmliche Fall mit Fuhrleuten von Wien ſehr oft ereignete, ſo darf man anneh-

men, daß sich die Straße aus Unterösterreich über
Königswiesen nach Linz in einem besseren Zustande
befunden habe als die andere von Wien über St.
Pölten nach Enns.

Eine so bequeme Straße lud die Kaufleute ein,
sich derselben zu ihrem Waarentransport zu bedienen.
Je mehr aber derselbe zunahm, desto heftiger wider=
setzten sich die Bürger von Freystadt und wollten es
durchaus nicht gestatten, daß Kaufmannsgüter auf
der Straße über Königswiesen nach Pregarten ge=
führt würden, wenn man sie gleich von dort dem Sta=
pelrechte gemäß nach Freystadt brachte. Es entspann
sich zwischen den Bürgern von Freystadt und Pregar=
ten ein Proceß, der mehrere Jahre hindurch mit gro=
ßer Erbitterung geführt wurde. Ein Urtheilsspruch
endigte ihn *).

Zwischen Freystadt und Pregarten war die Ruhe
durch die Landesregierung hergestellet; aber zwischen
dieser Stapelstadt und dem Markte Leonfelden ent=
standen immer fort noch neue Zwiste. Im Jahre 1548
machten die Freystädter die Entdeckung, daß die Bür=

---

*) Er lautete wörtlich: „Beede Thail haben dasjenig, so
ihnen hieuor durch Ergangen abschiedt vnd khay. Declara-
tion zu erweisen Auferlegt worden, genuegsamb bewißen,
derhalben bleibt erstlichen denen von freystatt die befreite
Niederlag vnd die handtierung an der Straß der beschlag-
nen wahrn oder khauffmanßhandlung Allain, vnd dann
fürs ander denen von Pregarten der gebrauchten Straß
durch den Khünigswißerwalt mit Victualien, vnd andern
fuern, souil wilkhierlich dahin khombt, billichen. Es sein
auch die von der Freystatt die Victualia, die bey Inen
durchgefüert werden, vnaufgehalten passiren zu lassen schul=
dig. Die Expens vnd Vncossten sein gegen einander com=
pensiert vnd aufgehebt. Actum Lynnz, den 23 Nouember
Anno 89.

4

ger von Leonfelden in die ihnen nächste Böhmische Ge=
gend Eisen verkauften. Nach einem zweyjährigen Pro=
ceß entschied der Kaiser, daß die Bürger von Leonfel=
den nur über Freystadt, also durch einen ungeheuren
Umweg, Eisen nach Böhmen verführen dürfen. Doch
nach wenigen Jahren erschollen neuerdings Klagen der
Freystädter über manche Verletzung ihres Stapelrech=
tes und über Benützung verbothener Straßen. Wir
machen von ihnen keine Erwähnung. Um alle Strei=
tigkeiten gänzlich zu beseitigen, erließ K. Maximilian
1571 einen Befehl, der den Kaufleuten genau die
Straßen vorzeichnete, auf welchen sie durch die beyden
Mühlviertel ihre Waaren verführen sollten *). Der
Statthalter Erzherzog Ernst sah das Nachtheilige
dieses Straßenzwanges ein, und erlaubte 1576 zur
Beförderung des Salzhandels mit Böhmen, daß sich
die Kaufleute der Straßen über Leonfelden und Has=
lach bedienen durften **); aber K. Rudolph hat diese
Freyheit der Straßen schon im folgenden Jahre wie=
der eingeschränkt ***). Bey dieser letzten Verordnung
blieb man stehen, und K. Leopold der Erste erneuerte
sie 1666 mit dem Beysatz, daß die Herrschaften im
Mühlviertel darüber wachen sollten, daß ja keine neue
Seitenstraße angelegt, und auch keine schon bestehen=
de mit Kaufmannsgütern oder Lebensmitteln befah=
ren werde, wenn sie unter der Zahl der verbothenen
steht ****). Erst dem achtzehnten Jahrhundert war

---

*) Beylage Nro. XII.
**) Beylage Nro. XIII.
***) Beylage Nro. XIV.
****) Als der Markt Leonfelden die Freyheit der dortigen Straße
    wenigstens für die Verführung der Lebensmittel erhalten
    hatte, eiferte dieser Vortheil die Bürger des nahe gelegenen
    Marktes Schenkenfelden an, sich ein gleiches Vorrecht zu

der Ruhm vorbehalten, den Handel im Innern und
nach Außen von so unwürdigen Fesseln des Mittelal=
ters zu befreyen. Der verderbliche Straßenzwang
ward aufgehoben, und an die Stelle des leidigen Ver=
bothes, keine neue Straße anzulegen, trat der Befehl,
sie zur Belebung und Förderung des Handels und zur
Bequemlichkeit und auch zum Vortheile der Untertha=
nen möglichst zu vermehren. Wahrscheinlich wird es
niemanden geben, der den alten Straßenzwang, eine
Mißgeburt des Mittelalters, der neueren Handels=
freyheit vorziehen möchte, und wäre er auch der innigste
Verehrer der lieben alten Zeiten.

In der Geschichte Oesterreichs erscheinet im Ver=
gleich anderer Viertel dieses Landes das Mühlviertel
im dunkelsten Hintergrunde als eine beynahe unbe=
kannte Gegend. Die Ursache davon ist, daß von die=
sem Theile Oberösterreichs bisher noch äußerst wenige
Urkunden und historische Notizen sind bekannt gemacht
worden. Diesem Mangel abzuhelfen und eine beträcht=

---

erwerben. Sie baueten eine Straße, und errichteten sogar
eine Zollstätte. Dadurch fand sich der Pfandinhaber der
Herrschaft Waxenberg, Nicolaus Rabenhaupt von Sue=
cher, Hofkanzler, an seinem Vorrechte gekränkt, denn Leon=
felden gehörte zu seiner Herrschaft Waxenberg. Auf seine
Klage entschied die Regierung in Wien am 20. November
1531, daß diese neue Straße von keinem Kaufmann befah=
ren werden dürfe; Fuhrleute und Saumer solle man an=
halten. Die Bürger von Schenkenfelden können zwar
ihre Hausbedürfnisse auf dieser Straße heimführen, alles
Uibrige müssen sie aber auf den zwey erlaubten Straßen
über Freystadt oder Leonfelden herzu oder nach Böhmen
bringen. Die wohlverdiente Strafe wurde ihnen jedoch
nachgesehen — „in Bedenkung ihres großen Verderbens,
so ihnen jüngstlich und vor durch Brunst und in ander Weg
zugestanden.“ — Der Kaiser bestätigte diesen Spruch der
Regierung.

liche Lücke in unserer vaterländischen Geschichte möglichst auszufüllen, ist der sehnlichste Wunsch des Ver-
fassers des gegenwärtigen Buches. Daher kam es
auch, daß die Geschichte des Straßenzwanges von
Freystadt weitläufiger abgehandelt, und durch mehrere
bisher noch unbekannte Urkunden beglaubiget wurde.
Wir wenden uns nun zur Stadt Steyr. Da auch
diese Stadt das Privilegium eines Stapelrechtes oder
einer sogenannten Niederlage, wenn gleich einge-
schränkter als Freystadt, besaß, so gab es auch dort
für die Umgebungen einen Straßenzwang. Wir können uns darüber kürzer fassen, da wir Preuenhuber's
Steyrische Jahrbücher im Drucke besitzen. Noch Unbekanntes läßt sich nicht vieles hinzusetzen, da leider
alle alten Urkunden dieser einst sehr wichtigen Stadt
zu Grunde gegangen sind.

Das erste, uns bekannte Stapelrecht auf Holz und
Eisen hat die Stadt Steyr 1287 vom H. Albrecht
erhalten *). Ein jeder, welcher diese Waaren zum
Verkauf in die Stadt brachte, mußte dort drey Tage
verweilen und abwarten, ob sie ihm ein Bürger um
einen billigen Preis abkaufen würde; erst am vierten
Tag durfte er damit weiter reisen, ohne auf einen Ersatz der Kosten, die ihm ein dreytägiger Aufenthalt
verursachte, Anspruch machen zu können. — Zu diesem Vorrechte gesellten sich nach damahliger Sitte
immerfort neue Freyheiten der Bürger von Steyr,

---

*) Preuenhuber, S. 56. Quicunque ferrum vel ligna duxe-
rit ad civitatem vendenda, per triduum ibi remaneat,
ligna sua et ferrum, quod attulit, civibus memoratis foro
et aestimatione communi, conditione prius posita, venditurus. Quodsi cives iidem infra dictum tempus merces
ipsius emere non curarint, liceat venditori cum rebus
suis, impedimento remoto, quo voluerit declinare.

welche einer weitläufigen Umgebung zu großem Nach=
theil gereichten und die Freyheit des Handels außer=
ordentlich hemmten. Kann man gleich die Zeit, in wel=
cher solche Privilegien ertheilt wurden, aus Mangel
der Urkunden nicht immer angeben, so erhellet doch ihr
früheres Daseyn unläugbar aus späteren Streitigkei=
ten, die sich darüber erhoben haben.

Vorzüglich freygebig mit dergleichen Vorrechten
hat sich H. Rudolph der Vierte gegen die Steyrer be=
wiesen. Nachdem er ihnen 1359 den Holzvorkauf in
den nahe gelegenen Wäldern eingeräumet, erließ er an
seinen dortigen Burggrafen und die übrigen herzogli=
chen Beamten 1360 den Befehl, daß sie darüber wa=
chen sollten, daß das Eisen auf keiner andern Straße
als über Steyr verführet werde *). Die Aufsicht, daß
Venetianische Waaren nicht auf verbothenen Straßen
über den Pyrn, über Rastatt oder durch andere Orte,
sondern nur ganz allein über Zeyring eingeführt wer=
den, hat H. Albrecht 1370 den Bürgern von Steyr
anverträuet und sie bevollmächtiget, alle Uibertreter
dieses Straßengebothes sammt ihren Waaren zu ver=
haften **).

Um den Eisenhandel der Steyrer möglichst empor=
zubringen, wurden zum Nachtheil aller Nebenbuhler,
die doch ebenfalls Oesterreichische Unterthanen waren,
die sonderbarsten Befehle erlassen. In Waidhofen an
der Ips gab es schon frühzeitig Eisenarbeiter verschie=
dener Art. Um ihrem Handel Einhalt zu thun, erließ
H. Albrecht 1371 die Verordnung, daß die Bürger
von Waidhofen aus Eisenarzt nur soviel Eisen aus=
führen sollen, als der Bedarf ihrer Stadt fordere.

*) L. c. p. 56.
**) L. c. p. 57.

Zugleich wurden ihnen alle Versendungen ihrer Fabricate an andere Orte, Steyr und Enns ausgenommen, strenge untersagt; würden sie dieses Geboth übertreten, so sollte ihnen zu Eisenarzt gar kein Eisen mehr geliefert werden, und überdieß noch eine andere Strafe folgen. Zugleich hat Albrecht die Einfuhr des Böhmischen und Bayerischen Eisens in Oesterreich gänzlich verbothen *). Sogar der Handel nach Venedig wurde der Stadt Waidhofen nur mit gewissen Einschränkungen erlaubt, anstatt daß man ihn möglichst befördert hätte **).

Zu diesen verkehrten Anstalten, welche allem Handel großen Abbruch thaten, gesellte sich noch ein arger Straßenzwang für die Ausfuhr des rohen Eisens. Dasselbe mußte vom Bergwerk nach Reiffling gebracht, von dort auf dem Fluß Enns nach dem sogenannten Kasten, und dann erst nach Steyr und Enns verführet werden ***); andere Straßen, wie z. B. die Straße über die Heide nach Waidhofen, waren den Eisenfuhren eben so, wie den mit Venetianischen Waaren beladenen Wagen gänzlich untersagt; es war ihnen die Straße nach Steyr angewiesen ****). Diesem Straßenzwang und auch dem Stapelrechte der Steyrer unterlagen die Bürger von Weyer eben so wie Andere, obgleich sie näher am Erzgebirge lagen

*) L. c. p. 58.
**) L. c. p. 61. Der Text ist hier dunkel: „Ingleichen sollen die von Wäithoven nicht mehr Kauffmannschafft gen Venedig führen, als was sie zu ihrer Stadt bedürffen." — Anstatt, gen, muß gelesen werden: von Venedig. Dieses erhellet aus späteren Urkunden. Albrechts Verordnung ist vom J. 1372.
***) L. c. p. 61. Vom J. 1373.
****) L. c. p. 63. Vom J. 1379.

und häufige Eisenarbeiten lieferten. Einen Streit
zwischen ihnen und den Steyrern legte H. Albrecht
1384 durch folgenden Ausspruch bey: Wenn die
Bürger von Weyer Eisenwaaren zu Wasser oder zu
Lande gegen Steyr heraus bringen, so sind sie verpflichtet, dieselben drey Tage hindurch in der Stadt
feilzubiethen, und sie um den Schätzungswerth, welchen zwey ehrbare Rathsbürger bestimmen werden,
einem Bürger von Steyr zu verkaufen. Erst am vierten Tage steht es ihnen frey, ihre Waaren an ihnen
beliebige Orte weiter zu führen *).

Von diesem harten Zwange wurde der Handel
mit Eisen und Venetianischen Waaren auch im fünfzehnten Jahrhundert nicht befreyet, sondern durch
neue Verordnungen immer noch mehr beschränket.
Zur Begünstigung der Steyrer wurde 1410 den
Kirchdorfern der Vorkauf und die Verführung Vene-
tianischer Waaren über Zeyring und überhaupt auf
allen Straßen, so wie auch des Eisens über die Buch-
au und über den Pyrn bey Confiscationsstrafe verbothen **). Aehnliche Befehle erließ K. Friedrich 1443.
Er verboth den Waidhofern, mehr Eisen und Venetianische Waaren nach Hause zu bringen, als ihr eigener
Bedarf fordert; Handel damit zu treiben, ward ihnen
und den Bewohnern des Dorfes Hollenstein neuerdings untersagt, und zugleich der alte Straßenzwang
wieder eingeschärft ***). — Eine zweyte Verordnung
K. Friedrichs vom Jahre 1449 setzte den Zoll fest,
der für das aus der Steyermark abgehende Eisen be-

---

*) L. c. p. 66.
**) L. c. p. 78.
***) L. c. p. 95. Diese Verordnung wurde 1460 vom H. Al-
brecht erneuert. Ibid. p. 113.

zahlt werden müßte; zugleich ward befohlen, daß das Eisen von Vordernberg ohne Ausnahme nach Leoben, jenes von Innernberg aber nach Oesterreich verhandelt werden müsse. In Vordernberg wurden vom Kaiser nur vier Eisenhämmer, und jedem derselben nur Eine Feuerstätte erlaubt; in Innernberg verboth er die Eisenhämmer zu vermehren*).

In allen diesen Urkunden geschieht zwar von dem wilden Monopolium der Steyrer keine Erwähnung, welches sie gesetzlich in Innernberg ausübten, und doch war es schon lange vorhanden. Die dortigen Hammer- und Radmeister durften ihr rohes und geschlagenes Eisen niemanden als nur den Bürgern von Steyr verkaufen; letztere kamen nach Innernberg, erhoben die vorhandenen Vorräthe, und leisteten auf der Stelle die Zahlung dafür. Dieses Vorrechtes bedienten sich die Steyrer, so lange sie im Stande waren, das Eisen in Innernberg zu zahlen und zu verführen. Als aber während der letzten Jahre der unglücklichen Regierung K. Friedrichs ganz Oesterreich von Ungarn, Böhmen, Freybeutern und auch vom eigenen inländischen Adel durch Raub, Mord und Brand schrecklich verheeret wurde, sank der vorige Wohlstand der Stadt Steyr, die dabey vorzüglich gelitten hat**), so tief, daß die verarmten Bürger nicht mehr so viel an Vermögen besaßen, das vorräthige Eisen in Innernberg auszuzahlen und zu verführen. Dadurch geriethen die dortigen Hammermeister in eine große Verlegenheit; sie durften ihr Eisen nur allein den Steyrern verkaufen, und diese hohlten die aufgehäuften Vorräthe nicht ab. Um diesem Nothstande zu entgehen, wendeten sich

---

*) L. c. p. 97,
**) Oesterreich unter K. Friedrich IV. Th. II. S. 73, u. f.

die Hammermeister an den Kaiser und bathen um
Hülfe. Dieser that zu Grätz folgenden Ausspruch:
Den Steyrern bleibt ihr altes Einkaufsrecht des
Eisens in Innernberg unverletzt, so lange sie im
Stande sind, alles dort vorräthige Eisen zu bezahlen
und fortzubringen. Werden sie aber durch ihre Ver-
mögenszustände daran verhindert, so haben die Rad-
und Hammermeister die volle Freyheit, ihr Eisen wem
immer zu verkaufen. In diesem Falle hört aller Zwang
auf, das Eisen in der Stadt Steyr niederzulegen;
es kann ungehindert vorbeygeführt werden. Uibrigens
soll diese Einschränkung des alten Kaufs= und Straßenzwanges der Steyrer mit dem gegenwärtigen
Kriege wieder aufhören, und mit dem Frieden tritt
ihr Privilegium neuerdings in seine vorige Kraft;
nur müssen dann die Steyrer nach alter Sitte wieder
monathlich das vorräthige Eisen abhohlen und auf der
Stelle bezahlen *): Da der Krieg mit den Ungarn
und mit den vielen adeligen Freybeutern im Lande
während der letzten Regierungsjahre K. Friedrichs
kein Ende nahm: so gewann dadurch die Freyheit
des Eisenhandels immer an Ausdehnung und Kraft,
und das alte schädliche Monopolium der Steyrer
nahete sich sammt dem damit verbundenen Straßen=
zwang seinem wohlverdienten Ende.

Auch der Stadt Waidhofen gelang es nach einem
hundertjährigen Streite, sich eine größere Freyheit
ihres Handels zu erringen. Bis zum Jahre 1501
mußte sie den Stahl und das Eisen, wenn der Vorrath
desselben den Bedarf der Bürger überstieg, auf der
bestimmten Straße nach Steyr und Enns liefern;
zugleich durfte sie auch nicht mehr Venetianische Waa-

---

*) Preuenhuber, S. 134.

ten einführen, als die eigenen Bürger zu ihrem täglichen Gebrauch nöthig hatten: der Handel mit Stahl, Eisen, und ausländischen Waaren außerhalb des Stadtgebiethes war den Waidhofern strenge verbothen. Was sie seit langer Zeit sehnlichst gewünscht, haben sie endlich, wiewohl nicht vollständig, doch wenigstens zum Theil erhalten. Eine kaiserliche Commission in Linz sicherte ihnen die Befugniß zu, innerhalb eines Bezirkes von drey Meilen gegen Amstetten und Blindenmarkt den Bewohnern desselben Eisen, Stahl und Venetianische Waaren zu ihrem eigenen Bedarf verkaufen zu dürfen; unter letzteren werden ausdrücklich süße Weine, Specereyen, Oehl, Scife, Feigen, Mandeln, Weinbeeren und Fasttagsspeisen, das ist, Seefische genannt.*). Der Anfang war einmahl gemacht, und es konnte nicht fehlen, daß ein Glied nach dem andern von den Fesseln sich unmerklich auflösete oder auch mit Gewalt zersprengt wurde, unter welchen der Handel viel zu lange geschmachtet hat. Es dauerte indessen doch noch ein Paar Jahrhunderte, bis die alten Stapelrechte einiger Städte und der damit verbundene Straßenzwang in Oesterreich gänzlich verschwanden, und einem freyeren, lebendigern Handel Platz machten.

Da der Straßenzwang gewöhnlich die Folge eines Stapelrechtes gewesen ist, das einer Stadt entweder auf alle Kaufmannsgüter oder nur auf einzelne bestimmte Handelsartikel verliehen wurde: so ist es an der Ordnung, von diesem vorzüglichen Hinderniß des freyen Verkehrs zwischen In= und Ausländern Erwähnung zu thun.

---

*) L. c. p. 170, 176 und 177.

Dritter Abſchnitt.

Stapelrechte und Verboth eines längeren Aufenthaltes für frem=
de Kaufleute Dieſe dürfen auch nur mit den Bürgern in
den Städten Handel treiben.

Das Stapelrecht war die Befugniß, die durch=
oder vorbeyziehenden Kaufleute zu nöthigen, ihre
Waaren auf eine beſtimmte Zeit abzulegen, und ſie
den Bürgern zum Verkaufe anzubiethen *). Sehr
frühzeitig wurde dieſes Recht nicht nur gegen die
Kaufleute, die durch einen Stapelort zogen, ange=
wendet, ſondern auch auf ſolche ausgedehnet, die in
einer beträchtlichen Entfernung von einigen Meilen
vor demſelben mit Waaren vorbeyreiſeten. Beyſpiele
davon haben wir bereits in dem Abſchnitt über den
Straßenzwang bey Wien, Freyſtadt und Steyr zur
Genüge vernommen.

Was K. Ludwig das Kind in ſeinem Zolltarif für
die Salzſchiffe, die von oben herab kamen, verordnet
hat, ſieht einem Stapelrechte ſehr ähnlich; ſie durf=
ten, wenn ſie den Paſſauerwald vorbeygefahren wa=
ren, nicht früher Salz verkaufen, als bis ſie Ebelsberg
erreicht hatten **). In der Urkunde H. Ottokars für
die Regensburger erſcheinet 1190 ſchon ein offenbares,
wenn gleich nicht uneingeſchränktes Stapelrecht der

---

*) Pfeffinger, l. c. L. III. Tit. II. c. 46. p. 71. Stapula eſt fo-
rum ſeu locus publicus in urbe deſignatus, quo, Imperatoris ſeu Ducis privilegio, merces exonerandae et venum
exponendae ſunt, antequam alio devehantur. — Dieſes
Vorrecht wurde auch jus emporii, freye Niederlage,
Schiffs = oder Anlandungszwang genannt.

**) Oefele, l. c. T. I. p. 718. Naves ſalinariae, ut ſylvam Pa-
tavienſem tranſierunt, nusquam vendant, donec Ep-
raeſpurch veniant.

Stadt Enns, welches derselben für. die Dauer des
Jahrmarktes verliehen war. Schiffe, die am Vorabend des Festes Mariä Verkündigung ankamen,
konnten ihre Reise nach Belieben fortsetzen; war der
Morgen dieses Festtages angebrochen, so durfte kein
ankommendes Schiff weiter fortfahren, sondern mußte das Ende des Jahrmarktes abwarten *). Die
Verordnung im Stadtrechte, welches H. Leopold
1198 den Wienern gegeben hat, daß kein ausländischer Kaufmann mit seinen Waaren von Wien hinweg nach Ungarn fortwandern dürfe **), deutet ebenfalls schon auf ein Stapelrecht hin, und die beynahe
wörtliche Erneuerung derselben K. Rudolphs vom
Jahre 1278 läßt uns hierüber keinen Zweifel mehr
übrig. ***). In Steyr mußten Holz - und Eisen-
händler drey Tage hindurch ihre Waaren den Bürgern zum Verkauf anbiethen, und durften erst alsdann mit denselben weiter ziehen ****).

---

*) Scheid, l. c. Forma renovationis hec est, ut in Annuncia-
tione beate Marie virginis queque navis Anasum veniens, ibi maneat usque ad terminationem fori, et nihil
ab ea exigatur, hoc excepto, quod si in prima vespera
venerit, transeat, si vero mane, non procedat.

**) Lazius, l. c. p. 74. Nulli civium de Suevia, vel de Ratis-
bona, vel de Patavia liceat intrare cum mercibus suis in
Hungariam.

***) Lambacher, im Anhang, S. 156. Nulli homini de Suevia,
vel Ratisbona, vel Patavia, vel de terris aliis quibuscun-
que liceat intrare cum mercibus suis in Hungariam, sed
via regia in Viennam procedat tantummodo, et deponat
ibi per singula merces suas; quicunque contrarium fe-
cerit, solvat civitati duo talenta auri.

****) Preuenhuber, S. 36. In der Bestättigung der alten Privi-
legien der Stadt Steyr sagt H. Albrecht im Jahre 1287:
Quicunque ferrum vel ligna duxerit ad civitatem vendenda, per triduum ibi remaneat, ligna sua et ferrum,

Anſtatt dergleichen alte Stapelprivilegien zur
Erleichterung des Handels einzuſchränken oder ganz
aufzuheben, erneuerten ſie unſre Herzoge in Oeſterreich immer neuerdings, und ertheilten noch neue hinzu. Im Jahre 1340 befahl H. Albrecht ganz nach
dem Beyſpiele ſeiner Vorfahren, daß man es keinem
fremden Kaufmann geſtatten ſoll, ſeine Waaren von
Wien nach Ungarn zu verführen, ſondern er ſoll dieſelben in der genannten Stadt niederlegen und ſie
dort verkaufen *); Ungariſche und Italieniſche Weine
durften innerhalb des Burgfriedens gar nicht eingeführet werden **). Eben ſo wurde die Stadt Enns
1358 mit einem neuen Privilegium begnadiget, welches alle Niederlagen von Waaren zwiſchen Sindlburg und Ebelsberg unterſagte ***).

---

quod attulit, civibus memoratis foro et aeſtimatione
communi, conditione prius poſita, venditurus. Quod ſi
cives iidem infra dictum tempus merces ipſius emere
non curarint, liceat venditori cum rebus ſuis, impedimento remoto, quo voluerit declinare.

*) Rauch, T. III. p. 52. Duch ſol dhainem manne, von Swa-
ben, oder von Regenſpurch, oder von Pazzow, oder von
ſwelhem andern Lande, vrlaub ſein gen Vngern ze uaren,
mit ſeinem chouffſchatz, Sunder er ſol varen den rechten
weg, gen Wienne, vnd hab da niderleg." — In dem Zollprivilegium, das K. Friedrich den Wienern 1320 verliehen
hat, werden noch mehrere ausländiſche Kaufleute angegeben: „Alle Swoben . alle Regenſpürger . Alle Aher . alle
Metzzer . Alle Maſtrirer. L. c. p. 20.

**) L. c. p. 58. Verkaufte jemand ſolchen verbothenen Wein,
ſo befahl das Geſetz: „Daz man in nider ſlach (ausrinnen
laſſe) auf die erde, oder in daz ſpital gebe."

***) Wir Albrecht . . enbeuten vnſern lieben getrewn, allen
Hawbtlewten, Purgrafen vnd Pflegern, den der brief gezaigt wirt, vnnſer gnad vnd alles gut . Wir gepieten euch
vnd wellen gar ernſtleich, daz Jr zwiſchen Sundlwurg vnd
Eblſperg khainer Niderlag mit khainer Khaufmanſchaft we-

Um der verarmten Stadt Heimburg wieder aufzuhelfen, verliehen ihr die Herzoge Albrecht und Leopold auf fünf Jahre ein Stapelrecht, und befreyeten
die dortigen Bürger, welche Handel trieben, auf drey
Jahre von aller Mauth *). Die Stadt Wels erhielt
1372 ein neues Stapelrecht für allen Holzhandel
auf der Traun und den andern nahen Flüssen auf-
und abwärts **); auf der Enns und Steyr und in
den dortigen Gegenden übten die Bürger von Steyr
dasselbe Recht aus, und waren im alleinigen Besitze
des Holzhandels. Die Bürger des Marktes Aspach
hatten ein Stapelrecht auf alles Eisen, das in ihre

---

der auf waſſer noch auf Lanndt geſtattet, denn in vnſer
Statt ze Enns, dahin ſolch durch an vnſer Mawt khomen
ſol, als es von Alltter herbracht iſt. Geben ze Wienn an
Freytag vor ſandt Agneſen tag (am 19. Jänner) anno
domini M. CCC. L. octauo." — Aus dem Ennſer Archiv. — Hier bedeutet das Wort Niederlage kein Stapelrecht im eigentlichen Sinne des Wortes, denn ein ſolches
war zwiſchen Sindlburg und Ebelsberg ohnehin nicht vorhanden; man muß darunter ein Waarenlager oder ein
Waarenmagazin verſtehen, welches Kaufleute in derſelben
Gegend zum Abbruch des Handels der Ennſer nicht anlegen durften.

*) Senkenberg, Selecta juris, T. IV. p. 239. Wir Albrecht
und Leuppolt .. bechennen ... daz wir genedeklich angeſehen haben manigualtig gepreſten vnd beſwerung, die unſern purgern vnd der ſtat ze Haimburg anligent, davon ſi
gröſlich abchomen und bechrankt ſind, und haben in ... die
gnad getan .. daz die egenante purger in der vorgenanten unſer ſtat ze haimburg Niderlegung allerley kaufmanſchaft, wie die genant iſt, haben ſullen fünf gan-
cze Jar .. alſo wannen und von welhen landen die dahin chumpt, es ſei auf waſſer oder auf lande, daz man
di daſelbs niderlegen und vercouffen ſol an allermeni-
clich widerrede.
**) Beylage Nro. XV.

Nähe kam, seit undenklichen Zeiten *). Die Städte
Stein und Krems erhielten zur Belohnung der Treue,
die sie dem Kaiser Friedrich erwiesen haben, während
er in der Burg zu Wien belagert wurde, 1463 das
Stapelrecht, dessen sich zuvor die Bürger von Wien
zu erfreuen hatten **).

Freystadt war einstens als Gränzfestung und als
Handelsstadt berühmt. Die dortigen Bürger übten
das Stapelrecht, das ihnen 1277 K. Rudolph verliehen und die späteren Landesfürsten fort und fort erneuert haben, mit großer Strenge aus, wie wir dieses bereits vernommen haben. Ganze, und noch dazu
sehr beschwerliche Tagereisen mußte man nutzlos, ja
zu großem Schaden nur dazu verwenden, um dem
Stapelrechte dieser Stadt Genüge zu leisten. Man
werfe nur einen Blick auf eine Specialcharte des
oberen und unteren Mühlviertels, und man kann sich
leicht von dem schweren Druck der Handelsleute
überzeugen, die man nöthigte, von den weit entfernten Gränzen Oberösterreichs mit ihren Waaren nach
Freystadt zu kommen. Diesem unleidlichen Zwange
waren auch die Böhmen unterworfen, die nach Oberösterreich handelten; sie mußten sich bequemen, in
Freystadt ihre Waaren abzulegen und sie den Bürgern zum Kaufe anzubiethen. Durch die Vortheile,
welche die Bürger von Freystadt aus ihrem Stapelrechte von den Böhmen zogen, aufmerksam gemacht,
ertheilte der Kaiser Carl seiner Stadt Budweis im
Jahre 1351 das nähmliche Vorrecht und verordnete,
daß alle Handelsleute, die von Freystadt nach Böh-

---

*) Meichelbeck, l. c. T. II. p. 84. Swaz vfenz man furt durch
   di perge, daz hat Niderlege daz ze Afpach.
**) Rauch, T. III. p. 371.

men kämen, gehalten seyn sollten nach Budweis zu fahren, und dort drey Tage hindurch ihre Waaren feil zu biethen *). So erschwerte ein Land dem andern durch unbesonnene Privilegien den gegenseitigen Handel, und eben dadurch auch das Emporkommen des Kunstfleißes und der Landescultur.

Der Markt Mauthausen hatte ein Stapelrecht ganz eigener Art. Waaren, die zu Wasser dorthin gebracht wurden, konnten auf den Schiffen frey und ungehindert an jedermann verkauft werden; sie aber an's Land zu bringen und dort zu verhandeln, war verbothen, denn dieß wäre ein Eingriff in die Handelsvorrechte der Bürger des Marktes gewesen. Um die nahen Umgebungen zu zwingen, ihre Bedürfnisse den Bürgern von Mauthausen abzukaufen, hat schon H. Albrecht der Lahme verbothen, im Markte Au Waaren aus den Schiffen an's Land zu bringen oder Magazine für dieselben zu errichten; sein Sohn, H. Albrecht der Dritte, dehnte dieses Verboth auch auf das nahe Dorf Albern aus. Ja was noch mehr ist: Sogar den hoch begünstigten Bürgern von Freystadt war aller Handel nach Mauthausen zu Lande untersagt; wollten sie dort Waaren verkaufen, so mußten sie dieselben auf Schiffe bringen, und ohne sie auszuladen, dem alten Vorrechte der Mauthauser gemäß auf dem Wasser verhandeln **).

---

*) Pelzel, Kaiser Carl der Vierte. Th. I. S. 331.

**) Beylage Nro. XV. A. Die Originale der Markturkunden von Mauthausen sind beynahe alle verloren gegangen. Zu gutem Glücke haben sich Abschriften davon in einem sogenannten Marktbuche erhalten, das im Anfange des achtzehnten Jahrhunderts ist geschrieben worden. Aus diesem werden die hierher gehörigen Privilegien und Notizen aufgeführt.

Mancherley neuere Privilegien über die Stapelrechte übergehen wir mit Stillschweigen, denn sie enthalten nichts Merkwürdiges *). In einem derselben
vom Jahre 1568, in welchem vom Handel mit Häuten und Fellen die Rede ist, wird auch Linz eine Nie-
derlagstadt genannt **).

Daß K. Heinrich der Vogler zur Ausbildung der
Städteverfassung einen neuen Grund geleget, und
eben dadurch auch den Gewerbfleiß und Handel der
Deutschen befördert hat, ist eine Thatsache, die keines
Beweises bedarf. Die Stapelrechte der Städte waren eine Folge davon. Man hat sie als ein Meisterstück
der altdeutschen Staatsklugheit sehr hoch angepriesen.
Für die Zeiten des Beginnens der bürgerlichen Freyheit und ihrer höchst ersprießlichen Folgen, zu denen
auch der Handel gehört, waren Stapelrechte eine vortreffliche Einrichtung, fingen aber in späteren Zeiten
bey ganz veränderten Verhältnissen an, einen schädlichen Monopoliengeist zu ernähren, der Freyheit und
Regsamkeit des Handels Abbruch zu thun, und der
größeren Anzahl des Volkes eine drückende Last zu
werden. Viel zu lange hat der Stapelzwang auf unseren Vorfahren gelastet; freuen wir uns, daß uns
dieses alte Handelsjoch nicht mehr nöthiget, unsre
Bedürfnisse an bestimmten Plätzen kaufen zu müssen ***).

Um Ausländer möglichst einzuschränken und ihnen die Vortheile des Handels zu entreißen, ersann
man das sonderbare Mittel, ihnen nur einen kurzen

---

*) Guarient, Th. II. S. 57, u. f.
**) A. a. O. S. 80.
***) Fischer, Geschichte des Handels. Th. I. S. 413, u. f. Und
Th. II. S. 314, u. f.

Aufenthalt in Oesterreich während eines Jahres zu
gestatten. Dadurch wollte man sie zwingen, ihre wich=
tigsten Geschäfte den Bürgern in Stapelstädten an=
zuvertrauen, und letzteren desto gewisser ein sehr
schädliches Monopolium einräumen. Diese elende
Erfindung war keineswegs neu, denn in Constantino=
pel hat man, um die dortigen Bürger geschwinde zu
bereichern, schon viel früher den Russen verbothen, in
dieser Stadt zu überwintern. Durch diese schlechte
Handelsspeculation ward aber der sehr einträgliche
Zwischenhandel in Constantinopel zu Grunde gerich=
tet, und die klügeren Venetianer eilten, den Russen
am Dnieper die Waaren entgegen zu bringen, die
erstere zuvor in Constantinopel aufgekauft haben *).
An ähnlichen Privilegien fehlte es den Stapelstädten
in Oesterreich nicht; daß sie keinen so großen Schaden
wie in Constantinopel anrichten konnten, hatte unser
Vaterland der klugen Umsicht der Bürger zu verdan=
ken, die sich dergleichen Begünstigungen verbathen,
weil sie als Handelsleute es besser verstanden, daß
unwürdige Fesseln, die man auswärtigen Kaufleuten
anlegen wollte, auch dem eigenen Handel unausbleib=
liche Nachtheile zuziehen würden.

Die älteste Urkunde, die ein Verboth eines fort=
dauernden Aufenthaltes in Oesterreich für ausländi=
sche Kaufleute enthält, ist das Stadtrecht von Wien,
welches H. Leopold 1198 erlassen hat. Zwey Mona=
the im Jahre vergönnte Leopold fremden Kaufleuten
in Wien zu bleiben, und dort ihre Waaren den Bür=
gern zu verkaufen, mit Andern war ihnen aller Han=
del gänzlich verbothen. Zugleich ward ihnen unter=
sagt, Gold oder Silber in Wien zu kaufen; hatten

---

*) Hüllmann, Gesch. des Byzantischen Handels, S. 121.

sie aber edle Metalle, so durften sie dieselben niemanden als nur der herzoglichen Kammer verkaufen*). War nur einmahl ein Privilegium vorhanden, so ward es auch beynahe immer von den nachfolgenden Landesfürsten als eine ehrwürdige Gabe des Vorfahrs angesehen, und ohne weitere Untersuchung der guten oder schlimmen Folgen gnädigst erneuert, oft auch mit neuen Zusätzen vermehret. H. Friedrich der Streitbare glaubte den Bürgern vom Heimburg eine köstliche Gabe zu spenden, da er fremden Kaufleuten verboth, sich mit ihren Waaren eine längere Zeit hindurch in derselben Stadt zu verweilen**). Der vorsichtige und kluge Kaiser Rudolph ging bey Neuerungen in Oesterreich sehr bedächtlich zu Werke, und ließ die alten Privilegien dieser neuen Unterthanen seines Hauses, um sie nicht zum Widerstande aufzureitzen, gänzlich unangetastet, und bestätigte sie. Wahrscheinlich war er von den Vorurtheilen seiner Zeit in Rücksicht des Handels eben so wie die übrigen Fürsten befangen, denn auch er verboth 1278 fremden Kaufleuten länger als zwey Monathe in Wien zu verweilen, und erneuerte wörtlich die alten Verordnungen H. Leopolds vom Jahre 1198, welche Ausländern ein unerträgliches Joch aufbürdeten ***). Doch schon nach drey Jahren sahen es die Oesterreicher ein, daß unter einem solchen Druck der Handel mit dem Auslande nicht gedeihen könnte. Der Landesverweser und

---

*) Lazius, l. c. p. 75. Nemo etiam extraneorum mercator moretur in civitate cum mercibus suis ultra duos menses, nec vendat merces quas adduxit extraneo, sed tantum civi, et non emat aurum et argentum. Si habeat aurum vel argentum, non vendat nisi ad cameram nostram.

**) Senkenberg, Visiones, p. 280.

***) Lambacher, S. 156.

nachmahlige Herzog Albrecht, der Adel des Landes
und die Bürger Wiens bathen Rudolphen, ein so
schädliches Privilegium aufzuheben, und dieser gab
ihren Vorstellungen ein geneigtes Gehör. Albrecht
machte eine neue Handelsordnung für Wien bekannt.
Das Stapelrecht wurde aufrecht erhalten, aber den
fremden Kaufleuten erlaubt, nach ihrem Belieben ohn-
ne Zeitbestimmung ihre Wohnung in Wien auf-
schlagen, und nicht mit den dortigen Bürgern allein,
sondern mit Allen ohne Unterschied, mit In = und
Ausländern, handeln zu dürfen. Zugleich ward ihnen
verstattet, ihre Waaren entweder auf der Landstraße
oder auf dem Wasser — letzteres war bisher auf eine
unbegreifliche Weise verbothen — nach Wien zu bringen *).

Aus diesem erhellet, daß sich dem Kaiser, seinem
Sohne Albrecht, dem Adel Oesterreichs und den
Bürgern von Wien eine traurige Erfahrung des
bisherigen schlechten Zustandes, und mit dieser eine
hellere Ansicht über die unentbehrlichsten Bedürfnisse
eines blühenden Handels aufgedrungen und sie genö=
thiget haben, einen Schritt vorwärts zu thun. Damit
glaubten sie aber schon am Ziele zu seyn und ihrer
Pflicht vollkommen Genüge gethan zu haben. Sie
sind zu bedauern, die Kurzsichtigen, deren Blick nicht
weiter reichte als bloß nur auf das Nächste und Auf=
fallendste; das wahre, innerste Wesen des Handels,
sein eigentliches Leben: die möglichste Freyheit, durch

---

*) L. c. p. 189 et seq. Der Choufman schol do sein mit seinem
Choufschatz als lang er will, und schol seinen coufschatz,
den er her ze Wienen bringet, ze coufen geben an trug, und
an boße liste allen Leuten, purgern, und Gesten si sein inner
Lants oder auzzer Lants gesezzen von Ungern, oder von
Swane si sein.

keine unnützen oder gar schädlichen Monopolien-
Vorrechte beengt, blieb ihren Augen verborgen, ihren
beschränkten Einsichten unerreichbar. Nicht einmahl
so weit konnten sie sich aufschwingen, daß sie das,
was sie für die Stadt Wien als schädlich erkannten,
auch für das ganze Land Oesterreich abgeschafft hätten.
Ein neues Privilegium für Wien, wodurch ein Theil
eines älteren abgeschafft wurde, war alles was erfolgte; die übrigen Städte durften wie zuvor mit ihren
Stapelrechten den schändlichsten Unfug treiben.

. Indessen war es doch gut, daß wenigstens in
Wien ein Beyspiel einer größeren Handelsfreyheit
aufgestellt wurde, denn dort stand es fremden Kaufleuten frey so lange zu verweilen, als es ihre Geschäfte forderten, und dort durften sie ihre Waaren
Allen ohne Unterschied verkaufen, mochten sie Bürger von Wien seyn oder nicht; sogar Fremden war
es gestattet, mit anderen Fremden Handel zu treiben: eine höchst seltene Freyheit im Mittelalter, gegen welche sich eine jede Stapelstadt in Oesterreich
möglichst zu verwahren suchte, um den Bürgern den
Alleinhandel zu sichern. Desto mehr muß es auffallen, daß der alte Mißbrauch zu Ende des fünfzehnten Jahrhunderts neuerdings einen hohen Vertheidiger gefunden hat. Kaiser Friedrich, dessen Den-
kungsart und Benehmen für sein Zeitalter nicht
mehr paßten, und der so manche Befehle gab, die einen Geist früherer Jahrhunderte athmeten und mehr
schadeten als nützten, kam im Jahre 1471 nach
Steyr. Dort bestürmten ihn die durch ununterbro-
chene Kriege verarmten Bürger mit Klagen und bathen um Hülfe. Es sey mit ihnen, sagten sie, schon
so weit gekommen, daß mehrere Häuser in der Stadt
von ihren Bewohnern verlassen worden und nun

öde stünden. Der wahre Grund des allgemeinen Ver=
falles sey darin zu suchen: Ein jeder Bürger, wenn
er auch kein Hauseigenthümer ist, treibe Handel und
schenke Wein aus; der Frevel gehe schon so weit, daß
man ohne Scheu die alten Stapelrechte verletze:
fremde Kaufleute handeln mit Fremden wider das
uralte Herkommen zum Untergange der Bürger:
einem so großen Unheil könne und wolle die Macht
und väterliche Güte des geliebten Landesfürsten
wehren *). Das Mittelalter wußte bedrängten Ge=
meinden nicht leicht auf eine andere, und dazu auch
auf eine wohlfeilere Weise aufzuhelfen, als durch Pri=
vilegien, wobey es nur den Vortheil einer einzelnen
Stadt oder eines Marktfleckens im Auge hatte, ohne
das öffentliche Wohl des ganzen Landes zu beachten.
Vom Kaiser Friedrich ließ sich ohnehin nichts Besse=
res erwarten, als eben nur die Aufrechthaltung ver=
rosteter Uiberbleibsel eines rohen, unwissenden Alter=
thums; daher kam es auch, daß er zum Troste der
Bürger von Steyr folgenden Befehl erließ: Kein
Bürger dieser Stadt, der nicht ein eigenes Haus
besitzt, darf Handel treiben oder Wein ausschenken.
Allen Fremden ist die Treibung eines Gewerbes, so
wie auch aller Handel mit Fremden untersagt; nur
zur Zeit eines Jahrmarktes ist volle Freyheit des
Handels vorhanden. Eben so ist es fremden Kaufleu=
ten verbothen, in Steyr ein Waarenlager, und dabey
einen Handelsdiener zu halten; ein Monath ist die
längste Frist, während welcher sie in Steyr verbleiben
dürfen; nach Verlauf dieser festgesetzten Zeit müssen
ihre Waaren verkauft seyn, und sie selbst die Stadt
wieder verlassen.

---

*) Preuenhuber, S. 127.

Die vermöglicheren Bürger und überhaupt alle Hauseigenthümer in Steyr priesen die Weisheit und überschwänkliche Güte ihres Erretters, der sie von der Theilnahme der ärmeren Mitbürger und auch der Fremden an ihrem Alleinhandel wieder gnädigst befreyte. Dagegen erscholl die laute Klage der unbehausten Bürger, daß ihnen ein Machtspruch nicht nur den Handel, sondern sogar auch die Befugniß, ein Gewerb zu treiben, entrissen habe; ohne Erwerb und bey gänzlicher Nahrungslosigkeit sey es ihnen unmöglich, sich und den Ihrigen das tägliche Brod zu verschaffen. Sie wendeten sich an den Urheber ihres hoffnungslosen, höchst traurigen Zustandes, und bathen ihn um die Zurücknahme seines unseligen Privilegiums, welches Tausende ins Verderben stürzen, und nur Wenige bereichern würde. Die Wahrheit der Klage lag so offenbar vor Augen, daß sich Friedrich nicht füglich weigern konnte einen Mißgriff zu verbessern, dessen er sich schuldig gemacht hatte. Am 21. Junius 1472 milderte er seine drückende Verordnung wieder und setzte fest, daß ein jeder Bürger und Inwohner, der sich ausweisen kann, auf liegenden Gütern vier und zwanzig Pfund Pfennige angeleget zu haben, ungehindert Handel und Gewerbe treiben könne, nur müsse er auch die Lasten der Stadt getreulich mittragen helfen. In Rücksicht der fremden Kaufleute blieb es beym vorigen Befehl: sie durften nicht mit Fremden, sondern nur mit den Bürgern von Steyr Handel treiben; jedoch wurde der Termin ihres dortigen Aufenthaltes auf zwey Monathe verlängert, nach deren Verlauf sie fortziehen mußten; ohne in ihrer Abwesenheit ein Waarenlager halten zu dürfen.

Ob man auch in anderen Städten Oesterreichs die fremden Kaufleute so schnöde behandelt und sie

genöthiget habe, nach einem Aufenthalt von wenigen
Wochen wieder fortwandern zu müſſen, ſagen die
bisher bekannt gewordenen Urkunden nicht aus. Sehr
wahrſcheinlich iſt es jedoch, daß ſich die Bürger der
Stapelſtädte dem herrſchenden Monopoliengeiſte ge=
mäß eifrigſt werden beſtrebt haben, ein ſo köſtliches
Privilegium zu erringen. Bothen ſie, wie wir geſehen
haben, alles Mögliche auf, den Straßenzwang auf=
recht zu erhalten, ſo läßt ſich auch ein vollgültiger
Schluß darauf machen, daß ſie ſich werden bemühet
haben, alle Fremden nur geſchwinde wieder aus ihrer
Stadt zu entfernen, um ausſchließend allein Meiſter
alles Handels zu bleiben. Dieſer Wunſch wurde deſto
leichter und gewiſſer erfüllet, da es, Wien allein ſeit
dem Jahre 1281 ausgenommen, ein allgemein ange=
nommener Grundſatz im damahligen Handelsſyſtem
geweſen iſt, daß Fremde mit Fremden, die Zeit der
Jahrmärkte ausgenommen, gar nicht, ſondern nur mit
den Bürgern der Stadt oder des befreyten Marktes
Handel treiben durften, wohin ſie ihre Waaren zum
Verkauf brachten. Dieſes Handelsgeſetz war in Oe=
ſterreich ſo, wie allenthalben in ganz Deutſchland ver=
breitet, und bedarf keiner weitläufigen hiſtoriſchen
Ausführung, da die Urkunden aller Handelsſtädte
übereinſtimmend davon Meldung machen. Um jedoch
in gegenwärtiger Abhandlung über den Handel in
Oeſterreich keine Lücke übrig zu laſſen, wollen wir
auch darüber einige Belege liefern.

Die zwey älteſten Handelsprivilegien, welche H.
Ottokar 1190, und H. Leopold 1192 den Regensbur=
gern verliehen haben, machen von dem Zwange noch
keine Erwähnung, daß dieſe ausländiſchen Kaufleute
niemanden als nur den Bürgern von Enns oder von
anderen Städten Oeſterreichs ihre Waaren ſollten

verkaufen dürfen; vielmehr wird ihnen eine vollkommene Handelsfreyheit zugesichert *). Das Stadtrecht,
welches H. Leopold 1198 den Wienern ertheilet hat,
enthält aber schon die ausdrückliche Vorschrift, daß
fremde Kaufleute ihre Waaren nur allein den Bürgern von Wien verkaufen dürfen **). Die folgenden
Regenten erneuerten dieses Privilegium, und selbst
der K. Rudolph wähnte, durch die Bestätigung desselben den Wienern eine große Wohlthat zu erweisen ***), bis man ihn eines Besseren belehrte und mit
seiner Einwilligung den fremden Kaufleuten die Freyheit einräumte, mit Allen ohne Unterschied Handel zu
treiben ****). Doch nach wenigen Jahren hat man
ihnen diese Bewilligung wieder abgesprochen, denn
1312 erließ H. Friedrich den Befehl, daß es kein
fremder Kaufmann, der in Oesterreich nicht haussäs-
sig ist, wagen solle, mit einem andern Fremden zu
handeln; zugleich erhielten die inländischen Kaufleute
die Weisung, in Wien keinen Kauf mit Ausländern

---

*) Ottokar sagt: Quioquid emere vel veudere cum auro
vel argento voluerint, poteſtatem habeant. Und wenn es
in der Urkunde H. Leopolds heißt: Si aliquis eorum (Ra-
tisponenſium) uni de civibus mercimonia qualiacunque
vendiderit, ſo erhellet klar daraus, daß ſie nicht verpflichtet waren, mit den Bürgern allein zu handeln.

**) Lazius, l. c. Nec vendat merces, quas adduxit, extraneo,
ſed tantum civi.

***) Lambacher, S. 156. Nemo extraneorum mercatorum ..
vendat merces ſuas, quas adduxit, extraneo, ſed tantum
civi, ita ſi civis eaſdem emere voluerit pro foro competenti etc.

****) Lambacher, S. 192. Der Choufman ... ſchol do ſein mit
ſeinem Chouffſchaß als lang er will, und ſchol (ihn) ze chou-
fen geben an trug, und an boße liſte allen Leuten, purgern,
und Geſten, ſi ſein inner Lants oder auzzer Lants geſezzen
von Vngern, oder von Swane ſi ſein.

zu schließen; denn dieses Vorrecht war nur den Wienern verliehen. Handelten inländische Kaufleute zu
Wien, mit einander, so durften sie von allen vorhandenen Waaren nicht weniger als einen Viertelcentner
kaufen, damit der Kleinhandel der Wiener nicht beeinträchtiget würde. Die Herzoge Albrecht der Zwente
und Dritte erneuerten 1348 und 1375 diese Verordnung *), und die nachfolgenden Regenten traten in
ihre Fußstapfen.

Demselben Zwange unterlagen auswärtige Kaufleute auch in den Städten des Landes ob der Enns;
sie durften nur mit den dort ansässigen Bürgern, und
ja mit keinem Fremden Handel treiben, damit das
Monopolium der Städte unverletzt erhalten würde.
Das Hausieren auf dem Lande war ihnen gänzlich
verbothen, und in Marktflecken und Dörfern war
ihnen der Handel nur während eines Jahrmarktes
erlaubt **). Späterhin erschien 1426 vom H. Albrecht eine Verordnung, die den fremden Kaufleuten
auch während eines Jahrmarktes den Waarenaus-

---

*) Rauch, T. III. p. 121—126. H. Friedrich setzte fest:
„Wir wellen vnd gebieten vestichleichen, daz dhain Gast,
oder vrömder Chaufman, der in dem lande ze Osterreich
nicht hause hat, oder daselbe nicht gesezzen ist, dhain recht
oder gewalt habe in der Stat ze Wienne chauffens, oder
verchaufens; ain gast wider den andern gast, ez sei in seiner
herberge oder auzzerhalb der herberge. Wir sezen auch vnd
gebieten, daz die Purger vnd Chaufleute die sint gesezzen in
den steten in Osterreich ainer von dem andern ze Wienne
chauffen müge Chauffschätze über ein virtail eines Centen,
vnd nicht darunder, ez sei parchant, Scheter, Pfeffer, oder
ander dinch die man verchauffet mit der wag, mit der zal,
oder mit der mazze. Vnd sullen die selben chaufleute dhainen chauff haben oder treiben in der Stat ze Wienne mit
Gesten die auzzerhalbe vnser Lande sint gesezzen.
**) Beplage Nro. XVI.

schnitt unterfagte, denn nicht nach Ellen, fondern
nur in ganzen Stücken durften fie diefelben ver=
kaufen.*).

Man follte glauben, diefe und noch viele andere
Einschränkungen und Bedrückungen würden auslän=
difche Kaufleute abgehalten haben, ihr Glück in Oe=
fterreich zu verfuchen; und doch waren die Blicke auch
fehr weit entfernter Handelsleute immer nach diefem
Lande gerichtet: ein Beweis, daß es dort viel zu ge=
winnen gab. Der wahre Kaufmann ift fehr erfinde=
rifch, um fich die Wege zu feinem Ziel zu bahnen und
alle, felbft auch die fchwerften Hinderniffe zu befeiti=
gen oder glücklich zu überwinden. Zeigt fich ihm ir=
gendwo ein reichlicher Gewinn, fo fcheuet er keine
Gefahr, keine Mühe, und opfert freudig einen Theil
deffelben auf, um feine Wünfche erfüllet zu fehen.
Sehr willkommen kam den ausländifchen Kaufleuten
die damahls ganz gewöhnliche Geldnoth der Fürften
und die Habfucht ihrer Räthe fchon auf halbem Wege
entgegen; um Geld konnte man fich kaiferliche, könig=
liche und herzogliche Privilegien aller Art verfchaffen.
Diefes allgemein bekannte Geheimniß verftanden die
Kaufleute in allen Theilen der Welt, alfo auch in
Oefterreich vortrefflich zu benützen. Schon H. Leopold
fprach 1192 dankbar und liebevoll von erfprießlichen
Dienften, die ihm die Regensburger zu verfchiedenen
Mahlen erwiefen haben **). Eine gleiche, oder ähn=
liche Sprache führten feine Nachfolger in Urkunden;

---

*) Beylage Nro. XVII.

**) Glorie principis intereft propenfius obfequentes am=
pliori affectione diligere, et eorum utilitatibus curam
adhibere efficacem. Sic enim rite dignitatis fue privilegio
fungitur, dum bene meritos ita remunerat, et beno
merendum alios invitat. etc.

die sie auswärtigen Kaufleuten verliehen haben; und geschieht in manchen derselben auch keine Erwähnung von solchen geleisteten Diensten, so darf man sie dennoch billig voraussetzen, denn ohne Nutzen pflegte man Ausländern nicht zu schmeicheln, sie nicht vor eigenen Unterthanen zu begünstigen. Alte Stadtrechnungen geben sogar die Summen an, um welche man sich Privilegien erkauft hat. Wir führen einige Beyspiele davon an.

H. Friedrich der Schöne begnadigte die Regensburger 1309 mit einer Urkunde, die ihnen in seinen Ländern Schirm vor unrechter Gewalt und Genugthuung gegen Schuldner vor seinen Gerichten zusicherte *). Nach wenigen Jahren erhob sich ein blutiger Kampf zweyer Gegenkönige um die Deutsche Krone, während dessen der Handel der Regensburger in Oesterreich sehr gefährdet wurde. Um größerem Unheile vorzubauen, wurden 1317 Abgesandte nach Wien geschickt, die mit so vieler Gewandtheit unterhandelten, daß sie für ihre Stadt im folgenden Jahre eine Bestätigung der vorigen Urkunde mit neuen vortheilhaften Zusätzen erhielten. Die Kosten dieser Absendung und die Geschenke am Hof zu Wien beliefen sich auf die ansehnliche Summe von zwölfhundert Pfund **). Nach K. Friedrichs Tode im Jahre 1330 ward eine Bestätigung der Privilegien von den neuen Regenten Oesterreichs nöthig. Sie kam auf sieben und sechzig Mark Silbers zu stehen, obgleich sich H. Albrecht sehr großmüthig bewies; desto geldgieriger waren seine und seines Bruders Otto Räthe, unter welchen sich des letzteren Siegel-

---

*) Gemeiner, Chronik, Th. I. S. 471.
**) A. a. O. S. 501 und 502.

bewahrer vorzüglich auszeichnete *). Auch H. Rudolph
ließ sich 1364 seine den Regensburgern verliehene
Gnade bezahlen **). Ob auch spätere, den Regens=
burgern verliehene Begünstigungen erkauft werden
mußten, wird zwar nicht angegeben; läßt sich aber
nach damahliger Sitte vermuthen ***). Ohne Zwei=
fel haben diesem Beyspiele der Regensburger auch
andere Städte gefolget; vorzüglich gegen Nürnberg
sind unsre Herzoge Rudolph, Albrecht der Dritte
und ihre Nachfolger in Ertheilung verschiedener Vor=
rechte sehr freygebig gewesen ****). Es ist unnöthig,
hierüber noch mehrere Beyspiele anzuführen; das
Benehmen der Fürsten gegen ausländische Kaufleute
war sich überall gleich, um Geld ertheilten sie ihnen
Schutz, Gerechtigkeit, Begünstigungen des Handels.
In mehreren Urkunden und Handelsgesetzen werden
auch sogenannte hofbefreyte Handelsleute erwähnet.
Diese konnten In= oder Ausländer seyn und erhielten
bald aus vorzüglicher Neigung eines Fürsten, bald

---

*) A. a. O. S. 548. Gemeiner erzählet aus den Acten Fol=
gendes: „Zwey Stück Brüßler Tuch, die der Abge=
ordnete zur Verehrung dargebothen, wurden als ein
schimpfliches Geschenk ausgeschlagen. Ein Pfarrer, der
des Herzogs Otto Siegelbewahrer gewesen, ließ sich die
landesfürstliche Gnade bezahlen. H. Albrecht bewies mehr
fürstliche Großmuth.“ — In Jahren 1331 und 1337
erhielten die Regensburger ein zweytes Privilegium, S.
556, und Th. II. S. 11.

**) Gemeiner, Th. II. S. 133. Den Text dieser Urkunde
findet man bey Senkenberg, Selecta, T. IV. p. 255.

***) A. a. O. S. 92. Im Jahre 1379 bestätigten die Herzoge
Albrecht und Leopold den Regensburgern das Niederlaß=
recht in Wien; und 1398 die Herzoge Wilhelm und
Albrecht den ungehinderten Handel in Oesterreich,
S. 338.

****) Jonathan Fischer, Geschichte, Th. II. S. 242, 258.

auch gegen Erlegung einer ansehnlichen Summe Geldes das Privilegium, Handel treiben zu dürfen, ohne
zur Gilde der Kaufleute zu gehören. Da ihre Anzahl
sich zu sehr vermehrte, sah sich K. Leopold 1660 ver-
anlaßt, diesem Unfug Einhalt zu thun *).

Gegen dergleichen Begünstigungen erhoben die
inländischen Kaufleute, vorzüglich die Wiener, zu verschiedenen Zeiten laute Klagen und bewogen dadurch
die Regenten, mit Handelsprivilegien gegen Ausländer sparsamer zu werden, und die schon ertheilten möglichst einzuschränken **). Sahen sie ihre Wünsche
erfüllet und allen Handel beynahe ausschließend in
ihren Händen, so trieben sie es so arg, daß ein allgemeines Murren über die erkünstelte Theurung verschiedener Gegenstände unter dem Volke laut wurde,
was die Herzoge bewog, dem Monopolium der Bürger durch Ertheilung neuer Handelsfreyheiten an
Auswärtige Einhalt zu thun. Von der freyen Zufuhr
des Brodes und Fleisches nach Wien werden wir an
einem anderen Orte sprechen. Wegen der übergroßen
Theurung ward 1602 die Einfuhr fremder Weine
und überhaupt alles Getränkes, und sogar auch fremden Handwerksleuten der Verkauf ihrer Fabricate auf
den Wochenmärkten in Wien gnädigst erlaubet ***).
Eine ähnliche Freyheit ertheilet K. Leopold 1684 allen
auswärtigen Handwerksleuten, vorzüglich solchen, deren Hände man zur Wiederherstellung der von den
Türken zerstörten Gebäude bedurfte. Zimmerleute,

---

*) Guarient, Th. I. S. 476, u. f. Auch zum Handel nach
  Venedig wurde Einzelnen ein Privilegium ertheilet, wo-
  von H. Albrecht in einer Urkunde 1372 Meldung machte,
  die in der Beylage Nro. VI. zu finden ist.
**) A. a. O. S. 452.
***) A. a. O. S. 457.

Maurer, Schlosser, Tischler, Töpfer, u. s. w. wurden
aus allen Gegenden eingeladen, nach Wien und in
die Umgebungen zu kommen, ohne den bestehenden
Zunftgesetzen unterworfen zu seyn *).

Wenn man einmahl schon überzeugt war, daß
man dem Handel eines Landes nicht besser emporhel-
fen könne als durch alle erdenkbare Einschränkungen
auswärtiger Kaufleute: so sollte man glauben, daß
der innere Handel zwischen den eigenen Unterthanen
würde möglichst begünstiget, und ihnen gegen Leistung
der vorgeschriebenen Zollgebühren die größte Handelsfreyheit unter einander eingeräumet worden seyn.
Doch das Mittelalter, viel zu lange ein Bedrücker
des gemeinen Volkes, hatte auch hierin seine eigenen
sonderbaren Ansichten, und begünstigte durch Privilegien nur eine geringe Anzahl von Unterthanen auf
Kosten vieler Tausende, und beschränkte auch den inneren Handel auf vielfache Weise.

Hindernisse des Handels für die einheimi-schen Kaufleute im Innern des Landes.

Zollerpressungen, Straßenzwang und Stapelrechte
drückten Oesterreichische Unterthanen in ihrem eigenen
Vaterlande eben so sehr wie die auswärtigen Kaufleute. Das Verboth eines längeren Aufenthaltes im
Lande, welchem Fremde unterworfen waren, ausgenommen, trug der Oesterreicher mit dem Ausländer
bey Handelsgeschäften beynahe gleiche Lasten, stand
ihm sogar in manchen Begünstigungen noch nach,

*) A. a. O. S. 458.

was ihm desto schmerzlicher fallen mußte. Der Grund
solcher verkehrten Maßregeln ist ebenfalls in der
übergroßen Vorliebe der Regenten für die Bürger
landesfürstlicher Städte, Märkte, und sogar auch für
die Bewohner der Dörfer zu suchen, deren Landesfür=
sten und Grundherren sie zugleich gewesen sind. Diesen
allein konnten sie damahls willkührlich Steuern auf=
erlegen; diese wurden also auch mit einträglichen Vor=
rechten vor allen übrigen Unterthanen reichlich begabt,
um die verlangten Abgaben desto gewisser leisten zu
können. Wir heben nur die zwey vorzüglichsten Hin=
dernisse aus, welche dem innern freyen Verkehr unter
den Oesterreichern selbst im Wege standen. Diese wa=
ren: ausschließendes Handelsbefugniß der Bürger
und Meilenrechte.

Vierter Abschnitt.

Ausschließendes Handelsbefugniß der Bürger.

Daß Ausländer mit niemanden, als nur mit
den Bürgern in Städten und befreyten Märkten*)
handeln durften, sagen häufige Urkunden aus, von
welchen wir bereits mehrere in den vorhergehenden
Abschnitten unsern Lesern mitgetheilet haben **).

---

*) So hießen die Marktflecken, die ein Handelsvorrecht be=
saßen.

**) Urkunde H. Leopolds für Wien vom Jahre 1198: Nemo
extraneorum mercator vendat merces, quas adducit,
extraneo, sed tantum civi. Der K. Rudolph wiederhohlte
dieses wörtlich 1278; bey Lambacher, S. 156. — Schon
früher hat H. Friedrich der Streitbare dasselbe Privilegium
der Stadt Heimburg verliehen; apud Senkenberg, Vi=
siones, p. 280. Späterhin erscheinet es als ein allgemei=
nes Vorrecht der Städte und Märkte.

Dem nähmlichen Verbothe unterlagen in Oesterreich auch die Eingebornen auf dem Lande, die nicht so glücklich waren, Mitglieder einer Stadt= oder befrey= ten Marktgemeinde zu seyn. Die allgemeine Regel lautete so: Die Jahrmärkte ausgenommen, darf auf dem Lande kein anderer Handel, als nur mit den täglichen Lebensbedürfnissen getrieben werden; alles Uibrige mußte man sich aus einer Stadt oder aus einem privilegirten Markte, deren es aber in früheren Zeiten noch wenige gab, herbeyschaffen, und es dort nur ganz allein von Bürgern kaufen *). Selbst Bürger, die sich in einer andern inländischen Stadt mit Waaren versehen wollten, waren an diese Regel gebunden, und durften nur mit dortigen Bürgern Kaufsverträge schließen **). Eine Dorfgemeinde mochte noch so zahlreich seyn, so war ihr doch aller Handel unter ihren Mitgliedern, ja auch alle Aus= übung eines Gewerbes, auf das ein Bürger auch nur den entferntesten Anspruch machen konnte, strenge verbothen. Da außerhalb der Städte Krämer und Kleinhändler damahls noch äußerst selten vorkommen, und auch das Hausiren nicht erlaubt war, so lag das Monopolium der Bürger in Städten und privile= girten Märkten desto schwerer auf dem gemeinen Landvolk. Aus häufigen Belegen, die sich hierüber

---

*) Die Beylagen Nro. VI. XV. XVI. XLII. und viele Han= delsgesetze bey Guarient, von welchen in der Folge noch Erwähnung geschehen wird, enthalten Beweise davon.

**) Preuenhuber, S. 65. Hierher gehört das Privilegium H. Albrechts für Steyr, in welchem er 1382 verordnete, daß diese Stadt gleiches Vorrecht mit Linz, Wels, Enns und Freystadt haben soll, nämlich: Alle Waaren, welche die Bürger der genannten Städte nach Steyr bringen, dürfen sie nur den dortigen Bürgern verkaufen.

noch vorfinden, wählen wir nur ein Paar aus, die uns die traurige Lage der unterdrückten Dorfbewohner sattsam schildern.

Die Bewohner von Traundorf bey Gmunden wurden 1360 als Verletzer der Freyheiten der benachbarten Stadt angeklagt, und H. Rudolph verboth ihnen allen Handel, alle Gewerbe, sogar auch Schnitzarbeiten aus Holz. Unterstünden sich die Traundorfer, diesem Verbothe zuwider zu handeln, so sollen Gmundens Bürger dem Burggrafen des Schlosses Ort ihre Klagen vorbringen; und würde dieser säumen, ihnen Genugthuung zu verschaffen, so ertheilte ihnen Rudolph — „volle und ganze Gewalt, daß sie das ernstlich und festiglich bessern, wehren und wenden von Unsertwegen *): — ein schlimmer Beweis von einer schlechten Gerechtigkeitspflege, welche gemeinen Bürgern die Selbsthülfe gegen Dorfbewohner gestattet.

In einem ganz gleichen Falle, wie die Traundorfer, befanden sich die Bewohner der Ortschaft Ufer,

---

*) In der Urkunde H. Rudolphs heißt es: „daß von alter Gewohnheit herkommen sey, daß die Leut gemainiglich in demselben Dorf enhalb der Traunbruck kainer Arbait noch Wandlung mit Kaufmanschaft da pflegen sollen, weder mit Brodbacken, noch mit Leutgeben, noch mit Schneidwerk, noch mit Schnechwerk (schnegern ist: aus Holz ausschneiden, schnitzen) noch mit kainerley ander Handwerk noch Wandlunge, wie das genannt ist, ohne Gefährde, und daß auch dieselben Leut kain Freyung da nicht haben sollen in kainen Weg. Davon wollen wir ernstlich, seit sich das also vor uns erfunden hat... Und geben ihnen darüber zu Urkund diesen Brief versiegelten mit unserm klainen anhangenden Insigel, der geben ist zu Vecklapruckh an unser Frauenabend zu der Schiedung (am 14. August) nach Christi Geburt dreyzehenhundert Jahr und darnach in dem sechzigsten.''

Linz gegenüber, vormahls Urfarschad, Urfarschar, dann Urfar genannt, und erst vor wenigen Jahren nach der von den Franzosen erlittenen Zerstörung *) zu einem Markte erhoben. Da noch keine Brücke über die Donau vorhanden war **), so mußte es sich oft fügen, daß viele Reisende sich genöthiget sahen, in Ufer zu übernachten, oder gar einige Tage zu verweilen. Man errichtete also Gasthäuser, schenkte Wein aus und fing an, mit Getreide, Holz, Salz und anderen Sachen einen Handel zu treiben. Dieß war in den Augen der Bürger von Linz ein großes Verbrechen. Sie klagten im Jahre 1485 dem K. Friedrich, der eben in Linz anwesend war, über den Frevel der nahen Dorfbewohner, über Beeinträchtigung ihrer Stadtfreyheiten, wodurch sie in großen Nachtheil geriethen, und bathen ihn um schleunige Abhülfe so großer Beschwerden. Was sich leicht voraussehen ließ, ist geschehen. Der Kaiser verboth den Bewohnern Ufers Wein zu schenken, Gäste für Geld zu beherbergen und zu bewirthen, und mit Getreide, Holz, Salz oder mit was immer für Waaren Handel zu treiben ***). Der Nothstand, in welchen die Hausbesitzer in Ufer durch dieses Verboth geriethen, reitzte sie zum Ungehorsam; sie fingen bald wieder an, Fremde zu bewirthen, und heimlich mit verschiedenen Dingen zu handeln. Auf die erneuerten Klagen der Linzer befahl 1496 K. Maximilian dem Landeshauptmann, Georg von Losenstein, darüber sorgfältig zu

---

*) Geschichte der Landwehre in Oesterreich ob der Enns. Th. II. S. 253.

**) Eine Brücke über die Donau zu bauen, hat K. Maximilian den Bürgern von Linz erst im Jahre 1497 erlaubt. Beylage Nro. XVIII.

***) Beylage Nro. XIX.

6 *

wachen, daß in dem Dorf Urfarschad Linz ja kein
Wein ausgeschenkt oder irgend ein Handel getrieben werde, weil dadurch seine Stadt Linz in großen
Schaden käme, — „dann Wir das nit erleyden mügen" *).

Ein Dorf mit städtischer Handelsfreyheit begabt,
ist in Oesterreich eine höchst seltene Erscheinung. Ein
Beyspiel davon, vielleicht das einzige im ganzen Lande,
finden wir an Ischel, welches noch als Dorf im Jahre
1392 zu solcher Ehre gelangte. Die Salzarbeiter zu
Hallstatt und Laufen erhoben aus uns unbekannten
Ursachen einen Aufstand, aber die Leute zu Ischel verharrten in der pflichtgemäßen Treue, und bewiesen ihrem Landesfürsten einen unwandelbaren Gehorsam.
Dankbare Anerkennung der Verdienste gemeiner Leute um ihre Regenten war im rauhen Mittelalter nicht
allgemeine Sitte, denn alles, was jene thaten, und
alle Opfer treuer Ergebenheit wurden gewöhnlich nur
eines kalten Blickes gewürdiget, und für weiter nichts
als für strenge Schuldigkeit geachtet, deren Erfüllung
keine preisende Erwähnung verdiente; freundliche
Dankbarkeit gegen arme Landleute schien den Fürsten
entehrend oder doch übel verschwendet zu seyn. Viele
der Oesterreichischen Fürsten, milde, leutselige Väter
ihrer Unterthanen, machten von dieser wilden Sitte
ehrenvolle Ausnahmen, würdigten Verdienste auch in
armen Hütten, und sprachen laut und freudig ihre
Dankbarkeit aus. H. Albrechts Güte gegen die Bewohner von Ischel war so überschwänklich, daß er
ihnen zum Lohn ihrer Treue städtische Freyheit der

---

*) Die Urkunde hat das Datum: „Geben zu Augspurg am
Mitichen nach Sant Paulus tag Conuersionis (den 27.
Jänner), Anno Domini etc. 96.

Gewerbe und des Handels verlich*). Zu einem
Markt wurde das Dorf Ischel erst im Jahre 1466
vom K. Friedrich erhoben **).

Da die Landesfürsten selbst die Monopolien der
Bürger in Städten und Märkten so sehr begünstigten, so mußte die Lage der gemeinen Landleute immer drückender werden. Die geringsten Gewerbe:
Weber, Schneider und Schuster ausgenommen,
durfte man keines in einem Dorfe ausüben; ja waren
doch sogar Gasthäuser verbothen; und in der Nähe
einer Stadt durfte es niemand wagen, Brod zum

---

*) In der Urkunde heißt es: „Wann Uns wider die Unge-
horsamen und Aufpruche, die etliche Unser Hellinger von
Hallstatt und Lauffen zu diesen Zeiten gethan haben, Unser
armen Leut in dem Dorf zu Ischel niederhalb Unser Veſt
zu Wildenstain, sunder Gehorsam und Trewe beweiset
haben, daß wir darum durch billich Dankbarkeit denselben
Unsern getreuen Leuten zu Ischel die Gnad und Recht
gegeben haben, und geben auch mit dem Brief, daß sie nu
fürbas haben sollen alle die Recht auf Wasser und Lande
mit aller Arbeit und Handlunge, die Unser Städt ob der
Enns haben ungefährlich also, daß dieselben Unser Leut
von Ischel auch hinfür solich Treu und Dienst stättlich an
Uns und Unsern Erben thun und halten. Und dieser Unser
Gnad zu Urkund geben Wir den gegenwärtigen Brief
versiegelten mit Unserm Insiegl. Der geben ist zu Wien am
Pfingstag nach sand Gilgen Tag" (am 5. September).
Nach Christes Geburt dreyzehenhundert Jahr, darnach in
dem zwey und neunzigisten Jahr.

**) Das Datum dieser Urkunde ist: Geben zu der Neustadt,
am Freytag vor dem Suntag Letare in der Fasten (am 14.
März) 1466 Die neuen Vorrechte, welche Ischel dadurch
erhielt, waren: Markt- und Bürgerrecht, ein Wochenmarkt, Burgfried, eigene Gerichtsbarkeit, die ein erwählter
Marktrichter über alle Uibelthäter ausübte. Verbrecher,
die mit dem Tode bestraft wurden, mußten jedoch dem
landesfürstlichen Landrichter nach Wildenstein ausgeliefert
werden.

Verkauf zu backen. Ja was noch mehr ist: sogar der
Handel mit Getreide wurde den Erzeugern desselben
untersagt, und den Bauern stand es nicht frey, dasselbe
Allen ohne Unterschied zu verkaufen. Bald wurden sie
von ihren Grundherren genöthiget, ihnen das Vorkaufsrecht zuzugestehen *), bald geboth ihnen der
Landesfürst, alles verkäufliche Getreide in die nächste
Stadt auf den Wochenmarkt zu bringen **); wer
eines bedurfte, mußte es von einem Stadt- oder
Marktbürger kaufen, und nur diese hatten das Vorrecht, von den Bauern in ihren eigenen Häusern Getreide zu kaufen. Dergleichen Privilegien sind traurige
Belege eines gänzlichen Mangels einer weisen Gesetzgebung über Handelsgegenstände, die man in früheren
Jahrhunderten freylich nicht erwarten darf; aber zu
bedauern ist es, wenn man lieset, daß solche allgemein
schädliche Vorrechte einiger Wenigen zum Nachtheile
der weit größeren Anzahl der Unterthanen auch noch
von einem K. Maximilian im Jahre 1496, und von

---

*) Guarient, Th. I. S. 387. Noch im Jahre 1662 sagte K.
 Leopold: „Uns kommt mißfällig vor, daß theils Obrigkeiten sich unterstehen, ihre Unterthanen zur Anfailung ihres
 Getraids zu nöthigen und zu verbiethen, daß sie dasselbige
 nicht anderwärtig verkaufen dörffen, u. s. w.“ Dieses war
 auch in den Bauernunruhen des sechzehnten Jahrhunderts
 eine der vorzüglichsten Klagen des gedrückten Landvolkes,
 daß die Herrschaften ihre Unterthanen mit dem Vorkaufs-
 rechte bey Getreide und Hornvieh quälten, und ihnen alle
 verkäuflichen Sachen abnöthigten Dazu gesellte sich noch
 der Mühlenzwang, vermöge dessen die Unterthanen verpflichtet wurden, ihr Getreide um einen willkührlich gesetz-
 ten Preis in der oft weit entfernten Hofmühle mahlen zu
 lassen. K. Rudolph der Zweyte hat diesen Unfug 1591, und
 K. Leopold 1661 neuerdings wieder abgeschafft. Guarient,
 Th. II. S. 16, und Th. I. S. 107.

**) Beylage Nro. XLII.

vielen seiner Nachfolger gutgeheißen, erneuert, und
in ihrer vollen Wirksamkeit erhalten wurden *).
Um den Landleuten, die nicht Bürger waren, alle
Gelegenheit zu benehmen, Wein, Getreide oder
andere Dinge von jemanden andern als von einem
Bürger zu kaufen, wurden häufige Befehle erlassen,
daß dergleichen allgemeine Bedürfnisse ja nirgends
als in einer Stadt oder in einem privilegirten Markte
abgeladen, und dort in Magazinen aufbewahret werden sollten **). Sogar dazu war ein Privilegium
nöthig, um das Brenn= und Bauholz irgendwo aus

---

*) Beylage Nro. XX.

**) Die Herzoge Leopold und Ernst schrieben 1410 dem Lan-
deshauptmann Reinprecht von Walsee: „Wir wollen
ernstlich, daß du schaffest, daß zwischen Sindlburg und
Ebelsberg kain Niederlegung sey mit kainerley Kaufmannschaft, weder auf Wasser noch auf Lande, denn in unserer
Stadt zu Enns, und daß man auch kainen Wein nindert
abziehe, denn in dem Engenhagken zu Enns, wann solch
Händel an unser Mauth zu Enns kommen sollen, als von
Alter herkommen ist. Geben zu Wien, am Freytag nach
dem Pfingsttag (am 16. May) anno domini etc. Quadringentesimo decimo. — Diesen Befehl erneuerten H. Albrecht 1418, und K. Friedrich 1451. Letzterer sagt: „Uns
haben unser Getreuen Lieben, unser Burger zu Enns, vorbringen lassen, wie zu Walsee, am Pesumoldach zu Mauthausen, am Dürnfeld und an andern Enden ungewöhnliche
Ladstätte gehalten, Wein, Getreid und ander Kaufmannschaft da angenommen und abgelegt, in die gewöhnliche
Ladstatt daselbst hin gen Enns nicht kommen, und uns dadurch unser Mauth und Gerechtigkeit unsrer Stadt daselbst
entzogen werden.“ — Er bevollmächtiget dann die Bürger von Enns, solchen Unfug abzustellen. — „Geben zu
Wien, am Samstag nach St. Veits Tag (am 19. Junius)
1451.“ — Dieser Befehl wurde noch oft erneuert. —
Die Ladstätte heißen in Urkunden auch Lastätte und Lag-
stätte, vom Aufladen und Niederlegen.

Schiffen oder von Wagen abladen und Holzstöße
errichten zu dürfen *).

Daß unter so häufigen Verordnungen, welche die
Handelsfreyheit beschränkten, nicht doch einige wenige
lobenswerthe sollten erschienen seyn, ist nicht denkbar.
Dahin sind vorzüglich die Verbothe zu rechnen, die
allen landesfürstlichen Beamten und derselben Dienst=
bothen, so wie auch allen Pfarrern das Weinschenken
und allen Handel untersagten. Von vielen dergleichen
Verordnungen heben wir nur einige aus. H. Albrecht
der Lahme verboth schon im Jahre 1338 allen seinen
Beamten im Salzkammergut und ihren Dienern, sich
mehr Wein, Getreide oder andere Dinge anzuschaffen,
als sie zu ihrer eigenen Hausnothdurft nöthig hätten,
um ja nicht als Kaufleute oder als Krämer zu erschei=
nen **). Aehnliche Verbothe ergingen 1396 und 1412
an die landesfürstlichen Beamten in Linz und in an=
deren Städten, und wurden von den nachfolgenden

_____

*) Die Bürger des einstens landesfürstlichen Marktes Grein,
  der später vom Kaiser Friedrich zu einer Stadt erhoben
  wurde, hatten das Vorrecht einer sogenannten Lastatt für
  Holz und andere Dinge vom Schloße Werfenstein ange=
  fangen bis zur Lastatt des Marktes Perg. Hierüber sind
  Urkunden von 1400 bis 1491 vorhanden.
**) Wir Albrecht .. entbiethen allen unsern Amtleuten, Schrei=
  bern und Hofschreibern zu Gmunden und an der Hallstatt
  unser Gnad und alles gut. Wir wollen und gebiethen es
  euch gar ernstlich, daß ihr, noch euer kainer, noch kainer
  euer Diener oder Knecht icht fertige mit Wein oder mit
  Traid, und mit kainer Kaufmannschaft ichtes habe zu
  schaffen, denn als viel er in sein selbs Haus bedarf,
  wann wir das nicht gestatten wollen. Der Brief ist ge=
  ben zu Wien, am Mittichen nach dem heiligen Kreuztag
  (am 6. May) anno Millesimo trecentesimo trigesimo
  octavo.

Regenten erneuert *): ein Beweis, daß man sie schlecht
befolget hat. — Noch preiswürdiger war eine Verordnung H. Albrechts vom Jahre 1423, welche die
Pfarrer auf ihre Berufsgeschäfte aufmerksam machte
und ihnen verboth, Gastwirthe und Kaufleute zu
seyn **). Auffallen muß es, daß sich die Bischöfe von

_____

*) Zu der allgemeinen Bestätigung aller Privilegien der Stadt
Linz fügte H. Albrecht 1596 noch hinzu: „Auch thun wir
denselben Burgern zu Linz wissentlich die Gnad und maynen, daß fürbasser kain unser Amtmann au unser Mauth
daselbs, weder Mauther, Gegenschreiber noch Zahler mit
denselben unsern Burgern in der Stadt kainerley Kaufmannschaft noch Arbait treib, noch handl in dhainem Wege,
als das von Alter ist herkommen, ohnGefährd. Dasselb wir
auch zu gleicher Weis unsern Juden daselbs setzen und gebiethen, daß sie auch mit denselben unsern Burgern kainerley Arbaiten der Stadt thun noch treiben ohn Gefährde ꝛc.
Geben zu Wienne, am Montage vor St. Michels Tag (am
25. September) 1596.‟
**) Wir Albrecht . . embiethen den ehrbaren, unsern lieben
andächtigen, allen Dechanten unsers Lands ob der Enns,
den der Brief gezaigt wird, unser Gnad und alles Guts.
Wir haben vernommen, wie daß manche Pfarrer in euren
Dechanteyen gesessen, offen Tafern haben auf dem Gäu, und
treiben ihren Gewerb mit Weinschenken und ander Kaufmannschaft, das sie nit angehört, und daraus unsern Städten ob der Enns merklich Schad geschähe. Empfehlen wir
euch und begehren ernstlich, daß ihr das derselben Priester-
schaft, die solch Handel treiben, verbiethet und nicht gestattet, daß sie das hinfür thun. Geschäh aber das nit, so wollten
wir selber schaffen und darzu thun, damit es unterstanden
werde. Geben zu Wien, am Pfingstag vor Judica in der
Fasten (am 17. März) Anno domini etc. Vicesimo tercio.‟ — Wir müssen hier die Bemerkung beyfügen, daß
die Befugniß, Wein auszuschenken, verschiedenen Dechanten und Pfarrern von den Landesfürsten selbst durch Privilegien ist ertheilet worden. Dergleichen Urkunden und Bestätigungen derselben finden sich noch in verschiedenen Archiven. So, z. B. bestätigten die H. Albrecht und Leopold

Paſſau bey ſo groben Mißbräuchen des Clerus ſehr gleichgültig benahmen, und ihre Pfarrer ganz ungeahndet allen öffentlichen Anſtand verletzen ließen. Leider dauerte dieſer Unfug ungeachtet wiederhohlter Verbothe an manchen Orten bis in das achtzehnte Jahrhundert noch fort.

Ungeachtet die Landesfürſten ſich äußerſt angelegen ſeyn ließen, den Bürgern von Städten und Märkten allen bedeutendern Handel ausſchließend zu ſichern, ſo würde man ſich doch irren, wenn man glauben wollte, dieſelben hätten überall in ihrem eigenen Lande, und auch ohne Unterſchied mit allen Waaren handeln dürfen. Zu einer Zeit, in welcher nicht allgemeine Geſetze, ſondern einzelne örtliche oder perſönliche Privilegien der Regierung und den Unterthanen zur Richtſchnur ihres Benehmens dienten, konnte es keine noch ſo einfache Regel ohne häuſige Ausnahmen geben, die ſich freylich gar oft einander widerſprachen, und eben dadurch wieder ein neues Privilegium nöthig machten, das dieſen Widerſpruch aufheben ſollte. Stapelrechte, gewiſſe hoch befreyte Bezirke, Privilegien für ein Monopolium eines beſtimmten Waarenartikels, und auch der Straßenzwang beſchränkten ebenfalls die Handelsfreyheit der Bürger; wollte man ſie von dieſer Einſchränkung befreyen, ſo ward ihnen zur Begünſtigung ein Privilegium ertheilet, das alle privilegirten Hinderniſſe aufhob und eine größere Freyheit herſtellte. Als Belege davon führen wir einige Beyſpiele an.

Die Bürger von Steyr hatten ein Stapelrecht auf Holz und Eiſen. Dieſes erregte den Neid oder die Eiferſucht der Bürger von Enns, welche ſich durch das

1373 dem Dechant in Krems dieſes alte Vorrecht; im Jahre 1396 wurde es wieder erneuert.

Vorrecht der Nachbarn für beleidiget und beeinträch=
tiget hielten, denn schwer fiel es ihnen, das ihnen nö=
thige Holz nicht vom erften Eigenthümer deffelben,
einem Bauer, fondern von einem Bürger in Steyr,
und noch dazu um einen höheren Preis kaufen zu
müffen. Sie wendeten fich alfo an den H. Albrecht
mit der Bitte, fie von diefem Zwange zu befreyen.
Diefer wollte beyde Theile fchonen und verlieh 1356
den Ennfern ein Privilegium *), in welchem er die
Verficherung ertheilte, daß die Freyheiten beyder
Städte unverletzt bleiben follten; zugleich drückte er
den väterlichen Wunfch aus, daß Ruhe und Freund=
fchaft ungetrübt unter ihnen erhalten werden möchte.
Um diefes zweyfache Ziel zu erreichen verordnete er,
daß es den Ennfern erlaubt feyn follte, Brenn= und
Zimmerholz zu ihrem eigenen Bedarf in Steyr auf=

*) Wir Albrecht .. enbieten vnffern getrewn dem Richtter vnd
dem Rat vnd den Purigern ze Enns vnffer gnad vnd alles
gut. Wand wir nicht wellen, daz zwifchen ew vnd vnffern
getrewn den Purigern von Steyr ftoff oder vnvrewnfchafft
fey, vnd daz ir bei ewrn allten rechten vnd guten gwonhai=
ten, vnd auch die von Steir bei irn brieffen beleiben, fo
main wir vnd wellen, wenn ir zymerholcz oder brennholcz,
des ir felb wedürffet, dacz Steir chamffen wellet, daz ir daz
tun fchult mit irm willen, vnd des fullent fy ew gunnen an
irrung, vnd haben in auch daffelb gefchriben, vnd auch
vnfferm getrewn lieben Fridreichen von walffe von Enns,
vnd Janffen dem Schecken purgraff ze Steir enboten, daf
fy ew paidenthalben darzu halten fullen von vnffer wegn,
daz ir daz alfo tut, vnd auch miteinander wol vnd gutleich
lebet. Geben ze wienn an fand Vlreichs tag (am 4.
Julius) anno domini MCCCL fexto. — Strenger fiel
ein Urtheilsfpruch H. Rudolphs zu Gunften der Stadt
Wien aus. Er verboth 1359, daß ohne Erlaubniß des Ma=
giftrates kein Floß und überhaupt kein Holz von Wien wei=
ter verführt werde. Rauch, T. III. p. 85. ——

kaufen zu dürfen. Den Steyrern wurde aufgetragen,
dieses ungeachtet ihres Stapelrechtes ohne Widerrede
geschehen zu lassen.

Den Alleinhandel mit Getreide und Wein haben
mehrere hundert Privilegien den Bürgern zugesichert;
aber andere Privilegien schränkten ihn wieder auf ge=
wisse Bezirke ein: auf die Gränzen der Provinz oder
auch der Umgebungen einer vorzüglich begünstigten
Stadt. Wollte ein bürgerlicher Handelsmann auch in
solchen Bezirken Getreide und Wein absetzen, so war
ihm ein neues Privilegium nöthig, das er gewöhnlich
mit leichter Mühe erhielt, wenn er ein begünstigter
Liebling des Fürsten, oder auch nur ein Mitglied einer
bedeutenden Stadtgemeinde war: Am öftesten geschah
es, daß ganze Städte mit solchen Vorrechten begna=
diget wurden. Die Städte Gmunden und Vöckla=
bruck besaßen von jeher, wie die übrigen Städte Ober=
österreichs, das Recht des Alleinhandels mit Wein
und Getreide in ihren Umgebungen, als sie plötzlich
durch die Kunde überrascht wurden, daß die Bürger
von Enns 1358 das Privilegium erhalten haben,
Wein und Getreide dorthin verführen zu dürfen *).
Dagegen mußten es sich die Bürger von Enns eben=
falls gefallen lassen, daß ihr Weinhandel durch ein
Privilegium des Stiftes Klosterneuburg beeinträchti=

---

*) Wir Albrecht .. enbieten vnssern getrewn, dem Richtter
vnd Purigern ze Vecklapruk vnser gnad vnd alles gut. Wir
sein des oberain worden, daz vnser puriger von Enns mit
wein vnd mit getraide sullen aribaiten vncz hincz dem Stadl
(bey Lambach), vnd dann reiten gen Gmunden oder gen
Veclapruk, vnd denselben wein oder getraid daselbs ver=
chawffen. Gebieten wir ew gar ernstleich vnd wellen, daz ir
sy daran nicht enget noch irret in dhainem weg. Geben ze
lincz am Phincztag vor Johans waptiste (am 21. Junius)
anno MCCCL octavo.

get wurde, indem daſſelbe die Freyheit erlangte, jähr=
lich fünfzehn Fuder Wein in Enns auszuſchenken,
den übrigen Vorrath davon aber in Fäſſern zu ver=
kaufen *). Die Bürger von Stockerau hatten ſchon
frühzeitig die Freyheit erlangt, Holz, Getreide und
Wein auf= und abwärts verführen zu dürfen, was
ihnen K. Friedrich 1327 neuerdings beſtätigte. Das
Vortheilhafteſte für dieſe Stadt und das ganze Land,
nähmlich der Handel mit dem Auslande, ward ihr je=
doch, ſonderbar genug, gänzlich verbothen **).

Wollten die Bürger einer Stadt in Unteröſter=
reich ihren eigenen Bauwein in eine andere benach=
barte Stadt oder gar in das Land ob der Enns zum
Verkauf bringen, ſo mußten ſie durch ein Privilegium
dazu berechtiget werden, weil ſie dem Monopolium
der dortigen Bürger dadurch einen Abbruch thaten.
Hier öffnete ſich der damahligen Privilegienſucht ein
weites Feld; auch war des Streitens der Bürger
über den Weinhandel kein Ende. Aus einem ſehr
zahlreichen Vorrath von Urkunden, die hierüber er=
laſſen worden, wählen wir nur das Wichtigſte aus.

Den Bürgern von Heimburg ertheilte K. Frie=
drich der Schöne das Vorrecht, ihren Bauwein allent=
halben in ſeine Länder, und durch dieſe auch ins Aus=
land verführen zu dürfen, nur ward es ihnen unter=

---

*) Max. Fiſcher, Merkwürdigere Schickſale des Stiftes und
der Stadt Kloſterneuburg. Wien, 1815. Th. II. S. 186.
Das erſte Privilegium hierüber ertheilte H. Friedrich der
Streitbare im Jahre 1231. K. Friedrich der Schöne beſtä=
tigte 1319 dieſe Freyheit, S. 349. — Aus Dankbarkeit für
geleiſtete Freundſchaftsdienſte ertheilte der Wiener Magi=
ſtrat 1288 dem Stifte die Befugniß, jährlich vierzig Fuder
Wein einzuführen, und innerhalb des Stadtbezirkes zu
verkaufen. S. 292.

**) Ludewig, Reliquiae Manuſcriptorum, T. IV. p. 238.

fagt, ihn in die Stadt Wien zu bringen. Den Bürgern
zu Bruck an der Leitha verlieh er das Privilegium,
daß sie beym Handel mit ihrem Bauwein dieselbe
Begünstigung haben sollten wie die Bürger von Heimburg. Letzteren wurde dieses Vorrecht vom H. Rudolph dem Vierten, und 1446 neuerdings vom Kaiser Friedrich bestätiget *). In diesen und in vielen
anderen Privilegien wurde Wien immer ausdrücklich
ausgenommen; den dortigen Bürgern sollte das Monopolium des Weinhandels innerhalb des ganzen
Stadtbezirkes unverletzt erhalten werden. Es gab nur
eine einzige Ausnahme von dieser Regel, welche seit
undenklichen Zeiten zu einer gesetzlichen Gewohnheit
geworden, und darin bestand: Vom Michaelistag
angefangen stand es bis Martini allen Weinbauern
und Weinhändlern frey, Weine nach Wien zu bringen, und sie dort auf dem Platz am Hof in Fässern
oder auch in kleineren Maßen zu verkaufen; nach
Martini war es jedoch allen Auswärtigen, die nicht
zur Bürgergemeinde gehörten, strenge verbothen,
Wein in die Stadt zu bringen, nicht einmahl eine

---

*) Die eigenen Worte in der Urkunde Friedrichs lauten so :
„Das dieselben vnnser Burger gemainigelich zw Pruckh Jr
Paw Wein, die in Järlich Wachsen, in vnnser Fürstenthumb Oesterreich vnd daraus, wie Sy das guet bedunckht,
aufgenumen in vnser Statt Wienn, füern, vnd Jren frumen damit schaffen sollen vnd mugen, vnd ob Yemandt solche
Jr Paw Wein von Jn chaufft, das der dieselben Wein auch
füern vnd vertreiben mag in den Rechten, Alls Sy
selbs.‟ — Im Jahre 1463 erlaubte er ihnen, — „Jre
Paw Wein, so Inen ye zu Zeiten auf dem hungrischen
Wachsen, an die Labstat zw füern, vnd daselbs aller der
Freyhait vnd gerechtigkait, wie sich das haischet, zu gebrauchen.‟ — K. Maximilian bestätigte ihnen diese Freyheiten
1494, und K. Ferdinand 1521.

Niederlage, ein bleibender Vorrath in Kellern wurde ihnen innerhalb des Stadtbezirkes geduldet.

Dieses außerordentliche Privilegium der Wiener in Rücksicht des Weinhandels bestritten die Bürger von Neustadt und wollten sich die Freyheit heraus nehmen, das ganze Jahr hindurch in einer eigenen Taberne ihre Weine auszuschenken. Sie stützten sich auf alte Privilegien, welche ihrer Stadt für beyspiellose treue Anhänglichkeit, die für ihren bedrängten Landesfürsten kein Opfer für zu theuer hielt, zu einigem Ersatze sind ertheilet worden *). Die Wiener konnten freylich keine so ehrenvollen Beweise erprobter Treue gegen ihre Regenten aufweisen, aber zu ihrem Glücke waren die Privilegien der Neustädter in allgemeinen Ausdrücken abgefaßt, die Freyheiten der Stadt Wien drückten sich aber hingegen über einzelne Gegenstände des Weinhandels ganz deutlich und bestimmt aus. Es kam zwischen beyden Städten zu einem Proceß, welchen der neue Landesfürst, der erst seit wenigen Wochen die Regierung angetreten hatte,

---

*) Ohne Zweifel deuteten die Neustädter vorzüglich auf die Urkunde H. Friedrichs hin, die er ihnen 1239 verliehen hat. Er erlaubte ihnen einen ganz zollfreyen Handel in allen Oesterreichischen Provinzen. Hormayr's Taschenbuch für die vaterländische Geschichte, 1812. S.74. Significamus.. quod nos burigensibus Novae civitatis, et ipsi civitati pro fide et constantia, quam circa nos habuerunt, quum imperium et fere totus mundus nos manu valida invaserit, et pro eo, quod ipsi ultra omnes burigenses, qui ea fide, sicut ipsi, nobis tenebantur, fideliter et constanter adfuterint, hanc gratiam imperpetuum et jus concessimus observandam, ut per omnes terras nostras et districtum de mercimoniis ipsorum nullam mutam solvant, sed eis semper liceat loca mutarum libere pertransire, hoc tamen annexo, ut mercimonia sibi non attinentia absque solutione mutae statuta ac debita non traducant.

der junge.H. Rudolph im Jahre 1358 feyerlich zu Gunſten ſeiner Hauptſtadt entſchied *). Die Neuſtäd= ter mußten ihre Taberne in Wien wieder aufgeben und ſich damit begnügen, daß ſie dort ihre Weine wie die übrigen Landleute von Michaelis bis Martini auf dem Platz am Hof verkaufen durften. Das ſtrenge Verboth H. Albrechts des Lahmen, das alle Einfuhr nicht nur ausländiſcher, ſondern überhaupt aller aus= wärtigen Weine unterſagte, deren Eigenthümer keine Bürger von Wien waren, hat H. Albrecht der Dritte 1369 erneuert. Traf man dergleichen Weinfäſſer in= nerhalb des Burgfriedens der Stadt an, ſo befahl das Geſetz ihn ausrinnen zu laſſen oder an ein Spital ab= zugeben **).

Fünfter Abſchnitt.

Meilenrechte.

Groß waren die Vorrechte der Bürger in landes= fürſtlichen Städten und Märkten, von denen wir bis= her geſprochen haben, und doch begnügten ſie ſich damit noch keineswegs. Dem Rechte, daß nur ſie allein im Lande Handel treiben durften, ſchien noch immer etwas

---

*) Ungeachtet der Urtheilsſpruch H. Rudolphs einen beträchtli= chen Raum einnimmt, ſo hielt man die Urkunde in mancher Rückſicht für merkwürdig genug, ſie nach ihrem ganzen Inhalt in der Beylage Nro. XXI. mitzutheilen.

**) Rauch, T. III. p. 112. Wir ſeczen das niemant chainen vngeriſchen weynn oder welyſchen weynn oder frömden weynn an die ende der Stat furen ſchol zeuerchauffen noch zeuertuen vnd wo man in ynndert vindet in dem purkchfrid oder in der Stat Da ſchol ander puezz nicht zugehoren dann das man in niderſchlach auf dy erden oder in das Spital geb.

zu mangeln, so lange es in ihrer Nähe Leute gab, die
ein einträgliches, und für den Lebensunterhalt ganz
unentbehrliches Gewerbe trieben; Neid und Habsucht
spornten sie an, auch diese Gewerbe an sich zu reissen,
und viel zu nachgiebige Fürsten erfüllten ihre zudring-
lichen Bitten. So entstand das höchst verwerfliche
Meilenrecht, vermöge dessen innerhalb einer Meile
um einen privilegirten Ort niemand eine gewisse Nahrung treiben durfte. So ein Verboth erstreckte sich
gewöhnlich auf Speise und Trank; manchmahl wurden aber auch in dem Umkreis einer Meile gewisse Arbeiten der Handwerker untersagt, um den Bürgern
begünstigter Städte und Märkte ein vollkommenes
Monopolium zum Verderben ihrer Nachbarn zu sichern. Gewöhnlich waren dort, wo es ein Stapelrecht gab, auch Meilenrechte vorhanden, obgleich
man letztere an einigen Orten auch ohne die ersteren
findet. Wer sich im Besitze eines mit einem Meilenrechte verbundenen Stapelrechtes befand, erschien in
den Augen des Mittelalters als der glücklichste Kaufmann; denn er war nicht nur Herr über den Waarenzug und über den Handel kostbarerer Dinge, sondern
in seiner Gewalt befand sich auch die tägliche Nahrung
der Menschen in einem Umkreis einer Meile: Brod,
Fleisch, Bier und Wein. Dieses Monopolium mußte
auf die Käufer desto verderblicher wirken, da sich die
damahlige Polizey in dem elendesten Zustande befand,
und noch dazu von eben denselben Bürgern verwaltet
wurde, deren Interesse es forderte, von ihrem Meilenrechte den möglichsten Nutzen zu ziehen. Die Art
und Weise, wie die Freystädter gegen die Bürger von
Leonfelden ihren alten Straßenzwang auch dann noch
mit bewaffneter Hand trotzig vertheidigen wollten, als
er schon vom Landesfürsten abgeschafft war, läßt uns

7

ein gerechtes Urtheil fällen, mit welcher barbarischen
Rohheit damahls privilegirte Bürger ihre Vorrechte
werden ausgeübt haben. Wir wollen einige Verlei=
hungen des Meilenrechtes näher betrachten.

Bey dem großen Mangel städtischer Urkunden in
Oesterreich können wir erst vom dreyzehnten Jahr=
hundert angefangen, Beyspiele eines verliehenen
Meilenrechtes aufführen. Das älteste darunter, von
einem H. Leopold, wahrscheinlich dem Glorreichen,
ist jenes, das dem Markte Aspach in Unterösterreich
ist verliehen worden. Wenn damahls schon ein Markt
mit einem solchen Vorrechte begabt erscheinet, so kann
uns nichts hindern für ausgemacht richtig anzuneh=
men, daß zur nämlichen Zeit auch mehrere Städte
die Vortheile eines Meilenrechts genossen haben,
denn diese lagen dem Landesfürsten näher am Herzen,
und gaben als die Klügeren und Mächtigeren unter
dem gemeinen Volke vorzüglich in Handelsgeschäften
den Ton an. Innerhalb einer Meile um Aspach durfte
man nichts feil haben und auch kein Handwerk trei=
ben. Von dieser Regel waren jedoch ausgenommen
die Pfarrorte und die Burgen des Herzogs*). —
Die Stadt Enns erhielt 1244 ein Meilenrecht vom
H. Friedrich dem Streitbaren, welches alle Gast=
wirthe abschaffte und ihnen geboth, ihren Wohnort
in der Stadt aufzuschlagen und dort ihr Gewerbe zu
treiben. Dem nahen Ennsdorf wurden nur zwey Bä=
cker und ein Gastgeber vergönnet**).

---

*) Meichelbeck, T. II. p. 84. Di haben geseit, das Aspach
der Marcht also gestift sí, von dem Hertzogen Liupolden,
daz einer meil sol nicht vails sin an Zedingesteten, und da
ze pharren. In der meil sol auch dehein hantwerch sin, an
da ze phärren, und daz des Hertzogen Burgen.

**) Hormayr, Taschenbuch, 1812. S. 54. Nec Caupones
sint infra Miliare. Sicut hactonus consueuerunt, nec in

Dieſer Unfug des ſchändlichſten Druckes der armen Landleute hat im vierzehnten Jahrhundert noch
größere Fortſchritte gemacht, und die Regenten ſpen-
deten mit freygebiger Hand ihren vielgeliebten eigenen, und auch wenigen anderen Bürgern, die der
Herrſchaft eines begünſtigten Höflings unterworfen
waren, Privilegien über Meilenrechte aus. Im
Jahre 1356 verboth H. Albrecht alles Weinſchenken
innerhalb einer Meile um Steyr, und nahm davon
nur diejenigen Gaſtwirthe aus; welche ſchon von jeher dazu befugt geweſen ſind *). Daß H. Rudolph
den armen Bewohnern von Traundorf bey Gmunden allen Handel, das Brodbacken und Weinſchenken, und ſogar auch alle Arbeiten in Holz, nämlich
das Schnitzen hölzerner Figuren und die Verfertigung hölzerner Werkzeuge und Baumaterialien (das
Schneidwerch und Schnechwerch) ſammt allen Hand-
werken 1360 verbothen habe, iſt ſchon weiter oben erzählet worden; er wollte dadurch das Meilenrecht
der Bürger von Gmunden aufrecht erhalten. Auch die
Linzer verdankten ihm ein ſolches Vorrecht. In einer
Urkunde, die er ihnen 1362 verliehen hat, verboth
er innerhalb einer Meile alle Schenkhäuſer **). Seine
Brüder Albrecht und Leopold beſtätigten 1369 dieſes.

villa que Enssdorf dicitur ex panificibus nisi tantum duo
resideant et unus caupo, nec extra murum aliqui caupones resideant. Sed intrent comuniter civitatem, et ibi
suas uendiciones exerceant more debito et consueto.

*) Preuenhuber, S. 52, lieferte von dieſer Urkunde nur ei-
nen kurzen Auszug. Sie hat das Datum: Wien, Ertag
vor Palmarum (am 17. April) 1356.

**) „Auch haben wir geſatzt vnd ſetzen mit diſem brieff, das
Niemandts vmb Lyntz Inwendig einer gantzen Meill wegs
dhain Schenkhauß hab.“ — Von dieſer Urkunde wird weiter unten die Rede ſeyn. Beylage Nro. XXXVI.

7 *

Meilenrecht, und die späteren Regenten folgten ihrem Beyspiele *). Von dem harten Urtheile, das K. Friedrich 1485 gegen die Bewohner des Ufers bey Linz ergehen ließ, ist schon weiter oben Erwähnung geschehen. Derselbe hochgepriesene H. Rudolph hat 1363 das Unheil des Meilenrechtes auch in der Umgebung von Freystadt verbreitet. Innerhalb einer Meile durfte dort niemand Wein, Meth oder Bier ausschenken, ausgenommen man hatte diese Getränke einem dortigen Bürger abgekauft **).

Die landesfürstlichen Märkte wurden den Städten in Rücksicht des Handels, und wahrscheinlich also auch in Rücksicht des Meilenrechtes gleich gehalten. Kriege, vorzüglich aber die Rebellionen der Bauern und die Unachtsamkeit der bürgerlichen Behörden, welche unverständliche und unleserliche Schriften als unnütze Dinge ganz unbekümmert ihrem Schicksale überließen, haben die alten Urkunden zu Grunde gerichtet und vertilget. Einige wenige sind im Markte Perg vom Untergang errettet worden. Das Privilegium, welches K. Ottokar den dortigen Bürgern 1269 ver-

---

*) Albrechts und Leopolds Bestätigung hat das Datum: An Sant Johanns Abent zu Sunwenden." — Ladislaus erneuerte sie: „Wir Laslaw .... thuen khundt offentlich... das in ainer Meilwegs vmb Lyntz Niemandt khain schenckhauß habe, das von hertzog Albrechten vnsern vrehnen vnd hertzog Leopoldten seinem brueder bestätt ist... Geben zu Wienn, am sant Erasm tag (am 3. Junius), Nach Christi geburt 1453."

**) Die Beweisstelle ist schon oben beym Straßenzwang von Freystadt vorgekommen: „Das Niemandt wer der sey, Edl oder vnedl, Inner ainer Meyll vmb die Statt khainen wein, Meth noch Pir schenckhen soll, Er hab es dann gekhaufft von ainem Burger in der Statt daselbs.

liehen hat *), wurde ihnen von den Herzogen Albrecht und Otto 1335 erneuert **). Der Inhalt deſſelben betrifft freylich nur die Mauthfreyheit ihrer eigenen Bedürfniſſe, aber in dieſem Vorrechte werden ſie ausdrücklich den Bürgern der Städte gleichgeſtellt. Die ſogenannten Ladſtätte, die den Landleuten außerhalb der privilegirten Märkte unterſagt waren; bürgerliche Gewerbe und uneingeſchränkter Handel, wie ihn die Stadtbürger trieben, waren eben ſo in den Bannmärkten wie in den Städten die hohen Vorrechte der Bürger, welche von unſern Landesfürſten vom dreyzehnten bis zum achtzehnten Jahrhundert ſehr oft ſind erneuert worden ***). Nur daran könte man

*) Oeſt. unter den Königen Ottokar und Albrecht, Th. II. S. 49.

**) Wir Albr (ſic) vnd Ott, von gottes gnaden Hertzogen ꝛc Oſterr. vnd ꝛe Steyr. Veriehen vnd tun chunt offenlichen mit diſem brief, allen den, die in anſehent, leſent, oder hörent leſen, daz wir mit guter gewizzen vnd chuntſchaft, des wol beweiſet ſein, vmb die Leut ꝛe Perge, daz die alleu die reht habent ꝛe verfuren ir wein, ir Getrayd vnd andreu dinch, der ſi bedurfent, auf wazzer vnd auf Land, als vnſer Purger ꝛe Ens vnd ꝛe Lyntz, vnd ander rnſer Leut in vnſern Steten recht habent, vnd man die vorgenanten Leut von Perg ir brief, die ſe vber diſelben reht habent gehept, verloren habent, beſteten wir in dieſelben reht, von beſundern gnaden alſo, daz ſie die fürbaz an alle ſeumung vnd irrung haben ſullen in aller der weis als vnſer burger ꝛe Ens, ꝛe Lintz, vnd ander vnſer Leut in vnſern Steten habent, vnd daz in daz alſo ſtete vnd vntzebrochen fürbaz beleibe, geben wir diſen brieff ꝛe einem offenn vrchund vnd ſtetichait, beſigeltn mit vnſern anhangunden Inſigeln. Der ꝛe Lintz geben iſt, do man zalt von Chriſtes geburd tauſent dreyhundert Jar, darnach in den funf vnd Dreizzigiſten Jar, des nähſten Samztages vor ſand Philipps vnd ſand Jakobs tag (am 29. April). — Zwey anhangende Siegel.

***) Von den Ladſtätten der Bürger von Perg geſchieht in den Urkunden von Grein öfter Erwähnung. Vom Handel der

zweifeln, ob die Bürger der Märkte Oesterreichs eben
so wie die Bürger der Städte nach Venedig handeln
durften. Urkunden darüber sind bisher noch nicht aufgefunden worden; dessen ungeachtet kann man die
Möglichkeit nicht anstreiten, denn zur Zeit, in welcher das ganze Regierungssystem nicht auf weisen,
allgemein verbindlichen Gesetzen, sondern nur auf
Willkühr und Privilegien beruhte, kamen die sonderbarsten Dinge zum Vorschein. Wenn es gleich wirklich irgend einen allgemeinen Grundsatz als Richt-
schnur gegeben hat, so verschwand die Befolgung desselben beynahe ganz durch Verleihung unzähliger Privilegien, die demselben widersprachen. So, z. B. besaßen in den früheren Zeiten die Bürger der Städte
ausschließend das Recht, Handel und Gewerbe zu
treiben; doch späterhin nahmen auch die Bürger der
landesfürstlichen, und sogar auch der, verschiedenen
Herrschaften unterthänigen, Märkte Antheil an diesen Vorrechten, und das Dorf Ischel ward in diesem
Stücke den Städten gleichgestellt. Der Handel nach
Venedig wurde nur den Städtebürgern erlaubt; aber
unsre Herzoge fügten in den Urkunden hierüber sogleich
den Beysatz hinzu, daß sie sich das Recht vorbehalten
wollten, auch Andere nach Belieben mit dieser Handelsfreyheit zu begnadigen. Es mögen Viele so ein
Privilegium erhalten haben, nur sind die Urkunden
hierüber verloren gegangen.

Sechster Abschnitt.

Einschränkungen der Kaufleute in Rücksicht der Krämer.

So lange es einen Handel gab, hat es auch Kaufleute und Krämer gegeben, das heißt, Leute, die im

---

Bürger in Märkten spricht K. Maximilian in der Verordnung vom Jahre 1496, welche in der Beylage Nro. XX.
abgedruckt ist.

Ganzen oder **Großen** handelten, und Andere, welche
die Waaren im **Kleinen**, nach Ellen und Pfunden,
verkauften. Da auch unter den Waaren ein ungemein großer Abstand sich vorfindet, so war es der
Sitte des Mittelalters und dem allgemeinen Hange,
sich an seines Gleichen anzuschließen, vollkommen gemäß, daß sich schon frühzeitig die Kaufleute nach dem
Unterschiede der Waaren, mit welchen sie handelten,
von einander trennten, und verschiedene Innungen
bildeten: es gab dann Kaufleute, Krämer und Tändler.
Nicht soviel kostbare Waaren: feine Tücher, Sammet,
Seidenzeuge, u. s. w., sondern eigentlich der Handel
im Großen oder Kleinen erzeugte den Unterschied zwischen Kaufleuten und Krämern, obgleich es unter
letzteren wieder verschiedene Abstufungen gegeben hat.

Die Innungen der Kaufleute und Krämer standen geschlossen da, aber noch waren zwischen ihnen
die Gränzen nicht bestimmt, wo der Handel der einen
aufhören und der andern anfangen sollte. Die Kaufleute handelten nach ihrem Belieben bald im Großen,
bald verschmähten sie auch den Kleinhandel nicht,
und thaten dadurch den Krämern einen empfindlichen Abbruch. Es entstanden Klagen, welche den
H. Friedrich den Schönen veranlaßten, durch eine
Verordnung im Jahre 1312 genauer zu bestimmen,
was für Kaufleute und Krämer in Wien Rechtens
sey. Es wurde von ihm zu ihrem Vortheile festgesetzt,
daß ausländische Kaufleute miteinander durchaus nicht
handeln sollen. Inländischen Kaufleuten wurde der
Handel mit Ausländern in Wien ebenfalls untersagt,
aber sie selbst durften miteinander Händel treiben, jedoch mit der ausdrücklichen Bedingniß, daß die Waaren wenigstens einen Viertelcentner am Gewicht betragen mußten, man mochte sie dann nach der Wage,

nach der Anzahl oder nach einem gewissen Maß verkaufen. Die Aufsicht über die Stadtwage blieb wie
zuvor den Kaufleuten und Krämern zugleich überlassen *).

Diese Verordnung, welche in den Jahren 1348
und 1375 erneuert wurde, trug auffallende Gebrechen an sich, denn da die Gränzlinie zwischen Groß-
und Kleinhandel nach dem Gewichte eines Viertel-
centners bestimmt wurde, so fielen kostbare und ganz
gewöhnliche, theure und wohlfeile Waaren in eine
Classe zusammen. Dazu kam noch, daß die Kaufleute, deren Handel dadurch gar zu sehr eingeschränkt
wurde, häufige Auswege fanden, zum Schaden der
Krämer den Handel sowohl im Großen als im Kleinen
zu treiben. Die Klagen der bedrängten Krämer wurden endlich so laut, daß sie zu den Ohren H. Albrechts
kamen, der sich 1432 entschloß, die Aermeren gegen
den Unfug der Reichen zu schützen, und die Gränzen
der Befugnisse der Kaufleute genauer zu bestimmen.
Seine Verordnung enthält Folgendes **):

Der Herzog hat den Kaufleuten und Krämern ein
Verzeichniß von Waaren übergeben lassen, in welchem das Quantum bezeichnet ist, nach welchem sich
der Handel der Kaufleute richten müsse; weniger,
als dieser Maßstab ausweiset, von irgend einer Waare

---

*) Rauch, T. III. p. 123. Wir setzen auch vnd gebieten, daz
die Purger vnd Chaufleute die sint gesezzen in den steten in
Osterreich (von Bürgern der Märkte geschieht noch keine
Erwähnung) ainer von dem andern ze Wienne chauffen
müge Chauffschätz über ein virtail eines Centen, vnd nicht
darunter, ez sei parchant, Scheter, Pheffer, oder ander
dinch die man verchauffet mit der wag, mit der tzal, oder
mit der mazze.

**) Beylage Nro. XXII.

zu verkaufen ist ihnen verbothen, denn dort fängt der
Kleinhandel der Krämer an *). Der Handel mit ge=
gossenem Wachs bleibt ausschließend den Wachsgieß=
ßern vorbehalten und wird den Kaufleuten sowohl als
den Krämern untersagt. Mit Sammet und Damast,
welche die Krämer nach der Elle verkaufen, können
die Kaufleute nach Belieben handeln. Ein Confect
von Venedig nach Wien zu bringen, ist den Kaufleu=
ten untersagt, und sie und die Krämer dürfen es nicht
feil haben und verkaufen; was sie aber davon zu ihrem
eigenen Hausbedarf nöthig haben, ist ihnen herbeyzu=
bringen erlaubt. Der Handel mit Confecten kommt
ausschließlich den in Wien ansässigen Apothekern zu,
welche Confecte bereiten und verkaufen **). Unge=

---

*) Dieses Register hat sich leider nicht mehr vorgefunden, wes=
wegen ein Paar Stellen in der Urkunde dunkel bleiben.

**) Das Wort: Confect, bedeutet überhaupt aus oder mit Zu=
cker gebackene Speisen, oder mit Zucker eingemachte eßbare
Dinge. Es stammet von dem Lateinischen Wort aus dem
Mittelalter, Confectio, ab, worunter man ein Arzeney=
mittel verstand; daher Confectionarius, ein Apotheker.
Mit confectio sind Confectae verwandt, welches in Zucker
eingemachte Früchte bedeutete. Du Fresne: confectae:
Fructus saccharo conditi, Gall. confitures. Schon im
Jahre 1333 hießen confecta=Zuckerbäckereyen, also auch
die Zuckerbäcker: Apotheker. Bey dem Worte camerlengus, Kämerer, wird folgende Stelle angeführt: Ma-
jor Camerlengus, si praesens fuerit, suum debebit officium personaliter exercere, videlicet sigillum nostrum
secretum portare ... species et confectas, et fructus, et
similia ad officium Apothecarii pertinentia, quae extra
mensam comederemus, facto gustu nobis ministrare,
etc. — Cf. Cod. Aust. T. III. p. 271. Apotheker Ordnung
vom Jahre 1689. In dieser heißt es: „Von etlichen Con=
fecten, oder mit Zucker überzogenen Arzneyen, u. s. w"
Schon K. Friedrich II. erließ Verordnungen für die eigent=
lichen Apotheker. Fischer, Handelsgeschichte, I. 792. —

bleichte Leinwand und Zwillich dürfen nur die Lein=
wandhändler nach Ellen und Stücken kaufen und ver=
kaufen; gebleichte oder gefärbte Leinwand und Zwil=
lich gehörten aber nicht mehr zu dem ihrer Innung zu=
geſtandenen Handel. Die Krämer dürfen nicht nach
Venedig fahren, reiten, oder jemanden um Waaren
dahin ſchicken; was ſie von Venetianiſchen Waaren,
die ihnen zu verkaufen erlaubt ſind, nöthig haben,
müſſen ſie von den privilegirten Kaufleuten in Wien
einhandeln. Wollte ein Krämer ſelbſt nach Venedig
fahren und ſich dort Waaren einkaufen, ſo müßte er
aus der Krämerzunft austreten, ein Kaufmann wer=
den, und auf die Krämerey Verzicht thun. Eben ſo
müßte der Kaufmann, der nicht nach Venedig reiſen
und ſich mit dem Kleinhandel abgeben wollte, die
Kaufmannſchaft aufgeben und ein Krämer werden.
Das Wagehaus behalten die Kaufleute und Krämer
unter ihrer Aufſicht, wie dieß von jeher gewöhnlich
war; ſie erwählen vier Wäger und Unterkäufler,
ſtellen ſie dem Stadtrathe vor, und laſſen ſie von dem=
ſelben beſtätigen. Die Gefälle, welche auf dem Wa=
gehaus eingehen, werden zum Beſten der Stadt ver=
wendet. Die Urkunden, welche die Kaufleute und

Beckmann, Beyträge zur Geſchichte der Erfindungen, Th.
II. S. 502, ſagt: „Es ſcheint, daß man anfänglich nicht
vermuthet hat, daß die Apotheker bey ihrem Gewerbe ſich
ſobald und leicht, als jetzt möglich iſt, bereichern würden;
deswegen hat man ihnen noch mancherley andere Vortheile
zugewendet, vornehmlich den Handel mit Confect und Zu=
ckerwerk, worin die beſten Delikateſſen damals beſtanden.
Von dieſen Leckereyen mußten ſie an vielen Orten, quaſi
pro recognitione, dem Magiſtrat zu einem Feſte Geſchenke
machen, und vermuthlich ſchreiben ſich daher, die Neu=
jahrsgeſchenke an Zucker, Magen = Marſeille, Marzepa=
nen, u. dgl. her.‟

Krämer über ihre Privilegien erhalten haben, müssen
auf dem Rathhaus abgegeben und dort aufbewahret
werden; haben sie eine oder mehrere derselben nöthig,
so gibt man sie ihnen heraus, aber sie müssen getreulich wieder zurückgestellet werden. Die Versammlungen der Mitglieder der Innungen in der Stadt sind
schon seit langer Zeit verbothen, ausgenommen sie
werden auf dem Räthhaus in Gegenwart einer oder
zweyer Magistratspersonen gehalten. Dieses Verboth
muß auch von den Kaufleuten und Krämern gehalten
werden; sie dürfen weder auf dem Wagehaus noch
anderswo eine Versammlung veranstalten, wenn
nicht eine oder zwey Magistratspersonen, die nicht
zum Handelstand gehören, derselben beywohnen. Die
Uibertreter dieser gegenwärtigen Verordnung wird der
Herzog strenge bestrafen.

Diese Verordnung war nach dem eigenen Geständ-
niß H. Albrechts die Frucht einer reifen Uiberlegung
und eines langen Berathschlagens mit seinen Mini-
stern und andern weisen Männern; und doch sah er
sich schon im dritten Jahre genöthiget aufrichtig zu
gestehen, daß er einen Mißgriff gemacht, und darin
Manches zu hoch, Manches zu niedrig angeschlagen
habe: so schwer und unklug ist es, dem Handel alle
Schritte, die er gehen sollte, genau vorschreiben,
und ihn, aller Freyheit beraubt, immer am Gängel-
band führen zu wollen *). Der Handel zwischen In-
und Ausländern gerieth in so große Verlegenheiten,
daß eine schnelle Abhülfe nöthig wurde. Der H. Albrecht hatte 1435 eben einen Feldzug gegen die schreck-

---

*) Der goldene Denkspruch: Laissez nous faire, war damahls
noch nicht, freylich zu großem Schaden des Handels, weder gedacht, noch weniger ausgesprochen.

lichen Huſſiten angetreten, und befand ſich in Brünn;
aber ſelbſt ſo wichtige und gehäufte Geſchäfte konnten
ihn nicht abhalten, dem Uibel, das ſeine obige Ver=
ordnung erzeugte, ſogleich ein Ende zu machen, und
den Handel von den ſchweren Feſſeln, die er ihm ange=
legt hatte, wieder zu befreyen. Er befahl nun, daß
man ſich bis zu ſeiner Zurückkunft aus dem Lager in=
deſſen an folgende verbeſſerte Ordnung halten ſollte *):
„ Den Kaufleuten iſt es erlaubt, Waaren, die nach
der Wage hingegeben werden, pfundweiſe zu verkau=
fen; weniger als ein Pfund davon zu veräußern iſt
ihnen verbothen. Waaren, die nach der Elle wegge=
hen, dürfen ſie nur in ganzen Stücken verkaufen;
ausgenommen ſind Seidenzeuge, Sammet, Da=
maſt, Atlaß und alle Zeuge, in welchen eingewirktes
Gold oder Silber erſcheinet: ſolche Waaren können
die Kaufleute auch ellenweiſe, aber nicht in noch klei=
nerer Größe verkaufen; und eben ſo auch ganze Spu=
len Golddraht, aber nicht weniger. Den Kaufleuten
wird auch erlaubt, mit Oehl und Wachs zu handeln;
jedoch darf beym Verkauf das Gewicht davon nicht
geringer als ein Viertelcentner ſeyn. Da durch dieſe
Anordnung die Krämer in manchen Stücken beein=
trächtiget wurden, ſo ward ihnen zum Erſatz die Be=
fugniß ertheilet, ſelbſt nach Venedig zu fahren, oder
durch Stellvertreter ſich von dorther Waaren kommen
zu laſſen, und alles, was nach der Wage hingegeben
wird, im Großen und Kleinen zu verkaufen. Krämer
mußten zuvor an einem beſtimmten Platze ihre Waa=
ren feil biethen; nun würde ihnen erlaubt, in ihren
eigenen Häuſern, wenn ſie eines eigenthümlich beſa=
ßen, nach der allgemeinen Vorſchrift Handel zu trei=

―――――――――――――――

*) Beylage Nro. XXIII.

ben. Die Hindernisse, die man den Krämern bey dem
Wagehaus und auch sonst bey ihrem Handel in den
Weg legte, versprach der Herzog bey seiner Zurück-
kunft aus dem Felde zu beseitigen, und eine unver-
brüchliche Handelsordnung bekannt zu machen. —
Spätere Anordnungen über den Handel der Kauf-
leute und Krämer übergehen wir als unbedeutende
Neuerungen *).

Was H. Albrecht späterhin in Rücksicht des Handels verordnet habe, ist uns unbekannt. Das beständ-
dige Wechseln in Aufstellung verschiedener, sich wi-
dersprechender Handelsordnungen war die Folge der
gänzlichen Unbekanntschaft mit dem wahren Geiste des
Handels. Damahls wähnte man noch, daß es zu seinem Flor nicht genüge, ihn durch eine geräuschlose
Oberaufsicht ganz unmerklich zu leiten; man hielt es
für unentbehrlich, ihn durch unzählige Befehle und
Privilegien hervorzurufen, zu befördern und für seine Dauer zu sorgen. Wenn es nur um Befehle zu
thun wäre, so würde der Handel gewiß in allen Ländern vortrefflich gedeihen, was doch keinesweges durch
die Erfahrung bestätiget wird. Er blühet nur dort,
wo ihn eine weise, uneigennützige und väterliche Aufsicht des Fürsten vor räuberischen Angriffen schützt,
von allen unnützen Fesseln befreyet, und ihm die
möglichste Freyheit gestattet. Bey Straßenzwang und
häufigen Stapelrechten, bey übermäßigen Zöllen und
unausstehlichen Monopolien verläßt der Handel ein
unglückliches Land, und sucht sich eine ruhigere, mehr
gastfreundliche Stätte, wo sich ein freyeres, reges
Leben findet.

---

*) Guarient, Th. II. S. 65. Vertrag zwischen den Niederlä-
    gern und Kaufleuten in Wien wegen des Kleinhandels,
    vom Jahre 1671.

Noch muß die Bemerkung beygefüget werden,
daß man das Wort: Krämer, nicht in unserem heu=
tigen, sondern im damahligen Sinne nehmen und
verstehen müsse, wo es im Gegensatze der Großhänd=
ler nur Kaufleute bedeutete, die den Kleinhandel nach
der Elle und nach dem Pfunde, jedoch selbst mit den
kostbarsten Waaren trieben. In den nachfolgenden
Jahrhunderten wurden unter den Handelsleuten noch=
schärfere Linien des Unterschiedes gezogen. Die alten
Krämer schwangen sich zur Würde der Kaufleute, und
überließen ihren Namen der ärmsten und niedrigsten
Classe unter ihnen, welche sich mit dem Handel der
unbedeutendsten Dinge abgaben, die man sogar in
Dörfern ohne Widerspruch der Städtebürger verkau=
fen durfte. — Da Wien den übrigen Städten bey in=
neren Einrichtungen fast immer als Muster voranging
und den Ton angab: so dürfen wir mit vieler Wahr=
scheinlichkeit annehmen, daß obige zwey Handelsord=
nungen allenthalben als eine allgemeine Regel befoh=
len oder doch angenommen wurden.

Siebenter Abschnitt.

Einschränkungen der bürgerlichen Handwerker in Rücksicht des Handels.

Alle Handelsprivilegien, von welchen bisher die
Rede gewesen ist, sind den Bürgern der landesfürst=
lichen Städte und Märkte und noch einigen wenigen
Begünstigten verliehen worden, ohne daß ein Unter=
schied zwischen ihnen in Rücksicht ihres Gewerbes ge=
macht wurde: ein jeder Bürger hatte die Befugniß
Handel zu treiben. Die ältesten uns bekannten Urkun=
den, in welchen vom Handel in Oesterreich Erwäh=
nung geschieht, machen keinen Unterschied zwischen

Bürgern, und im dreyzehnten Jahrhunderte noch war
ganz gewiß ein jeder hausgesessener Bürger berechti=
get, mit allen ihm beliebigen Dingen Handel zu trei=
ben, denn vom Gegentheile erscheinet auch nicht die
mindeste Spur, und die Stadtprivilegien machen
hierin zwischen Bürgern keine Ausnahme. Erst das
vierzehnte Jahrhundert stellte hierüber neue Grund=
sätze auf, theilte die Bürger nach ihren Gewerben in
verschiedene Classen ein, machte einen Unterschied
zwischen Handwerkern, Gastgebern und anderen, be=
hauseten Bürgern, und bestimmte einer jeden dieser
Classen den Antheil, den sie an den verliehenen Han=
delsvorrechten zu nehmen befugt seyn sollte. H. Al=
brecht der Lahme geboth im Jahre 1340, daß kein
Gastgeber in Wien zugleich Kaufmann seyn sollte; er
ließ aber den Bürgern die freye Wahl, welchen Stand
sie von diesen beyden ergreifen wollten*). In Linz
wurde dieser Unterschied zwischen Handwerkern und
anderen Bürgern erst 1390 gesetzlich bestimmt, und
nur letzteren, wenn sie Häuseigenthümer waren,
der Handel mit Salz und Wein, ersteren aber bloß
mit ihren Fabrikaten und Allem, was zu ihrem
Handwerk gehörte, von dem Landesfürsten zugestan=
den **). Diese neue Einschränkung war den bürgerli=
chen Handwerkern äußerst lästig, und wurde ungeach=
tet einer neuen landesfürstlichen Bestätigung schlecht
befolgt. Die Bürger beriefen sich auf ihr neues aus=
schließliches Vorrecht, und die Handwerker auf ihre

---

*) Rauch, T. III. p. 53. Swelich purger gastgeb ist, der sol
weder innerlandes, noch auzzerlandes dhain choufman=
schaft nicht treyben. Er sol bei der ainem bleiben, vnd sei
gastgeb, vnd nicht choufman, oder er sei choufman, vnd
nicht galtgeb.

**) Beylage Nró. XXIV.

Handelsbefugniß, die so alt als die Stadt wäre.
Beyde Theile wendeten sich an den K. Albrecht, und
dieser that 1438 den Ausspruch, daß es bey der Han=
delsbeschränkung der Handwerker verbleiben sollte;
aber letzteren dürfen es die Bürger nicht verwehren,
Wein und Salz zu ihrem eigenen Hausbedarf von
wem immer zu kaufen. Der Handel mit Allem, was
zu ihrem Handwerk gehört, bleibe ihnen frey, und
während der Jahrmärkte in Linz dürfen sie in ihren
eigenen Häusern selbst Wein ausschenken oder von
anderen Hauseigenthümern ausschenken lassen, nur
müsse dieser Wein nicht von Auswärtigen, sondern
von den Bürgern in Linz erkauft werden. Zugleich
sprach Albrecht den Handwerkern die Befugniß zu,
daß sowohl Bürger von Linz als auch Auswärtige in
den Häusern derselben während der Jahrmärkte ihre
Waaren ablegen und verkaufen dürfen. Zur Auf=
nahme der Rechnungen über Steuern und andere
Forderungen und zu Berathschlagungen über allge=
meine Angelegenheiten der Stadt sollen immer drey
oder vier der tauglichsten Handwerker beygezogen wer=
den und auch dem Schrannengerichte beysitzen, wenn
sie mit den nöthigen Kenntnissen begabt sind. Geheime
Versammlungen und Bündnisse ohne Wissen und
Willen des Magistrates sind ihnen verbothen; haben
sie gegründete Klagen, so sollen sie dieselben dem
Stadtrichter und den Räthen vortragen; würde man
ihnen dort nicht Abhülfe leisten, so steht ihnen der
Weg offen, den Landesfürsten oder seinen Anwalt um
Beystand anzurufen*).

Den eigennützigen Bürgern, die kein Handwerk
trieben, ist es gelungen, die Handwerker beynahe von

---

*) Beylage Nro. XXV.

allem Handel zu entfernen, und auf diese Weise ihr
Monopolium immer mehr zu sichern. Aber nach einigen Jahren lehrte die Erfahrung, daß sich die Landesfürsten, welche den handelnden Bürgern dergleichen Privilegien ertheilten, geirret, und anstatt ihrem Vorgeben gemäß den Städten dadurch aufzuhelfen, denselben einen auffallenden Schaden verursacht
haben: Wenige bereicherten sich, die größere Anzahl
der Bürger verarmte, und die Landesfürsten sahen
sich genöthiget, dem wachsenden Uibel durch eine schleunige Abhülfe Einhalt zu thun, und die Strenge unvor-
sichtig ertheilter Monopolienrechte zu lindern. Selbst
K. Friedrich, der doch fest an allem Alten klebte,
fand die zu große Einschränkung der Handwerker in
Rücksicht des Handels ungerecht, und befreyete sie
wieder in manchen Stücken von dem harten Drucke
ihrer habsüchtigen und immer weiter um sich greifen-
den Mitbürger. Er verordnete im Jahre 1491, daß
es den bürgerlichen Handwerkern wieder erlaubt seyn
sollte, Wein zu schenken und mit ihren Erzeugnissen
freyen Handel zu treiben. Die nämliche Befugniß
ward von ihm auch den Rathsmännern und allen
übrigen Bürgern erneuert. Verehelichet sich, heißt
es weiter, ein Bürger oder Bürgerssohn mit der
Witwe oder Tochter eines Handwerkers, so ist er
befugt, alle Rechte desselben Handwerks auszuüben.
Eben dasselbe gilt auch, wenn Handwerker oder ihre
Kinder in die Familien der Bürger heirathen, die
kein Handwerk treiben. Begehrt ein Handwerker in
die Zahl der Bürger aufgenommen zu werden, so
darf ihm der Magistrat die Verleihung des Bürger-
rechtes nicht verweigern. Dem Adel Häuser oder
Grundstücke innerhalb des Burgfriedens der Stadt
zu verkaufen ist verbothen. Geheime Zusammenkünfte

und Widerſpänſtigkeit gegen die Obrigkeit bleiben den
Handwerkern unterſagt *).

K. Maximilian erleichterte neuerdings 1498 das
Schickſal der Handwerker in Linz, und erlaubte ihnen
den Getreid - und Salzhandel. Die Befugniß, Wein
zu ſchenken, ſollten ſie während der Jahrmärkte, wäh=
rend der Anweſenheit eines Landesfürſten, und jähr=
lich vom Weihnachtstage angefangen bis zum erſten
Sonntag in der Faſten wie die übrigen Bürger ausü=
ben und von dem Zwange befreyet ſeyn, den Wein,
den ſie ausſchenken, von niemanden als nur von einem
dortigen Bürger kaufen zu dürfen. Wollen Handwer=
ker dieſe vortheilhaften Freyheiten genießen, ſo müſſen
ſie in Linz ein Haus eigenthümlich beſitzen. Zu der
Berechnung und Austheilung der jährlichen Stadt=
ſteuer müſſen drey oder vier taugliche Handwerker
beygezogen werden, welche ein ganzes Jahr hindurch
Beyſitzer des Stadtrathes verbleiben**).

Da deſſen ungeachtet zwiſchen den Bürgern und
Handwerkern in Linz immer neue Streitigkeiten über
Dinge entſtanden, welche in den vorhergehenden
Stadtordnungen nicht genau beſtimmet wurden, ver=
nahm K. Ferdinand beyde Theile, ſah ihre alten Pri=
vilegien ein, und machte 1530 folgenden Ausſpruch:

Nach den Verordnungen K. Friedrichs und K.
Maximilians, iſt es den Handwerkern erlaubt, zur
Zeit der Jahrmärkte, der Anweſenheit des Landes=
fürſten, und von Weihnachten bis zum erſten Sonn=
tag in der Faſten Wein und Bier zu ſchenken. Wir
erlauben ihnen, ſagt Ferdinand, aber auch für ande=
re Zeiten des Jahrs, ſo oft ihnen dieß gut und vor=

*) Beylage Nro. XXVI.
**) Beylage Nro. XXVII.

theilhaft erſcheinet, Wein und Bier im Aus- oder
Inlande zu kaufen, in ihre Häuſer zu bringen, und
bis zur oben beſtimmten Zeit des Ausſchenkens liegen
zu laſſen. Handwerker, welche eigene Weingärten beſitzen, können ihren Bauwein gleich nach der Leſezeit
oder nach ihrem Belieben zu einer andern gelegenen
Zeit in ihre Häuſer nach Linz bringen, jedoch darf
die Mauth für keinen Fall hinterliſtig umgangen werden; wer ſich dieſes Vergehens ſchuldig macht, wird
lebenslänglich dieſer hier verliehenen Gnade verluſtig,
und verfällt noch über dieß in eine beſondere Strafe.
Bürger und Handwerker ſollen ohne gegenſeitige Hin-
derung ihre Gewerbe wie bisher ruhig forttreiben, ſie
mögen dann klein oder groß genannt werden. Haben
Handwerker ihre Häuſer an Inwohner verpachtet, ſo
haben ſich bisher die Bürger das Recht herausgenommen, die Ausübung der Gewerbe, die auf ſolchen
Häuſern hafteten, zu verbiethen, und den wahren
Hausbeſitzern alle Handelsrechte abzuſprechen, welcher Unfug nach der Verſicherung des Kaiſers zum
Verfall vieler Häuſer und zum Schaden des gemeinen Stadtweſens vieles beygetragen hat. Deswegen
befahl nun Ferdinand: Wenn ein Handwerker ſein
Haus, oder wenn er mehrere beſitzt, ſeine Häuſer,
ganz oder zum Theile Bürgern gegen einen Zins
überläßt, ſollen letztere, ungeachtet ſie nur Inwohner ſind, keineswegs gehindert werden, bürgerliche
Gewerbe zu treiben. Der Bürger, der in ſeinem eigenen, oder im Hauſe eines anderen Bürgers oder
Handwerkers wohnt, genieße immer gleiche Rechte.
Eben ſo wenig verliere der Handwerker ſein Haus-
recht, wenn er einen Theil ſeines Hauſes oder auch
das ganze Zinsleuten überläßt; weder die Bürger
der Stadt, noch ſeine Inwohner oder auswärtige

8 *

Handelsleute können oder dürfen ihn hindern, sich
der Keller, Gewölbe und anderer Gemächer seines
Hauses nach seinem Belieben zu bedienen, und dort
Weine und andere Sachen aufzubewahren. Am
Schluße dieser Verordnung forderte der Kaiser von
Bürgern und Handwerkern die genaueste Befolgung
derselben, und drohte den Uibertretern seines Be=
fehls die kaiserliche Ungnade und eine schwere Strafe
an.*).

Um nicht weitläufig zu werden, begnügen wir
uns mit den angeführten Verordnungen, welche es
deutlich genug aussprechen, welch unseliger Monopo=
liengeist unter der höhern Classe der Bürger in Linz
herrschte, und wie sich diese bestrebte, die Handwer=
ker immer tiefer in den Staub zu drücken und von
allen Handelsvortheilen auszuschließen. Der bürger=
lichen Würden und Aemter hatten sie sich bereits be=
meistert; desto leichter mußte es ihnen gelingen, Pri=
vilegien zu erschleichen, welche ihren Anmaßungen
gesetzliche Kraft gaben. Dieß dauerte so lange, bis
die Folgen der Kurzsichtigkeit der alten Fürsten, wel=
che voreilig zum Schaden der größeren Bürgeran=
zahl Privilegien verliehen, und auch die Folgen der
Herrsch= und Geldsucht der in der Stadt regierenden
Oberzunft so auffallend wurden, daß sich die spätern
Regenten entschloßen, dieses Unwesen nicht länger
mehr zu dulden, und die schädlichen Vorrechte eini=
ger Begünstigten zu beschränken oder gänzlich abzu=
schaffen.

---

*) Das Datum dieser Urkunde ist: „Geben in des heilligen
Reichs stat zu Augspurg den zwelfften tag des Monnats
Septembris nach Christi geburdt in funfzehenhundert und
dreissigsten Jare.‟

In den früheren Zeiten genoß jeder, welcher in
einer Stadt ein Gewerbe trieb, sich und die Seini-
gen ehrlich ernährte und die Lasten des städtischen
Gemeinwesens mittragen half, Bürgerehre und Bür-
gervortheile. Man kennt ja den Ursprung der Städte
und den Stand ihrer ersten Bewohner: Leibeigene
und Hörige machten die größte Anzahl derselben aus,
und man nöthigte sogar die Handwerker der nahen
Umgebungen, ihre Wohnung in der Stadt aufzuschlagen, um dieselbe mit allen nöthigen Arbeitern
genugsam zu versehen, wie wir dieses aus einer Ennser Urkunde vernommen haben. Leibeigene, die sich
in Städte flüchteten und dort ein Jahr zubrachten,
erhielten die Freyheit, und wer Bürger werden wollte, wurde mit Freude aufgenommen. Damahls gab es
noch keinen Unterschied zwischen Bürgern und Handwerkern; als sich aber Einige zu größerem Reichthum
aufschwangen und Besitzer ansehnlicher Häuser wurden, da sahen sie bald auf die ärmere Classe ihrer
Mitbürger, nähmlich auf die Handwerker, mit Verachtung herab und wähnten, daß nur sie die Bürgerschaft eigentlich vorstellten und würdig wären, die
Vorrechte auszuüben, welche die alten Fürsten den
Bürgern verliehen haben. An Privilegien, welche dieß
alles bestätigten, hat es damahls den Begüterten nie
gefehlet: die Landesfürsten sind mit dieser Waare
sehr freygebig gewesen. Zuvor war es, um ein vollkommener Bürger zu seyn, keineswegs nöthig, ein
Haus in der Stadt zu besitzen; auch Inwohner, die
ein bürgerliches Gewerbe trieben, sind Bürger gewesen. Späterhin forderte man den Besitz eines Hauses von Allen, welche an dem Handel Theil nehmen
wollten. Als die reicheren Bürger in den meisten
Städten dieses erwünschte Ziel erreicht hatten, wag-

ten sie es, einen neuen Unterschied zwischen den
Hausbesitzern einzuführen: und bald sprach man davon, ob die Hauseigenthümer, welche Handwerke
treiben, wohl auch in allen Stücken den eigentlichen,
nicht arbeitenden Bürgern könnten gleichgestellet werden. Die Antwort auf diese Frage fiel mit Bewilligung der Fürsten verneinend aus; nur waren einige
derselben noch billig genug zu befehlen, daß sich der
Magistrat nicht weigern dürfe, einen bürgerlichen
Handwerksmann, der mit Hintansetzung seines Gewerbes ein vollbürtiges Mitglied des erhabneren
Bürgerstandes: ein Gastwirth, Krämer oder ein
Kaufmann werden wollte, sogleich als einen vollkommenen Bürger gelten zu lassen und anzuerkennen.

Da von dem Besitz eines Hauses so große Vorrechte abhingen, so konnte es nicht fehlen, daß nicht
einige Rechtsfragen über diesen Gegenstand aufge-
worfen wurden. Eine derselben verdient sammt ihrer
Auflösung hier angeführet zu werden; von anderen
ähnlichen, die über die Vorrechte der Häuser der
Handwerksleute entstanden sind, ist in den gleich vorhergehenden Urkunden die Rede gewesen. Der H.
Albrecht hatte eine Verordnung erlassen, daß niemand, als nur die Hausbesitzer mit Salz, Wein und
anderen Dingen sollten Handel treiben dürfen. Dieser Grundsatz schien auf die minderjährigen Bürger-
kinder, die bey ihrer Volljährigkeit ein Hauseigen-
thum antreten würden, von großem Nachtheile zu
seyn, denn man setzte voraus, daß beym Mangel
eines großjährigen Eigenthümers das Vorrecht des
Hauses gar nicht ausgeübt werden dürfe. Albrecht ertheilte 1414 auf den hierüber erstatteten Bericht folgenden Ausspruch: Während der Minderjährigkeit
solcher Kinder üben die Handelsgerechtigkeit mit Wein,

Salz und anderen Dingen die Vormünder aus, denen die Obsorge über sie anvertrauet ist*). Zugleich entschied Albrecht, daß der Bürger, welcher zwey Häuser besitzt, eines davon, in dem er selbst nicht wohnet, einem andern Bürger zur Aufsicht und Benützung überlassen könne, in welchem Falle letzterer eben so wie andere Mitbürger Handelschaft treiben darf.

Aehnliches, wie in Linz geschah auch in anderen Städten. Dieses dürften wir voraussetzen, wenn sich gleich keine Urkunden, die dieses beweisen, erhalten hätten, denn im Mittelalter eiferte man Vorgängern in Erlangung gewünschter Vorrechte mit großer Hastigkeit nach, und die Landesfürsten ließen sich bereitwillig finden an einem Privilegium, das sie einer Stadtgemeinde verliehen haben, auch die übrigen Städte Antheil nehmen zu lassen. Wir führen einige Beyspiele davon an.

Die Stadt Enns hatte am Ende des vierzehnten Jahrhunderts durch widrige Zeitumstände sehr viel von ihrem vorigen Wohlstand verloren. Sie muß auch an der Bevölkerung und an den nöthigen Arbeitern Mangel gelitten haben, weil H. Albrecht im Jahre 1377 allen Handwerkern im Lande die Befugniß ertheilte, aus anderen Städten, Märkten und Dörfern nach Enns auszuwandern, und dort ohne alles Hinderniß wie die alten Handwerksleute in der Stadt ihre Gewerbe auszuüben, ausgenommen einige der letzteren wären mit Privilegien versehen, die einen solchen neuen Zuwachs an Mitarbeitern unter-

───────────

*) So, glaube ich, müssen die Worte der Urkunde verstanden werden, welche in der Beylage Nro. XXVIII. zu finden ist.

sagten *). Durch die Ankunft einiger Handwerker
kounte sich die verarmte Stadt freylich nicht in weni=
gen Jahren erhohlen, und es gab sogar einige Häu=
ser ohne Bewohner, deren Besitzer niemand seyn
wollte. Um ihrem gänzlichen Verfalle vorzubauen,
schritt H. Albrecht 1413 zu dem damahls ganz ge=
wöhnlichen Mittel eines Privilegiums. Er verboth
allen unbehauseten Inwohnern und allen Handwer=
kern überhaupt, Wein zu kaufen, auszuschenken,
oder auf eine andere Weise zu verhandeln. Die In=
wohner, sagte er, sollen sich Häuser kaufen, und die
Handwerker sich mit ihrem Gewerbe begnügen **).
Es bedarf keiner Erinnerung, daß denjenigen, wel=
chen aller Weinhandel untersagt war, desto mehr
die Handelschaft mit anderen Waaren verbothen blieb,
denn die Schenkgerechtigkeit hatten in früheren Zei=
ten alle Bürger ohne Unterschied, bis späterhin die In=
wohner und Handwerker, bald zum Theile bald auch
ganz, von diesem Vorrecht ausgeschlossen wurden. —
Der H. Albrecht hat sich von obigem Privilegium
für die Stadt Enns wahrscheinlich selbst nicht den be=
sten Erfolg versprochen, und hielt es deswegen für
räthlich, ein wirksameres Mittel zu ergreifen, um den
Ennsern einen neuen Wohlstand zu verschaffen. Er
versprach ihnen in einem zweyten Privilegium, künf=
tig keine unerschwingliche Steuer von ihnen fordern
zu wollen ***).

Auf eine kurze Zeit ward die Ruhe zwischen den
Bürgern in Enns hergestellet; da aber die Grund=
ursache des Mißvergnügens noch fortdauerte, und

*) Beylage Nro. XXIX.
**) Beylage Nro. XXX.
***) Beylage Nro. XXXI.

die Fleißigen den Müßiggängern, wie man sie nann=
te, nachstehen mußten, so erneuerte sich immer der
alte Zank, und wurde länger als ein ganzes Jahr=
hundert unter mancherley Wechsel mit großer Er=
bitterung fortgesetzt. K. Maximilian machte endlich
durch eine neue, von ihm eingeführte Bürgerordnung
auf seinem Sterbebette in Wels diesem Unwesen ein
Ende. Er nahm die bürgerlichen Handwerker gegen
die Bedrückungen der übrigen Bürger und des Ma=
gistrates in seinen Schutz; die Scheidewand, wel=
che der Stolz und die Habsucht der Reicheren einge=
führt und die Privilegien der Landesfürsten als ge=
setzlich erkläret hatten, konnte auch von ihm nicht
gänzlich niedergerissen und beseitiget werden, ohne
die bestehende Ordnung plötzlich zu stören und noch
größeres Unheil zu stiften. Es ist dieses schon ein
preiswürdiges Unternehmen gewesen: Dem zuneh=
menden Uibel Schranken zu setzen, und dem Miß=
brauch der Gewalt und des Eigennutzes Einhalt zu
thun.

Die neue Stadtordnung für Enns, welche K.
Maximilian am zehnten December 1518 erlassen hat,
gibt uns manche erwünschte Aufschlüsse über die da=
mahlige verderbte Verfassung der Bürgergemeinde
und über die vom Kaiser versuchte Heilung ihrer Ge=
brechen; sie verdient also der Vergessenheit entrissen
und bekannt gemacht zu werden. Wir heben hier aber
nur diejenigen Artikel aus, die den Handel zum Ge=
genstande haben, und versparen die übrigen an einen
anderen Ort *). In dieser Stadtordnung heißt es:

Da die Bürger, welche Handwerker sind, und
auch die übrigen, welche kein Handwerk zu treiben

*) Beylage Nro. XXXII.

verstehen, sich von ihrem Handwerk oder von der Handelschaft allein den nöthigen Unterhalt nicht verschaffen können, so soll man sich künftig an folgende Regel halten: Die Bürger ohne Handwerk sind befugt, Handelschaft zu treiben mit Venetianischen Waaren; mit Tüchern, die sie nach der Elle verkaufen dürfen; mit Leinwand, Getreide und Salz; auch ist ihnen der Ochsenhandel überlassen. Der Handel mit diesen genannten sechs Stücken ist den bürgerlichen Handwerkern gänzlich verbothen; in allen anderen Stücken genießen sie aber mit ersteren gleiche Kaufmannsrechte.

Die Bürger streiten den Handwerkern das Recht, Wein zu schenken, gänzlich ab, und geben als Grund zwey Privilegien der Könige Albrecht und Ladislaus an, deren Inhalt ist, daß sich das Recht des Weinschenkens durch Nichtgebrauch verloren, und die Verjährung bereits eingetreten sey. Dessen ungeachtet verordnete K. Maximilian, daß zwar die Bürger, die kein Handwerk treiben, das ganze Jahr hindurch mit Wein und Bier handeln, diese Getränke ausschenken, und in Fässern kaufen und verkaufen können; die Handwerker hingegen sollten nur ein halbes Jahr, nämlich vierzehn Tage nach Ostern angefangen sechs und zwanzig Wochen hindurch, mit Wein handeln und ihn ausschenken dürfen. Die Zeit, wann sie ihn kaufen, nach Enns bringen und in den Kellern bis zum Termin des erlaubten Verkaufens und Ausschenkens aufbewahren wollten, wurde ihnen freygestellet; nur mußten sie einen jeden ankommenden Transport dem Ungeldsbeamten und dem Stadtrichter ansagen, und ersterer noch einen Rathsburger als Zeugen zu sich nehmen, damit die Anzahl der Eimer unpartheyisch aufgeschrieben werden konnte.

Kam alsdann die Zeit des Handels und Ausschenkens der Handwerker heran, so war es Pflicht dieser drey genannten Commissäre, genau zu untersuchen, ob die Handwerker von ihren Lagerweinen nicht
vielleicht zu verbothener Zeit etwas verkauft, und dadurch dem kaiserlichen Zoll einen Abbruch gethan
haben. Kaufen die Handwerker ein Märzenbier,
um dasselbe auszuschenken, so muß das Nämliche,
wie oben bey dem Wein, dabey beobachtet werden.
Der Wein, der zum Ausfüllen der Fässer verloren
geht, muß von der ganzen Summe abgerechnet
werden.

Will ein bürgerlicher Handwerker sein Gewerbe
aufgeben und nicht mehr arbeiten: so zeigt er dieses
dem Stadtrathe an, tritt dann mit Wissen und Willen desselben in die höhere Classe der Bärger, und
hat die Befugniß, mit Wein, Bier, und mit allen
übrigen ihm beliebigen Waaren Handelschaft zu
treiben.

Sollten die Handwerker, wie man vorgibt, gegen die übrigen Bärger Bündnisse und Vereinigun-
gen errichtet und mit ihren Siegeln bekräftiget haben:
so werden diese für aufgehoben und ungültig erkläret.
Bisher haben Uneinigkeit und Zwietracht unter ihnen
geherrschet, und sie haben einander verfolgt und ver-
achtet; von nun an soll sie ein enges Band der
Freundschaft umschlingen, und mit vereinter Kraft
werden sie sich bestreben, Ordnung, Ruhe und Gehorsam gegen die Obrigkeit in der Stadtgemeinde
aufrecht zu erhalten. Eine scharfe Ahndung wartet
auf Alle, welche Uneinigkeit unter den Bürgern an-
zetteln, und dem gegenwärtigen kaiserlichen Befehle
nicht Folge leisten werden. Entstünden zwischen den
Bürgern und Handwerkern neue Streitigkeiten, so

müssen beyde Partheyen vor dem Stadtrichter und
dem Rathe erscheinen. Kommt vor dieser Behörde
kein gütlicher Vergleich zu Stande, so muß das Ge=
richt ein Urtheil sprechen, und was Rechtens sey ent=
scheiden. — Diese Verordnung scheinet nicht lange be=
standen zu haben, denn im Jahre 1646 ward den
Handwerkern in Enns das Weinschenken schon wie=
der untersagt; und vom K. Leopold 1670 nur zur
Zeit eines Jahrmarktes erlaubt *).

Dem Beyspiele der Linzer und Ennser folgten
die Bürger von Wels. Auch sie klagten über Verfall
ihres Wohlstandes, gaben als Ursache davon das
Weinschenken und den Handel der bürgerlichen Hand=
werker an, und bathen den K. Friedrich um Abhülfe.
Dieser ließ die Bevollmächtigten beyder Partheyen
an sein Hoflager nach Neustadt abrufen, sie von sei=
nen Räthen vernehmen, und that 1466 den Aus=
spruch **): daß die bürgerlichen Handwerker in Wels
weder mit Wein, noch auch mit irgend einer ande=
ren Waare Handel treiben dürfen, sondern sich mit
dem Verkauf der Erzeugnisse ihres Handwerks be=
gnügen sollen. Die nöthigen Materialien dazu kön=
nen sie ungehindert einkaufen, so wie auch den Wein
zum Hausbedarf; aber es bleibt ihnen untersagt den=
selben auszuschenken oder in Fässern zu verkaufen.
Um die Handwerker vor allen Eingriffen in ihre oh=
nehin beschränkten Rechte zu sichern, verboth der
Kaiser den handelnden Bürgern, ein Handwerk zu
treiben; sie sollten sich bloß durch Handelschaft den

---

*) Guarient, Th. I. S. 297.
**) Die Urkunde hat das Datum: Geben zu der Newnstat,
Am Sambstag dem heilligen Pfingstabent (am 24. May)
1466.

nöthigen Unterhalt verschaffen. Diese neue Verord=
nung, setzte der Kaiser hinzu, soll die nächsten zwey
Jahre, und dann bis zu seinem eigenen oder seines
Nachfolgers Widerruf genau befolget werden; „doch
behalten Wir Uns vor, dieselbe in den bemeldten
zwey Jahren, ob des Noth würde, zu ändern, zu
verkehren, oder ganz abzuthun“: ein Beweis, daß
Friedrich mit sich selbst nicht einig war, was er be=
fehlen sollte, und was denn eigentlich geeignet wäre,
den Wohlstand der Bürger zu vermehren. — Zuletzt
wurden auch in Wels wie allenthalben die Versamm=
lungen der Handwerker, Bündnisse und Innungsge=
setze ohne Wissen und Genehmigung des Magistrates
verbothen *) und ihnen aufgetragen, alle Klagen
und Beschwerden dem Richter und dem Stadtrathe
vorzutragen und von ihnen die gesetzliche Entscheidung
abzuwarten.

Glücklicher war die arbeitende ärmere Classe der
Bürger in Steyr. Diese Stadt hat während des
verderblichen Bruderzwistes zwischen K. Friedrich
und H. Albrecht, und auch in dem Kriege mit den
Böhmen und ihren Anhängern in Oesterreich außer=
ordentlich viel gelitten: es standen auch dort wegen

---

*) Die eigenen Worte der Urkunde lauten so: „Es sollen auch
   nun hinfür die obgenannten Hanndwercher, vnd andre,
   khain sundere Besamung noch Püntnuß vnder In selbs in
   Iren Zechen haben, machen, noch fürnemen, auch mit
   Aufsatzung von Peen, Pueß, vnd in ander Weg wider
   vnsers Richters vnd Raths daselbs, wer die ye zu Zeiten da
   seyn werden, Gewaltsam vnd gerechtigkheit, vnd on Ir
   Wissen vnd willen nichts fürnemen noch handlen, vnd ob
   Sy icht gebrechen hieten oder gewunnen, die sollen Sy
   gütlich an dieselben vnser Richter vnd Räth bringen,
   u. f. w.“

der unerschwinglichen Lasten mehrere Häuser unbe-
wohnt und verfallen da. K. Friedrich kam 1471 in
die verarmte Stadt, und war Augenzeuge ihres
elenden Zustandes. Unter anderen Klagen trugen
ihm die Bürger auch diese vor: daß auch diejenigen
ihrer Mitbürger, die keine Hausbesitzer sind, eben
so Wein schenken und Handelschaft treiben, wie die
Eigenthümer eines Hauses. Friedrich verboth hierauf
allen Inwohnern zu Steyr das Weinschenken und alle
andere Handelschaft *). Aber dieser Befehl erregte
bey der zahlreichen ärmeren Classe der Bürger eine
große Unzufriedenheit, die beynahe in einen Aufstand
gegen die reicheren Hausbesitzer ausgebrochen wäre.
Die bürgerlichen Inwohner machten dem Kaiser so
eindringliche Vorstellungen gegen seine, ihnen verderbliche Verordnung, daß er sich im folgenden Jahre
bewogen fand, dieselbe dahin abzuändern, daß es
allen Bürgern und Inwohnern, welche ein Vermögen von vier und zwanzig Pfund Pfennigen aufweisen
könnten, erlaubt seyn sollte, Wein zu schenken und
eine beliebige Handelschaft zu treiben. Da aber diese
Summe Geldes auf einem unbeweglichen Gut mußte
angelegt seyn: so ward es zur gesetzlichen Gewohnheit, daß dieselbe von einem jeden, welcher Bürger
werden wollte, bey dem Magistrate hinterlegt wurde, bis er sich innerhalb des Stadtbezirkes ein Haus
oder ein Grundstück kaufte. In den folgenden Jahren
wurde diese Summe auf zwey und dreyßig Gulden
festgesetzt. Wer sich mit seinem Handwerk allein schon
begnügte, und keinen Anspruch auf die Handelsgerechtigkeit machte, hatte nicht nöthig, obige Summe
bey dem Magistrate zu erlegen.

---

*) Preuenhuber, S. 127 und 128.

Diese neue Einrichtung bestand auch im Anfang
des sechzehnten Jahrhunderts noch in voller Kraft,
denn als die ärmeren Bürger wider die Reichen und
auch wider den Magistrat immer neue Klagen erhoben und eine ausgedehntere Freyheit, so wie auch
einen größeren Antheil an dem Stadtregiment verlangten, erwiderte ihnen der Rath unter andern:
Sie sollen bedenken, daß nur wenige Städte in den
Oesterreichischen Provinzen anzutreffen seyen, in
welchen die Bürger ohne Unterschied die Befugniß
haben, Handwerke und zugleich Handelschaft nach
Belieben zu treiben. Nur in Steyr könne jeder Bürger, welcher vier und zwanzig Pfund Pfennige an-
liegend auf einem Gut im Burgfrieden besitzt, er sey
ein Handwerker oder nicht, Wein schenken, und auch
mit Venetianischen und allen übrigen Waaren Handel
treiben, obgleich es besser wäre, wenn der Handwerker bey seiner Handarbeit, und die übrigen Bürger
bey ihren Gewerben blieben *). — Steyr machte also eine Ausnahme von der beynahe allgemeinen Regel: Um Handel treiben zu können, müsse man ein
Haus in einer landesfürstlichen Stadt oder in einem
befreyten Markte besitzen und kein Handwerk treiben.
Die große Anzahl der Feuerarbeiter in Steyr, die
beym damahligen Stocken des Handels keine Arbeit
und keinen Unterhalt fanden, mag diese seltene und
für sie günstige Ausnahme nöthig gemacht haben.
Da dieses in anderen Städten keineswegs der Fall
gewesen ist, so muß es desto mehr befremden, daß
die alten Landesfürsten gar so oft ihre Ueberzeugung
in Urkunden aussprachen, es sey nicht leicht möglich,
daß sich die bürgerlichen Handwerker von ihrer Hand-

---

*) Preuenhuber, S. 177.

arbeit allein den täglichen Unterhalt sollten verschaf=
fen können. In dieser Voraussetzung ließ man sie
neuerdings doch einigen Antheil an der Handelschaft
nehmen, von der man sie seit einiger Zeit dem alten
Brauch zuwider zu entfernen gesucht hat.

Die alten Verfassungen der Deutschen Reichs=
und Handelsstädte dienten in einigen Stücken den
Oesterreichischen Städten allerdings zum Vorbilde,
aber in vielen wesentlichen Dingen wichen sie von ein=
ander gar sehr ab, denn letztere hingen doch größten=
theils von dem Willen des Herzogs und von seinen
Privilegien ab. Was in Reichsstädten die Patricier
waren, sind bey uns die Bürger ohne Handwerk ge=
wesen, nur kam es in Oesterreich leicht an, so ein
edler Bürger zu werden; man durfte nur der Hand=
arbeit entsagen, so ward man schon ein Bürger höhe=
ren Ranges; ein privilegirter Getreid= und Wein=
händler, ein Kaufmann, und konnte ein Mitglied
des wohlweisen Rathes, Richter und Bürgermeister
werden. Da ein jeder Bürger, und zum Theile auch
die Handwerker Bier und Wein ausschenken durften
und dieses für vortheilhaft hielten: so muß es sehr
viele durstige Gäste gegeben haben, denn sonst hätte
es der Mühe nicht gelohnet, um die Befugniß des
Ausschenkens so lange Processe zu führen. Ob der
Handel durch die Menge der Verkäufer — alle Bürger
waren Kaufleute — wahrhaft gewonnen habe, müs=
sen Sachkundige entscheiden; der gewaltige Druck
der privilegirten Monopolien ist ohne Zweifel doch ei=
niger Maßen dadurch erleichtert worden. — Daß der
Wohlstand verarmter Städte durch das Ausschließen
der Handwerker vom Handel wieder soll hergestellet
worden seyn, läßt sich schwerlich begreifen, obgleich
zur Erreichung dieses Zieles viele Privilegien, die
diesen Grundsatz aussprechen, sind ertheilet worden.

Achter Abschnitt.

Unsicherheit der Personen und des Eigenthums.

Soll der Handel eines Landes blühen und demselben große Vortheile verschaffen, so müssen vorzüglich die Personen und Güter der reisenden Kaufleute auf den Heerstraßen und auch in ihren Niederlassungen möglichst gesichert seyn. An Befehlen der Landesfürsten hat es in diesem Stücke nie gemangelt; aber eben aus den unzähligen Wiederhohlungen derselben geht leider hervor, daß sie zu allen Zeiten gar schlecht sind befolget worden. Unter den häufigen Gebrechen des ganzen Mittelalters ragt vorzüglich das unbändige Faustrecht und die mit ihm enge verbundene Raubsucht hervor, die sich an Alles wagte und der gar nichts heilig war. Ein Diebstahl entehrte unsre rohen Altvordern, weil er Feigheit verrieth, und deswegen wurde er auch schimpflich bestraft; der Räuber hingegen verrieth einen hohen Muth, eine bewundernswerthe Unerschrockenheit: Grund genug, daß selbst der Adel nach einem Ruhme haschte, der noch dazu jede Mühe, jedes Wagniß reichlich belohnte. Den Bauern gestattete man so große Freyheit, Reisende anzufallen und auszuplündern, aus der doppelten Ursache nicht, weil sie nicht waffenfähig und des Antheiles an der Beute nicht würdig waren, die sich ihre Grundherren vorbehalten wollten; diese aber genoßen Waffenehre und geitzten nach dem Ruhme, im Schlachtengetümmel eben so, wie im Handgemenge mit Vorbeyreisenden als wackere Ritter zu erscheinen, und Ehre und Beute zugleich einzuernten. In romantischen Zeiten befleckte so etwas die Ehre des edlen Rittermanns nicht, und selbst Bischöfe und Herzoge paßten Kaufleuten und Wanderern auf, warfen sie nieder, und führten die Geplün-

9

derten in ihre Burgen, wo sie dieselben bis zur Erlö=
gung eines Lösegeldes in finsteren Kerkern schmachten
ließen*). Heut zu Tage ist dieser poetische Nebel ver=
schwunden, und wir erblicken mit prosaischen Augen
anstatt ritterlicher Helden rohe Räuber, aus deren
Herzen alles Menschengefühl und der reine Sinn für
wahre Ehre gewichen sind. Was wir an den Afrikani=
schen Raubstaaten verabscheuen, ist einstens allgemeine
Sitte in ganz Europa gewesen.

Einige Fürsten widersetzten sich zwar solchem Un=
wesen mit größer Kraft, und thaten der Raubsucht des
Adels Einhalt, denn ein zahlreicher Waarenzug brach=
te ihnen große Summen an Zollabgaben ein; aber
die meisten derselben waren nicht im Stande, ihren
Adel mit kraftvollem Arm im Zaume zu halten: sie
mußten geschehen lassen, was sie nicht hindern konn=
ten. Es ist unnöthig, über allgemein bekannte That=
sachen Beweise zu führen; und eben so bekannt ist es,
daß ungeachtet häufiger Verbothe der Kaiser und Kö=
nige, ungeachtet eines beschwornen und sehr oft er=
neuerten Landfriedens und des im eilften Jahrhundert
eingeführten Gottesfriedens **) die Kaufleute den=

---

*) Da unsre eigene vaterländische Geschichte kein so arges
Beyspiel aufstellet, so werfen wir unsre Blicke auf ein
benachbartes Land. Die Leute des Herzogs Christoph von
Bayern zogen auf Raub aus, und plünderten einen Straß=
burger Kaufmann. Christoph selbst, ein sehr berühmter
Ritter, lauerte dem ihm verhaßten Grafen Nicolaus von
Abensberg auf der Straße auf, und ermordete ihn.
Lipowsky, Herzog Christoph. S. 56 und 73. — In
Gemeiners Chronik von Regensburg erscheinet ein dor=
tiger Bischof, der seine Leute auf Raub ausschickte. Th. I.
S. 358.

**) Jonathan Fischer, Th. I. S. 236, 557, 562, und viele
andere Authoren.

noch niemahls vor den adeligen Räubern vollkommen
sicher waren. Zahllose Ritterromane haben noch vor
einigen Jahren unsre Deutsche Jugend über diesen und
andre ähnliche Gegenstände einer kraftvolleren Vorzeit
hinlänglich belehret, und beynahe kommt man in Ver=
suchung zu glauben, daß recht Viele unsrer Zeitgenos=
sen diese goldenen Jahrhunderte mit allen ritterthüm=
lichen Eigenheiten wieder zurückwünschen.

Bey der allgemeinen Verwirrung der Begriffe
über wahre Ehre und Schande, über Recht und Un=
recht, wurde auch Oesterreich von dem Strom der
Zeit mit fortgerissen, und auch hier wurden Reisende
und Kaufleute angefallen und geplündert. Doch muß
man es zur Ehre unsrer Landesfürsten bezeugen, daß
in unserem Vaterlande, einige Zwischenräume all=
gemeiner wilder Zerrüttung abgerechnet, die öffent=
liche Sicherheit mehr als anderswo gehandhabt
wurde.

Wenn einheimische Urkunden und Chroniken von
der Unsicherheit der Wege und Straßen, vom Nieder=
werfen und Ausplündern der Reisenden Meldung ma=
chen, so müssen wir jederzeit vorzüglich die Kaufleute
darunter verstehen, denn Räuber lauern am liebsten
denjenigen auf, welche große Güter mit sich führen.
Manchmahl werden die Kaufleute auch ausdrücklich
genannt, die auf ihrer Reise durch Oesterreich von ade=
ligen und gemeinen Räubern sind ausgeplündert wor=
den. Von der Unsicherheit der Straßen zeugen auch
häufige Urkunden, welche den Kaufleuten, oft gegen
Erlegung beträchtlicher Summen, ein sicheres Geleit
zu leisten versprechen, was ganz unnöthig gewesen wä=
re, wenn es keine Räuber im Lande gegeben hätte.
Wir führen als Belege nur wenige Beyspiele aus den
finstern und raubsüchtigen Jahrhunderten des Mittel=

9 *

alters an; wollte man sie alle sammeln und erzählen,
so würde sie ein dickes Buch nicht faſſen.

Dem Kloſter Garſten ſtand vom Jahre 1111 bis
1142 der weit berühmte Abt Berthold vor. Zu dieſem
flüchtete ein Raubritter, Leo, dem das Urtheil ſchon
geſprochen war, daß er ſeine groben Verbrechen und
verübten Grauſamkeiten am Galgen büßen ſollte.
Sogleich befahl Berthold, ihm die Haare abzuſche-
ren und das Ordenskleid anzulegen, und nahm ihn als
Conventbruder auf. Kaum war dieſes geſchehen, ſo
langten auch ſchon die Gerichtsleute an, und verlangten ſeine Auslieferung, die ihnen aber verſagt wurde,
weil der Räuber bereits ein reumüthiges Ordensmit-
glied geworden war *). Ein zweyter Räuber, der bey
Ausplünderung der Kaufleute eine ſchwere Wunde
erhalten hatte, bekehrte ſich ebenfalls, ward ein Or-
densbruder, und führte ein beyſpielvolles Leben, obgleich ihm die Fähigkeit mangelte, etwas Wiſſen-
ſchaftliches zu begreifen **).

Als Herzog Friedrich der Streitbare 1230 die
Regierung Oeſterreichs antrat, zeichnete ſich die erſte
und mächtigſte Familie unſers vaterländiſchen Adels

---

*) Pez, Scriptor. T. II. p. 97. Feſtinus advolat miles quidam,
Leo nomine, qui praedis et latrociniis, plurimisque cru-
delitatis operibus vitam demeruerat, poſitusque in per-
ſecutionem etiam ſententia ſuſpendii damnatus erat....
Continuo ad poenam requiſitus eſt, ſed exauditi non ſunt
inquirentes, quia jam ſibi eum ſociaverant omnipotenti
Deo famulantes.

**) L. c. p. 102. Alium quendam, nomine Einwik, de latro-
cinio et ipſis, ut ita dicam, mortis faucibus ereptum, Domino bene converſum conſignavit et ſanctum. Iſte, cum
negotiatores aſſumptis ſibi concionibus quaſi depraeda-
turus invaderet, oppido vulneratus eſt, et inde ſemivivus
aſportatus, etc.

durch Widerspänstigkeit und räuberische Heldenthaten aus. Die Brüder Heinrich und Hadmar von Chunring trotzten auf ihre weit ausgebreiteten Besitzungen, auf die große Anzahl ihres reisigen Volkes und auf ihre Burgen, deren einige, wie Dürrenstein und Aggstein, für die damahlige Belagerungskunst als unbezwingbar erschienen. Wenn die Erzählung des Abtes Ebro von Zwettel vollen Glauben verdient *), so bediente sich der H. Friedrich der bekannten Raublust Hadmars von Chunring, um diesen seinen gefürchteten Gegner zu bändigen, und ihn zur Unterwürfigkeit gegen den Landesfürsten zu zwingen. Ein vom Herzog gedungener Kaufmann führte ein Schiff von Regensburg vor Hadmar's genannten Festungen vorbey, das mit kostbaren Waaren, vorzüglich mit feinen Tüchern beladen war. Was man vermuthete, ist geschehen. Hadmar eilte mit seinen Raubgesellen herbey; das Schiff ward mit leichter Mühe erobert. Man fing an, einen Theil der Waaren aus demselben fortzuschaffen, als auf ein gegebenes Zeichen die Schiffsknechte plötzlich vom Lande stießen, und aus dem unteren Theile des Schiffes mehrere wohl bewaffnete Soldaten hervorbrachen. Hadmar, der sich selbst auf dem Schiffe befand, ward gefangen und nach Wien fortgeführt. Seine Solda-

---

*) Link, Annal. Claravallens. in libro fundationum ad annum 1232. T. I. p. 299. Cum Duci Austriae Friderico rebellarent, et civitatem Chremensem, quae adhuc ligneis tantum instrumentis, et non muris circumcincta erat, fortiter devastarent, omnesque in navigio Danubii descendentes famuli eorum atrociter spoliarent, etc. — Cf. Chron. Pernoldi, apud Hanthaler, T. I. P. II. p. 1313. — Der Abt Ebro, der dieses erzählet, ist schon im Jahre 1261 Priester gewesen; sein Zeugniß ist also beynahe gleichzeitig. Dessen ungeachtet macht Hanthaler, S. 797, dagegen Einwendungen.

ten verloren durch das Mißgeschick ihres Herrn so sehr den Muth, daß Aggstein von Friedrichs Truppen er-obert und zerstört, und sogar der festeste Thurm der berühmten Festung Dürrenstein durch Wurfmaschinen zersprengt wurde und einstürzte. Die Chunringe büß-ten den begangenen Frevel mit dem Verlust mehrerer Schlösser, leisteten Schadenersatz und wurden begna-diget.

Nach dem Tode H. Friedrichs herrschten Gräuel und Verwüstung in dem herrnlosen Lande *); um Ruhe und Sicherheit des hartbedrängten Volkes war es geschehen. Oesterreich glich einer Räuberhöhle, denn zu Wasser und zu Lande sammelten sich ganze Scharen von Freybeutern, und lauerten den Reisen-den auf. Bey Krems nahm die Zahl der Schiffe täglich zu, denn niemand durfte es wagen, die Reise fortzu-setzen, weil aus allen Schlössern Raubritter hervorbra-chen und keines Menschen verschonten. Endlich erschien ein Retter in der Noth. Albero von Chunring, des berüchtigten Hadmars Sohn, erbarmte sich der Be-drängten, und leistete den Schiffen ein sicheres Geleit. Es kostete ihm aber manchen harten Kampf gegen die Raubritter, deren mehrere seinem Schwerte erla-gen **). Die Gegenden, die kein Albero schützte, blieben ihrem Schicksale überlassen.

---

*) Chron. Pernoldi, l. c. p. 1319. Poſt ejus mortem ineffa-bilis calamitas venit ſuper Auſtriam, etc.
**) Chron. Garſtenſ. ad annum 1247, apud Rauch, T. I. p. 35. Albero de Chunringe : . videns multitudinem nauium, vino et annona copioſius onuſtarum, poſitam apud Chremſ auſtrie ciuitatem, miſertus illorum inopie, ad quos ipſe naues pertinebant, in danubio ducatum prebuit eiſdem ante caſtra et munitiones quaſlibet rapere ac impedire volentium ſi valebant. Qui Albero cum ſua multitudine, quam ducebat, ita militarem gladium ho-

In den letzten Jahren der grausamen Regierung K. Ottokars stürzten ähnliche Ereignisse unser Vaterland in den Abgrund eines schrecklichen Verderbens, denn sowohl für den Böhmenkönig, als auch für seinen hohen Gegner Rudolph von Habsburg befehdeten sich gegenseitig die Großen Oesterreichs, und wütheten da mit Feuer und Schwert. Das wildeste Faustrecht hatte so sehr zugenommen, daß Rudolphs hoher Ernst und kaiserliches Ansehen nöthig waren, demselben Einhalt zu thun. Nicht nur aus den Burgen der Grafen und Ritter, sogar aus den Schlössern der Bischöfe zogen Raubgesellen aus, und lauerten den Vorbeyreisenden auf, wovon wir ein Beyspiel an dem Schloße Marsbach im oberen Mühlviertel haben, welches K. Rudolph 1288 aus dieser Ursache für ein dem Reiche heimgefallenes Gut erklärte, und seinem Sohne Albrecht zu Lehen übergab *).

Während Albrechts des Ersten eigensinniger Regierung griffen Mißvergnügte öfter zu den Waffen, aber die Ruhe wurde in kurzer Zeit wieder hergestellet. Dieß war auch der Fall, als sich einige Edle wider den H. Friedrich den Schönen nach dem Tode seines Vaters empörten. Der Aufruhr war bald gedämpft, aber in kurzer Zeit häuften sich gemeine und adelige Räuber

---

norauit, quod et quosdam rebelles in nouo et ligneo perchfrido ad nocendum fabricato captiuauit et occidit in ore gladii, etc.

*) Oesterreich unter den Königen Ottokar und Albrecht. Th. II. S. 207. Cum iamdudum Castrum Morspach propter varias et iniustas offensas, depredaciones et spolia, de ipso Castro pro diuersitate temporum violenter illatas transeuntibus .. nobis et Imperio sit addictum, etc. Von der Zerstörung der Raubschlösser Falkenberg und Rauheneck, deren letzteres den Wienern großen Schaden zufügte, ist der Th. I. S. 226 — 229 nachzusehen.

und Diebe so sehr, daß alle Sicherheit im Lande zu
Grunde ging. Friedrich nahm seine Zuflucht zu einem
außerordentlichen Mittel, um das heillose Gesindel
schnell zu vermindern, denn ausrotten konnte man es
nicht, so sehr hatte es schon an der Zahl zugenommen.
Im Jahre 1312 trug er seinem Marschall, dem edlen
von Pillichdorf, auf, im Lande herumzureisen, und den
Adel eben sowohl als das gemeine Volk aufzufordern,
ihm eidlich zu offenbaren, welche Räuber und Diebe
ihnen bekannt wären. Die Bezeichneten ließ er auf der
Stelle enthaupten, an den Galgen hängen oder auf
eine andere Weise tödten; die Mächtigen, von wel=
chen ein Widerstand zu besorgen war, überließ er dem
Herzoge selbst, um an ihnen Gerechtigkeit auszu=
üben *). Die Unsicherheit muß damahls einen sehr ho=
hen Grad erreicht haben, denn um einem mit Wein
und Lebensmitteln beladenem Schiffe, das dem Kloster
Alteich gehörte, auf der Reise durch Oesterreich nach
Bayern Sicherheit zu verschaffen, wendete sich nicht
nur der Abt Bernhard, sondern sogar auch der Herzog
von Bayern selbst mit der Bitte an unseren Herzog,
das Schiff und die Beute desselben vor aller Gewalt=
that zu schützen **),

---

*) Chron. Clauſtroneoburg. apud Pez, T. I, p. 482. Dux ex
inſtinctu Baronum terram volens mundare a furibus et
ſpoliatoribus, quibus abundabat, Dominum Dyttricum
Pilichtarfarium .. miſit, hujuscemodi malefactores in-
quirendos et aufeiendos a terra, quod etiam pro poſſe
adimplevit ... Caeteros autem, qui commode invadere
non potuit, intitulatos Duci detulit puniendos.

**) Pez, Cod. diplom. epiſt. P. II. p. 206. Der Herzog von
Bayern schrieb: Cum navis nutrimenti Fratrum, jam
ſit, prout dicitur, in aſcenſu: Amicitiam veſtram roga-
mus omni ſtudio et affectu, quatenus res et homines
exiſtentes in illa, veſtra ſpeciali protectione et gratia

Unter der väterlichen und weisen Regierung Albrechts des Lahmen wurde dem Faustrecht und dem
Rauben des Adels Einhalt gethan. Auch sein Sohn
Rudolph wachte mit seinem gefürchteten Ernst für
die allgemeine Sicherheit; dessen ungeachtet fand er
es doch räthlich und nothwendig, im Jahre 1365 allen Herrschaften zu befehlen, daß sie den Professoren,
Studenten und ihren Dienern, die durch ihr Gebieth
auf die neu errichtete Universität nach Wien reisen
würden, das Geleit geben, sie vor Angriffen schützen
und vertheidigen sollten; würde jemand durch ihre
Saumseligkeit beschädiget, oder verlangte man von
denselben für den geleisteten Schutz eine Belohnung,
so müßte alles ersetzt und zurückgegeben werden *).

Wenige Jahre nach Rudolphs Tode erwachte
das Faustrecht wieder mit voller Kraft, und mit demselben kehrten Unruhe und Unsicherheit für das Leben
und Eigenthum in das unglückliche Land zurück. Das
Schloß Schönberg im Viertel Obermanhardsberg
diente adeligen und gemeinen Räubern zum Zufluchtsort. Sie trieben ihr Handwerk so arg, daß sich H. Leopold, Bruder Albrechts des Dritten, entschloß, das
Raubnest zu belagern, und ein abschreckendes Beyspiel an den Bewohnern desselben aufzustellen. Nach
der Eroberung des Schloßes kam die ganze Besatzung
ohne Unterschied des adeligen oder gemeinen Stan-

---

foveatis, etc. Der Brief des Abtes an unsern Herzog findet
sich p. 210, n. 12.

*) Steyerer, Comment. p. 419. Iidem Clerici, Magistri,
Studentes vel Scolares, eorum servitores, famuli vel
nuncii .. conductum postulare debent et exigere a nostris Principibus .. Comitibus, Baronibus .. vel ceteris
nobilibus .. circa stratam, quam prenotati ad dictum stu-
dium processerint.

des an den Galgen; die Burg aber wurde zertrüm=
mert *). — Ein gleiches Schickfal hatte das feste
Schloß Leonstein hinter Steyr. Der Besitzer dessel=
ben, der Raubritter Wilhelm Rohrer, trieb die Frech=
heit so weit, daß er sich damit nicht begnügte, die
ganze dortige Gegend ausgeplündert, und den Vor=
beyreisenden ihre Habe genommen zu haben, er ergriff
sogar Abgesandte des Erzbischofes von Salzburg an
den H. Albrecht, führte sie gefangen nach Leonstein,
und forderte ihnen ein Lösegeld ab. Der Herzog konnte
diesen Frevel desto weniger ungestraft hingehen lassen,
da die Abgesandten unter seinem eigenen sicheren Ge=
leite reiseten, und so sein gegebenes fürstliches Wort
durch den Raubritter auf die schändlichste Weise ver=
letzt wurde. Leonstein wurde belagert, widerstand aber
eine geraume Zeit hindurch allen Angriffen und der
Kriegskunst der herzoglichen Truppen. Endlich ge=
lang es dem Ritter Zacharias Haderer eine Felsen=
spitze zu besetzen, von der aus man das Schloß so sehr
ängstigte, daß sich Rohrer durch einen verborgenen
Weg aus demselben flüchtete, worauf sich die Besa=
tzung ergab. Die Festung wurde dem Erdboden gleich
gemacht. Bey der Belagerung dieses für unüberwind=
lich gehaltenen Schloßes bediente man sich schon des
Schießpulvers, dessen Wirkung man bey dem Anblick

---

*) Pez, Scriptor. T. I. p. 1150. Pez irrte, da er dieses Schön=
berg für das Schaumburg bey Eferding hielt. — Ebendor=
fer erzählet das Nämliche, l. c. T. II. p. 810. Leopoldus
Dux intelligens, in castro Schoenberg, quod non mul-
tum a Cremsa distat, quosdam latrunculos et stratarum
publicarum spoliatores delitescere, se propria in persona
contra eos accinxit, castrum praefatum obsidione cinxit
et in deditionem accepit, atque quos inibi reperit, ad
furcas suspendio damnavit.

der ungeheuer großen Kugeln bewunderte, welche
Mauern und Thürme zertrümmert haben *).

Von den Räubereyen der Grafen von Schaumberg ist schon in dem Abschnitte von den Zollerpressungen Meldung geschehen. — Ein Staatsvertrag,
1375, zwischen den Herzogen von Oesterreich und von
Bayern zur Sicherheit der Kaufleute beyder Länder
abgeschlossen, ist ein vollgültiger Beweis vorausge-
gangener Gewaltthaten, die an Reisenden verübt
worden sind; man wollte dieselben für die Zukunft
verhindern **). In dem nämlichen Jahre wurde von
Raubrittern in Oesterreich eine Schandthat verübt,
die uns die grobe Rohheit des damahligen Ritter-
thums in ihrer vollen Verworfenheit darstellet.

Als H. Albrecht mit Beatrix, Tochter des Burggrafen von Nürnberg sich zu verehelichen beschlossen
hatte, lud er den Bischof Albrecht von Passau ein;

---

*) Ebendorfer, l. c. p. 813, setzt die Eroberung Leonsteins
irrig auf das Jahr 1388; sie muß auf 1380 oder höchstens
1381 zurückgesetzt werden. Der Freyherr Reichard Strein
führt in seinen noch ungedruckten Annalen eine Urkunde
von 1382 an, die dieß beweiset. Der H. Albrecht kaufte dem
Ritter Wolfgang Rohrer, wahrscheinlich einem Bruder des
obigen Wilhelm, den Antheil ab, der ihm von dem zerstörten Leonstein gehörte. In der Urkunde Wolfgangs heißt
es: „Den thaill an der vessten Leonstein, die derselb mein
herr vor hatt niederbrochen.“ — Die neuere Chronik von
Zwettel setzt den Vorfall gar auf das Jahr 1390, apud Pez,
T. I. p. 544. — Genauer erzählet dieses Preuenhuber,
S. 64. Dort findet man auch die Inschrift, welche Baron
Strein zu den Kugeln verfertiget hat, die ihm Wilhelm von
Zelking, nachmahliger Besitzer des wieder erbauten Leonstein, geschenkt, er aber auf seinem Schloße Freydeck hat
einmauern lassen. Mit diesen Kugeln ist Leonstein beschos-
sen worden.

**) Beylage Nro. XXXIII.

nach Wien zu kommen, um dem hohen Brautpaar
die priesterliche Einsegnung zu ertheilen. Als sich der
Bischof auf seiner Reise in Begleitung eines zahlreichen Gefolges der Stadt St. Pölten in Unterösterreich näherte, brachen die Brüder Otto und Heinrich
von Ehrenvels aus einem Hinterhalt hervor, nahmen
den Bischof und sein Gefolge gefangen, und führten
ihn auf ihr Schloß Chamer in der Steyrmark, wo er
beynahe ein ganzes Jahr als Gefangener schmachtete,
bis er nach langen Unterhandlungen sammt seinem
Gefolge wieder die Freyheit erhielt *).

Damahls fehlte es auch nicht an scheinheiligen
Räubern, die aus frommen Eifer für die liebe Gerechtigkeit vorbeyreisenden Kaufleuten auflauerten, und
sie ihrer Güter beraubten. Zu dieser Classe gehörte
Hans von Traun, ein im Lande ob der Enns begüter-
ter Herr und Besitzer des gleichnahmigen Schloßes.
Von dem Gerichte der Stadt Regensburg wurde in
einer Rechtssache, die Hansen von Traun ganz fremd
war, ein Urtheil gefället, dem er seinen Beyfall versagen zu müssen glaubte. Sogleich entschloß er sich,
als Vertheidiger der gekränkten Parthey aufzutreten,

*) Chron. Salisburg. apud Pez, T. I. p. 423. Albertus epi-
scopus volens parere mandatis Alberti Ducis Auftriae,
cum proficisceretur in via tendens Wiennam, cum perve-
nit prope civitatem Sancti Ypoliti, fitam in Auftria, con-
tigit, ut ab Ottone et Heinrico, dicti Ernvelfer, Mini-
fte-
riales Stiriae, cum suo exercitu est captivatus indebite,
quia non suspicabatur eos sibi adversari; et deductus
in castrum, dictum Chamer, situm in Styria Diocefis
Salzpurgensis, inclusus fere per annum. Quapropter..
praedicti Ernvelfer cum suis complicibus... sunt ex-
communicati et publice pronunciati.. Tandem ultimo
idem Albertus Episcopus Patavienfis cum suis familiari-
bus est per placita ab eorum captivitate liberatus.

und alle Kaufleute von Regensburg als seine eigenen
Feinde zu behandeln. Seine ritterliche Hitze riß ihn
aber so sehr dahin, daß er alle Kaufleute, die ihm auf-
stießen, ungeachtet alles Widerspruchs und aller Be-
theurungen für Regensburger ansah und sie als seine
Gegner behandelte. So geschah es, daß Kaufleute von
Nürnberg, Frankfurt und Regensburg ihres Gutes
beraubt wurden. Vorstellungen des Magistrates von
Regensburg blieben fruchtlos, und selbst ein Befehl
H. Albrechts vom Jahre 1394 an den Landeshauptmann Reinprecht von Walsee brachte keine andere
Wirkung hervor, als daß sich Hans von Traun entschloß, die genommenen Sachen von den Eigenthümern sich ablösen zu lassen *). Hätten unsre Herzoge
jede Beschimpfung, welche sich Raubritter gegen dieselben erlaubten, jeden Ungehorsam gegen die Landesfürsten, jede Gewaltthat, die gegen In= und Ausländer verübt worden, nach Gebühr ahnden und gesetzlich
abstrafen wollen, so hätten sie sich genöthiget gesehen,
die meisten Schlösser ihres Herzogthums mit großem
Aufwande zu belagern und zu zerstören; dazu langten
aber ihre damahligen Hülfsquellen nicht aus. Welche
Mühe kostete es, den Ritter Rohrer und die Grafen
von Schaumberg zu demüthigen! Um die Kraft des
Staates nicht gegen Einheimische zu erschöpfen und
auswärtigen Feinden die Spitze biethen zu können,
mußte man sich begnügen, einzelne abschreckende Beyspiele aufzustellen, und gar oft Widerspänstigkeit,
Trotz und Raubsucht des mächtigen Adels ungeahndet
hingehen zu lassen. Die Herren von Ehrenvels, Hans
von Traun und noch viele Andere solchen Gelichters
haben ihr Unwesen mit vieler Frechheit und gutem

---

*) Gemeiner, Chronik, Th. II. S. 312 und 313.

Erfolge getrieben, und sind doch aller höheren Ahn=
dung entgangen.

Das fünfzehnte Jahrhundert zeichnete sich durch
eine allgemeine Barbarey und Verkehrtheit, so wie
auch durch höchst unglückliche Ergebnisse aus, derglei=
chen Oesterreich in solchem Maße und einen so langen
Zeitraum hindurch noch nie getroffen haben. Blutige
Zwiste im Regentenhause selbst, schwere Kriege von
außen und noch verderblichere Fehden im Innern des
Landes folgten auf einander in einer beynahe unun=
terbrochenen Reihe. Um das Maß der höchsten Ver=
kehrtheit voll zu machen, rief man zu den zahlreichen
Räuberbanden, die das Land schrecklich verwüsteten,
sogar noch Ausländer herbey, und gab ihnen anstatt
der Löhnung die Habe der unglücklichen Unterthanen
Preis. Dem Räuberhandwerk ergaben sich bald Tau=
sende wüster Menschen, zogen als kleine Kriegsheere
herum, und nöthigten zuletzt zu ewiger Schande un=
sers Vaterlandes öfter als einmahl den Landesfürsten
und die Großen, den Frieden um Geld von ihnen zu
erkaufen *). In diesem unglücklichen Jahrhundert gab
es keine Sicherheit der Personen, des Eigenthums,
des Handels.

Endlich ging für Oesterreich und auch für ganz
Deutschland ein glückliches Gestirn auf. K. Maximi=
lian, ein Ritter besserer Art, machte dem ritterlichen
Unwesen ein Ende, und schaffte das unselige Faust=
recht durch seinen ewigen Landfrieden auf immer ab.
Da nun alle Selbsthülfe wider wahre oder nur ein=
gebildete Beleidiger und Gegner strenge verbothen

---

*) Oesterreich unter K. Friedrich dem Vierten. Beynahe nur
allein schaudervolle Gräuelscenen sind der Inhalt dieses
Buches.

war, konnte es keinen Vorwand mehr geben, Reisenden als Feinden aufzulauern, sie zu fangen und zu plündern; anstatt der Faust sollte das Gesetz herrschen und niemand sein eigener Richter seyn. Wer dagegen thun würde, sollte als Friedensstörer und Räuber behandelt werden. Viele von Adel bedauerten den Verlust eines so alten, so köstlichen Vorrechtes, und konnten den Gedanken und die Schmach nicht ertragen, nun auf Fehden und Freybeuterey verzichten zu sollen: nur die unausbleibliche Strafe hielt sie zum Theile von neuen Verbrechen zurück. Einige konnten jedoch dem alten Ritterhange nicht ganz widerstehen, und wagten neue Angriffe auf Personen und Güter.

K. Ferdinand der Erste fand beym Antritt seiner Regierung der Oesterreichischen Provinzen für nöthig, bekannt zu machen, — „daß er keine Mühe und Kosten scheuen werde, alle Schnapphähne und Heckenreiter, deren Anzahl sich seit kurzem wieder vermehret hatte, in seinen Ländern zu vertilgen." — Um seinen Befehlen mehr Nachdruck zu geben, ward an einem vermessenen und seinen Stand entehrenden Ritter zur Warnung für Andere die gesetzliche Strafe vollzogen.

Auf dem Schloße Schwertberg im unteren Mühlviertel hausete der Ritter Bernhard Zeller, weit und breit der Schrecken der Kaufleute und aller Reisenden, welche Güter mit sich führten, und sogar auch der mehr bemittelten Hauseigenthümer, welche er und seine Gesellen besuchten, unter welchem Ausdrucke man vormahls Raub und Plünderung verstand. Er hatte sich desto fürchterlicher gemacht, da es allenthalben bekannt war, daß er viele, und darunter auch wohlbegüterte Besitzer von Herrschaften und Söhne angesehener Familien in seinen Bund ge-

zogen, die er in seinem Schloße beherbergte, wo auch
der Raub unter ihnen getheilet wurde *). Nicht nur
das untere und obere Mühlviertel waren der Schauplatz des Krieges, den sie gegen Alle ohne Unterschied
führten; auch an den Bayerischen und Mährischen
Gränzen und in verschiedenen Gegenden Oesterreichs
wurden Thaten von ihnen verübt, welche das Anden-
ken an ältere, hoch gepriesene Ritterzeiten zu erneuern
vollkommen geeignet waren: seine Raubgesellen haben
nicht nur wacker geplündert, sondern auch sich das
Vergnügen gemacht, brennende Häuser zu schauen,
und sich am Jammer unglücklicher Menschen zu er-
quicken.

Schon lange hatte die allgemeine Stimme des
Volkes den Bernhard Zeller als den Anführer einer
Räuberbande bezeichnet, aber aus Mangel gesetzlicher
Beweise hat ihn K. Carl von dem Verdacht losge-
sprochen und ihm volle Sicherheit ertheilet. Als
aber einige seiner Raubgesellen gefänglich eingebracht
wurden, und ihre eigenen und auch Zellers Schand-

---

*) Preuenhuber, S. 217, erzählet die ganze Geschichte aus
den gerichtlichen Proceßacten. Zeller nannte als seine Mit-
gehülfen folgende Herren: Ruprecht Reuter von Weicker-
storf und Schöneck; Ottmar, Matthäus und Bartholomäus
Oberheimer von Marsbach; Georg Ohaimer; Ulrich Hör-
leinsberger; Georg von Weißbriach; einen Edlen von
Berneck; Bernhard von Trautmannsdorf; einen Malo-
wiz; Leo von Hoheneck; Ebner von Rab, und noch mehrere Andre. So angesehene Herren brachten viele gemeine
Knechte mit, welche die Raubzüge mitmachten. Andre Adelige, die zwar selbst nicht mitzogen, stellten doch Mannschaft und Pferde, wie z. B. Wolfgang von Losenstein und
Sigismund von Kaufeneck. Einer derselben, dessen Nahmen Preuenhuber wahrscheinlich aus Schonung seiner
Familie nicht angibt, hat zu Kirchdorf mit Feueranlegen
Schaden gestiftet.

thaten bekannten, befahl der Erzherzog Ferdinand dem Stadtgerichte von Linz, den Ritter nach Linz in Verhaft zu bringen, und ihn dort als einen Criminal: verbrecher zu untersuchen, wozu auch ständische Mitglieder zu erscheinen den Auftrag erhielten. Auf der Folter gestand er seine Raubgenossen und ihre gemeinschaftlich begangenen Verbrechen, vorzüglich aber, daß sie an den Mährischen und Bayerischen Gränzen, und auch in der Gegend von Clam, einem Schlosse im unteren Mühlviertel, viele Kaufleute und Güterwagen geplündert, und die Beute in den Schlössern Schwert: berg, Marsbach und Weiteneck getheilet haben. Im Jahre 1521 ward über ihn das Urtheil gefället: er sollte enthauptet werden, was auch an ihm vollzogen wurde. Soviel uns bekannt ist, fiel Zeller unter den Adeligen Oesterreichs als das letzte Opfer einer unseligen Geistesverirrung, welche wähnte, daß der Adel das unverjährbare Vorrecht besitze, sich seiner Uiber: macht gegen Schwächere nach Willkühr bedienen zu dürfen. Barbarischen Zeiten kann man solche Rohheit bedauernd vergeben; aber Ritter des sechzehnten Jahrhunderts sind unmöglich zu entschuldigen, wenn sie Straßenraub für ein heiliges Vorrecht ihres Standes halten, und es auch wirklich noch ausüben.

Die Quelle eines so wilden Unfugs ist das Faust: recht gewesen. Ein jeder Adelige, zuletzt auch die nichtswürdigsten Menschen und Abentheurer hielten sich für berechtiget, einer Markt: oder Stadtgemeinde, einem Güterbesitzer, ja sogar auch einem Herzog, König und Kaiser den Krieg anzukündigen, oder ihm nach damahligem Sprachgebrauch auf Raub, Brand und Mord abzusagen. Wer dieß gethan hatte, der konnte seiner Ehre unbeschadet dann alle ihm beliebigen Verbrechen und Grausamkeiten

verüben *). Indeſſen hielten ſich viele Ritter an dieſe
Regel nicht, und fielen, um der Beute deſto mehr
ſicher zu ſeyn, ganz unvermuthet die Reiſenden an,
wovon man häufige Beyſpiele anführen könnte. Wir
können uns auf die gleich oben erzählten Gewaltthaten
Rohrers, der beyden Brüder von Ehrenvels und des
Hans von Traun berufen: weder den Salzburgiſchen
Geſandten, noch auch dem Biſchof Albrecht von Paſſau und den Kaufleuten von Nürnberg; Frankfurt
und Regensburg war der Friede abgeſagt, als ſie
überfallen, ausgeplündert und ins Gefängniß fortgeführt wurden. Die Folge ſolches Unweſens war, daß
ſowohl der K. Maximilian der Erſte bey der Feſtſe-
tzung des ewigen Landfriedens, als auch ſeine Nachfolger in der Regierung die ſogenannten Friedensbre-
cher oder Abſager wie die Straßenräuber zu behandeln befohlen haben, denn eine jede Fehde, ſie mochte
angekündiget ſeyn oder nicht, erzeugte unter dem
ſchuldloſen Landvolke Raub, Mord und Brand, und
unſäglichen Jammer und Elend.

Dieſes Uibel hat ſeit vielen Jahrhunderten ſo tiefe
Wurzeln geſchlagen, daß es große Mühe und Anſtrengung koſtete, es zum Beſten der Menſchheit ganz

---

*) Es iſt unnöthig, hierüber Belege anzuführen. Sogar Leute
aus den unterſten Claſſen des Volkes ſchickten Abſagen, um
rauben zu können. Den Fehdebrief des Raubgeſindels, welches ſich 1477 an die Lichtenſteine anſchloß, an den Kaiſer
Friedrich findet man abgedruckt in: Oeſterreich unter K.
Friedrich dem Vierten. Th. II. S. 256. — Ein lediger Ge-
ſell eines Meſſerſchmides, Sebaſtian Mureiſen, hat 1510
der Stadt Steyr auf Raub und Brand abgeſagt: Preuenhuber, S. 193. Daſſelbe that auch Ulrich Brandſtetter,
ein des Landes verwieſener Bürger von Steyr im Jahre
1512. Er hat ſich damahls in Böhmen aufgehalten, und
den Steyrern auf Mord und Brand abgeſagt: S. 200.

auszurotten. Für Oesterreich hat K. Maximilian in
seinem letzten Lebensjahre, 1518, eine Verordnung
erlassen, des Inhaltes: „Absager, Straßenräuber
und Heckenreiter sollen als Landverräther an Leib und
Gut gestraft werden. Es soll auch ein jeder unter der
Strafe des Ungehorsams schuldig seyn, dieselben mit
aller Macht zu verfolgen und ins Gefängniß zu bringen, auch auf hierinfalls geschehene Signalschüsse
oder Glockenstreiche ausziehen, und ihnen mit ge-
sammter Hand nachsetzen*).'' Ungeachtet dieser Strenge, mit welcher Maximilian für die Erhaltung des
allgemeinen Landfriedens wachte, erfrechte sich in
dem nämlichen Jahre ein gewisser Sigmund Ufaner,
einen Absagebrief zu schicken. Maximilian erklärte ihn,
seine Anhänger und Helfer und auch Alle, die sie beherbergen oder verheimlichen würden, in die Acht und
Oberacht des Reichs, und gab den Leib, das Leben,
die Habe und Güter derselben männiglich frey. — Als
sich Sigmund Kaufmuck von Clumb 1533 einen gleichen Frevel gegen K. Ferdinand erlaubte, erging eine
ähnliche Verordnung mit dem Beysatze: Wer diesen
Kaufmuck lebend Seiner Majestät einliefert, erhält
dreytausend Rheinische Gulden; wer ihn getödtet einbringt, zweytausend. Auf die Verhaftung der Anhänger desselben wurden zweyhundert Gulden für den
Kopf gesetzt; für einen Getödteten hundert**). Noch
spätere Verordnungen übergehen wir, und zeigen bloß
ihr Daseyn an ***).

_____

*) Guarient, Th. I. S. 8.
**) A. a. O.
***) A. a. O. Die jüngste Verordnung ist vom Jahre 1555. In
der Landgerichtsordnung K. Ferdinands vom Jahre 1656
werden freylich noch Absager genannt: A. a. O. S. 690;
aber dieses beweiset nur die Möglichkeit dieses Verbrechens,
welches damahls nicht mehr begangen wurde.

Wir haben nur wenige Beyspiele aus vielen aus-
gehoben, aber sie genügen hinlänglich, um uns von
der Unsicherheit der Personen und des Eigenthums
während des Mittelalters bis gegen die letzte Hälfte
des sechzehnten Jahrhunderts zu überzeugen. So oft
Kaufleute ein festes Schloß auf einem Felsen erblick-
ten, — und deren gab es allenthalben in Oesterreich
viele —, so oft mußten sie für ihr Leben und ihre
Waaren zittern, denn auf sie und ihr Eigenthum waren vorzüglich die Blicke der Raubritter gerichtet, die
ihnen in Gebüschen und Wäldern, auf offener Landstraße und auch auf dem Wasser auflauerten; sie nie-
derwarfen, plünderten, gefangen fortführten, und
nur gegen ein Lösegeld wieder freyließen. Die Staatsverträge, die zwischen den Regenten Oesterreichs
und den benachbarten Landesfürsten zur Beförderung des Handels sind geschlossen worden, auf die
wir weiter unten im Verfolg der Geschichte kommen
werden, enthalten immer den stehenden Artikel, daß
für die Sicherheit der Kaufleute gegenseitig gesorget werden solle: ein deutlich sprechender Beweis,
daß die Sicherheit der Straßen gar oft gefährdet
wurde.

Um sich vor solchen Unfällen zu schützen, gab es
zwey Mittel: Man begehrte gegen Bezahlung ein
sicheres Geleit vom Landesfürsten und auch von dem
Grundherrn, durch dessen Gebieth man reisen wollte *); oder man zog, wie noch heut zu Tage im Orient, in zahlreichen Caravanen, um sich desto leichter
gegen räuberische Angriffe vertheidigen zu können.

---

*) Pfeffinger, l. c. L. 1. Tit. VI. §. 10. p. 199; et L. III.
Tit. II. §. 40. p. 69. Dort wird weitläufig von Geleitsrecht
gehandelt.

Aber beyde Mittel waren kostspielig *), gar oft auch unsicher und fruchtlos.

Den alten Reichssatzungen zu Folge war das Geleitsrecht ein Ausfluß der königlichen Gewalt; wer dasselbe gegen eine gewisse Abgabe Reisenden gesetzlich leisten wollte, mußte vom Reichsoberhaupt die Befugniß dazu erhalten haben **). Mächtige Grundherren bekümmerten sich aber wenig um solche Reichsgesetze, handelten nach eigener Willkühr und nöthigten Reisende, während des Durchzuges durch ihr Gebieth ein sicheres Geleit zu nehmen und zu zahlen. Der Schwabenspiegel stellte es Wanderern frey, ob sie mit oder ohne Geleit ihre Reise fortsetzen wollten; im letzteren Falle liefen sie jedoch Gefahr, ihr Gut zu verlieren, das sie mit sich führten. Gab aber ein Grundherr ein sicheres Geleit, so sollte er auch für allen Schaden gut stehen, welcher Reisenden während seiner Geleitschaft zugefügt wurde ***). Fochten Zwey mit einander eine Fehde aus, und standen beyde oder

---

*) Tolner, Cod. dipl. Palat. p. 65. Conradi, episc. Ratispon. diplom. anno 1205. Conductum simul praestabimus, et lucrum inde acceptum simul dividemus, et quicunque contra velle nostrum aliquem vel aliquos conducere voluerit, etc.

**) Schilter, Thesaurus Antiquitatum Teutonic. T. II. In append. Constitut. Imperial. p. 13. Wir gepieten und setzen, das nyemant den andern belait durch das Landt umb kain gut, er hab dann das gelait von dem Reich.

***) In der Auflage: Durch Anthoni sorgen. Augspurg, 1480. Blatt 60: „Ein yegklich man ist gelaytes frey. ob er sein gutt wagen will. Ist aber unfrid in dem land unnd muttet ein kauffman gelaytes. das mag jm ein herr wol geben. man gebe dem herren darumb oder nicht. er sol doch dem kauffman seinen schaden ablegen. wer dem kauffmann gelayt gibt was jm schadens beschicht. das soll der jm gelten der in gelaytet.

einer derſelben unter ſicherem Geleite: ſo durfte kei=
ner von ihnen ſeinen Gegner auf offener Straße an=
greifen; im widrigen Falle ward er wie ein Straßen=
räuber behandelt *). In Oeſterreich hat erſt K. Fer=
dinand der Dritte 1656 die Ertheilung eines ſicheren
Geleites ſich vorbehalten **); in früheren Zeiten war
dieſes Vorrecht den Anmaßungen und der Gewalt der
Mächtigen überlaſſen. Albero von Chunring hat es
aus Mitleiden gegen die Schiffe bey Krems ausgeübt.

Daß Raubritter ſich um das ſichere Geleit des
Landesfürſten, und auch um das allgemeine Völker=
recht, welches Geſandte in Schutz nimmt, wenig oder
gar nicht bekümmerten, haben wir aus dem Betragen
des Ritters Wilhelm Rohrer abnehmen können. Ein
gleiches Verbrechen hat der Ritter Oberheimer an
den Geſandten der Eidgenoſſenſchaft verübt, die durch
Oeſterreich zum König Mathias von Ungarn zogen: er
überfiel ſie, und beraubte ſie ihrer Habſeligkeiten ***).
Dazu kam noch, daß ſich Grafen und Ritter gar oft
das Recht herausnahmen, ſelbſt ihrem regierenden
Landesfürſten den Gehorſam aufzuſagen und ihm ei=
nen Fehdebrief zuzuſchicken, welche Beſchimpfung

---

*) Schilter, l. c. p. 5. Wo zwen miteinander urlewgent und
der ain oder ſie paid gelait habent wer den zu laid die ſträß
angreiffet wirt er deß zu recht überzewgt über den ſol man
richten als über ain Straßrauber.

**) Guarient, Th. I. S. 668. In dieſer Verordnung iſt aber
nur vom Geleit ſolcher Leute die Rede, die ſich vor ein Ge=
richt ſtellen ſollten. In früheren Zeiten gaben in Oeſterreich
auch die Städte ſicheres Geleit. Im Jahre 1434 erſuchte
die Herzogin Eliſabeth, Albrechts, des nachmahligen Kai=
ſers, Gemahlin den Magiſtrat von Krems um ſicheres Ge=
leit für Katharina Gundorfer. Das Datum dieſer Urkunde
iſt: Pfingſtag nach Mariä Geburt.

***) Oeſterreich unter K. Friedrich dem Vierten. Th. II. S. 194.

vorzüglich dem K. Friedrich dem Vierten während
seiner langen Regierung gar oft ist zugefügt worden.
Achteten dieselben während friedlicher Verhältnisse
mit ihrem Regenten sein sicheres Geleit nicht, so ward
es zur Zeit einer Fehde mit ihm desto gewisser ganz
nutzlos. Ein gleicher Fall trat noch weit öfter ein,
wenn Kaufleute von den Herrschaftsbesitzern sich ein
Geleit verschafften. Man hüthe sich, die alte Rittertreue nach der neuesten Sitte, wie sie in Romanen
poetisch dargestellt wird, hoch anzupreisen und ihr
ein unbegränztes Vertrauen zu schenken; die Geschichte
liefert nur gar zu viele Beyspiele vom Gegentheil.
Wie sollte man auch vernünftiger Weise von Räubern erwarten können, daß sie ihres gegebenen Wortes eingedenk, eine günstige Gelegenheit nicht benützen, und eine reiche Beute unangetastet lassen sollten? Und wenn wir gleich die, von neueren Dichtern
und Liebhabern des Mittelalters so sehr gerühmte
Rittertreue, der Geschichte zum Trotz, als nie oder
nur höchst selten verletzt annehmen wollten: so traten
dem gegebenen sichern Geleite eines Grundherrn doch
immer neue Hindernisse in den Weg. Die Grundherrlichkeit war in früheren Zeiten noch mehr als jetzt
getheilet, und viele alte Burgen und Edelsitze sind
heut zu Tage verfallen oder zu Bauernhöfen umge-
staltet, und größeren Herrschaften einverleibt worden; zuvor wohnten dort eigne Besitzer, die mit großer Strenge ihre grundherrlichen Rechte ausübten.
Wie viele sichere Geleite waren einem Kaufmann zu
einer einzigen Tagreise nöthig? Und wie leicht änderten sich plötzlich die friedlichen Verhältnisse der benachbarten Ritter? Ganz unvermuthet konnte sich der
Kaufmann auf einem Gebiethe befinden, dessen Herr
eben eine Fehde ausfocht und desto weniger den Fremd-

king schonte, der von der Heimath des benachbärten
Gegners herkam und eine reiche Beute mit sich führte.
Da der Kaufmann nicht alle Grundherren, deren
Gebieth er betreten mußte, mit einer Abgabe für das
sichere Geleit befriedigen kounte: so blieb ihm nichts
übrig, als auf gut Glück seine Wanderschaft anzutre-
ten, und sich wenigstens des Schutzes der mächtigeren Großen des Landes zu versichern, die im Stande
waren, die gewöhnlichen Raubritter von Gewalttha-
then abzuhalten. Albero von Chunring hat in der Umgebung von Krems allen adeligen Räubern sich fürch-
terlich gemacht. Gegen Ritter, wie Zeller und seines
gleichen waren, und gegen mächtige Grafen, worunter die Schaumberge gehörten, konnte ohnehin kein
Geleit sichern.

Zahlreiche und wohlgerüstete Caravanen, noch
dazu von Soldaten begleitet, verschafften freylich
mehr Sicherheit als geschriebene Befehle des Landesfürsten, Kaufleute ungehindert und sicher fortziehen
zu lassen; doch ist dieses Mittel nur dann anwendbar,
wenn der Handel zwischen Nationen und Provinzen,
oder auch zwischen berühmten Stapelstädten schon im
Großen getrieben wird. Die Genueser, Pisaner,
Venetianer und die Hansestädte schützten ihren Handel
mit bewaffneter Macht; auch mehrere große Handelsstädte im Deutschen Reiche thaten dieß, und rächten
sehr oft Beleidigungen, einem ihrer Mitbürger zugefügt, auf eine blutige Weise und mit Zerstörung der
Burgen, aus welchen Raubritter das Gut der vorbeyziehenden Handelsleute angefallen haben. Wien
ausgenommen, gab es in Oesterreich keine Stadt,
die im Stande gewesen wäre, eine beträchtlichere
Fehde gegen einen mächtigen Grafen oder Ritter führen und aushalten zu können; nur durch ein allge-

meines Aufgeboth der Provinz oder durch die Verei=
nigung der Städte mit mehreren Adeligen konnte man
gefürchteten Räubern Widerstand leisten, wovon uns
die Geschichte einige Beyspiele aus dem vierzehnten
und fünfzehnten Jahrhundert aufbewahrt hat. Von
Oesterreichischen Caravanen, die ins Ausland zogen,
geschieht keine Erwähnung; aber unsre einheimischen
Kaufleute suchten und erhielten von auswärtigen Für=
sten und Städten ein sicheres Geleit, wie wir dieses
weiter unten vernehmen werden. Für die Sicherheit
des Waarenzuges durch Oesterreich selbst sorgte man
so gut, als es Zeit und Umstände nur immer zu=
ließen.

Neunter Abschnitt.
Strandrecht oder Grundruhr.

Ein Zeitalter, in welchem sich der Adel ein Raub=
recht anmaßt, ist aller Schandthaten fähig. Daß der=
gleichen auch wirklich allgemein verübt worden, er=
hellet vorzüglich aus dem lange vertheidigten Strand=
recht und dem Rechte der Grundruhr *). Vergeblich
haben sich einige Schutzredner bemüht, Gründe zur
Vertheidigung einer schändlichen Sache, welche die
Menschheit entehrte, aufzusuchen, und durch den
Schein eines Rechtes zu beschönigen; kann es denn
vielleicht ein Recht geben zu rauben, zu morden,
schuldlose Menschen zu ewiger Sclaverey zu verur=
theilen, und Unglückliche in das volle Verderben zu

---

*) Das Wort Grundruhr bedeutet eigentlich nichts anders,
als die Berührung des Grundes, der das Eigenthum ir=
gend eines Besitzers ist. Die Ruhr oder Frais des Wassers
galten den Alten für eine sanfte oder gewaltige Bewegung
desselben.

ſtürzen? Man berief ſich auch in dieſem Stücke wie
in vielen andern Dingen auf alte Gewohnheiten, ſogar auf die Sitten der hoch bewunderten Griechen,
Römer, und der alten Völkerſtämme Deutſcher und
Slaviſcher Abkunft, die im ganzen weiten Umfang
Europens ihre Wohnſitze aufgeſchlagen haben. Man
vergaß aber, daß nicht alles, was Griechen und Römer
gethan haben, Lob und Nachahmung verdiene, und daß
man noch viel weniger in die Fußſtapfen barbariſcher
Völker treten könne, ohne ſelbſt ein Barbar zu ſeyn.

Das Strandrecht war die Befugniß des Grund-
oder Eigenthumsherrn eines Ufers, die an demſelben
geſtrandeten Menſchen, Güter und Schiffe als ſein
Eigenthum anzuſehen und zu behalten. Das Strand-
oder Grundruhrrecht iſt eigentlich eines und daſſelbe;
indeſſen gebrauchten einige Schriftſteller die erſtere
Benennung bloß vom Geſtade des Meeres und von
den dort geſtrandeten Schiffen, letztere aber nur von
Menſchen und Gütern, welche ein ſolches Unglück
auf einem Fluß erlitten haben *). Wird man ſchon
durch die bloße Erklärung des Wortes Strandrecht
mit Unwillen gegen jene Barbaren erfüllet, die daſſelbe als ein vorzügliches Befugniß ausgeübt haben, ſo
muß ſich alles menſchliche Gefühl darüber empören,
wenn man lieſet, daß ſich dieſes ſchändliche Recht
nicht nur unter Heiden, ſondern auch unter den Chri-
ſten, und noch dazu bis zum Ende des ſechzehnten

----

*) Im Deutſchen hieß dieſes Recht: Strandrecht, Grund-
ruhr- oder Ruhrrecht, von dem Worte Rühren, welches
Fließen bedeutete; auch Fahr-, Grund- und Uferrecht;
letzteres drückte aber auch das Recht aus, Reiſende auf
Schiffen über einen Fluß zu führen. Die Schiffer dabey
hießen Förgen. Im Latein des Mittelalters hieß das Strand-
oder Grundruhrrecht Laganum.

Jahrhunderts auch in unserm Vaterlande nicht nur
erhalten, sondern auch von Zeit zu Zeit an Ausdeh=
nung und Grausamkeit zugenommen habe. Wir füh=
ren hier nur Weniges von dem, was man alles aus
diesem unmenschlichen Recht als Folge ableitete, hier
an, und verweisen die wißbegierigen Leser, die diesen
Gegenstand nach seinem ganzen Umfang wollen kennen
lernen, auf größere Werke, die ihn mit vieler Gelehr=
samkeit weitläufig abhandeln *).

Wurden Schiffer genöthiget, einige Güter zur
Erleichterung des Schiffes über Bord zu werfen, und
wurden diese durch die Wellen an das Land gespielet:
so gehörten sie dem Grundherrn, und der Eigenthü=
mer hatte, wenn er sich gleich vorfand, all sein Recht
darauf verloren. Scheiterte ein Schiff, und retteten
sich die Menschen an das Ufer: so ergriff man sie mit
den geretteten Habseligkeiten, und sie waren von dem
Augenblicke angefangen, als sie den Grund und Bo=
den eines Herrn betraten, seine Sclaven; das Schiff,
welches auf einer Sandbank oder einem Felsen aufsaß,
war mit allen darauf befindlichen Gütern dem Herrn
verfallen, dessen Grund es berührte **).

---

*) Vorzüglich verdienen gelesen zu werden: Du Cange, v.
Lagan seu Laganum. — Muratori, Antiquit. Ital. T. II.
p. 14 et seq. — Pfeffinger, l. c. L. III. Tit. 18, §. 39, Tom.
III. p. 1471 et seq. — Fischer, Geschichte des teutschen
Handels. Th. I. S. 728, u. f. — Die Bemühungen der
Hansestädte, sich durch Privilegien gegen das Strandrecht
zur Beförderung ihres Handels zu schützen, erzählet Georg
Sartorius, in der Geschichte des Hanseatischen Bundes.
Th. I. S. 178, 312, und an vielen anderen Stellen. Eine
lange Reihe von Schriftstellern, die über das Strandrecht
geschrieben haben, findet man bey Pfeffinger.
**) Chron. Alberti Stadens. apud Jo. Schilter, Scriptores
Rer. German. T. II. p. 261. Hujus Friderici (Comitis

Doch damit wurde die schändliche Habsucht der Großen noch keineswegs gesättiget, und Regenten und Adelige waren sehr erfinderisch, um das wilde Grundruhrrecht auf häufige Fälle ausdehnen, und sich recht viel fremdes Gut zueignen zu können. Ein Schiff berührte, ohne Schaden zu leiden oder sitzen zu bleiben, eine Sandbank; und wehe dem Eigenthümer, wenn dieß von einem auflauernden Beamten bemerkt und bezeugt wurde: das Schiff war mit der ganzen Ladung dem Grundherrn verfallen; die Leute ließ man jedoch seit dem dreyzehnten Jahrhundert in den meisten Gegenden fortziehen, ohne sie zu Sclaven zu machen. Fuhr ein Schiff durch eine Brücke und berührte nur im mindesten einen Jochbaum, so ward es sammt der Ladung ein Eigenthum des Herrn der Brücke, wenn gleich das Schiff und die Brücke vollkommen unverletzt geblieben waren. Das Nämliche geschah, wenn ein Schiff im Vorbeyfahren eine Schiffmühle berührte. Fiel ein noch so kleiner Theil von der Schiffsladung ins Wasser, so griff der Herr, der die Befugniß der Grundruhr besaß, nach beyden: Schiff und Ladung sind sein Eigenthum geworden. Durch einen solchen Zufall verloren die Regensburger im Jahr 1396 die ganze Ladung eines Floßes, von dem ein Fäßchen durch einen Stoß in den Fluß gefallen ist*). Nicht

---

Stadensis) avia et mater de Anglia navigantes, in Comitatu Stadensi naufragium passae sunt, et secundum prisci juris rigorem tam homines quam res regiae ditioni sunt mancipati. Dieses wird von Albert bey dem Jahr 1112 erzählet.

*) Anstatt den Leser mit häufigen Citaten zu plagen, die man in den gleich oben angeführten Schriftstellern selbst nachschlagen kann, mache ich ihn neuerdings auf ein Werk aufmerksam, das bisher noch zu wenig ist benützt worden. Ge=

minder schändlich verfuhren die Grundeigenthümer bey
Waarentransporten über Land auf der Achse. Ein
Wagen fiel auf der elenden Straße um, oder es brach
ein Rad, und die Ladung fiel auf den Boden: sogleich
eignete sich der Grundeigenthümer den Wagen und die
ganze Ladung zu; die Befugniß dazu gab ihm die
Grundruhr. Ein Fäßchen oder ein kleiner Theil der
Fracht fiel aus dem Wagen heraus, und das Ganze
ging durch Grundruhrrecht verloren. Man trieb
Schweine, Schäfe, Ochsen auf der Landstraße, und
einige Thiere verließen die Heerde und kamen auf fremden Boden: der raubsüchtige Grundherr eignete sich
diese und auch die übrigen zu, welches freylich ganz
folgerecht gedacht und gehandelt war, da ein kleines
Fäßchen den Wagen und das ganze Schiff dem Grundherrn heimfällig machte.

   Wer könnte solche Gräuelthaten lesen, ohne mit
Abscheu gegen ein Zeitalter eingenommen zu werden,
welches dergleichen Grausamkeiten billigte, und sogar
mit dem Nahmen eines Rechtes heiligte? Die gänzliche Verderbtheit der damahligen Machthaber, ihre
Fühllosigkeit gegen Verunglückte und ihr verstockter
Wille fallen desto mehr auf, da sie, die man so fromm
und gutmüthig zu schildern pflegt, von heiligen und
hoch geachteten Männern: von Päpsten, Bischöfen
und zahlreichen Kirchenversammlungen zu allen Zeiten gebethen, ermahnet, auch sehr zudringlich aufgefordert und mit dem Kirchenbann bedrohet wurden,
um sie zu bewegen, daß sie auf ein Recht verzichteten,
durch das die Menschheit und das Christenthum ent-

---

meiner, in der Chronik von Regensburg, liefert viele
Beyspiele des gegen diese Stadt ausgeübten Grundruhrrechtes; Z. B. Th. II. S. 171, 172, 177, 192, u. f.

ehret werden; sie predigten tauben Ohren. Man sollte
glauben, daß das Machtgeboth mehrerer Kaiser auf
den rohen Adel einen größeren Eindruck würde gemacht
haben; das Uibel hatte aber schon so tiefe Wurzel ge-
schlagen, daß es auch wiederhohlten Befehlen gefürch-
teter Kaiser trotzte; durch ein allgemeines Gesetz konnte
das Strandrecht aus dem Deutschen Reiche nicht ver-
bannet werden; höchstens gelang es einigen weisen und
milden Regenten, dasselbe durch Privilegien für gewisse Städte und Märkte einzuschränken, während
andere Fürsten, vorzüglich aber die Könige von Frankreich unverschämt fortfuhren, die durch das Strandrecht erworbene Beute mit den Grundherren zu theilen. Jahrhunderte verfloßen, bis es der Menschlich-
keit, dem Christenthume und einer besseren Cultur gelang, den Sieg über die Barbarey zu erringen, und
verunglückten Reisenden Mitleiden, Beystand und
Sicherheit der Personen und des geretteten Eigenthums zu verschaffen.

 Wir haben bisher von der Schändlichkeit des
Strandrechtes und der Grundruhr im Allgemeinen
gesprochen und den Unfug gezeigt, welcher damit allenthalben getrieben wurde. Es darf nicht erst erinnert
werden, daß auch Oesterreich diesem wilden Zeitgeist
des Mittelalters huldigte; nur erscheinet auch nicht
die geringste historische Spur, daß sich unsre alten
Landesfürsten je einmahl so sehr vergessen und entehret haben, daß sie ihren Zeitgenossen geglichen, und
mit den Grundherren den Raub der Grundruhr getheilet hätten. Kann man sie gleich nicht gänzlich entschuldigen, daß sie bey ihrer großen, beynahe uneingeschränkten Regierungsgewalt kein allgemeines Gesetz zur Aufhebung des Grundruhrrechtes erlassen haben: so finden sich doch mehrere Verordnungen, wel-

che demselben in Rückſicht verſchiedener Orte Einhalt
thaten; und von dieſen ſoll nun die Rede ſeyn. Vielleicht wird die Anzahl derſelben in der Zukunft noch
vermehret, wenn ſich mehrere Geſchichtsforſcher be-
mühen, die noch verborgenen Urkunden aus Archiven
an das Tageslicht zu bringen, und zur Ausfüllung
der Lücken in unſrer vaterländiſchen Geſchichte bekannt
zu machen.

Die älteſte uns bekannte Urkunde über die Befreyung vom Rechte der Grundruhr hat K. Friedrich im
Jahre 1237 der Stadt Wien ertheilet. Ihm lag viel
daran, ſich des Beyſtandes der dortigen Bürger gegen ihren geächteten Herzog Friedrich den Streitbaren zu verſichern, um deſto gewiſſer ſeine eigennützigen Plane ausführen zu können. Dieß war der Grund,
warum er Wien zu einer unmittelbaren Reichsſtadt
erhob, die Bürger von dem harten Joch des Herzogs
zu befreyen verſprach, und ihnen nebſt anderen großen Vorrechten in hochtönenden Ausdrücken aus der
Fülle ſeiner angebornen Güte und Gerechtigkeit auch
die außerordentliche Gnade erwies, daß ſie befugt
ſeyn ſollten, ihre Güter, die ihnen ein Schiffbruch
geraubt und Andere den Wellen wieder entriſſen haben, zurückzufordern, denn es ſey unbillig und ver-
rathe ein hartes Herz, dasjenige ſich zueignen zu wollen, was mit genauer Noth dem reißenden Strom
entgangen iſt *). Im Jahre 1247 hat der Kaiſer nach

---

*) Lambacher, Interregnum, S. 13, im Anhang. De innata
quoque clementia Sedis noſtrae, quae pacem et juſtitiam
comitatur, decernimus et mandamus, ut ſi quando aliquis Wiennenſium Civium naufragii caſum incurrerit,
res ſuas ab impetu torrentis manus hominis aſportaverit,
libero poſſit repetere, et habere a quolibet detentore,
cum indignum penitus cenſeamus, immiſericorditer re-

dem Tode H. Friedrichs diese Gnade wörtlich erneuert. Das Nämliche geschah bey einer ähnlichen Gelegenheit vom K. Rudolph von Habsburg im Jahre 1278 *); er wollte während seines Streites mit
dem Böhmenkönige Ottokar die Wiener bey gutem
Willen erhalten, und seinen Söhnen eine ruhige Regierung in Oesterreich vorbereiten.

Die Bürger der Hauptstadt waren von dem Unheil des Rechtes der Grundruhr befreyet; die übrigen
Bewohner des Landes Oesterreich, die nicht so glücklich waren mit einem ähnlichen Privilegium begnadet
zu werden, blieben der Grundruhr wie zuvor noch unterworfen; was aus den späteren Urkunden erhellet.

---

liquias naufragii detineri per hominem, quibus fluvii
rapacis saeviens unda pepercit.

*) L. c. p. 160. — Bey Rauch, Th. III. S. 6., lautet diese
Stelle Deutsch also: Vnd von angeporner guetichait vnsers
Stuels. der da nachvoligt frid vnd der gerechtichait. So er-
tail wir vnd gepieten. ob immer ettleich purger ze wÿenne
von der vrayse der veltgusse chäm in den val des schefuerder-
ben mit seinem guet. vnd die im menschen hant ab trueg
Daz er di vreylichen muge geuodern vnd von einem isleich-
chem aufhalden ze haben Wann wir ez ertailen gentzleich
vnpilleich vnd vnparmzichleich die Gueter di in schefuerder-
ben beleiben. vnd von wuettender vnde des Räupleichen
wazzer hin chöment. ein mensch aufhalten scholt. — Seuken-
berg, Visiones, p. 287, u. f. In dem Stadtrecht, welches H. Albrecht 1296 verliehen hat, wird dieß deutlicher
ausgedrückt. „Seit daz reht ist nach got, daz ein isleich me-
nisch sein gut. daz im enpfuret, oder entragen wirt, swa
ez daz vindet, mit reht wol behaben mach. so. ist noch pilli-
cher; swen sein gut von der vraise des giezzenten wazzers
wirt entragen, daz er das behabe mit seinem aide, swa er
ez vinde, oder swa ez auf rinne. Wand wir erchennen nach
got vnpillich, vnd an parmunge sines ebenchristens, einen
islichen menischen daz gut sein ze haben, daz dem raupli-
chem wazzer chovme entrinnet.

Es ist erfreulich, in großer Finsterniß von einem
hellen Glanz überrascht zu werden. Eine solche Freude
gewährt uns im finstern Mittelalter ein Vertrag,
welchen die Herzoge von Oesterreich und Bayern im
Jahre 1375 zum Wohl ihrer Unterthanen abgeschlossen haben. Eine vieljährige Erfahrung hat die Fürsten
auf ihren eigenen und ihrer Unterthanen Schaden
aufmerksam gemacht, der aus der Unsicherheit der
Straßen und dem verderblichen Rechte der Grundruhr nothwendig entspringen mußte. Diesem Uibel-
stande abzuhelfen und den zu Grunde gerichteten
Handel wieder emporzubringen, sind sie über folgende
Artikel überein gekommen: Die Unterthanen beyder
Länder sollen ungehindert und mit voller Sicherheit
zu Lande und zu Wasser reisen und ihre Handelsgeschäfte besorgen können. Uibelthäter, welche Reisenden
einen Schaden zufügen, müssen vollkommenen Ersatz
leisten; die Herzoge werden dafür Sorge tragen und
mit strenger Gerechtigkeit darüber wachen, wenn ihnen über dergleichen Fälle innerhalb zweyer Monathe
nach vollbrachter That eine Anzeige davon gemacht
wird. Sie verbürgen sich zur Genugthuung sogar
unter der Verpflichtung des Einlagers *). Sie ver-

---

*) Einlager, Einritt, Leistungsrecht sind nur verschiedene
Nahmen einer und derselben Sache. Im Latein des Mittelalters hieß sie Obstagium, Intrada, Jacentia. Das Einlager war diejenige Art der Geißelschaft oder des Arrestes,
nach welcher der Schuldner, in Ermangelung der Bezahlung, in einer von dem Gläubiger oder auch von ihm selbst
angewiesenen öffentlichen Herberge allein oder mit Mehreren erscheinen mußte, und nicht von dannen gehen durfte,
bis er seinen Gläubiger befriediget hatte. Während des
Einlagers mußte man auf eigene Kosten zehren. Die regierenden Herren ernannten für sich Bürgen, welche sich
zum Leistungsrechte verpflichteten. Die Adeligen thaten

11

pflichten sich auch, in Rücksicht des Geleites und anderer Angelegenheiten des Handels keine Neuerung zu
gestatten, wodurch die Sicherheit und Freyheit der
Kaufleute könnte gefährdet werden. Die Ruhestörer
werden sie mit vereinigter Macht nöthigen, die Artikel
dieses Vertrages genau zu befolgen. Dann fügen die
Herzoge noch Folgendes hinzu: Auch sind wir über-
eingekommen, und haben alle Grundrechte aufgehoben, weil wir einsehen und es auch genugsam selbst
erfahren haben, daß sie dem Handel zu Wasser schädlich gewesen; deswegen wollen wir, daß künftig in
Rücksicht der Grundrechte an keinen Menschen eine
Forderung gemacht, noch jemand an Leib oder Gut
beschädiget werde. Entstünde zwischen Oesterreich und
Bayern ein Krieg, so sollen dessen ungeachtet die
Straßen beyder Länder den Kaufleuten geöffnet bleiben, und sie vollen Schutz und Sicherheit genießen *).

So lange dieser Vertrag gehalten wurde, genoßen
die Oesterreicher im Herzogthume Bayern, und eben
so die Bayern in unserem Vaterland eine damahls noch
seltene Sicherheit, und waren sogar vom Rechte der
Grundruhr befreyet; aber leider waren im Mittelalter alle, sogar auch die feyerlichst beschwornen Verträge gewöhnlich nur von kurzer Dauer, und wurden
aus sehr geringfügigen Ursachen leichtfertig verletzt
oder einseitig wieder aufgehoben. Bald entzweyeten
sich die Fürsten selbst unter einander, bald waren sie zu
wenig Meister ihres unbändigen Adels, welcher auf
Verträge des Regenten nicht achtete, wenn durch dieselben eines seiner alten Vorrechte beeinträchtiget wur-

---

demselben persönlich Genüge. Gewöhnlich hielt man das
Einlager in einem Gasthof.
*) Beylage Nro. XXXIII.

de, unter welchen das Fehde = und Grundruhrrecht einen vorzüglichen Platz behauptete. Nach wenigen Jahren entstanden auch wirklich wieder laute Klagen über die Unsicherheit an den Gränzen Bayerns und Oesterreichs.

Da unsre Herzoge auch bey dem besten Willen und bey der hellesten Einsicht des Schadens, welchen das Recht der Grundruhr erzeugte, eben so wenig als andere Fürsten im Stande waren, dasselbe in ihren Provinzen abzuschaffen : so thaten sie wenigstens, was in ihrer Gewalt stand, um diesem Uibel abzuhelfen. Nicht so viel durch Gesetze als durch Privilegien wurden damahls die Länder regieret; durch Privilegien wurde auch der Grundruhr Einhalt gethan. Freylich wurden solcher Gnaden nur die begünstigten landes= fürstlichen Städte und Märkte theilhaftig, und die übrigen Unterthanen blieben ihrem Schicksale und den drückenden Vorrechten gefühlloser, räuberischer Grundherren überlassen; aber gut war es doch, daß Beyspiele von Befreyung gegeben wurden, durch wel= che der Adel in der Ausübung des Grundruhrrechtes eingeschränkt und stufenweise geleitet wurde, einer besseren Cultur und billigeren, gerechtern Grund= sätzen den Eingang nicht zu verwehren.

Die Bürger von Wien haben zuerst die Be= freyung von der Grundruhr erhalten; ihnen eiferten die Bürger der übrigen Städte Oesterreichs nach, wie dieß auch der Fall bey anderen Handelsvorrechten gewesen ist. Welche Stadt zuerst nach Wien auf diese Weise begnadiget wurde, und in welchem Jahre die= ses geschehen, läßt sich aus Mangel der Urkunden nicht angeben; nur von der Stadt Steyr und dem damah= ligen Markte Grein, welchen erst K. Friedrich zu Ende des fünfzehnten Jahrhunderts zu einer Stadt

11 *

erhoben hat, sind wenige Privilegien über die Grundruhr dem Untergang und der Vergessenheit entrissen
worden. Im Jahre 1381 befreyete der H. Albrecht
die Bürger von Steyr im Lande ob und unter der
Enns von der Grundruhr und verordnete, daß sie
niemanden irgend eine Abgabe zu entrichten schuldig
wären, wenn gleich ihre Schiffe und Flöße auf der
Donau oder Enns auf den Grund stießen; nur sollten sie verpflichtet seyn den Schaden zu ersetzen, wenn
sie eine Mühle durch das Anstoßen beschädigen würden *). Eine zweyte Verordnung dieses Herzogs vom
Jahre 1394 liefert den Beweis, daß schon früher
einige Milderung des wilden Grundrechtes in Oesterreich ist eingeführet worden. Albrecht setzte Folgendes
fest: Reißt das Hochwasser auf der Enns oder Donau
einem Bürger von Steyr sein Holz hinweg, und setzt
er demselben nach: so ist er demjenigen, auf dessen
Grund es angeschwommen ist, nur eine gebührliche
Lösung, keineswegs aber den dritten Theil davon zu
geben schuldig **). Wo das Grundrecht in voller
Kraft bestand, war alles, was den Boden berührte,
verloren; hier wird nur vom dritten Theil des ange-
schwemmten Holzes Erwähnung gethan, und selbst
von diesem werden die Bürger von Steyr gegen eine
kleine Erkenntlichkeit freygesprochen. Dieses Geschenk
hieß Bergegeld oder Bergelohn ***), und wurde so-

*) Preuenhuber, S. 65.
**) L. c. S. 70.
***) Da das Wort, Bergen, eigentlich nichts anders bedeutet,
als eine Sache oder auch Menschen aus einem Schiffbruch
an das Land bringen und retten: so ist auch die Bedeutung
von Bergegeld und Bergelohn klar. Der Begriff von
Schützen, Retten und unserm Verbergen findet sich auch in
dem alten Worte: Halsberg, ein Panzer, der den Hals
und die Brust deckte und schützte.

wohl dem Grundherrn einer Küste oder Ufers, welcher gestrandete und geborgene Güter verabfolgen ließ, als auch denjenigen zur Belohnung gegeben, welche gestrandete Güter geborgen haben *).

Auch die Bürger des Marktes Grein, der damahls noch ein Eigenthum des Landesfürsten war, sind so glücklich gewesen, im Jahre 1400 von dem Grundrecht auf der Donau hinab und Strom aufwärts befreyet zu werden, sie mochten dann mit Schiffen oder Flößen fahren. K. Friedrich hat ihnen 1491 dieses Privilegium erneuert **).

Urkunden des sechzehnten Jahrhunderts sagen aus, daß zwar mehrere Städte, und wahrscheinlich auch einige landesfürstliche Märkte, von dem Grundrechte befreyet wären, daß auch mehrere Landesfürsten, der alten Barbarey abhold, zeitgemäße Verordnungen zur Befreyung aller Unterthanen erlassen haben, welchen sich aber trotzige Grundherren, zu denen sich auch die Besitzer der Landgerichte gesellten, ungehorsam widersetzten, indem sie fortfuhren, auf gescheiterte Güter Ansprüche zu machen. Vergeblich widersetzte sich der menschenfreundliche Kaiser Maximilian der Zweyte diesem Unwesen; sein Sohn Rudolph wurde neuerdings mit Klagen über die Hinwegnahme oder über großes Lösegeld gescheiterter, aber wieder

---

*) Pfeffinger, T. III. p. 1476. Probe notandum, aequitatis esse remunerari eos, quorum periculis et auxilio naufragorumbona in salvum ducuntur, quod praemium vulgo Barge-Geld, alibi Bergelohn, das Jahr-Recht, Gallis, le droit des naufrages, vocari amat, quo soluto ſ cuncta. dimittuntur libera, etc.

**) Beylage Nro. XXXIV. Diese Urkunde findet sich in einer Privilegiensammlung verschiedenen Inhalts, die im siebzehnten Jahrhundert geschrieben wurde. Aufbewahrt wird sie im Archiv des Schlosses Clam im unteren Mühlviertel.

geborgener Güter bestürmet. Er erneuerte also 1589 die Befehle seines Vaters, und untersagte den Grund=herrschaften und Landgerichten die Vorenthaltung ge=borgener Güter. Nur denjenigen, welche sich bemüh=ten, derley Sachen den Wellen zu entreißen und in Sicherheit zu bringen, ward es erlaubt, einen mäßigen Bergelohn zu fordern *). Aus der Wiederhohlung des Befehles über die Abschaffung der Grundruhr, :K.) Ferdinands vom Jahre 1633, und K. Leopolds 1687, geht deutlich hervor, daß sich die Grundherren durch=aus nicht bequemen wollten, menschlicher zu denken und handeln **). So schwer ließ es, und so viele Jahrhunderte waren nöthig, um ein tief eingewurzel=tes Raub= und Plünderungssystem auszurotten, und Bürger und Bauern vor der wilden Habsucht der Großen zu schützen.

Zehnter Abschnitt.

Pfändungsrecht oder Repressalien.

Kaufleuten, welche die habsüchtigen Zollbeam=ten befriediget haben, und dem räuberischen Adel und verderblichen Strandrechte glücklich entkom=men sind, drohte noch eine andere Gefahr, vor welcher sie keine Behutsamkeit und auch nicht das Bewußtseyn schützen konnte, allen Gesetzen und Verpflichtungen vollkommen Genüge geleistet zu haben. Vor dem Pfändungsrechte schützte keine Unschuld, und vermöge desselben konnte man sei=ne persönliche Freyheit und alle Güter verlieren. Das Pfändungsrecht hatte im Mittelalter mehrere

---

*) Beylage Nro. XXXV.
**) Guarient, Th. I. S. 238, und Th. II. S. 282.

Nahmen *), und bestand in dem Befugniß, sich
wegen verweigerter oder verspäteter Genugthuung
der Obrigkeit selbst Recht zu verschaffen durch Er-
greifung aller Personen und Güter, welche, wie
der Schuldner oder Beleidiger, zur nämlichen Herrschaft oder Gemeinde gehörten **). Dieses grausame Befugniß floß aus dem barbarischen Rechte der
Selbsthülfe oder des Faustrechtes, stiftete unter dem
Scheine, jedem Gläubiger oder Beleidigten zu seinem
Rechte zu verhelfen, unsägliches Uibel, und ward noch
dazu nur gar zu oft auf die schändlichste Weise gemiß-
braucht, denn es diente zum Deckmantel einer verkapp-
ten Räuberey sowohl beym Adel als auch bey den
Bürgern der Städte und Märkte. Zugleich gibt uns
das Pfändungsrecht einen unwidersprechlichen Beweis von der höchst traurigen Lage, in welcher sich
die öffentliche Verwaltung der Justizpflege damahls
befand. Ein Paar Beyspiele werden uns die Abscheu-
lichkeit dieses Rechtes deutlich vor unsre Augen stellen.

----

*) Das Pfändungsrecht hieß auch Fehde, Kummer, — daher
das oftmahlige Verboth, niemand zu bekümmern —, recht-
liche Hemmung, Aufhaltung, gewöhnlich aber Repressalien
und Arrest. Lateinisch: Jus repressaliarum, talionis,
diffidationis, pignoracionis, clarigationis. Letztere zwey
Benennungen sind unschicklich, denn sie verwirren die Begriffe, wie schon Pfeffinger darauf aufmerksam gemacht
hat. L. III. Tit. III. §. 6. T. I. p. 92. Minus recte a Ponti-
fice, C. I. de Injur. in 6 Pignorationes appellantur, quan-
doquidem non tantum nocentes, ut in pignorationibus
fit, sed et innocentes detinentur. Nec Clarigatio, accurate
loquendo, idem est, quia haec publica est, aptamque belli
denunciationem denotat, cum repressaliis non utamur,
ut bellum denunciemus.
**) Weitläufiger handeln davon: Pfeffinger, l. c., et T. III.
p. 377 — 379, und Muratori, Antiquit. Ital. T. IV.
p. 741, et seq.; eine vortreffliche Abhandlung.

Ein Kaufmann von Regensburg hat einem Kauf‑
mann in Wien für empfangene Waaren zu einer be‑
stimmten Zeit sichere Zahlung zu leisten versprochen,
ist aber seinem Worte untreu geworden, oder Unfälle
hielten ihn ab, seinen Gläubiger zu befriedigen. Der
Regel gemäß sollte der Gläubiger seinem Magistrate
in Wien eine Klage darüber vorbringen, und dieser den
Magistrat in Regensburg auffordern, den Schuldner
zur Zahlung zu zwingen. War dieser saumselig in
seinem Amte, oder konnte er vom Schuldner wegen
seines Unvermögens die Zahlung nicht erzwingen, so
erhielt der Gläubiger das Recht, sich an allen Re‑
gensburgern ohne Unterschied, und an allen ihren
Gütern, deren er habhaft werden könnte, schadlos zu
halten. Doch an solche gerichtliche Weitläufigkeiten
hielt man sich damahls nur selten, und weit öfter griff
man sogleich zu, nahm in dem angezeigten Falle einen
Regensburger, dem die Schuld seines Mitbürgers
ganz unbekannt war, auf dem Wege, oder in der Stadt
Wien gefangen und behielt ihn so lange in Verwah‑
rung, bis Anstalten in Regensburg getroffen wurden,
den Gläubiger in Wien zu befriedigen, und dadurch
den gefangenen Regensburger wieder in Freyheit zu
setzen. Noch geschwinder gelangte der Wiener zum
Ziele, wenn er so glücklich war, Regensburgisches
Eigenthum irgendwo aufzufinden. Ging er glimpf‑
lich zu Werke, so ließ er sich durch seinen Magistrat
so viel davon zueignen, als seine Forderung be‑
trug; gar oft aber griff man ohne alle Formalität
zu, und entschädigte sich nach eignem Belieben.
Der auf diese Weise ausgeplünderte Kaufmann er‑
hielt die Weisung, von dem Schuldner oder von
seinen Mitbürgern in Regensburg Ersatz zu ver‑
langen.

Klagte ein Unterthan seinem Grundherrn, daß ihm
ein Unterthan einer anderen Herrschaft die schuldige
Zahlung nicht leiste : so trat der Grundherr als Klä-
ger auf, und verlangte für seinen Grundholden von der
Herrschaft des Schuldners Genugthuung. Konnte
oder wollte diese nicht geschwind genug die Forderung
erfüllen, so mußte sie sichs gefallen lassen, wenn man
ihr einen anderen, ganz unschuldigen Unterthan auf-
fing, ins Gefängniß warf, und nur gegen die Bezahlung der Schuld wieder losließ. Konnte man ein Eigenthum irgend eines anderen Unterthans der Herrschaft des Schuldners erhaschen , so nahm man es
weg, und überließ die weitere Ausgleichung der Sache
dem Grundherrn. Die Gerechtigkeit des Mittelalters
blieb gleichgültig dabey, wenn anstatt des wahren
Schuldners ein ganz Schuldloser im Gefängniß
schmachtete, und für einen, den er oft gar nicht kannte,
mit seinem Eigenthum Ersatz leisten mußte. Noch
übler erging es den armen Unterthanen, wenn sich ein
Graf oder Ritter von einem andern an seinem Besiß-
thum oder an seiner Ehre gekränkt wähnte, und nicht
nach Wunsch Genugthuung erhielt. Um dem Gegentheile recht wehe zu thun, bediente man sich aller möglichen Repressalien, fing Unterthanen sammt ihrem
Viehe zusammen, plünderte die Häuser und zündete
sie an: und dieß alles nach einem wohlhergebrachten
Rechte, gegen welches Kaiser und Könige, Päpste,
Bischöfe und Concilien vergeblich eiferten, so lange
der rohe Adel das Faustrecht für den wesentlichsten
aller seiner Vorzüge, und seine Unterthanen für eine
Sache hielt, mit der er nach seinem hohen Belieben
mit ungebundener Willkühr schalten könnte. Die Bürgergemeinden eiferten, bald freywillig, noch öfter aber
nothgedrungen, dem Adel in diesem Stücke nach, und

bedienten sich ebenfalls der Repreſſalien, um ihre Freyheiten, Gerechtſamen, und auch die Perſonen und das Eigenthum ihrer Genoſſen mit gleichen Waffen zu vertheidigen. Der gemeine Landmann und fremde Kaufleute wurden immer zuerſt die Opfer der Mächtigeren, die ſich ſolchen Unfug erlaubten, theils um wahre oder eingebildete Beleidigungen zu rächen, oder ſich Schuldenerſatz zu verſchaffen, theils unter einem guten Vorwand nach dem Eigenthum Anderer greifen zu können.

Zu Ende des dreyzehnten Jahrhunderts war dieſe Barbarey nicht nur in Deutſchland, ſondern auch auſſerhalb deſſelben ſo allgemein verbreitet, daß ſich der Papſt Gregor und die auf einem Concilium verſammelten Biſchöfe für verpflichtet hielten, derſelben durch einen Beſchluß bey Androhung des Kirchenbanns und Interdictes Einhalt zu thun *). Vergeblich hatten die

*) Annales Steronis, apud Freher, Rer. German. Scriptor. Edit. III. curante Struvio. T. I. p. 563. Quia in partibus Alemaniae, et forſitan in aliis etiam iniqua conſuetudo inoleuerat de pignorationibus; in quibus unus pro alio, ſiue innocens pro nocente indebite praegrauatur, contra impigneratores huiusmodi Papa Gregorius talem in eodem concilio edidit decretalem : Etſi pignorationes, quas vulgaris elocutio Repraeſalias nominat, in quibus alius pro alio praegrauatur, tanquam graues legibus et aequitati naturali contrariae, ciuili ſint inſtitutione prohibitae ; ut tamen earum prohibitio in perſonis eccleſiaſticis tanto amplius timeatur, quanto in illis ſpecialius inhibentur, eas concedi contra perſonas praedictas ſeu bona ipſarum, aut quantumcunque generaliter praetextu cuiusuis conſuetudinis, quam potius reputamus abuſum, fore conceſsas .. diſtrictius inhibemus . etc. Ex hac tamen ſalubri conſtitutione modica prouenit utilitas... quia a malis hominibus excommunicationis praecipitium non timetur.

Kaiser schon früher Befehle gegen die Repressalien erlaffen, und vergeblich widerfetzten ſich nun denfelben der Papft und die Biſchöfe, denn Geſetze, welche den Eingriffen in das fremde Eigenthum Schranken ſetzen und Gewaltthaten verhindern wollten, wurden von Grafen und Rittern für unziemliche und entehrende Feffeln gehalten, in welche ſich der Adel, ohne ſeinen Stand ſchmachvoll zu entehren, nicht fügen dürfte. Die Repreffalien dauerten fort, und wurden ſogar ein Gegenftand gnädiger Privilegien, welche Könige und Fürften als koftbare Gnaden bald zur Ausübung dieſes abfcheulichen Rechtes, bald auch zur Befreyung von demfelben verliehen. Beyfpiele davon ließen ſich aus der Geſchichte aller Länder anführen *); doch wir müffen uns hier bloß auf Oeſterreich einfchränken, wo ebenfalls mehrere Jahrhunderte hindurch die Repreffalien zum Schaden des Handels und zur Unterdrückung des gemeinen Volkes als ein heiliges Vorrecht von Adeligen und Bürgern ausgeübt wurden.

Einigen Bürgern von Wien iſt durch die Bürger von Wels, Steyr und Linz ein Schaden zugefügt worden. Anftatt letztere zum Erſatz zu nöthigen, erlaubte K. Rudolph den Befchädigten, ſich des Pfändungsrechtes gegen ihre Beleidiger zu bedienen, und ertheilte ihnen die Freyheit, nach den Beſitzungen und eigenthümlichen Sachen der Bürger der genannten drey Städte zu greifen und ſie ſo lange zu benützen, bis ihnen ein vollkommener Erſatz geſchehen ſeyn wird. Nur hat Rudolph den Wienern verbothen, einen Angriff auf die genannten Gegner und ihre Güter auf den Landſtraßen oder auf ſchiffreichen

---

*) Sartorius, Geſchichte des Hanfeatifchen Bundes, Th. I. S. 216, u. f.

Strömen zu machen, denn die Sicherheit der Rei=
senden auf öffentlichen Wegen durfte seinem Befehle
gemäß in keinem Falle gefährdet werden *). Wenn
der gute Vater des Volkes und der gerechte Regent
Rudolph anstatt als Richter aufzutretten und Scha=
denersatz zu gebiethen, den verletzten Wienern ein
Privilegium der Selbsthülfe durch Pfändung .er=
laubt: wie tief mußte diese böse Gewohnheit einge=
wurzelt haben, da ihr der höchste Richter im Deutschen
Reiche seine Pflicht und oberste Gewalt zum Opfer
gebracht, und Selbstrache der Beleidigten einem rich=
terlichen Urtheile vorgezogen hat?

Im Jahre 1287 hat der H. Albrecht den Bür=
gern von Steyr ein neues Stadtrecht verliehen. Ein
vorzüglicher Artikel desselben war, daß man den
Steyrern ihre Güter nicht aufhalten dürfe als nur in
dem einzigen Falle, wenn der dortige Magistrat auf
eingebrachte Klagen die Genugthuung verweigerte **).

---

*) Bodmann, Codex epistolaris Rudolfi I. Rom. Regis. Lip-
siae, 1806. p. 238. Volumus esse notum, quod nos dilectorum .. quorundam civium Wiennen . super bonis et
rebus eorum, per cives et homines de Welsa, Styra, et
Linza contra justitiam ipsis notorie et evidenter ablatis,
indempnitati consulere cupientes, eisdem plenam et
liberam damus praesentibus facultatem, res, possessiones,
et bona civium et hominum civitatum jam dictarum,
ubicunque locorum illa cives nostri memorati repere-
rint, occupandi, ac suis tamdiu juribus et usibus appli-
candi, quousque de praefatis bonis ipsis ablatis indebite,
sufficientem acceperint recompensam. Stratae tamen
regiae et communis transitus libertate, quam tam in
terris quam in aquis ab omni violentia et offensione
qualibet penitus exemptam et illaesam esse praecipimus,
semper salva.

**) Preuenhuber, S. 37. Praesentibus duximus adjungen-
dum, ut ad instar aliarum Ciuitatum nostri dominii,

Da zu einer solchen Befreyung von dem Pfändungs=
rechte ein eigenes Privilegium nöthig war, so erhellet
daraus, daß allgemein bestehende Befugniß der Re=
pressalien, das jedoch gegen die landesfürstlichen
Städte sehr eingeschränkt wurde, was aus den eige=
nen Worten H. Albrechts erhellet.

Der Kürze halber übergehen wir mehrere der=
gleichen Beyspiele mit Stillschweigen, und wählen
nur einige der merkwürdigeren aus denselben aus, um
die Fortdauer der Repressalien in Oesterreich während
des vierzehnten Jahrhunderts und auch noch in viel
späteren Zeiten darzuthun. Der H. Stephan von
Bayern hat im Jahre 1348 dem Oesterreichischen
Herrn Dietmar von Losenstein ein Pferd um vierzig
Pfund Regensburger Pfennige abgekauft. Da er ihm
am achten Jänner desselben Jahres diese Summe nicht
bezahlen konnte, versprach er die Schuld am künftigen
Jakobi Tag abzutragen. Zu größerer Versicherung
der richtigen Bezahlung räumte der Herzog dem Diet=
mar von Losenstein das Pfändungsrecht ein, wenn
derselbe an dem oben bestimmten Tage das Geld nicht
erhalten würde, und fügte noch hinzu, daß weder
Dietmar noch seine Helfer durch die Ausübung des
Pfändungsrechtes die herzogliche Huld verlieren wer=
den *).

---

cives ipsi hujusmodi libertate fruantur, quod per aliquem vel aliquos ipsi vel bona eorum usquam arrestari
aut conveniri non debeant, nisi prius requisita de ipsis,
coram Judice suo, Justitia fuerit denegata.

*) Wurmbrand, Collectanea genealogico — historica, p.
229. Wir Stephan .. bekennen offentlich mit diesem Brief,
daß Wir Dietmar dem Losensteiner geben sollen und schul=
dig worden seyn vierzig Pfund Regensburger Pfenning um
ein Roß, das er Uns darumben gegeben hat, und sollen

Die Stadt Linz wurde von H. Rudolph im Jahre
1362, um das Wohl der Bürger zu befördern, in
einem Privilegium mit dem Pfändungs= und Meilen=
rechte zugleich begabt *); die Regensburger hat er
1364 in Oesterreich davon befreyet **). Die herzog=
lichen Brüder Albrecht und Leopold erneuerten den
Linzern obige Gnade 1369 ganz nach dem wörtlichen
Inhalt der Urkunde ihres Bruders Rudolph ***).
Doch verdient bemerkt zu werden, daß den Lin=
zern das Pfändungsrecht nur innerhalb des Stadt=
gebiethes und nur wegen solcher Schulden, die aus
dem Handel in Linz selbst entstanden, eingeräumet
wurde, während die Wiener dasselbe uneingeschränkt
ausüben durften.

Ein dem Linzerischen ganz gleiches Pfändungs=
recht hatte die Stadt Steyr, worüber im siebzehnten
Jahrhundert zwischen diesen beyden Städten ein hefti=
ger Streit ausgebrochen ist ****). — Schuldner durf=
ten von den Bürgern in Wels in ihrer Stadt bis zur
geleisteten Zahlung angehalten und verhaftet werden;
sie mochten dann als Unterthanen wem immer zugehö=

---

ihme dieselben Pfenning geben auf St. Jacobs Tag schierst
kommend. Ob Wir das nicht thäten, so hat er Gewalt Uns
darum zu pfänden, und soll er, und wer ihm deß geholfen
ist, darumb Unser Huld nicht verlieren. Urkund dieses
Briefs, der geben ist zu Landshut am Erchtag nach dem
Obristen (am 8. Jänner) nach Christi Geburt Anno 1348.

*) Beylage Nro. XXXVI.

**) Senkenberg, Selecta, T. IV. p. 256. Wir wellent auch und
gebieten, daz man dhainen purger von regenspurg für den
andern aufhabe noch phende oder irre.

***) Diese Bestätigung hat das Datum: Geben an Sant Jo=
hanns Abent zu Sunwenden (am 23. Junius) 1369. Die=
ses Privilegium wurde von den nachfolgenden Regenten
immer erneuert.

****) Preuenhuber, S. 52, u. f.

ren. Dieses Privilegium, hat H. Rudolph 1360 der Stadt verliehen *). — Die Bürger von Enns hat H. Albrecht 1369, vom Pfändungsrechte befreyet; sie selbst aber bedienten sich desselben gegen Andere noch im Jahre 1555 auf eine auffallende Weise, wovon der angesehene Freyherr Wilhelm von Volkensdorf, der nächste Nachbar der Ennser, eine kränkende Erfahrung gemacht hat. Das Actenstück, welches den Hergang dieses sonderbaren Vorfalls enthält, ist in der Beylage zu finden **). — Die Bürger von Krems und Stein wurden von H. Albrecht 1390 von der Ausübung des Pfändungsrechtes gegen sie gnädig befreyet ***).

Da selbst Landesfürsten ihre Uiberzeugung von der Rechtlichkeit der Repressalien so oft in Urkunden aussprachen, und dieselben ihren Städten als eine besondere Gnade verliehen: wer könnte es den Bürgern verärgen, daß sie sich dieses Vorrechtes zu ihrem eigenen Vortheile mit aller Strenge bedienten? Nur

---

*) Wir Rudolf.. thuen khundt, das wir vnsern getreuen, den burnern gemainclich ze wellß die gnad gethan haben, vnd thuen auch. Swer In icht gelten soll, des Sy Brief vnd vrkhundt haben, oder deß man In an laugen ist, das Sy den, er sey der herren Holden oder nicht, daselbs ze Wellß aufheben vnd verpieten mügen als lang vntz das Sy Irs gelts genntzlich von Im gewert werden, nach der eh genannten Irer Brief Sag. Mit vrkhundt dits briefs, geben ze wellß, An vnser Frauen Abendt ze der Schiedunge (am 14. August), nach Cristus geburt Tausseendt dreihundert Jar, darnach In dem Sechzigisten Jare.

**) Beylage Nro. XXXVIII.

***) Rauch, T. III. p. 368. Wir wellen ernstlich, daz Ir vnser purger von Stain vnd Krembs mit iren leib vnd gut allenthalben lazzet wandeln vnd aribaiten, vnd sie weder in den steten noch auf dem lande indert aufhaltet noch verbietet vmb dhainerlai sachen in dhainem weg.

muß es ein jeder Menschenfreund herzlich bedauern,
daß ein so grober Unfug, welcher Schuldlose anstatt
der Schuldigen strafte, mit dem rohen Mittelalter
nicht aufhörte zu wüthen, sondern lange noch sein
Unwesen forttrieb. Ein Proceß, welchen die Bürger
von Linz 1601 und im folgenden Jahre mit der
Stadt Breßlau und mit der Judengemeinde zu Prost-
nitz in Mähren geführt haben, liefert die traurigen
Beweise, daß man das Unschickliche und Ungerechte
der Repressalien damahls schon vollkommen eingese-
hen hat, aber die Heiligkeit der Privilegien und alter,
wohlhergebrachter Gewohnheiten, mochten sie dann
noch so unsinnig seyn, stellte sich ihrer Abänderung
oder gänzlichen Aufhebung als ein unübersteigliches
Hinderniß entgegen, bis endlich ein gerechter Monarch das Ungethüm mit starkem Muth zu Boden
stürzte, und seine Völker vor fernerem Unheil bewahrte. Da die Acten des Processes der Bürger von Linz
mit den Breßlauern und den Mährischen Juden viel
Lehrreiches über die damahlige Zeit enthalten, so
wird ein kurzer Auszug aus denselben unsern Lesern
nicht unangenehm seyn.

Einige Breßlauer und Prager Kaufleute versahen sich in den letzten Jahrmärkten zu Linz mit verschiedenen Waaren, versprachen im nächsten Jahrmarkt die schuldige Zahlung zu leisten, kamen aber
nicht, und schickten auch kein Geld. Der Magistrat
von Linz klagte deswegen bey den Stadtmagistraten
von Breßlau und Prag, und verlangte Geld, oder
Stellung der Schuldner. Da keines von beyden erfolgte, bediente man sich des Pfändungsrechtes, nahm
mehrere Breßlauer und Prager, deren man habhaft
werden konnte, gefangen, und verwahrte sie in Ge-
fängnissen. Zu gleicher Zeit wurden auch einige Ju-

den von Proßnitz gefänglich eingezogen, weil Mitge-
nossen ihrer Gemeinde Schulden nicht bezahlten und
das gegebene Wort nicht hielten, denn seit dem sie
mit geborgten Waaren Linz verlassen haben, hat man
sie auf keinem Jahrmarkt mehr gesehen. Die Magistrate von Breßlau und Prag drangen auf die Los-
lassung der ganz unschuldigen Bürger; das Nämliche
verlangte die Judenschaft von Proßnitz für ihre schuld-
losen in Linz verhafteten Mitglieder; aber die Linzer
beriefen sich auf ihr Privilegium des Pfändungsrechtes
und betheuerten, daß die Gefangenen nicht eher die
Freyheit erhalten würden, als bis man ihnen die
Schuldner ausgeliefert, oder die noch ausständigen
Summen würde erleget haben.

 Da freundschaftliche Vorstellungen und Bitten keinen Erfolg hatten, wendete sich der Magistrat von
Breßlau an den Kaiser Rudolph, und rief ihn um
Schutz an gegen das ungerechte, harte Verfahren der
Linzer, welche sich das Recht herausnähmen auswärtige Kaufleute zu verhaften, die nichts verbrochen,
die ihnen keinen Kreuzer schuldig wären. Eben so bath
auch Carl von Lichtenstein den Kaiser um Schutz für
die in Linz gefangenen Juden, welche seine Unterthanen waren, und stellte als Gründe der Gewährung
seiner Bitte Folgendes vor:

Es haben sich im Bezirk seiner Herrschaft Proßnitz
einige Zeit hindurch Juden, die keine Hauseigenthümer waren, aufgehalten, die Jahrmärkte in Linz,
Krems, und anderen Städten besucht, und von den
dortigen Kaufleuten verschiedene Waaren gegen das
Versprechen geborget, daß sie in dem nächsten Jahrmarkt wieder gewiß erscheinen und die Schuld bezahlen würden. Anstatt dieses Versprechen zu erfüllen
seyen sie aus Mähren entwichen, und haben sich nach

Pohlen und in andere Länder begeben. In dem letzten
Ostermarkte seyen andere Juden, welche Häuser besitzen und ebenfalls Lichtensteinische Unterthanen sind,
der Handelschaft halber nach Linz gekommen. Diese
wußten von den Schulden der aus Mähren entflohe-
nen Glaubensbrüder nichts, haben also auch für dieselben keine Bürgschaft geleistet; und dennoch wurden
sie sammt ihrer Habe auf eine Klage der Bürger von
Linz verhaftet; und werden als Geißel für Flüchtlinge
gefangen gehalten, die kein Eigenthum im Lande zu-
rückließen, und deren Aufenthaltsort man nicht anzugeben wisse. Diese offenbare Ungerechtigkeit habe noch
dazu sehr nachtheilige Folgen für die ganz unschuldig
Verhafteten, denn sie werden an ihrem Handel, dem
einzigen Erwerbszweige der Juden, und am Besuchen
der verschiedenen Jahrmärkte verhindert, wodurch
ihre Familien nothwendig in Noth und Elend gerathen
müßten. Lichtenstein schloß mit der Bitte — „um
gnädigste Hülfe und Abstellung solcher unziemlichen
Arreste und Beschwerung.“

Der Kaiser wurde von der Wahrheit der Vorstellung Carl Lichtensteins so sehr ergriffen, daß er am
dritten Julius 1601 ein Rescript an den Landeshauptmann aus Prag erließ, Lichtensteins Beschwerden
ihm anzeigte, und zugleich befahl, denselben auf der
Stelle abzuhelfen. Da dieser Befehl für Rudolphen
höchst rühmlich ist, und von seinen helleren Ansichten
alter Mißbräuche, so wie auch von seiner Gerechtig-
keitsliebe das schönste Zeugniß gibt: so können wir
uns nicht enthalten, den Schluß desselben mit den eigenen Worten des Monarchen herzusetzen. Er lautet
so: „Weil denn an ihme selbst unbillig ist, daß jemand wegen fremder Schulden, für welche er nicht
Bürge geworden, die Schuldner auch der vorigen

Jurisdiction nicht mehr unterworfen, und bey ihrer neuen Obrigkeit darum besprochen werden können, also arrestiret, bekümmert, und an seinem Gewerb und Hantierung oder Nahrung widerrechtlich verhindert werden soll: hierum so haben Wir dich dieser an Uns gelangten Beschwerung hiemit erinnern wollen, gnädiglich befehlend, du wollest mit Ernst daran seyn, daß nicht allein die geklagte Aufhaltung und Arrestirung obbemeldter angesessener Judischheit zu Pröstenitz, auch ihrer Hab und Güter abgestellt, sie, die Judischheit, hinfüro frey und sicher negociren und handeln, sondern auch, da sie aus gehörten Ursachen mit einigem Arrest oder Kummer belegt, dessen alsbald ohne Entgelt relaxiret und ledig gemacht, und die Handelsleute mit ihren Schuldforderungen an die Selbstschuldner gewiesen werden. Hieran vollziehst du Unsern gnädigsten Willen und Meinung. Gegeben auf Unserm königlichen Schloß zu Prag, am dritten July 1601.

Ein ähnlicher kaiserlicher Befehl erging an den Magistrat in Linz; es ward ihm gebothen, Stillstand zu halten und die gefangenen Breßlauer, Prager, und Juden sogleich in Freyheit zu setzen. Dessen weigerten sich aber die Bürger von Linz und gaben vor, daß der Kaiser durch einseitige und falsche Vorstellungen hintergangen, einen Befehl erlassen habe, den er ganz gewiß wieder zurück nehmen werde, wenn er, von der wahren Lage der Dinge besser unterrichtet, an die Vorrechte der Stadt Linz sich gnädigst erinnert. Sie übergaben dem Kaiser eine lange Gegenvorstellung des Inhaltes: Breßlauer, Prager, und Juden seyen keineswegs widerrechtlich, sondern mit gutem gesetzlichen Befugniß sammt ihren Gütern angehalten und verhaftet worden, denn die Bürger von

Linz seyen vermöge allerhöchster Privilegien, welche
die Landesfürsten bis auf den heutigen Tag in ununter-
terbrochener Reihe bestätiget haben, zu dergleichen
Arrestationen und Pfändungen vollkommen berechtiget: Ließen sie ein so wichtiges Privilegium von Auswärtigen ungeahndet verletzen, so ginge aller Credit
unter den Kaufleuten verloren, die Jahrmärkte müßten aufhören, die Stadt Linz würde zu Grunde gerichtet, und die kaiserlichen Mauthgefälle erlitten einen großen Verlust. Einem unpartheyischen Beobachter müsse es auffallen, daß sich die Breßlauer und
Carl von Lichtenstein durch die Verhaftung ihrer
Leute für beleidiget halten können, da es doch allgemein bekannt seyn müsse, daß sich dergleichen Fälle mit
Kaufleuten von Prag, Eger, Nürnberg und von anderen Städten schon oft ereignet haben; auch damahls
wurden Klagen gegen die Linzer erhoben, und dennoch wurden solche „Repressalien" von den regierenden Landesfürsten immer gutgeheißen, wie dieß aus
mehreren Hofsbefehlen erhellet, von welchen sie dieser ihrer gegenwärtigen Vorstellung Abschriften bey-
legen *). Sie bitten auch jetzt wieder um den aller-
höchsten Schutz, denn nur durch diesen können alte,
wohl hergebrachte Rechte, welche Landesfürsten ihren
getreuen Städten verliehen haben, von dem Untergange, die Städte selbst aber von ihrem gewissen
Verfall errettet werden.

Diese Vorstellung der Linzer brachte die unerwar-
tete Wirkung hervor, daß K. Rudolph dasjenige nun
wieder billigte, was er in seinem obigen Befehl an den
Landeshauptmann für unbillig und widerrechtlich er-

---

*) Von diesen Hofsbefehlen findet man einen in der Beylage
Nro. XXXVII.

klärt hatte. Letzterer erhielt folgendes Rescript: „Rudolff . Edler lieber getreuer : Was Bürgermeister,
Richter und Rath Unserer Städt Linz wegen Niclasen
Leben und etlicher seiner Creditoren bey Uns bittweise
angebracht und gehorsamst gebethen, das hast du in
den Beylagen mit mehrerem zu vernehmen. Weil dann
die von Linz bescheiden, daß sie von unerdenklichen
Jahren um Schulden, so allda gemacht werden, auf
die Arresta befreyt, und dessen in Posseß seyn: als
haben Wir dir die obberührte Bitte zufertigen wollen
mit dem gnädigsten Befehl, daß du Ermeldte von
Linz bey solchen ihren alten possedirten Privilegien ihrem Begehren nach handhabest, inmassen Wir dann
bey Unsrer Böhmischen Hofkanzley Verordnung gethan, dießfalls die Pragerischen Bürger hinfüro zur
Gebühr zu halten. Und thust hieran Unsern gnädigsten Willen und Meinung. Datum Prag, den siebenten März 1602." — Aus diesem Befehle geht
leider die volle Bestätigung der traurigen Wahrheit
hervor, daß die Fürsten älterer Zeiten nicht nach
weisen Grundsätzen der Gerechtigkeit und Billigkeit,
sondern größtentheils nach dem Inhalt vorhandener
Privilegien ihre Völker regierten, ohne zu bedenken,
daß sie ihre Machtvollkommenheit weit besser dazu
verwendeten, diesen alten Sauerteig gänzlich abzuschaffen, als ihn noch länger beyzubehalten und zu
schützen.

Der Unfug der Repressalien zwischen Privatleu-
ten hat durch den Ausspruch K. Rudolphs eine neue
gesetzliche Kraft erhalten und wurde mit großer Strenge ausgeübt. Endlich erwachte selbst bey Gerichten ein
menschlicheres Gefühl gegen unschuldig Gequälte, und
mochte man noch so sehr an allem Alten hangen und es
hochachten, verehren und preisen: so sah man sich doch

genöthiget zu gestehen, daß das wilde Pfändungsrecht
zur Ehre der Menschheit und der Gerichte müsse abgeschafft werden. Dieser Ruhm war dem K. Ferdinand
dem Zweyten vorbehalten, der am 21. April 1632
ein allgemeines Gesetz bekannt machen ließ, welches
für die Zukunft alle Repressalien und Arrestationen
unschuldiger Menschen für Schuldige bey Vermei-
dung der höchsten Ungnade und einer schweren Strafe
gänzlich untersagte. Dieser Unfug, sagt Ferdinand,
darf nicht länger geduldet werden, denn er untergräbt
die öffentliche Sicherheit, stört den Handel und Wandel, und trifft immer nur Unschuldige. Wer etwas
an einem Andern zu fordern hat, soll sich an denselben
oder an seine Obrigkeit wenden; und nicht nach dem
Gut oder nach den Personen solcher Menschen greifen, welche diese Forderung gar nichts angeht *).
Traurig ist es, daß man einstens Pfändungsprivile-
gien als Gnaden ertheilte; traurig, daß man so spät
erst sie wieder aufhob; traurig, daß dieses Verboth
K. Ferdinands auch in der folgenden Zeit noch schlecht
befolget, ja sogar durch neue landesfürstliche Privilegien neuerdings eingeschränkt, und das Recht der Repressalien wieder zugestanden wurde. Als Belege hiervon führen wir einige Befehle unserer Regenten an.
Die Bürger von Linz bedienten sich der Repressalien
mit so vieler Härte und Grausamkeit, daß darüber
selbst am Throne K. Ferdinands des Dritten laute
Klagen erhoben wurden. Der Monarch that hierauf
1650 folgenden Ausspruch**) „Daß es bey denen ur-
alten hergebrachten Linzerischen Marktsfreyheiten und

---

*) Im Archiv zu Enns ist noch ein Original dieses Patentes
vorhanden.
**) Guarient, Th. I. S. 786.

derselben von unerdenklichen Jahren her erseſſenem üb-
lichem Gebrauch verbleiben, die von Linz dabey ruhig
gelaſſen, auch gegen männiglich geſchützt und wirklich
gehandhabt werden ſollen. Demnach aber vorkommen, als ob die von Linz hierin bisweilen excedirt hätten: ſo ſollen hinfüro dieſe nachfolgenden Puncte in
Obacht genommen werden." Der gar zu großen Willkühr der Linzer in Ausübung eines grauſamen Rechtes
hat Ferdinand zwar Einhält gethan, das Pfändungsrecht ſelbſt aber unangetaſtet ſtehen laſſen. — Der K.
Leopold ging noch weiter, und erlaubte 1673 auf
Jahrmärkten in Unteröſterreich die Repreſſalien gegen Juden ohne Einſchränkung *). Derſelbe Monarch
bewilligte 1679 den Linzern gegen die Bürger von
Budweis das Pfändungsrecht, wenn eine Geldſchuld
nicht abgetragen würde **), wobey man ſich des Ge-
dankens nicht erwehren kann, daß es jedem auffallen
müſſe, warum denn der Kaiſer lieber die Selbſthülfe
den Linzern geſtattete, als daß er den Magiſtrat von
Budweis genöthiget hätte, mit den dortigen Bürgern
geſetzlich zu verfahren. — Wenn K. Leopold 1665 den
Inhabern einer Zollſtation verbothen hat, ſich durch
Bitten von Gläubigern nicht bewegen zu laſſen, Repreſſalien gegen freinde Unterthanen auf den Mauth-
ſtätten auszuüben: ſo erlaubte er ſtillſchweigend dieſen Unfug gegen ihre eigenen Grundholden ***). —
Dieß alles beweiſet, daß man im Mittelalter und
auch noch zu Ende des ſiebzehnten Jahrhunderts Kauf-

*) A. a. O. S. 564. Ihro Kayſ. Majeſtät haben gnädigſt reſol-
   virt und bewilligt . . daß ein Jud für den andern in ſeinen
   Handlungen ſtehen ſoll, und alſo die Repreſſalien ohne
   Unterſchied gegen dieſelben gebraucht werden möchten.

**) Guarient, Th. II. S. 246.

***) A. a. O. S. 10.

leute und gemeine Unterthanen für Sachen angesehen
habe, die man wie Vieh oder Waaren auspfänden
könnte, um Schulden hereinzubringen, welche dergleichen Unglückliche nicht gemacht, an denen sie auch
nicht den mindesten Antheil genommen haben.

Der Repressalien bediente man sich nur gegen Ab-
wesende. Waren der Gläubiger und Schuldner in
der Stadt vorhanden, so wurde die Klage des ersteren von dem Magistrat untersucht und abgethan. Der
H. Albrecht der Lahme hat 1340 demselben folgendes
Benehmen für die Stadt Wien vorgeschrieben *):

Der Gläubiger und der Schuldner mußten sich
einen Mann zu ihrem Beystand erwählen; zu diesen
zwey Gewählten gab der Magistrat noch zwey Rathsherren hinzu. Diese Vier untersuchten und berath-
schlagten mit einander, ob es nicht möglich wäre,
dem Gläubiger mit dem beweglichen Gut des Schuldners vollkommenen Ersatz zu leisten. Reichte dieses dazu nicht aus, so wurde auch das Erbgut des Schuldners mit in Anschlag genommen; und war auch dieses
noch nicht hinreichend, die ganze Schuld zu bezahlen,
so mußte der Schuldner dem Gläubiger das Stadtrecht leisten, wie es von alten Zeiten her gewöhnlich
gewesen ist **). Hat aber der Schuldner einen Theil
seines Vermögens verschwiegen, und erhält der Gläubiger nicht einmahl den dritten Pfennig: so wird dem
meineidigen Schuldner die Zunge ausgerissen. Ist jemand zwanzig Pfund oder noch mehr schuldig, und
weiß man es zuverlässig, daß er nicht durch Räuber,

---

*) Rauch, T. III. p. 52.
**) Ich gestehe es aufrichtig, daß mir dieser Ausdruck: Dem
Gläubiger das Stadtrecht leisten, unbekannt ist. Vielleicht
wird dadurch die Abtretung der Besitzungen, vielleicht auch
eine andere Verpflichtung verstanden.

Feuer, Uiberſchwemmung oder andere Unglücksfälle,
ſondern durch Verſchwendung in Armuth gerathen iſt:
ſo ſoll er das Stadtrecht nicht leiſten, ſondern der
Magiſtrat ſoll ihn im Kärnthnerthurm *) ſo lange
gefänglich bewahren, bis der Gläubiger zu ſeiner Los-
laſſung einwilliget. Stirbt er im Gefängniß, ſo iſt
dafür niemand verantwortlich. — Da auch in Juſtiz-
ſachen keine allgemein verbindlichen Geſetze oder nur
äußerſt wenige vorhanden waren: ſo wurde auch hierin nach Privilegien und Ortsgewohnheiten verfahren, und obiges Geſetz H. Albrechts hat nur für Wien
als ein Privilegium gegolten. Welches Verfahren gegen Schuldner in anderen Städten zur Regel diente,
ſagen die Urkunden nicht deutlich aus; ſehr wahrſcheinlich war es an verſchiedenen Orten verſchieden.

Eilfter Abſchnitt.
Einſchränkung des Handels nach Venedig.

Daß der Handel große Vortheile gewähre, ſahen
die Herzoge und die Bürger der Städte ein, denn
dieſe trachteten eigennützig nach ausſchließenden Privilegien, und jene ertheilten ſie ihnen mit freygebiger
Hand. Deſto eingeſchränkter erſcheinen uns die Anſich-
ten der Herzoge, die ſie von den allererſten und unent-
behrlichſten Grundſätzen über den Handel und deſſelben

---

*) Im Original ſteht: Eherner Tuerm. Hierüber mögen die
Authoren zu Rathe gezogen werden, die über das alte Wien
geſchrieben haben. Bey Abermann, in der Uiberſetzung des
Lazius: Hiſtoriſche Beſchreibung der Hauptſtadt Wien,
Buch III. S. 92, heißt es: „Das Kärner Thor, welches
in Steyrmarkt vnd Kärnten weiſet.“ — Zu Anfang des
vierzehnten Jahrhunderts war der Nahme: Strata Karin-
thianorum, ſchon vorhanden. Chron. Zwetlenſ. apud
Pez, T. I. p. 991.

Einfluß auf das allgemeine Wohl des Staates hatten, sonst wäre es unbegreiflich, wie es denn gekommen sey, daß es nur den Bürgern landesfürstlicher
Städte und einigen wenigen hoch Begünstigten erlaubet ward, nach Venedig, und zwar nur auf bestimmten Straßen zu handeln. Häufige Verordnungen,
welche die Ausfuhr inländischer Producte erschwerten,
muß man für desto ungereimter halten, weil es für
fremde Kaufleute, die nach Oesterreich kamen, nur
sehr wenige Einschränkungen in Rücksicht ausländischer Waaren, die sie einführten, gegeben hat.

Die Oesterreicher haben nach allen benachbarten
und auch nach einigen entfernten Ländern Handel getrieben, vorzüglich aber nach und mit Venedig, wo
sich eine große Niederlage aller orientalischen Waaren
befand. Vergeblich sucht man in unseren Chroniken
bestimmte Nachrichten über Handelsverbindungen zwischen Oesterreich und Venedig; nur die Privilegien
unserer Städte machen von Handelsgeschäften zwischen diesen beyden Staaten zufällig eine sehr sparsa-
me Erwähnung, und dieß erst in späteren Zeiten, da
der Handel nach Venedig schon in vollem Gange war.
Ganz dasselbe ist der Fall bey dem Handel der Regensburger und der ihrem Beyspiele sehr wahrscheinlich
nachfolgenden Oesterreicher nach Rußland, wie wir
dieses bereits vernommen haben. Hätten sich nicht ein
Paar Urkunden und eine kurze Lebensgeschichte eines
Benedictiner-Abtes bis in die neuesten Zeiten erhalten, so wüßten wir nichts von einem Handel durch
Oesterreich nach Rußland. Die Stellen, in welchen
von dem Handel mit Venedig Meldung geschieht, setzen wir nach ihrer Zeitfolge her; vielleicht gelingt es
späterhin, ihre Anzahl durch Auffindung noch unbekannter Urkunden zu vermehren.

Kaufleute von Venedig, die nach Oesterreich, kamen, werden in einer Urkunde genannt, welche H. Friedrich der Streitbare 1244 den Bürgern von Neustadt verliehen hat *). Dann schweigen die Urkunden länger als hundert Jahre von dem Handel nach Venedig; und machen sie in der Folge von ihm wieder eine Erwähnung, so geschieht dieß nur eines Strettes halber, welchen die Wiener zur Einschränkung des freyen Handels der Bürger von Pettau angefangen und siegreich ausgefochten haben **). Die Proceßacten machen ausdrücklich Erwähnung von dem Straßenzwang und von der engen Begränzung des Waarenzuges nach Venedig und von dorther zurück nach Krain, Kärnthen und Steyrmark. Eben so wenig erfreulich für die Beförderung des Handels nach Venedig waren die späteren Verordnungen unserer Herzoge. Wozu sollten die wiederhohlten Befehle taugen, daß es niemanden, als nur den Bürgern gewisser privilegirten Städte und wenigen Begünstigten, die ein eigenes Befugniß erhielten, gestattet werden sollte, nach Venedig zu handeln ***)? Warum verboth man denn nähere, und für verschiedene Gegenden sehr gelegene Straßen, und nöthigte sie, mit Zeitverlust und größerem Kostenaufwand weite Umwege zu machen ****)? Da die Straßen bis zum Uiberfluß mit

---

*) Hormayrs Taschenbuch für das Jahr 1812, S. 77. Item Veneti dabunt de Saum viginti quatuor frisacenses denarios, in reditu vero duodecim frisacenses et triginta denarios Vienenses ad Wisode.

**) Beylage Nro. II. und Nro. IV.

***) Beylage Nro. VI.

****) Beylage Nro. II. und Nro. III. — Preuenhuber, S. 57, wo ein Privilegium H. Albrechts vom Jahre 1370 zu Gunsten der Steyrer einen Straßenzwang vorschreibt.

Zollämtern beſetzt waren, ſo ſollte ſich der Staat
billiger Weiſe nicht eingemenget, und die Kaufleute
nicht genöthiget haben, daß ſie eben nur über den Semering nach Wien, nur ganz allein über Zeyring nach
Oberöſterreich reiſen ſollten: lauter Maßregeln, die
dem Staate nichts eintrugen, den Handel nach Venedig erſchwerten und nur darauf ausgingen, einige Stapelſtädte, nämlich Wien, Steyr und Enns, auf Koſten Anderer zu bereichern.

Die wir heut zu Tage Kaufleute nennen, hießen
einſtens Krämer; unter welchen Nahmen man alle
Handelsleute verſtand, welche Waaren im Kleinen,
das iſt, nach der Elle und nach dem Pfunde, verkauften. Unſre Großhändler wurden damahls mit dem
Nahmen, Kaufleute, bezeichnet. Ein Krämer in
Wien, ein Kaufmann im jetzigen Sinne des Wortes;
konnte ein ſehr bedeutendes Handelshaus beſitzen, und
doch ward es ihm verbothen, ſeine Waaren in Venedig ſelbſt zu kaufen: ein kurzſichtiges Geboth nöthigte
ihn, ſie von einem Großhändler in Wien abzuneh-
men, denn nur die Gilde der Großhändler war befugt,
ſich unmittelbar von Venedig mit Waaren zu verſehen *). Die nothwendige Folge davon war eine Ver-
theuerung dieſer ausländiſchen Bedürfniſſe, welche
durch das Monopolium der Großhändler erzeuget
wurde. Das Unſchickliche dieſer Handelsverordnung
erregte endlich eine ſo große Unzufriedenheit und ſo
laute Klagen, daß ſich H. Albrecht bewogen fand, den
Krämern 1435 die Befugniß einzuräumen, ſelbſt nach
Venedig zu reiſen, und ſich von dorther ihre Waaren
kommen zu laſſen **).

---

*) Beylage Nro. XXII.
**) Beylage Nro. XXIII.

Anstatt die Oesterreichischen Unterthanen auf alle
mögliche Weise aufzumuntern, die einheimischen Erzeugniſſe ins Ausland, und vorzüglich nach Venedig
zu verführen, wohin für ausländische Waaren jährlich
große Summen Geldes aus unſeren Provinzen wan-
derten, hielt man ſie vielmehr durch unkluge Verbothe
davon ab. Sogar einige landesfürſtliche Städte, die
doch von jeher mit außerordentlichen Handelsvorrechten begnadiget wurden, mußten lange noch warten,
mußten große Opfer bringen und aus treuer Anhänglichkeit an ihren Monarchen Heldenthaten ausüben,
bis ſie mit dem Befugniß, nach Venedig handeln zu
dürfen, allergnädigſt beglückt wurden. Die getreuen
Städte Krems und Stein hatten 1458 gegen den
Böhmenkönig Georg mit unerſchütterlichem Muthe
für ihren Landesfürſten, den Kaiſer Friedrich, ge-
kämpfet. Um ihn von der Belagerung in der Burg zu
Wien 1462 zu befreyen, ſchloßen ſie ſich nun an deſſelben Bundesgenoſſen, die Böhmen unter dem Prinzen Victorin, an, bewirtheten ſie gaſtfreundlich, und
erklärten den rebelliſchen Wienern nach dem damahligen Fehderechte den Krieg *). Der aus großen Gefahren errettete Kaiſer wußte die hohen Verdienſte der
braven Bürger von Krems und Stein nicht beſſer zu
belohnen, als daß er ihnen 1463 das Vorrecht einräumte, Waaren nach Venedig zu führen, andere
von dorther nach Oeſterreich zu bringen, und ſie nach
ihrem Belieben allenthalben zu verkaufen; nur mußten ſie davon den gewöhnlichen Zoll entrichten, und
mit den Wienern und den übrigen Gegnern des Kaiſers alle Handelsgeſchäfte mit Venetianiſchen Waaren

---

*) Oeſterreich unter K. Friedrich dem Vierten. Th. II. S. 49.

vermeiden *). Da ſogar die hochverdienten Bürger von
Stein und Krems den gewöhnlichen Zoll von den Venetianiſchen Waaren erlegen mußten, ſo läßt ſich deſto weniger ein zureichender Grund auffinden, warum
man ihnen ſo lange Zeit hindurch den Handel nach
Venedig nicht geſtattet, endlich aber doch als den
Preis ſeltener Verdienſte aus kaiſerlicher Gnade verliehen hat. — Von dem eingeſchränkten Handel der
Stadt Waidhofen mit Venedig iſt ſchon weiter oben
geſprochen worden.

Eine Wechſelbank **), Wechſelbriefe, Poſten,
Zeitungen, gut erhaltene bequeme Landſtraßen und

---

*) Rauch, T. III. p. 373, et ſeq. Wir Friderich.. Bechennen
für Vns, vnſer erben vnd Nachkomen, daz Wir vnſern
lieben getrewn, dem Richter, Rat vnd vnſern purgern ge-
mainklich zu Krembs vnd zu Stain von der getrewen vnd
gehorſam dienſten vnd beiſtandes wegen, ſo ſie Vns in ver-
gangenen leuffen vntz her aufrichtigelichen wider vnſer wi-
derſacher, vnd beſunder zu vnſerm auskomen aus dem bö-
ſen, in vnſer purgk zu Wienn, darinn Wir mitſambt vnſer lieben Gemahl Eleonoren.. vnd Maximilianen vnſern
vnerzogenen Sun, durch ettlich vnſer Landlewt in Oſterreich vnd die von Wienn gröblich, vnpillich vnd vngetrew-
lich fürgenomen worden, bewaiſt haben... die gnad getan
vnd In erlaubt vnd vergunt haben.. daz ſie nun hin für mit
allerlai waar vnd chaufmanſchafft, daſelbs von Krembs
vnd Stain, die Straſſe für Zell vnd verrer durch Vnſer
Innere land.. hinein gegen Venedig faren, handlen vnd
wandlen, vnd widerumb heraus andere venediſche chaufmanſchafft vnd waar, nach irem fueg, dieſelb ſtraſſen füren
vnd bringen laſſen, vnd die daſelbs zu Krembs vnd Stain
niderlegen.. verchauffen vnd vertreiben mügen, u. ſ. w.

**) Supplement. Cod. Auſtr. S. 464. Banco del Giro; S. 497,
Wiener Stadt-Banco Inſtitutum, von den Jahren 1704
und 1705. — Daß das Wechſelweſen in andern Ländern
ſchon im vierzehnten Jahrhundert beſtanden habe, wiſſen
wir aus Beckmanns Beyträgen, Th. IV. S. 300. Eine Oe-

Gaſthäuſer *) an denſelben gab es in den früheren Zeiten des Mittelalters nirgends. Dazu kam noch, der
Mangel einer gleichen Münze, welcher die Kaufleute
nöthigte, in jeder Provinz, und oft auch in jeder größeren Handelsſtadt dort gangbare Pfennige von den
Geldwechslern mit einigem Verluſt einzutauſchen. Da
aber dieſe Hinderniſſe des Handels nicht nur in Oeſterreich, ſondern allenthalben in Europa vorhanden waren, ſo können ſie hier füglich mit Stillſchweigen
übergangen werden.

Beförderungen des Handels.

Daß im Mittelalter der Handel nicht nach Grundſätzen, welche Vernunft und Erfahrung gutgeheißen
haben, geleitet wurde, ſondern nur allein von Privilegien abhing, welche von ihren Ertheilern immer
als hohe Gnaden angeprieſen wurden, haben wir aus
den vorhergehenden Unterſuchungen bis zum Uiber-
druß abgenommen. Bisher haben wir von Privilegien

ſterreichiſche alte Urkunde hierüber aufzufinden, iſt mir bisher noch nicht gelungen.
*) Italien ging an Cultur jeder Art unſerm Deutſchland vor-
aus, und doch war lange Zeit für Reiſende ein großer Mangel an Gaſthäuſern. Muratori, Antiq. T. III. p. 581, etc.
In Oeſterreich ward nicht leicht ein Gaſthaus in der Nähe
einer landesfürſtlichen Stadt oder eines befreyten Marktes
geduldet. Man erinnere ſich, was in einem der vorhergehenden Abſchnitte von der Ortſchaft Ufer, Linz gegenüber,
iſt erzählet worden. In dem Privilegium H. Friedrichs des
Streitbaren für Enns 1244 heißt es, bey Hormayr, Taſchenbuch, 1812, S. 54: Nec caupones ſint infra Miliare.

gesprochen, die dem Handel offenbar mehr geschadet als genützt haben, denn sie schränkten denselben bloß auf einige vorzüglich begnadigte Städte und Märkte zum Schaden des übrigen Landes ein, und dann begünstigten sie Monopolien zum Nachtheil der Gesammtheit aller Unterthanen Oesterreichs, welche privilegirten Innungen von Großhändlern, Kaufleuten und Krämern Preis gegeben wurden. Aber so wie die Natur Gift und Gegengift erzeuget, eben so brachte das Mittelalter schädliche Privilegien hervor, that aber ihren verderblichen Wirkungen durch entgegengesetzte Privilegien wieder Einhalt, ohne das Sonderbare eines solchen Verfahrens zu ahnen, oder nach klugen und festen Grundsätzen etwas Haltbares und Gemeinnütziges bezwecken zu wollen. Die Fürsten stifteten durch sich widersprechende Privilegien viel Gutes, ohne es zu wissen, und beynahe möchte man sagen, ohne es zu wollen, denn sie handelten nur nach Willkühr, und spendeten verschwenderisch bald umsonst bald gegen Bezahlung Gnaden, das ist, Privilegien, aus, durch die sowohl Monopolien, als auch ein freyerer Handel begünstiget wurden, je nachdem eine Gemeinde oder ein Günstling eines von diesen beyden zu erhalten wünschte.

Zwölfter Abschnitt.

Jahr = und Wochenmärkte.

Die häufigen Verbothe der Herzoge, die allen Handel außerhalb der landesfürstlichen Städte und Märkte untersagten; die Meilenrechte der Städte und ihre sogenannten Niederlagen von allen durchgehenden Waaren; und die Monopolien der Bürger, die sich so weit erstreckten, daß fremde Kaufleute nieman-

den als nur ihnen allein ihre Waaren verkaufen durften: alle diese Einschränkungen hätten der größeren
Anzahl der Landesbewohner bey dem Einkauf unent-
behrlicher Dinge schwere Lasten und große Unbequem-
lichkeiten aufgebürdet, wenn nicht Privilegien einer
entgegengesetzten Art diesen Uibelstand gemildert und
erträglicher gemacht hätten. Es wurden nämlich nicht
nur Städten, sondern auch Marktflecken und Dörfern
Jahr- und Wochenmärkte erlaubt, an welchen jedermann die volle Freyheit genoß, Waaren aller Art
herbeyzubringen, und ohne Widerrede der Bürger oder
der ordentlich privilegirten Kaufleute Allen ohne Unterschied zu verkaufen. Grundherren und Unterthanen
trachteten dergleichen Privilegien zu erlangen; jene,
um von den ankommenden Kaufleuten den gewöhnlichen Marktzoll und oft auch eine Abgabe für den
Schutz oder das sichere Geleit abfordern zu können;
diese aber, um bequemer und wohlfeiler einkaufen zu
können, denn dergleichen Jahrmärkte, die zu verschiedenen Zeiten auch in Marktflecken und Dörfern gehalten
wurden, machten das Reisen in entfernte Städte unnöthig, und dann verschafften sie den Käufern durch
den Zusammenfluß mehrerer Handelsleute und Handwerker, die ihre Erzeugnisse zu Markte brachten, auch
geringere Preise der Waaren. Das Vorrecht, einen
Wochen- oder Jahrmarkt halten zu dürfen, war im
Mittelalter von einem weit höheren Werthe als jetzt,
denn damahls fiel der Seltenheit halber die Wohlthat
eines freyeren Handels weit mehr auf als in unseren
Tagen, wo alle Hindernisse desselben und alle Monopolien beynahe gänzlich beseitiget sind. Daher kam es
auch, daß Landesfürsten auf dergleichen Privilegien
in früheren Zeiten einen sehr großen Werth legten.
Nur muß es auffallen, daß sie bey Ertheilungen der

13

Wochen- und Jahrmärkte immer von den hohen Vor-
theilen derselben, von dem Frommen und Aufnehmen
der Städte und Marktflecken und ihrer Umgebungen
sprechen, und dergleichen Privilegien, die sie nichts ko-
steten, dennoch als eine sonderbare Gnade anpriesen.
Was allgemein als nützlich anerkannt ist, sollte man
nicht erst durch Privilegien wenigen Gemeinden erlauben, sondern allenthalben frey geben, und dieß
nicht, aus Gnaden, sondern aus Pflicht, um das
Wohl aller Unterthanen möglichst zu befördern.

Um ohne Schwierigkeit die Ausdrücke der alten
Urkunden, welche Marktfreyheiten enthalten, zu
verstehen, ist es nöthig, die verschiedenen Begriffe
des Wortes Markt genau zu bestimmen. Markt ist
sehr wahrscheinlich aus der Lateinischen Sprache in
die Deutsche aufgenommen worden, und deutet auf
Kauf und Verkauf, auf einen öffentlichen Handel *).
Der Platz, auf welchem zu gewissen Zeiten verschiedene Dinge gekauft und verkauft werden, wurde davon
Markt genannt; daher in Städten und Flecken der
Marktplatz. Auch der zahlreiche Zusammenfluß der
Käufer und Verkäufer wurde mit diesem Nahmen
bezeichnet: daher der Jahr- und Wochenmarkt. In
der engsten Bedeutung des Wortes wird darunter ein
Ort verstanden, der ein Mittelding zwischen Stadt
und Dorf ist, wo die Hausbesitzer mehr oder weniger

---

*) Markt von mercatus, mercatum oder mercada. Du Cange
erklärt es durch emporium, nundinae publicae, feriae,
Gallis Marché, foire. Cujacius ad tit. de Nundinis et
mercatibus, ait mercatus esse parvas nundinas, neque
adeo celebres ac nundinas; denique mercatum unius
civitatis aut vici, nundinas vero esse unius provinciae
aut Imperii. — Das Wort Forum ist in jeder Rücksicht
gleichbedeutend mit Mercatus. Cf. Du Cange.

befugt sind, die Vorrechte der Bürger in Städten auszuüben, weswegen sie auch Bürger heißen: daher der
Nahme eines Marktes oder Marktfleckens. Endlich
muß noch bemerkt werden, daß in Oesterreichischen Urkunden eben so, wie in den auswärtigen, die feilgebo-
thene und die gekaufte Sache, ja sogar der Preis derselben Markt genannt wird *), welche Redensart
auch jetzt noch unter uns allgemein üblich ist.

Das Recht, die Befugniß zur Abhaltung eines
Marktes zu ertheilen, gehörte in den ältesten Zeiten
unter die Regalien, welche nur dem Könige zustan-
den **), denn auf den königlichen Villen und Pfalzen,
wo sich der Hof, die Großen des Reichs und ihre zahlreiche Dienerschaft öfter aufhielten, fanden sich des
gewissen Absatzes der Waaren halber bald mehrere

_____

*) Von auswärtigen Urkunden findet man Beyspiele bey Du
   Cange, unter den Wörtern forum und mercatus, daß sie
   auch die auf dem Markte gekauften Sachen bedeuteten; der
   nämliche Ausdruck erscheinet ebenfalls in Oesterreichischen
   Privilegien. Aus vielen Stellen heben wir nur ein Paar
   aus. In dem Stadtrecht, welches K. Rudolph 1278 den
   Wienern verliehen hat, heißt es, bey Lambacher, S. 156:
   Nemo extraneorum .. vendet merces suas, quas adduxit,
   extraneo, sed tantum civi, ita si civis easdem emere voluerit pro foro competenti, etc. S. 161: Teneantur
   sub debito juramento omnibus rebus venalibus congruum forum imponere; das ist: den Preis bestimmen. — Und in der Urkunde H. Albrechts vom Jahre 1296
   heißt es, apud Senkenberg, Vision, p. 290: „Si soln
   mit geschworem aide allen vailen dingen rehten chauf, vnd
   rehten March aufsetzen." — Pez, I. 535, anno 1312. Annona gravi foro oportuit comparari. — L. c. p. 735:
   Fuerunt vina illo anno in bono foro. — L. c. p. 736.
   Vinum fuit in caro foro, et p. 737: Fuerunt vina in
   caro foro, quia modicum crevit.
**) Eichhorn, Deutsche Staats- und Rechtsgeschichte. Göttin-
   gen, 1818. Th. I. S. 387 — 389.

13 *

Kaufleute ein, und es entspann sich an solchen Orten ein Handel, der sich in kurzer Zeit in einen privilegirten Markt verwandelte, welcher an bestimmten Tagen jährlich gehalten wurde. Die Ertheilung solcher Marktprivilegien fand desto weniger Schwierigkeiten, da die Märkte als eine einträgliche Finanzquelle betrachtet wurden, denn die Reisenden mußten den Königen für die Erlaubniß, ihren Grund und Boden zu betreten oder des Handels halber auf demselben verweilen zu dürfen, eine gewisse Abgabe bezahlen, wozu eine zweyte hinzukam, welche die Kaufleute für den Polizeyschutz während ihres Aufenthaltes auf dem Grunde des Königs erlegen mußten. Daher entsprang die zweyfache Leistung des Reise- und des Marktzölles *). Dieselbe Veranlassung zu Markttagen und Marktprivilegien gaben auch hohe Feste, die in Domkirchen und Klöstern feyerlich begangen wurden. Da sangen der Bischof oder der Abt das Hochamt; und gab es in der Kirche zugleich hochverehrte Reliquien eines berühmten Heiligen: so war das Zuströmen des Volkes an dem Gedächtnißtage desselben desto größer, und die Kaufleute fanden reichlichen Absatz. Daher wurde der Jahrmarkt, der vorzüglich besucht und mit außerordentlichen Privilegien versehen war, ebenfalls Messe genannt **).

---

*) Hüllmann, Geschichte des Ursprungs der Regalien in Deutschland. S. 41, u. f. Desselben Deutsche Finanz-Geschichte des Mittelalters. S. 229, u. f.

**) Pfeffinger, l. c. T. III. p. 167. Nundinae et Mercatus solennes Synonyma sunt; solennes enim nundinae, freye offene Messen, nihil aliud sunt, quam mercatus solennes et privilegiati... quorum initium et finis plerisque in locis campanae pulsu denunciatur. In Oesterreich wird noch jetzt der Jahrmarkt in Flecken und Dörfern Kirchtag genannt.

Die Erfahrung hätte die Vortheile gezeigt, welche ein Markt dem Grundherrn und auch dem gemeinen Volke verschaffte, weshalb sich die Großen des Reichs und auch Städte und Klöster eifrigst bestrebten, vom König ein Marktprivilegium zu erhalten. Bald kam es unter Carls des Großen schwachen Nachfolgern dahin, daß sie ihren Magnaten eine verlangte Gnade nicht versagen durften; daher die häufigen Privilegien von Marktrechten. Der König schickte seinen Handschuh einer Stadt zu, und gab derselben dadurch das Marktrecht, und gewöhnlich auch die Befugniß hinzu, Münzen zu prägen *). Ein Kreuz oder eine Marktfahne kündigte dem Volke und den Handelsleuten die erhaltene Marktfreyheit, und den Käufern und Verkäufern volle Sicherheit an.**). Als sich in den späteren Jahrhunderten die Erblichkeit der Reichslehen und die eigene Landeshoheit der Fürsten in Deutschland vollkommen ausgebildet hatten, bekümmerte man sich nicht mehr um kaiserliche Marktprivilegien; die neuen Landesherren ertheilten sie ihren Städten, Marktfle-

---

*) Haltaus, glossarium German. bey dem Worte Handzeichen: Chirotheca, symbolum manus et consensus. Glossa Jur. Provinc. L. III. art. 56. Auch mag man keinen Markt hegen ohn des Richters Urlaub. Ja, daß solches des Reichs Wille sey, soll der Kaiser sein recht Handzeichen dessen zu Urkund auf die Stadt darsenden. Cf. Fischer, Th. I. S. 557.

**) Haltaus, bey den Wörtern: Creuz und Marktfahne. Creuz, pacis publicae signum, quod olim etiam in mercatu publico erigi solebat, et securam pacem pollicebatur commeantibus eorumque rebus ac mercimoniis. — Marktfahne, Signum in foro hebdomadali autoritate publica propositum, quo forum efficitur bannitum et interdictum, scilicet propolarum et extraneorum rapacitati, vulgo ein gehegter Markt. In der Beylage Nro. XLII. geschieht davon Erwähnung.

cken und sogar auch den Dörfern mit freygebiger
Hand. Zu den Jahrmärkten kamen frühzeitig Wochenmärkte hinzu, und der Handel gewann dadurch
immer einen weiteren und freyeren Spielraum. Der
Druck, welchen Stapel= und Meilenrechte, welchen
Straßenzwang und Repressalien den Kaufleuten und
auch den Einkäufern auferlegten, milderten die vielen
Jahrmarkts=Privilegien in allen Gegenden des Landes, und trugen zur allmähligen Abschaffung desselben
vieles bey. Da es keinen Jahrmarkt ohne eigene Vorrechte oder Freyheiten gegeben hat, so müssen wir auch
diese kennen lernen.

Unter den Freyheiten eines privilegirten Jahrmarktes stand oben an das sichere Geleit für die Personen und auch für die Güter der Käufer und Verkäufer sowohl auf der Zureise zu demselben, als auch auf
der Rückkehr: ein köstliches Geschenk zur Zeit einer
allgemeinen Unsicherheit vor gemeinen und adeligen
Räubern. Dieses sichere Geleit hob während der
Dauer des Jahrmarktes nicht nur das Recht der Repressalien auf, sondern untersagte auch den Gläubigern, nach ihren Schuldnern oder nach den Gütern
derselben zu greifen, und sie zu verhaften, um sie zur
Bezahlung einer Schuld zu nöthigen, die sie schon
früher und nicht erst in diesem Jahrmarkt gemacht
haben. Ob sich diese Freyheit auch auf Schulden erstreckte, die erst während des Jahrmarktes gemacht
wurden, blieb unentschieden; aber allgemein stimmte man darin überein, daß es erlaubt wäre, sich nach
dem Ausläuten des Jahrmarktes der Person des
Schuldners oder seiner Habe zu versichern. Wollte
derselbe durch die Flucht der Bezahlung seiner
Schuld ausweichen, so war es erlaubt, sich des
Unredlichen auch noch während des Jahrmarktes

zu verſichern *). Daß dieſe allgemeine Regel auch
in Oeſterreich gegolten hat, beweiſen die Ausnahmen davon, welche unſre Herzoge mancher Stadt
als Privilegien verliehen, und dadurch die Pfändung und den Arreſt des Schuldners geſtattet haben **). Waren die Schuldner keine Kaufleute, ſo
konnte man ſich derſelben oder ihrer Güter auch während des Jahrmarktes bemächtigen und zum Arreſt
oder zur Pfändung ſchreiten, denn Jahrmarktsfrey-
heiten wurden nur zu Gunſten der Kaufleute verliehen.

Nicht ſo allgemein war die Befreyung der Kaufleute, die ſich auf einem Jahrmarkt einfanden, von den
Abgaben aller Art. In dieſem Punkte waren die kaiſerlichen, und ſpäterhin die landesfürſtlichen Privilegien keineswegs übereinſtimmend; vieles hing auch
von alten Ortsgewohnheiten ab. Bald wurde den
Kaufleuten ein eigentlicher Waarenzoll, bald wieder
keiner, dagegen aber ein Schutz- oder Weggeld, oder
nur eines von beyden abgefordert. Wurde ihnen bey
entſtandenen Streitigkeiten ein eigener Richter aus
ihrer Mitte bewilliget: ſo war dieſes ein ſeltener
Vorzug und eine Begünſtigung, die nur Wenigen zu
Theile ward.

Wochenmärkte gehörten zum kleineren alltägli-
chen Handel; wurden alſo größeren Bürgergemein-

---

*) Pfeffinger, T. III. p. 192 et ſeq.
**) Steyr und Linz haben ſolche Privilegien erhalten. Beylage,
Nro. XXXVI. und Nro. XXXVII. — Im Jahre 1382
befreyte der H. Albrecht Alle, welche die zwey Jahrmärkte
in Wien beſuchten: „das Sy auf dem Jarmarkt vmb kainerlay erber ſach, oder ſchuld, die ſich auſſerhalb des Jar-
markts vergangen hab, nicht beklagt noch bekumert werden,
in dhain weis. Apud Rauch, T. III. p. 130.

den in Städten und Märkten ohne Schwierigkeit verliehen. Als in späteren Zeiten häufige Dörfer zu
Marktflecken erhoben wurden, ward es Sitte, ihnen
nebst der freyen Wahl eines Marktrichters zugleich
auch einen Jahr= und Wochenmarkt zu bewilligen.
Jahrmärkte wurden auf die Bitte der Grundherren
schon frühzeitig sogar auch Dörfern verliehen. Daß
das Dorf Ischel in Handelsbefugnissen den Städten
gleichgestellt wurde, bleibt für Oesterreich immer
eine einzige Seltenheit.

Hatte der Waarenzug einmahl eine bestimmte
Richtung genommen, und fanden sich die Kaufleute
an irgend einem Orte zu gewissen Zeiten immer wieder ein, so suchte der Grundherr, er mochte ein Geistlicher oder Weltlicher seyn, oder auch eine Stadtgemeinde beym König ein Zoll= und Marktprivilegium
zu erhalten, und viele hundert Urkunden enthalten den
Beweis, daß so eine Bitte gewöhnlich erfüllt wurde.
Für die Erlaubniß, sich auf fremdem Boden aufhalten
und Handel treiben zu dürfen, mußten die Kaufleute
eine Abgabe bezahlen; dagegen verpflichtete sich der
Grundherr oder die Bürgergemeinde, ihnen alle mögliche Sicherheit zu verschaffen, und während des
Marktes für die Erhaltung der Ruhe und Ordnung
zu sorgen. Dann fehlte gewöhnlich Eines noch: ein
Vorrath an gemünztem Gelde, das an dem Orte des
Jahrmarktes von Allen für gangbar erkannt und an-
genommen wurde. Diesem Mangel halfen die Könige
Deutschlands dadurch ab, daß sie mit dem Zoll= und
Marktrechte gewöhnlich auch das Münzrecht verlie-
hen. Daher kam es, daß so viele Fürsten, Bischöfe,
Aebte und Städte Deutschlands schon frühzeitig das
Münzrecht erhielten und ausübten, leider nur gar zu
oft auf eine schamlose Weise und zum Verderben ihrer

geplagten Unterthanen *). Die Städte und Märkte
in Oesterreich waren mit Zoll= und Marktrechten
reichlich begabt; aber die Münze behielten sich unsre
Herzoge, nur wenige Ausnahmen für Lieblinge aus
dem Adel und aus den Städten abgerechnet, als ein
einträgliches Regale immer bevor.

Wir kennen nun die gewöhnlichen Befugnisse der
Kaufleute auf Jahr= und Wochenmärkten und die
Befreyungen und Vorrechte, die ihnen durch Markt-
privilegien zugesichert wurden. Als Belege davon, und
zur Ergänzung der Handelsgeschichte sollen einige
Marktprivilegien aufgeführt werden, welche Städten,
Marktflecken und Dörfern in Oesterreich sind erthei=
let worden.

Wels gehörte in früheren Zeiten den Grafen von
Wels und Lambach **); nach dem Erlöschen dieses
mächtigen Hauses kam es an das Bisthum von
Würzburg, von dem es H. Leopold der Glorreiche
kaufte ***). In dem Stiftbrief des Klosters Lambach
erscheinet Wels noch als ein Marktflecken ****); aber

---

*) Zum Zeichen des ertheilten Münzrechtes schickte der Kaiser
gewöhnlich seinen Handschuh, welcher auch gar oft auf den
Münzen erscheinet. Du Cange, v. Chirotheca. Speculum
Saxon. L. II. art. 26. §. 6. Nemini licet forum erigere,
vel monetam de novo instituere sine consensu ejus loci
Ordinarii seu judicis. Etiam Rex in signum sui consensus
suam ad hoc mittere debet Chirothecam. Cf. Senkens
berg, Reichsabschied, Nro. XII. c. 14. p. 23.

**) Joseph Moriz, Kurze Geschichte der Grafen von Formbach,
Lambach und Pütten. München, 1803.

***) Chron. de finibus Austriae, apud Rauch, T. I. p. 249.
Herzog Lewpolt chawft wider den Pischof Heinrich von
Wirczburch wels vnd die lewt vnd alles daz aygen daz da zu
der selben stat gehort.

****) Vita beati Adalberonis episcopi Herbipol. apud Pez,
Scriptor. T. II. p. 12. Una (silva) mercato Wels inferior,
alia superior.

im dreyzehnten Jahrhundert nennt es der H. Leopold
schon eine Stadt *), in welcher jedoch das Kloster
Lambach immer noch die Gerichtsbarkeit und das
Zollrecht ausübte, welche Befugnisse es dem genannten Herzog durch Tausch abgetreten hat. Im zwölften
Jahrhundert gab es also wo nicht schon einen Jahrmarkt, doch wenigstens einen Wochenmarkt, auf welchem das Kloster Lambach die Marktpolizey ausübte,
und davon die gewöhnlichen Vortheile bezog. Dieser
Wochenmarkt wurde am Samstag gehalten; aber
auf die Bitte der Bürger verlegte ihn K. Friedrich
der Schöne 1328 auf den Mittwoch. Diese Anordnung hat aber nicht lange bestanden, denn im fünfzehnten Jahrhundert erscheinet in Urkunden schon
wieder der Wochenmarkt am Samstag, zu welchem
H. Albrecht 1412 einen zweyten am Dienstag hinzufügte **). Einen Jahrmarkt verlieh erst K. Friedrich
der Schöne den Bürgern von Wels, welchen H.
Albrecht 1417 vom Philippitag auf Mariä Geburt,
und K. Friedrich 1480 auf den darauf folgenden
Sonntag verleget hat ***).

Die Abgaben der Kaufleute von Regensburg,
Ulm, Aachen und Cöln auf dem Jahrmarkte zu Enns,

---

*) Meine Beyträge, Th. II. S. 435. Im Jahre 1061 bestä-
tigte H. Heinrich dem Kloster Lambach die Besitzungen:
Bannum mercati in loco Wels, etc. Und in dem Tausch-
instrument sagt H. Leopold 1222, ibidem, p. 451: Nos
cum ecclesia Lambacensi pro totis iuribus que de funda-
tione sua in civitate Welsa libere possidebat convenimus
sub hac forma. Dedimus eidem ecclesie redditus viginti
talentorum .. et tam abbas quam fratres ipsius monaste-
rii proprietatem et omnia iura que habere in civitate
predicta non solum in theloneis sed et iudiciis nosceban-
tur, nostris manibus concorditer obtulerunt.
**) Beylage Nro. XXXIX.
***) Beylage Nro. XL.

so wie auch ihre Freyheiten hat schon der Steyrische Markgraf Ottokar der Fünfte, der im Jahre 1164 gestorben ist, genau bestimmet, und sein Sohn Ottokar 1190 erneuert *). Um den Eunsern, die durch Feuersbrünste viel gelitten hatten, wieder aufzuhelfen, ertheilte ihnen H. Friedrich 1244 unter anderen Gnaden auch diese, daß an Sonntagen kein Wochenmarkt mehr gehalten werden durfte **). Diese Stelle der Urkunde H. Friedrichs ist beym ersten Anblick sehr räthselhaft, und es leuchtet nicht ein, wie denn diese Anordnung zum Wohl der verwüsteten Stadt etwas beytragen konnte. Irren wir nicht, so wollte der Herzog einen oftmahligen Zusammenfluß der Menschen in Enns befördern. An Sonntagen kamen die Landleute ohnehin des Gottesdienstes halber in die Stadt; um sie neuerdings wieder anzulocken oder zu nöthigen, auch an einem anderen Tage die Stadt zu besuchen, verboth Friedrich allen Handel oder den Wochenmarkt (denn beydes kann der Ausdruck der Urkunde bedeuten) an einem Sonntage. — Der alte Wochenmarkt wurde jeden Samstag gehalten; der H. Albrecht füg=

---

*) Scheid, Origin. Guelf. T. III. praef. p. 30. Ut non alia jura a Ratisponensibus, Coloniensibus, Achensibus, Ulmensibus exigantur, quam ea, que a prime institutionis tempore, ordinatione patris mei .. Otacheri eis imposita fuerunt.

**) Hormayr, Taschenbuch, 1812. S. 54. Ad hec ut dicta Ciuitas nostra que plerisque incendiis est vastata. Solite nostre gracie recipere debeat incrementum. Statuimus et illibata iussimus obseruari, vt omnia fora diebus dominicis de cetero conquiescant. — In einer Urkunde K. Rudolphs vom Jahre 1279 geschieht ebenfalls vom Wochenmarkt in Enns Meldung. Oest. unter Ottokar und Albrecht, Th. II. S. 183.

te 1391 den zweyten am Dienstag hinzu *). — Der
alte Jahrmarkt zu Enns hat aus uns unbekannten
Ursachen aufgehört, und muß viele Jahre hindurch
nicht mehr gehalten worden seyn, weil sogar das Un-
denken an ihn erloschen ist. Um die treuen Dienste der
Ennser zu belohnen und sie zu neuen anzueifern, verlieh ihnen H. Leopold 1407 das Recht eines Jahrmarktes — „acht Tage vor St. Michelstag, mit
allen den Rechten, Freyheiten und guten Gewohnheiten, als sittlich ist, und als andre unsre Städte in
Oesterreich und ob der Enns Jahrmärkte haben **).
Von einem schon früher bestandenen Jahrmarkt geschieht gar keine Erwähnung.

---

*) Wir Albrecht.. Bechenen, daz wir angesehen haben vnserr
Statt zu Enns, vnd Land vnd leut darumb gelegen merk-
leich nutz vnd fromen, vnd auch vleissig pett aller vnser bürger daselbs, vnd haben derselben vnserr Statt zu Enns von
gnaden gegeben, wissentlich aynen wochenmarkt, auf den
Eritag zusampt dem wochenmarkt, der vor auf dem Samstag auch da ist ... Geben ze Wienn an Phintztag vor sand
Symons vnd sand Judas tag der hailigen zwelfpoten (am
26. October). Nach kristi gepurde dreutzehenhundert Jare,
darnach in dem Ainen vnd neuntzigisten Jare.” — Aus
dem Original. Da die meisten Marktprivilegien nach dem
nämlichen Kanzleystyl abgefaßt sind, so verdienen sie nicht,
ganz abgeschrieben zu werden.

**) Wir Leupolt.. Bechennen für vns, vnd den Hochgebornen
Fürsten, Hertzog Albrechten, der zu seinen beschaiden Jarn
noch nicht komen ist, vnd den wir Junhaben, vnsern lieben
Vettern. Daz wir angesehen vnd betracht haben die getrewn dienst vnd gehorsame, die vnser getrewn lieben vnser
Burger gemainleich in vnser Statt zu Enns, vnsern Vordern.. getan habent. Darümb wir nach billicher Dankch-
perkeit zu Irem fromen gnediclich genäigt sein. Vnd haben
In, vnd derselben vnser Stat daselbs, gegeben.. Ainen
offenn Jarmarkch un fürbasser ewiclich daselbs zu haben
Acht tag vor Sand Michelstag, u. s. w. Geben ze Wienn
an Phintztag vor Sand Erasmen tag (am 2. Junius) 1407.

Viel später als Enns erhielt die Stadt Linz den
Bartholomäus Jahrmarkt. Der H. Albrecht begnadigte sie mit diesem Vorrecht erst im Jahre 1382, und
verboth dem Adel, seinen Beamten und allen Unterthanen, die Käufer und Verkäufer, die diesen Jahrmarkt besuchen würden, an ihrem Leib oder Gut zu
beschädigen. Zugleich befahl er ihnen, den Zureisen-
den, wenn sie es bedürfen, ein sicheres Geleit zu geben, und sie bey den Marktsfreyheiten zu schützen *).
Uiber den Osterjahrmarkt hat sich keine Urkunde vorgefunden; er ist wahrscheinlich jünger. Letzterer wurde
im Jahre 1562 auf Befehl des Römischen Königs
Maximilian, aber nur allein für dasselbe Jahr, von
Linz nach Enns verleget. Ein königliches Patent vom
15. März machte dieß sowohl den Inländern als auch
den auswärtigen Kaufleuten bekannt. Als Ursache davon gab Maximilian Folgendes an: „Wir haben
Uns sammt Unserer freundlich geliebten Gemahlinn
und Kindern im verflossenen Winter wegen der zu
Wien eingerissenen und noch fortwährenden Sterb-
läufe mit Unserer Hofhaltung hierher nach Linz begeben, und könnten vielleicht noch eine Zeit lang allda
verharren.‟ — Dieser Bekanntmachung wurde beygefügt, daß diese Verlegung den Freyheiten des Jahrmarktes nicht den mindesten Eintrag thun werde, und
daß alle Handelsgeschäfte in Enns für dießmahl nach
der Elle, dem Maß und Gewichte von Linz müssen vor-
genommen werden. — Einen Wochenmarkt hatte
Linz eben so wie die Stadt Wels sehr wahrscheinlich
noch früher, als es eine landesfürstliche Stadt geworden, welche Wohlthat den dortigen Bewohnern erst
damahls zu Theile ward, als der H. Leopold Linz mit

---

*) Beylage Nro. XLI.

allem, was dazu gehörte, von dem edeln Gotschalk von Hinzberg gekauft hat *). Alle Dienstage wurde in Linz ein Wochenmarkt gehalten, zu dem H. Albrecht im Jahre 1395 den zweyten am Samstag hinzufügte **).

Die Stadt Steyr war seit langer Zeit mit einem Jahrmarkt begabt, wurde aber aus uns unbekannten Ursachen desselben verlustig. Der H. Albrecht verlieh den dortigen Bürgern 1347 ein neues Privilegium hierüber ***).

---

*) Rauch, T. I. p. 249. Der Gotschalich von hinczperg gab herczogen lewpolten lincz vnd alles das aigen daz darzu gehort her zu tal von dem Rinderholcz." — Was Lazius, und aus ihm Hoheneck, Th. I. S. 641, von diesem Kauf des Herzogs erzählen, ist offenbar ganz unrichtig, denn die Herren von Hinzberg oder Haunsberg waren weder Grafen von Kirnberg, noch auch Stifter des Klosters Wilhering. Man sehe hierüber die Urkunden der Stiftung nach: in meinen Beyträgen, Th. IV., S. 524, u. f. Dort werden verschiedene Edle von Hunesberg unter den Zeugen aufgeführet: 1146 Friedrich und Gotschalk; 1154 Gotschalk und sein Sohn Friedrich: S. 526, 529, und 531. — Bey Wurmbrand, Collectanea geneal. hist. p. 237, kommt ein jüngerer Gotschalk von Huensperch vor, der sein Schloß Wildberg dem Bischof Wolffer von Passau übergab, damit es dieser dem Gundacker von Steyr oder Starhemberg als ein Lehen einräumen konnte, was auch 1198 geschehen ist.

**) In der Originalurkunde H. Albrechts heißt es nach dem gewöhnlichen Eingang: „Wir gunnen vnd erlauben in auch wizzentlich mit dem brief, daz si ainen wochenmarkt allweg auf den Samstag dafelbs ze Lyntz gelegen vnd haben mügen vnd sullen ... Wir maynen auch, daz der wochenmarkt, den wir In yetzund auf den Samstag geben haben, den wochenmarkt den si vor auf dem Eritag haben, dhain schad nicht full sein, noch ben abnemen in dhainen weg ... Der geben ist ze wienn an Samstag vor sand Veyts tag (am 14. Junius) Nach kristi gepurd dreutzehnhundert iar, vnd in dem fümf vnd Newntzigisten Jare.

***) Preuenhuber, S. 50.

Freystadt hatte bis zum Jahre 1439 keinen Jahrmarkt, und bedurfte auch keinen, da es mit dem Recht
einer Niederlage und des Straßenzwanges versehen
war. Als aber in späteren Zeiten in den dortigen Umgebungen mehrere Marktflecken und Dörfer mit Jahr-
und Wochenmärkten versehen wurden und dadurch
das Monopolium der Freystädter in Abnahme kam,
ward auch bey ihnen das Verlangen rege, den Nachbarn in diesem Stücke gleichzustehen. Sie bathen den
K. Albrecht den Zweyten um zwey Jahrmärkte, und
erhielten sie auch: einen am nächsten Sonntag vor
Katharina, den andern am Christi Himmelfahrtstag,
immer acht Tage vor und nachher *). Als aber am
Katharinamarkte mehrere Jahre hindurch äußerst wenige Käufer erschienen, verlegte ihn K. Friedrich 1465
auf die Bitte der Freystädter auf den Tag Pauli Be-
kehrung **). Wochenmärkte wurden in Freystadt seit
undenklichen Zeiten zwey: am Montag und Freytag,
gehalten. Die alten Privilegien hierüber sind im Kriege 1452 und durch andere Unfälle zu Grunde gegangen; dessen ungeachtet wurden die Wochenmärkte
nach alter Sitte fortgehalten. Im Jahre 1582 bathen

---

*) Wir Albrecht von Gottes gnaden Römischer Khünig..
   thun kund.., daß uns unser getreuen.. die Burger gemainglich zu der Freinstatt fürgebracht haben, wie sie unzt-
   her keinen Jahrmarkt in derselben unser Stadt gehabt haben, und bathen uns diemuthiglich, daß wir.. ihnen zween
   Jahrmärkt dahin gäben der Stadt und ihnen zu Aufnehmen,
   und auch aller Landschaft daselbst um zu Nutz und Frumen ... Geben am Samstag vor sant Stephanstag In-
   ventionis (am 10. October) 1439.
**) Von dieser inhaltslosen Urkunde verdient nichts als das
   Datum abgeschrieben zu werden: „Geben zu der Neuen-
   stat am Sambstag vor sand Johannstag zu Sunewenden
   (am 22. Junius) 1465."

die Bürger den K. Rudolph um die Erneuerung der
Wochenmarkts=Privilegien und wußten es dahin zu
bringen, daß er ihnen nicht nur die zwey Wochenmärk=
te, sondern auch die alten Monopolienrechte der Nie=
derlage und des Straßenzwanges in ihrer ganzen
Strenge neuerdings bestätigte. Getreid, Hopfen,
Wein und Vieh waren die vorzüglichsten Gegenstände,
mit welchen auf diesen Wochenmärkten Handel getrie=
ben wurde. Die Urkunde K. Rudolphs stellt uns ein
trauriges Gemählde von den vielen Fesseln und dem
harten Drucke auf, unter welchen Käufer und Ver=
käufer damahls noch schmachteten; sie verdient es in
dieser Rücksicht, der Vergessenheit entrissen zu wer=
den *).

Von Freystadt, der einzigen landesfürstlichen
Stadt im Mühlviertel, wenden wir uns zu den vor=
züglicheren Marktflecken desselben Kreises, von deren
Jahr = und Wochenmärkten sich noch einige Urkunden
erhalten haben. Königswiesen war noch ein Dorf, als
es 1279 vom K. Rudolph mit einem Wochenmarkt
begnadiget wurde **). Rudolph wollte damit die
Verdienste Ulrichs von Capellen, dem das Dorf ge=
hörte, belohnen: ein Beweis, welchen Werth man
damahls auf eine solche Begünstigung legte. Rudolph
verlieh diesem Wochenmarkte die nämlichen Vorrechte
und Freyheiten, welche die Bürger von Enns auf
ihrem Wochenmarkte genoßen.

*) Beylage Nro. XLII.
**) Oesterreich unter den Königen Ottokar und Albrecht. Th. II.
S. 183. In villa Chunigeswise, utpote loco ad id habili
et apto, ebdomadale forum feria secunda perpetuo duximus edicendum ... frequentantes libera securitate gau-
deant, ac eisdem iuribus et libertatibus perfruantur,
quibus forum Ciuitatis Anasi est dotatum.

Den Bürgern von Mauthausen hat K. Friedrich 1469 einen Jahrmarkt vierzehn Tage vor und nach Magdalena *); K. Maximilian 1514 einen zweyten acht Tage vor und nach dem Veitstag verliehen**).

Der Markt Leonfelden hatte mit vielen anderen Flecken und Dörfern das Unglück, von den Hussiten durch Feuer verwüstet zu werden, wobey alle alten Urkunden zu Grunde gegangen. Zum Glücke wurde im landesfürstlichen Schloße Wachsenberg, welchem Leonfelden unterthänig war, ein Urbarium errettet, in welchem Abschriften der alten Freyheiten des Marktes enthalten waren. Diese wurden 1435 in das neue Marktbuch eingetragen, und späterhin fügte man alle jüngeren Privilegien und wichtigeren Proceßacten hinzu ***). Von den Jahrmärkten enthält dieses Marktbuch Folgendes:

---

*) Geben zu der Newnstat an Samstag nach aller Heiligen (am 4. November) 1469.

**) Geben in unnser Stat Lynntz, den Newndten tag des Monats Marcy 1514.

***) Im Archiv zu Leonfelden wird ein Urbarium aufbewahret, das den Titel führt: „Vermerckt den dienst vnd alle gült Im Ambt vnd gericht zu lonuelden verschribn zu Sannd Michels tag Anno domini ꝛc. XXXV." — Vor den Artikeln der Pontadung heißt es: „Vermerckt dye Rechten des Marckts Lonuelden So durch vns Hernach geschryben Richter vnd Burger In eehafftn tayding berechtent sein, Nachdem vnd der Marckt durch dye Hussrey verprennt ist worden, Dieselbnn rechten dann In dem alten Marckt puech so verprunnen ist geschryben gewesen der yeder man gedacht hat vnd nach geschäfft auch mit willen vnd wissen Vnsers Genadigen Herrn Herrn Reinprechten von Walsse aus dem Vrbarpuech Wächsennbergk vernewt sein worden In gegenwurt des Edlnn Casparn Hager dyeselb zeit phleger daselbs, geschechn Nach Christi gepurdt Tausent vierhundert vnd Im fünff vnd dreyssigisten Jaren." — Reinprecht

14

Der alte Jahrmarkt, der ſchon vor der Huſſiti⸗
ſchen Verwüſtung beſtanden, wurde ſeit derſelben bis
zum Jahre 1485 nicht wieder gehalten, hat ſich alſo
durch den Nichtgebrauch des früheren Privilegiums
gänzlich verjähret. Die Häuſer waren wieder hergeſtel⸗
let und der Markt ſogar mit Feſtungswerken nach da⸗
mahliger Sitte verſehen; aber von ſeinen alten Vor⸗
zügen fehlte noch immer der Jahrmarkt. Um dieſem
Mangel abzuhelfen wendeten ſich die Bürger an den
damahligen Pfandinhaber der Herrſchaft Wachſen⸗
berg, Chriſtoph von Lichtenſtein, und bathen ihn als
ihren Grundherrn, ihnen durch ſeine Fürſprache beym
Kaiſer ein neues Jahrmarktsprivilegium zu erwirken.
Chriſtoph verwendete ſich 1485 in dieſer Angelegenheit
auch ſogleich an den Kaiſer, bath ihn ſchriftlich um die
gnädige Erneuerung des Jahrmarktes und machte ihn
zugleich auf die Vortheile aufmerkſam, die dadurch
dem Aerarium zu Theile würden, da Leonfelden zum
landesfürſtlichen Kammergut gehörte. Um noch ſiche⸗
rer zum Ziele zu gelangen, bath Chriſtoph auch den
Liebling des Kaiſers, den Freyherrn Sigmund von
Prueſchenk, Marſchall, Kämmerer und Erbtruchſeß
von Steyr, den Leonfeldnern zur Erfüllung ihres ſehn⸗
lichſten Wunſches verhülflich zu ſeyn. Obgleich noch
vor wenigen Jahren ein dem Kaiſer höchſt verhaßter
Gegner *), fand Chriſtoph von Lichtenſtein jetzt doch
ein geneigtes Gehör, denn er bath nicht ſoviel zu ſei⸗
nem eigenen, als zum Nutzen des Kaiſers ſelbſt. Die⸗
ſem ließen die Leonfeldner durch ihren Agenten, Hanns

---

von Walſe, von dem hier Meldung geſchieht, war damahls
Pfandinhaber von Wachſenberg. Späterhin folgten in die⸗
ſer Eigenſchaft die Herren von Lichtenſtein nach.

*) Oeſt. unter K. Friedrich IV. Th. II. S. 126 — 128.

Matschacher, eine Bittschrift überreichen, in welcher
sie ihre traurige Lage und auch die Vortheile schilder=
ten, die ihrem Grundherrn, dem Kaiser, und auch
ihnen selbst durch einen oder zwey Jahrmärkte würden
verschafft werden. Nach wenigen Tagen ward ihre
Bitte erfüllet: der Kaiser begnadigte sie mit zwey
Jahrmärkten. Wie theuer ihnen diese Gnade zu stehen
gekommen, und wieviel sie einem jeden bezahlen muß=
ten, haben die ehrlichen Bürger eben so, wie den Brief
Lichtensteins an den Kaiser, ihre Bittschrift, und auch
das neue Jahrmarkts=Privilegium in ihr Marktbuch
eingetragen*). Ohne Zweifel hatte Leonfelden auch
einen Wochenmarkt, von dem aber keine Erwähnung
geschieht.

Der Markt Rohrbach im oberen Mühlviertel hatte
seit langer Zeit einen Wochenmarkt und zwey Jahr=
märkte, die aber seit der Hussitischen Verwüstung des=
selben ebenfalls, wie in Leonfelden, nicht mehr gehal=
ten wurden. Da auch alle alten Privilegien der Landes=
fürsten bey dem unglücklichen Brand zu Grunde ge=
gangen sind, so waren Erneuerungen derselben nöthig,
welche der H. Albrecht auch willfährig den verarmten
Bürgern im Jahre 1459 ertheilte, um ihre Noth mög=
lichst zu lindern. Der Wochenmarkt am Montag, und
zwey Jahrmärkte wurden von ihm den Bürgern von
Rohrbach neuerdings wieder verliehen**). Einen die=
ser Jahrmärkte, der am St. Jacobstage gehalten
wurde, verlegte K. Rudolph 1582 auf den nächsten
Sonntag nach dem Feste der Erscheinung, weil er zu
nahe auf das Kirchweihfest kam, das am Sonntag
nach St. Ulrich gefeyert wurde.

---

*) Beylage Nro. XLIII.
**) Beylage Nro. XLIV.

14 *

Die Märkte Haslach und Sarleinsbach unterlagen
gleichfalls der Wuth der Hussiten: Häuser und Urkunden wurden ein Raub der Flammen. Dieß war die Ursache, daß die späteren Landesfürsten auch den dortigen Bürgern Wochen= und Jahrmärkte auf dieselbe
Weise, wie bey Leonfelden und Rohrbach, erneuerten, um ihre vorigen Nahrungsquellen nicht ganz
versiegen zu lassen.

Wir verlassen das Mühlviertel, dessen Wochen-
und Jahrmarktsurkunden uns zugleich einige erwünschte Beyträge zur Geschichte des Hussitenkrieges in Oesterreich liefern, und wenden uns zum Salzkammergut, welches als Eigenthum unsrer Landesfürsten mit
Handelsprivilegien ganz vorzüglich ist begünstiget worden. Um nicht weitläufig zu werden, schränken wir
uns auf das Merkwürdigste ein.

Auf dem Wochenmarkt zu Gmunden war es von
jeher Sitte, daß der Nachrichter eine Abgabe erhob:
wahrscheinlich eine Belohnung für seine Aufsicht zur
Erhaltung der Sicherheit und Ordnung, wie dieß
noch heut zu Tage an vielen Orten als eine alte Gewohnheit für die Gerichtsdiener besteht. Darüber
klagten aber die Bürger von Gmunden und gaben
vor, daß ihr Wochenmarkt dadurch beeinträchtiget
würde. Auf ihre Bitte hob H. Albrecht 1379 diesen
Zoll des Nachrichters auf, behielt sich aber seinen eigenen bevor, der im dortigen Mauthhaus auch ferner
noch mußte bezahlet werden*).

_____

*) Beylage Nro. XLV. In den Städten hatten der Nachrich-
ter und der Gerichtsdiener gewöhnlich einen Antheil an den
Strafgeldern. So z. B. in Heimburg, apud Senkenberg, Visiones, p. 280, bekam ersterer ein halbes Pfund,
und letzterer dreyßig Pfennige, wenn der Stadtrichter
ein Strafgeld von einem Pfunde erhob. In der Urkunde

Es gab seit langer Zeit einen Streit zwischen den Salzfertigern von Gmunden, Ischel, Laufen und Hallstatt eines Theils, und dem Abt von Lambach, den Naufergen, Steurern, Salzleckern und Meister-knechten am Stadel bey Lambach andern Theils. Die-sen Streit endigte K. Albrecht 1439 durch eine neue lange Ordnung, die von niemanden durfte überschrit-ten werden. Das Ganze ist für die Geschichte nicht merkwürdig, nur beweiset eine Stelle, daß man schon damahls den Traunfall mit Schiffen passiren konnte *).

Den Bürgern von Laufen hat schon K. Rudolph von Habsburg alle Rechte und Freyheiten der Bürger von Gmunden ertheilet **), und Hallstatt ist von der Königin Elisabeth 1311 zu einem Markt erhoben, und mit den Freyheiten von Laufen, Gmunden und den übrigen Städten in Oberösterreich zu Wasser und zu Lande begnadiget worden ***). Ischel hat die volle Handelsfreyheit der Städte 1392 noch als Dorf er-halten; den Vorzug eines Marktes, einer freyen Rich-terwahl und Gerichtsbarkeit aller Vergehen, die nicht

---

H. Leopolds für Wien vom Jahre 1198, bey Lazius heißt es: Pro quacunque causa judex civitatis lucretur unum talentum, subjudex et praeco ab eo, qui illud dederit, habeant triginta denarios.

*) „Item von jeglicher Kürchleutzillen, die durch den Fall ge-führt wirdet, sullen den Naufergen gevallen fünf vnd Vier-zig Phenning ... Geben am Mittichen nach sanckt Peter vnd Paul tag der heiligen zwölfboten (am 1. Julius) Nach Christi Geburt vierzehenhundert Jar vnd darnach in dem neun vnd dreyßigsten Jar ...

**) Oest. unter K. Friedrich dem Schönen, S. 462. „Daz seu alle die recht, gnad, vnd vreyung haben sullent, die vnser Purger von Gmunden haben.

***) Oesterreich unter K. Friedrich dem Schönen. S. 462.

mit dem Tode bestraft wurden, und eines Wochen=
marktes am Montag hat K. Friedrich den neuen dor=
tigen Bürgern im Jahre 1466 verliehen *).

Wir haben von den Wochen= und Jahrmärkten
Oesterreichs ob der Enns geflissentlich ausführlicher
gesprochen, weil von dieser Provinz bisher noch gar so
wenig Geschichtliches bekannt gemacht worden, und die
Urkunden, die sich bis auf unsre Zeiten in Städten,
Märkten und Schlössern in geringer Anzahl noch er=
halten haben, wahrscheinlich bald größtentheils dem
Untergange sich nahen. Möchte sich doch auch im Lan=
de unter der Enns jemand der urkundlichen Uiberbleib=
sel ähnlichen Inhalts erbarmen, sie sammeln, bekannt
machen, und dem künftigen Geschichtschreiber will=
kommene Materialien liefern! Indessen begnügen wir
uns mit wenigen Hinweisungen auf gedruckte Urkun=
den, in welchen von Wochen= und Jahrmärkten im
Lande unter der Enns Meldung geschieht.

Dort erscheinet urkundlich zuerst Neustadt mit ei=
nem Jahrmarkt begabt, welchen H. Friedrich 1239

---

*) In K. Friedrichs langer Urkunde heißt es: „Wir haben an=
gesehen der Obbenannten von Ischl fleißig Bette, und ha=
ben ihnen dadurch und von sundern Gnaden; auch ihres
Nutz und Aufnehmens wegen, aus zeitigem Rath und mit
rechtem Wissen als Herr und Landsfürst das vorgenannt
Dorf von neuem zu einem Markt erhebt, und die obbe=
meldten unser und ander Leut, darin gesessen und wohn=
haft, zu Burgern geschöpft und gemacht, ihnen Burger=
recht und alle Gerechtigkeit in allen Händeln, so andere
unser Burger und unser Märkt in unserm Fürstenthum Oe=
sterreich ob der Enns gewöhnlich haben, gegeben, auch wo=
chentlich an dem Montag einen Wochenmarkt daselbst zu
Ischl zu halten vergunt, u. f. w. Geben zu der Neustadt,
am Freytag vor dem Sonntag Lätare in der Fasten (am
14. März) 1466.

den Bürgern zum Lohn ihrer seltenen, unverbrüchlichen Treue verliehen hat *).

Wien, schon-frühzeitig mit dem Nahmen einer getreuen und lieben Stadt beehret **), erhielt erst im Jahre 1278 vom K. Rudolph zwey Jahrmärkte ***), welche sein Sohn Albrecht ****) und die folgenden Landesfürsten bestätigten. Das Privilegium H. Albrechts des Dritten vom Jahre 1382 verdient eine ausführlichere Erwähnung *****). In demselben werden die zwey Jahrmärkte zu Wien bestätiget. Der erste soll

---

*) Hormayr, Taschenbuch. 1812. S 75. Insuper damus eis in subsidium et promotionem, ut omni anno in festo nativitatis beatae Mariae Virginis habeant forum annale, quod nundinae appellatur, et illud per tres septimanas continue observabunt.

**) Im Jahre 1278 wurde Wien vom K Rudolph zum dritten Mahle zu einer freyen Reichsstadt erhoben: Et ipsa civitas inter fideles et dilectas Civitates Imperii specialiter computetur: bey Lambacher, S. 159. In der Deutschen Ueberseßung lautet diese Stelle: „Die Stat schol sunder geczalt werden undern andern getrewn vnd lieben steten des Reiches" Apud Rauch, T. III. p. 4. In unsern Tagen wurden diese Ehrennahmen der Städte vorzüglich in Frankreich erneuert.

***) Lambacher, S. 165. Ad haec regia largitate volentes honorem praedictae civitatis honorabiliter amplius honorare, liberalitate et largitione perpetua indulgemus, ut in eadem civitate bis in anno solemnes et publicae nundinae frequententur.. in aestate festo beati Jacobi Apostoli quatuordecim diebus contiguis nundinae celebrentur. Item ante festum Purificationis gloriosae Virginis Mariae septem diebus, et post, septem diebus nundinae similiter frequententur.

****) Senkenberg, Visiones, p. 294. H. Albrecht hat in seiner Bestätigung 1296 die Stelle über die Jahrmärkte wörtlich aus der gleich angeführten Urkunde seines Vaters entnommen, sie aber in Deutscher Sprache gegeben.

*****) Rauch, T. III. p. 129.

vierzehn Tage vor und nach dem Auffahrtstage; der zweyte eben so lange vor und nach dem Tage der heiligen Katharina dauern. Allen, welche diese Jahrmärkte besuchen, wird der landesfürstliche Schutz zugesichert. Sie sind auch gänzlich von dem Pfändungsrechte befreyet, und dürfen wegen keiner Sache oder Schuld, die sich nicht von dem gleichzeitigen Jahrmarkt herschreibt, angeklagt oder gepfändet werden. Wer dieses Gesetz verletzt, wird als ein Störer der öffentlichen Ruhe bestraft. Criminalverbrechern kann jedoch diese Marktsbefreyung nicht zu gute kommen, denn diese müssen zu jeder Zeit verfolgt und bestraft werden. Allen verkäuflichen Dingen, sie mögen nach der Zahl, oder Elle, oder einem Maße hingegeben werden, setzt der Stadtrath einen bestimmten Preis. Um Käufer und Verkäufer vor Unrecht und Beschädigung möglichst zu bewahren und die Freyheiten der Jahrmärkte aufrecht zu erhalten, hat der Herzog dem Stadtrichter den Hofmarschall beygesellet, damit beyde gemeinschaftlich für die öffentliche Sicherheit während der Jahrmärkte sorgeten. Beging jemand, der im Dienste des Herzogs stand, oder ein Freyherr, Ritter, Edelknecht oder ein Diener derselben eine Uibelthat: so halfen der Hofmarschall und der Stadtrichter zusammen, den Schuldigen zu verhaften, worauf er nach Hofrecht untersucht und verurtheilet wurde. Uibelthäter aus dem gemeinen Volke blieben dem Gerichte des Stadtrichters überlassen. Für dergleichen schädliche Leute hob der Herzog alle Zufluchtsorte (Asyle) auf, deren es damahls ungeachtet einer früheren Einschränkung H. Rudolphs IV. *) noch mehrere gab: bey den Schotten, zu St. Stephan und St. Clara, in den

---

*) Oesterreich unter H. Rudolph dem Vierten. S. 127.

Freyhäusern der Landherren und in einigen andern be=
freyten Orten. Allen Menschen steht es frey, Waaren
jeder Art zum Verkauf auf die Jahrmärkte zu bringen;
nur bleibt es verbothen, Weine in die Stadt einzufüh=
ren, denn dadurch würde das Privilegium des Wein=
handels der Bürger von Wien beeinträchtiget. Von
den Waaren, die während der vier Wochen zum
Jahrmarkt herbeygeführt wurden, durfte bey keinem
Stadtthor eine Mauthabgabe entrichtet werden; den
herzoglichen Waarenzoll wird der Landesfürst nach
Vernehmung seines Rathes und des Stadtmagistra=
tes bestimmen. Die sogenannte Burg= und Wagen=
mauth sammt dem Zoll wird man in Einem Hause zu=
gleich einfordern, um den Kaufleuten unnöthige Gän=
ge und Zeit zu ersparen. Auch soll zur Zeit eines jeden
Jahrmarktes ein Pferderennen gehalten werden. Am
Ziele hängt ein Scharlachtuch, das derjenige als Sie=
gespreis erhält, welcher am ersten dort anlangt. Die
Rennpferde, die zu dieser Belustigung herbeygeführt
werden, sind in allen Oesterreichischen Provinzen vom
Straßenzoll befreyet.

Das Pferderennen nach einem Scharlach oder
Mantel war im dreyzehnten Jahrhundert und in den
folgenden Zeiten eine wiederhergestellte Volksbelusti=
gung in Italien, welche öfter mit dem Wettlauf der
Menschen wechselte, und sich nicht immer innerhalb
der Gränzen eines geziemenden Anstandes und einer
lobenswerthen Sittsamkeit gehalten hat *). Wahr=

---

*) Muratori, Antiquitat. Ital. T. II. p. 850 et seq. In Statu-
to Populi Mutinensis anno 1327 decretum fuit: Ut in
festo S. Michaelis equi currant ad Scarletum, etc. — Anno 1289 Florentini victores moenibus Arretinae Urbis
instantes, testante Joanne Villanio: Fecionvi correre il
Palio per la festa di San Giovanni, et rizzaronvi più

ſcheinlich hat man dieſe Italieniſche Sitte in Oeſterreich nachgeahmet, um deſto mehr Fremdlinge zu den
Jahrmärkten herbeyzulocken. Späterhin wurde an
vielen Orten in der nämlichen Abſicht ein Scheiben-
ſchießen angeordnet, zu dem jedermann freyen Zutritt
hatte, was ſich bis auf unſere Zeiten erhalten hat. Zu
dieſer Beluſtigung mag der Kaiſer Maximilian vieles
beygetragen haben, denn er war ſelbſt ein berühmter
Schütze, und beförderte an vielen Orten die Schützen-
geſellſchaften. Dadurch fand ſich auch der ehrſame
Stadtrath in Steyr bewogen, im Jahre 1506 eine
Schützengeſellſchaft zu errichten. An einem Sonntag
wurde mit Scheibenbüchſen, an dem folgenden immer
wechſelweiſe mit Armbrüſten nach dem Ziele geſchoſ-
ſen. Anſtatt des Scharlachs ward ein Hoſentuch zum
erſten Preiſe beſtimmt *).

Die Stadt Krems erhielt ihren erſten Jahrmarkt
1359 vom H. Rudolph IV. **), und den zweiten
von den Herzogen Wilhelm und Albrecht im Jahre
1402 ***).

---

difici, e manganaronviſi Aſini con la mitra in capo per
rimproccio del loró Veſcovo. — Anno 1325 Caſtruccius
Lucenſium Princeps .. in contemtum Florentini Populi
tria certamina edenda juſsit, praemiis unicuique propo-
ſitis. Primum fuit curſus equorum: ſecundum peditum:
tertium curſus meretricum.

*) Preuenhuber, S. 173. „Darzu gemeine Stadt ein Hoſen-
  Tuch zum beſten zu geben gewilliget.‟

**) Rauch, l. c. p. 363. In dieſer Urkunde kommt der hochtra-
  bende Ausdruck vor: „Von kaiſerlicher Macht volkomenhait, die Wir von dem heiligen Reich haben in unſerm
  lannde zu Oeſterreich.‟ — Dieſen Jahrmarkt verlegten die
  Herzoge Wilhelm und Albrecht im Jahre 1396 von dem
  Jakobitag auf den Apoſteltag Simonis und Judä.

***) L. c. p. 368 et ſeq.

✝ Schon K. Carl der Große hat eine Verordnung bekannt gemacht, welche die Wochenmärkte an Sonntagen untersagte *). Indessen erlaubte er sie auch an Sonntagen dennoch denjenigen Orten, wo dieselben von jeher an diesen Tagen sind gehalten worden **). Dergleichen Befehle wurden in den folgenden Jahrhunderten öfter erlassen ***), und als Ursache angegeben, daß es sehr unschicklich und der Feyer des Sonntags geradezu entgegen sey, ihn durch Handelsgeschäfte zu entheiligen. Aber einige Fürsten, welche Wochenmärkte vom Sonntag auf einen anderen Tag verlegten, sprechen in ihren darüber erlassenen Urkunden keineswegs von der Entheiligung des Sonntages, sondern geben als Grund davon ihre Güte und Gnade an, die für die Vermehrung des Wohlstandes einer verarmten Stadt väterlich sorgte. Um der durch Feuersbrünste verarmten Stadt Enns wieder aufzuhelfen, verboth H. Friedrich 1244 die Haltung der Wo-

---

*) Capitulare primum anni 809, apud Baluzium, T. I. p. 466. De mercatis, ut in die dominico non agantur, sed in diebus quibus homines ad opus dominorum suorum debent operari.

**) Capitulare secundum, l. c. p. 471. Ut mercatum in die dominico in nullo loco haberi nisi ubi antiquitus fuit et legitime esse debet.

***) Schwabenspiegel, Augsburg, 1480. Blatt 6. Wir gebieten daß an den suntag niemant nicht feyl hab wann essen vnd trinken. wer sein gaben auftut oder sein kraum. oder sein keler baz er icht barauß verkauffen wil der ist dem leutpriester fünf schilling schuldig vnd dem richter auch souil. Ein yegklich feirtag den man mit dem bann gebeüt ze feiren der hat das selb recht als der suntag vnd die drei hochzeit. weinächt. ostern vnd pfingsten." Dieses alte Gesetz wurde in Oesterreich von den Kaisern Ferdinand dem Ersten bis Leopold öfter erneuert. Guarient, Th. I. S. 334, u. s.

chenmärkte an einem Sonntag*). Als K. Ottokar
1256 den Wochenmarkt in Klosterneuburg vom Sonntag auf den Montag verlegte, gab er als Ursache davon
die Entheiligung des Tages an **), war aber schwach
genug, nach wenigen Jahren diesen seinen Befehl
wieder zurückzunehmen, und die Haltung des Wochenmarktes am Sonntage zu erlauben, welcher Mißbrauch bis zum Jahre 1276 fortdauerte, aber vom K.
Rudolph wieder abgeschafft wurde. In der hierüber
ausgestellten Urkunde eiferte derselbe gegen die Ent-
weihung des Sonntages; aber aus ihrem weiteren
Inhalt geht klar hervor, daß es den Bürgern von Klosterneuburg, die durch Rudolphs Soldaten äußerst
hart sind mitgenommen worden, nicht soviel um die
Sonntagsfeyer, sondern um einen öfter wiederhohlten Zusammenfluß von Menschen in ihrer Stadt zu
thun war, denn sonst hätte Rudolph unmöglich sich so
sehr vergessen und hinzusetzen können, daß er ihnen
durch die Verlegung des Wochenmarktes vom Sonntag auf den Montag einen Ersatz für den Schaden
leisten wolle, den sie durch seine Soldaten erlitten
haben ***).

-----

*) Die hieher gehörige Stelle ist schon weiter oben bey dem Wo-
chenmarkt von Enns angeführt worden.

**) Maximilian Fischer, Merkwürdigere Schicksale des Stif-
tes und der Stadt Klosterneuburg. Th. II. S. 241. Forum
quod aput Niunburch ex parte clauſtri die dominico.
qui lumen exiſtit requietionis celeberrime. populus con-
ſueuit hactenus auſu nefario frequentare.

***) Am angeführten Orte, S. 265. Forum quod in Civitate
Niumburgensi ex dictatione principum Auſtrie vſitatum
diebus dominicis ab antiquo et de Rege Boemorum Otha-
caro in diem Lune ad laudem Dei tranſlatum, et poſtea
ab eodem ad quorundam peticionem dicitur reuocatum
... Precipue ad peticionem et clamorem dilectorum no-

Um auch von einem Wochenmarkt eines Marktfleckens im Lande unter der Enns ein Beyspiel anzuführen, erwähnen wir der Marktes Stillfried, der
in unserer vaterländischen Geschichte immer ein sehr
merkwürdiger Ort bleiben wird, denn in der Nähe
desselben hat K. Rudolph den glänzenden Sieg über
den K. Ottokar erfochten, der dem Hause Habsburg
den Besitz der Oesterreichischen Provinzen verschaffte.
Stillfried erhielt vom H. Albrecht dem Dritten einen
Wochenmarkt *).

Daß der Markt Aspach bereits im Anfang des
dreyzehnten Jahrhunderts ein Stapelrecht besessen
hat, haben wir schon weiter oben vernommen. Er war
aber auch mit einem Wochenmarkt am Dienstage begabt, den selbst des Herzogs Grundholden, die am
Montag mit Feilschaften vorbeyfuhren, abwarten und
besuchen mußten. Aspach gehörte unter die am meisten
begünstigten Marktflecken, denn er genoß alle damahls
höchst erwünschten Vorrechte des Straßenzwanges,
der Eisenniederlage, der Befreyung von der Pfändung des Meilenrechtes, und ward in Rücksicht der
Handelsbefugnisse der Stadt Enns gleichgestellet **).

---

strorum Civium Ciuitatis ejusdem qui per inopinatum
nostri exercitus ingressum lesi fuerant grauiter et Attriti
in recompensacionem etiam dampnorum ibi datorum,
idem forum .. in diem lune. transferimus.

*) Senkenberg, Selecta, T. IV. p. 309.

**) Meichelbeck, Histor. Frising. T. II. p. 84, n. 139. Di
haben geseit, daz Aspach der Marcht also gestift si, von
dem Hertzogen Liupolden, daz einer meil sol nicht vails sin
an Zedingesteten, und da ze pharren. In der meil sol auch
dchein hantwerch sin, an da ze pharren, und daz des Hertzogen Burgen, daz di icht fur varen des Montags, si suchen den marcht an dem Eritag, ze Aspach, daz selb reht,
daz hat des Tumput Liut, und marcht von sant Peter ....
und daz si auch Enser reht haben, u. s. w.

K. Rudolph bestätigte 1277 zu Gunsten des Bischofes Conrad von Freysingen alle alten Privilegien des Marktes Aspach *).

Wir halten es für überflüßig, uns noch länger bey Privilegien der Jahr= und Wochenmärkte zu verweilen. Aus den angeführten Urkunden erhellet zur Genüge, daß durch Verleihung der Jahr= und Wochenmärkte und durch die allmählige Vermehrung derselben die privilegirten Monopolien immer mehr unschädlich gemacht, die Bequemlichkeit und der Nutzen der Einkäufer auf dem Lande befördert, und die Betriebsamkeit und der Kunstfleiß der Gewerbetreibenden im ganzen Lande aufgereget wurden. Aber Jahr= und Wochenmärkte wirkten zuerst und unmittelbar nur auf die Beförderung und Ausbreitung eines freyeren Handels im Inlande; für den Handel mit dem Auslande sorgten unsre Landesfürsten durch Staatsverträge, von welchen nun das Merkwürdigste wird erwähnet werden.

Dreyzehnter Abschnitt.

Staatsverträge mit Auswärtigen zur Beförderung des Handels.

Unbekannt mit der Seele des Handels und gewohnt, nicht nur die gewöhnlichen sondern auch die höheren Geschäfte des Staates durch Privilegien abzuthun, nur für den gegenwärtigen Augenblick, und nicht für das ganze Volk, sondern nur für gewisse Classen desselben zu sorgen: wie hätten die Landesfürsten im Mittelalter den Handel als eine wichtige Staatsangelegenheit betrachten, und ihn als solche - befördern sollen? Daher kommt es auch, daß man

---

*) L. c. p. 83. Nos eidem Principi recognoscimus, ratumque habemus jus sibi concessum in foro Aspach, etc.

unter den häufigen Bündnissen der damahligen Fürsten so äußerst selten einen Handelstractat findet, welcher benachbarten Völkern alle billigen Vortheile eines
gegenseitigen Handelsverkehrs zusicherte. Und selbst
diese wenigen Handelstractate, die wir vorzüglich aus
dem vierzehnten Jahrhundert kennen, verrathen noch
immer engherzige Grundsätze und eine ängstliche
Furchtsamkeit, dem System der Privilegien und Mo-
nopole ja nicht zu nahe zu treten, und alle Ausländer
von der Theilnahme an dem Handel nach Thunlichkeit zu
entfernen, weil man die Möglichkeit nicht einsah, daß
mehrere Länder zugleich aus gegenseitigem Verkehr
Vortheile ziehen können. Von Handelstractaten mit
auswärtigen Fürsten zeugen folgende Urkunden:

Mit Regensburg muß schon unter H. Albrecht I.
ein Handelsvertrag bestanden haben, weil er 1287 den
Bürgern von Steyr die Zusicherung gab, daß sie in Regensburg nur zwey Pfennige Zoll bezahlen dürften *).

Der Kaiser Ludwig der Bayer ist aus einem hef-
tigen Gegner ein warmer Freund der Herzoge von
Oesterreich geworden, um dem treulosen K. Johann
von Böhmen das Gleichgewicht halten zu können. Im
Jahre 1332 besuchte ihn der H. Otto von Oesterreich
in seiner Residenzstadt München, und Ludwig benützte
desselben Gegenwart zum Vortheile der dortigen Bürger, denn auf Zuthun des Kaisers ertheilte der Herzog den Münchnern die Vorrechte, welche die Regensburger bisher in den Oesterreichischen Provinzen
als Kaufleute genossen haben **).

_____

*) Preuenhuber, S. 36. Ratisbonae pro eo, quod compa-
raverit vel vendiderit Civis Styrensis, duos denarios
pro theloneo tantum solvat.
**) Roman Zirngibl, Ludwigs des Baiers Lebensgeschichte.
München, 1814. S. 340, u. f.

Im Jahre 1344 verlieh H. Ludwig von Bayern und Graf von Tyrol allen Kaufleuten, welche aus Oesterreich kommen würden, vorzüglich aber den Oesterreichischen Unterthanen die Freyheit, mit ihren Waaren mit voller Sicherheit durch sein Gebieth wandern zu können*).

Der K. Carl, sein Bruder Markgraf Johann von Mähren und der H. Rudolph von Oesterreich sicherten 1360 in ihren Ländern allen gegenseitigen Unterthanen und Kaufleuten einen freyen Durchzug und Sicherheit der Personen und des Eigenthums zu. Den Kaufleuten wurde versprochen, daß man sie mit keiner neuen Last beschweren, sondern nach alter Gewohnheit behandeln werde. Ein jeder, der sich eine Gewaltthat gegen sie erlaubete, würde von den Landesfürsten als Straßenräuber behandelt und genöthiget werden, den Beschädigten vollen Ersatz zu leisten**). Dessen unge=

---

*) Rauch, T. III. p. 65. Wir Ludweig ... Tun chunt ... das wir sicherhait vnd gelait geben haben mit disem brief allen chauflewten gemainchlichen von wan sy durch vnser lieben Oheyms des herczogen von Osterreich lant vnd berschaft varent in vnser gepiet vnd herschaft vnd besunderlich pei namen alle dy chauflewt dy vnsern lieben obgenanten Ohaim angehorent vnd die in seiner herrschaft gesessen sind, von seinen landen in vnser herrschaft, es sey chaufmanschaft oder mit welcherlay ding das sey, si varn gen Tirol oder durch kataufers durch den Aienssen oder wo sy varent in vnser gepiet, u. s. w.

**) Steyerer, p. 312. „Auch sollen, und wollen Wir des vorgenanten, vnsers Eidem des Herzogen, und seiner brudern Koufleute nicht besueren mit dheiner neuer Strazze, noch bsatzunge, sunder wir sullen, und wollen sie beleiben lazzen in allen unsern Landen, by sulcher Wandlung, Strazzen, und guter gewonheit, als sie mit unsern Vordern von alter herkomen sint." — Die gleichlautende Gegenurkunde findet man bey Dobner, T. IV. p. 542, doch mit der irrigen Jahresangabe von 1353.

achtet geht aus einer späteren Urkunde H. Rudolphs vom Jahre 1364 hervor, daß er den Böhmen keineswegs einen freyen Handel in seinen Erblanden gestattete, denn er erlaubte den Bürgern von Prag nur vom fünf und zwanzigsten Februar bis Weihnachten desselben Jahres den Waarenzug durch Wien nach Venedig, und von dort wieder zurück nach Prag, untersagte ihnen aber ausdrücklich, Italienische Weine einzuführen *).

Einen ähnlichen Vertrag hat H. Rudolph mit dem K. Casimir von Pohlen 1362 abgeschlossen. Es wurde in demselben den Wienerischen Kaufleuten der freye Zutritt in Pohlen und in der Stadt Cracau; den Pohlnischen im Gegentheile die Handelsfreyheit in Oesterreich und Wien zugesichert und zugleich dem schändlichen Mißbrauch Einhalt gethan, dessen sich beyde Nationen durch die Ausübung der Repressalien schuldig gemacht haben. Casimir kam mit Rudolphen überein, daß die gegenseitigen Forderungen der Pohlen und Oesterreicher von den Magistraten in Cracau und Wien untersucht, und die Gläubiger nach einem gesetzlichen Urtheil befriediget werden sollten **).

---

*) Pelzel, K Carl der Vierte. Th. II. S. 336, im Urkundenbuch. „Wir Rudolf .. Bechennen, daz wir den erbern vnd beschaiden leuten Purgern von Prag erlaupt haben vnd erlauben ouch, daz sie mit irr chaufmanschaft durch vnser Stad ze Wien gen Venedy entrichcz her widerum von Venedy durch dieselben vnser Stat ze Wien varen vnd giben sullen an geverde, vncz auff die wienachten dy nu schirst koment vnd nicht lenger; auzgenomen allerley welschen Weyn, den wir yn nicht erlaupt haben zu furen.

**) Rauch, T. III. p. 92. Cazimirus rex polonie .. recognoscimus, quod .. Rudolfus quartus .. frater noster carissimus ex vna, et nos parte ex altera, ex ciuium nostrorum

15

H. Rudolphs Besitznahme der Graffchaft Tyrol
zog einen Krieg mit den Herzogen von Bayern nach
sich. Der K. Ludwig von Ungarn stiftete zwischen den
beyden Krieg führenden Mächten 1364 einen Waf=
fenstillstand, in welchem den Kaufleuten beyder Theile
während der Dauer desselben eine vollkommene Si=
cherheit des Handels ausbedungen wurde *).

In einem Vertrage, welchen K. Carl mit dem
H. Albrecht 1368 abgeschlossen hat, ertheilte er den
Oesterreichischen Kaufleuten die Freyheit, ungehindert
Weine durch Mähren nach Böhmen und Pohlen zu
führen; fänden sie es vortheilhaft, dieselben sogleich
in Mähren zu verkaufen, so werde ihnen auch dieses
gestattet. Dagegen erhielten Carls Unterthanen die
Befugniß, mit Getreide aller Art nach Oesterreich
zu handeln **).

Der Vertrag, welchen die Herzoge von Oester=
reich 1375 mit den Herzogen von Bayern zur Sicher=
heit ihrer Unterthanen in den beyderseitigen Ländern
errichtet haben ***), hätte für den Handel sehr er=
sprießliche Folgen haben, und zur Entwilderung des

Cracouienfium, ipfe quoquo ex parte ciuium fuorum
Wiennenfium, omnem diffentionis materiam; contro-
uerfa impedimenta et arreftationes, que hinc inde inter
eofdem ex utraque parte a die et data prefencium ufque
in hodiernum diem viguerunt a retroactis temporibus,
totaliter amputare cupientes, etc.

*) Steyerer, p. 394 et 395. Also, daz alle die, di ft und di iren
angehörent, wie die genant sein, di selben zeit des frides in
allen unfern land, und wider daraus sicherleich, und frei-
leichn arbaitten und wandellen fullen, mit iren Chaufman=
schafft, und mit aller ir hab wandlung auf wazzer und auf
land an alles gevärd.

**) Beylage Nro. XLV. A.

***) Beylage Nro. XXXIII.

raubſüchtigen Adels vieles beytragen müſſen, wenn
die Landesfürſten Macht genug beſeſſen hätten, die
Größen ihrer Provinzen im Zaume zu halten und
ſie zu nöthigen, den Geſetzen und Staatsverträgen
den gebührenden Gehorſam zu leiſten. Aber unſer
Herzog Albrecht der Dritte und ſeine Nachfolger in
der Regierung ſahen ſich leider in die traurige Lage
verſetzt, gegen ihre eigenen Unterthanen, Grafen und
Ritter, zu Felde zu ziehen, die Raubſchlöſſer derſelben
zu belagern und zu zerſtören. Ja, was noch mehr iſt:
einige Fürſten unſers Regentenhauſes ſchwangen,
von Regierungsſucht verblendet, ſelbſt die Fackel des
Aufruhrs, zettelten verheerende Bürgerkriege an,
und gaben das unglückliche Land der Plünderungs=
wuth ihrer unbezahlten Söldner Preis, um nur das
Ziel ihres Ehrgeitzes durch was immer für Mittel zu
erreichen. Vorzüglich iſt das fünfzehnte Jahrhundert
für unſer Vaterland ſchrecken = und jammervoll ge=
weſen. Nicht der Landesfürſt, nicht die Geſetze re=
gierten, ſondern Gewalt, Fauſt und Schwert. Wie
hätte unter ſolchen Umſtänden der Handel blühen
ſollen?

Die Länder Böhmen, Bayern und Schwaben
ſcheinen aber unſre Kaufleute bey weiten nicht ſo
angezogen zu haben als Italien; ihre Blicke und
Wünſche waren vorzüglich nach Venedig gerichtet.
Alles Köſtliche, wornach ſich die Prachtliebe und der
Gaumen ſehnen konnten, fand man dort. Daher kam
es, daß ſich unſre Kaufleute, von ihren Landesfürſten
unterſtützet, möglichſt beſtrebten, ſich einen freyen und
ſicheren Durchzug durch Görz und Friaul nach Ve=
nedig zu verſchaffen. Es wurden mit den Grafen von
Görz und mit dem Patriarchen von Aquileja Han=
delsverträge geſchloſſen.

15 *

Die Grafen Meinhard und Heinrich von Görz
haben 1351 dem H. Albrecht dem Lahmen versprochen,
die Kaufleute seiner Provinzen auf der Durchreise
durch ihr Gebieth zu schützen. Würde dessen ungeachtet
eine Gewaltthat an ihnen verübt: so würden sie ihnen
zu einem vollkommenen Schadenersatz verhülflich
seyn. Zugleich verhießen sie, von den Kaufleuten keine
größere Zollabgabe zu fordern, als dieselben nach
alter Gewohnheit bisher entrichtet haben. Den Wienern verlieh Meinhard 1369 einen eigenen Schutz-
oder Geleitsbrief, der mit dem vorhergehenden größtentheils übereinstimmt, jedoch den Beysatz enthält,
daß er im Falle eines Unvermögens, die Wiener seinem Versprechen gemäß zu schützen, dieses sogleich
dem dortigen Stadtmagistrat anzeigen, und dessen
ungeachtet den genannten Schützlingen noch sechs
Wochen hindurch sicheres Geleit geben werde, damit
sie sich unbeschädiget aus seinem Gebiethe entfernen
können *).

Zwischen den Städten Wien und Venzone haben
schon frühzeitig Verträge bestanden, welche den Bürgern dieser beyden Städte Sicherheit der Personen
und ihrer Güter gewährten. Aus uns unbekannten
Ursachen entspannen sich zwischen ihnen Uneinigkeiten,
und die Wiener übten gegen ihre Verbündete von Venzone das wilde Pfändungsrecht aus. Ein neuer Vertrag sollte auf Zuthun der Landesfürsten beyder Städte: des Herzogs von Oesterreich und des Patriarchen
von Aquileja, das alte freundschaftliche Verhältniß
wieder herstellen; und dieser Vertrag kam im Jahre
1343 auch wirklich zu Stande. Der Bürgermeister,
der Rath und die Gemeinde von Venzone — der

---

*) Beylage Nro. XLVI.

Deutſche Nahme dieſer Stadt war Peuſcheldorf —
ſtellten den Wienern eine Urkunde aus, in der ſie denſelben eine gänzliche Vergebung aller Unbilden zu-
ſicherten, welcher ſich der Bürgermeiſter, Richter und
die Bürgerſchaft von Wien gegen die Bürger von
Venzone den alten Verträgen zuwider ſchuldig gemacht haben; ſelbſt auf die Genugthuung thaten ſie
Verzicht, welche in dieſen Verträgen auf Beleidigungen feſtgeſetzt ward. Ferner verſprachen ſie, künftige
Beſchädigungen der Bürger von Venzone, die denſelben in irgend einer Oeſterreichiſchen Provinz könnten zugefüget werden, nicht durch Repreſſalien zu
rächen. Geſchähe letzteres, ſo verpflichten ſie ſich zu
einer Geldſtrafe von hundert Mark Silbers, wovon
die eine Hälfte dem Herzog von Oeſterreich, die andere dem Beſchädigten gehören ſoll. Dieſe Summe
Geldes ſoll von ihnen innerhalb eines Monaths nach
geſchehener Forderung erleget werden. Uiber dieß ſoll
alles, den Wienern abgenommene Gut zurückgegeben,
und auch noch Schadenerſatz geleiſtet werden. Der
Patriarch Bertrand beſtätigte dieſen Vertrag und
verſprach, die Bürger von Venzone zur genauen Erfüllung deſſelben anzuhalten. — Die Gegenurkunden
H. Albrechts des Lahmen und des Magiſtrates von
Wien haben ſich nicht vorgefunden. Daß ſie mit den
Urkunden der Stadt Venzone und des Patriarchen
Bertrand gleichlautend waren, darf man ohne Zweifel vorausſetzen. Die Stadt Aquileja hieß dieſen Vertrag ebenfalls gut; iſt alſo wahrſcheinlich demſelben
beygetreten *).

Häufige Verträge ſchließen, aber bey der erſten
günſtigen Gelegenheit ſie wieder verletzen oder gänz-

---

*) Beylage Nro. XLVII.

lich aufheben, war allgemeine Sitte des Mittelalters.
Für die Sicherheit der Oesterreichischen Kaufleute in
Friaul schien durch Verträge hinlänglich gesorget
worden zu seyn, und doch wurden sie im Jahre.1361
ausgeplündert; und die Räuber weigerten sich die er-
beuteten Güter zurückzugeben *). Diese Unbild rächte
H. Rudolph von Oesterreich durch einen Krieg, der
dem Lande Friaul, noch mehr aber dem Patriarchen
Ludwig ein hartes Loos zugezogen hat **).

Ob unsere Herzoge zum Vortheil ihrer Kaufleute
mit der Republik Venedig besondere Verträge abgeschlossen, und worin diese bestanden haben, ist uns unbekannt. Da Venetianische Kaufleute schon frühzeitig
in Oesterreich erscheinen, und eben so in häufigen Urkunden von dem Handel der Oesterreichischen Provinzen nach Venedig Erwähnung geschieht: so darf man
mit vollem Rechte voraussetzen, daß zwischen beyden
Staaten mancher Handelsvertrag werde bestanden
haben. Vielleicht war dieß auch der Fall zwischen
Oesterreich und dem damahligen Rußland. Die Regensburger hatten in Chiow schon im zwölften Jahrhundert eine Niederlassung: wohl ganz gewiß nach
einer gepflogenen Unterhandlung mit dem dortigen
Fürsten und nach einem gegenseitigen Vertrag. Sehr
wahrscheinlich schloßen sich Oesterreichische Kaufleute
an die Regensburger an, denn diese zogen mit ihren

---

*) Jo. Fran. de Rubeis, Monumenta Eccles. Aquilejens. in
   append. p. 14. Applicuerunt DCCC. homines armigeri
   in Forojulio apud Villam novam, quos Dux Rodulphus
   Austriae miserat ante se .. pro eo, ... quia mercatores
   Domini Ducis per illos de Piampergo, de Civitate et de
   S. Daniele derobati fuerunt, et non fiebat eis restitutio
   bonorum ablatorum.
**) Oesterreich unter H. Rudolph dem Vierten. S. 142, u. f.

Waaren durch Oesterreich, und genoßen von jeher ganz vorzügliche Begünstigungen in unserem Vaterlande, von welchen wir nun das Merkwürdigste anführen werden.

Vorrechte, welche unsere Landesfürsten den Bürgern auswärtiger Handelsstädte verliehen haben, gehören allerdings im strengsten Sinne zu den damahls üblichen Privilegien, und können als bloße Gnaden, als freywillige Gaben betrachtet werden. Dessen ungeachtet kann man sie doch füglich ebenfalls den Handelsverträgen beyzählen, denn gewöhnlich wurden sie gegen bare Bezahlung verliehen; und dann verpflichteten sich die Deutschen Reichsstädte, in ihren Bezirken den Oesterreichischen Kaufleuten eben dieselben Vorrechte einzuräumen, die ihnen als Ausländern in Oesterreich zugestanden wurden, wovon sich noch mehrere Beyspiele in Urkunden vorfinden. Ein Privilegium unserer Herzoge für Kaufleute auswärtiger Städte hatte in denselben ein ähnliches Privilegium für die Oesterreichischen Kaufleute zur Folge, was man auch dann als wahrscheinlich annehmen kann, wenn gleich in den herzoglichen Privilegien davon keine Erwähnung geschieht. Reiche und mächtige freye Handelsstädte konnten mit regierenden Fürsten auch ganz füglich Verträge schließen; die Hansestädte zwangen gar oft Könige zur Verleihung geforderter Privilegien.

In einer Handelsgeschichte Oesterreichs verdient vorzüglich Regensburg erwähnet zu werden. Sie lag unter den übrigen freyen Reichsstädten Oesterreich am nächsten, und die dortigen Kaufleute wurden auch ganz besonders von unseren Herzogen begünstiget, was aus vielen Urkunden erhellet *).

*) Manches davon ist zwar schon weiter oben im dritten Abschnitt vorgekommen, wird aber hier zur leichteren Uiber-

Der H. Ottokar von der Steyrmark erneuerte
1190 auf die Bitte der Regensburger die Vorrechte,
die ihnen und den Kaufleuten von Cöln, Aachen, Ma=
ſtrich und Ulm ſchon ſein Vater auf dem Jahrmarkte
zu Enns verliehen hatte *). Die Regensburger, die
dieſen Jahrmarkt beſuchten, ſtanden ſogar auch dort
unter der Aufſicht ihres eigenen Handelsrichters, des
ſogenannten Hansgrafen, der ſie vor Beeinträchtigun=
gen der Stadtbeamten in Enns ſchützte **).

Noch gnädiger benahm ſich H. Leopold gegen die
Regensburger, als er ihnen 1192 das bekannte Pri=
vilegium ihrer Freyheiten in Oeſterreich verlieh. Die
treuen Dienſte, die ſie ihm ſchon öfter geleiſtet hatten,
und die er dankbar belohnen wollte ***), konnten in
nichts anderem beſtanden haben als in anſehnlichen
Geldſummen, die ſie ihm für ſeine Begünſtigungen
freudig darbrachten, um daraus einen noch beträcht=
licheren Gewinn ziehen zu können. Aber weder darge=
brachtes Geld, noch auch Privilegien konnten ſie vor

ſicht und Ergänzung der gegenwärtigen Abhandlung gefliſ=
   ſentlich wiederhohlet.
*) Scheid, l. c. p. 30. Jura nundinarum Anasensis ville ad
   inſtantiam Ratisponensium .. renovavi. — Gemeiner,
   Regensburgiſche Chronik. Th. I. S. 280, u. f.
**) L. c. Peracto foro et ibidem navibus oneratis, Comes
   Ratisponenſis cum judicibus de villa ad portum veniens,
   a nautis inquirat, quid queque navis ferat, etc.
***) L. c. p. 31. Nos penſato fideli obſequio civium Ratiſpo-
   nenſium, quod Serenitati noſtre ſepe numero preſtite-
   runt, dignum duximus, eos plus ceteris honorandos,
   quorum pre ceteris devocionem evidentibus rerum argumentis experti ſumus. De juſtitia itaque noſtra que
   nobis ſolvebatur.:. partem ipſis remiſimus et contra
   inſolentiam eorum, qui officiis noſtris preſunt, eos
   veluti familiarius nobis obligatos, ſtabili jure protе-
   gamus inpoſterum.

einem neuen Unfall beschützen, denn schon nach sechs
Jahren erhielt die Residenzstadt Wien das Vorrecht,
daß sich kein auswärtiger Kaufmann dort länger als
zwey Monathe aufhalten, und seine Waaren nieman=
den als nur einem Bürger verkaufen durfte. Dieser
harte Druck wurde den fremden Kaufleuten erst im
Jahre 1281 abgenommen, und dem Handel eine
größere Freyheit gestattet *).

Späterhin wechselten die Schicksale der Regens=
burgischen Kaufleute in Oesterreich gar sehr. Im
Mittelalter standen Willkühr und Gewalt immer
oben an; den Schwächeren konnten weder Gesetze
noch auch Verträge oder Privilegien vor Eingriffen
in seine Rechte bewahren: alles hing von Umständen
ab und vom Willen des Mächtigeren. Oft hat dem
Handel der Regensburger in Oesterreich Unheil und
Verderben gedroht, aber ihre Klugheit hat immer die
tauglichsten Mittel gewählet, sich bey dem Besitz wohl
erworbener Freyheiten zu behaupten.

Eine Urkunde H. Friedrichs des Schönen vom
Jahre 1309 sicherte die Regensburger vor Gewalt=
thaten und versprach ihnen gesetzlichen Beystand ge=
gen Schuldner **); nur veranlaßten schon nach zwey
Jahren Erpressungen der Zollbeamten in Wien laute
Klagen und Bitten um Abhülfe ***). Noch schlimmer
verfuhr man in Oesterreich mit den Gütern der Re=
gensburger in den folgenden Jahren, denn sie wurden
dort für Feinde angesehen, die sich wider K. Friedrich
den Schönen an seinen Gegner, K. Ludwig den Bayer,
angeschlossen haben. Eine Gesandtschaft der Regens=

---

*) Davon ist im dritten Abschnitte schon gesprochen worden.
**) Gemeiner, Th. I. S. 471.
***) A. a. O. S. 479.

burger, die 1317 nach Wien abgeordnet wurde, sollte größerem Unheile vorbauen und Friedrichen die traurige Lage der Stadt zu Gemüthe führen, die es den Bürgern unmöglich mache, beyden Königen gleiche und wohlgefällige Dienste zu erweisen. Würden sie sich als treue Anhänger Friedrichs erklären, so stünde ihnen von Bayerns Seite ein großes Unglück bevor; und während sie sich nun gegen Ludwigen, um ihn nicht zu Feindseligkeiten aufzureizen, bescheiden und geschmeidig benehmen, werde dieses in Oesterreich für ein Verbrechen angesehen, und man nehme ihnen zu Wasser und zu Lande ihre Güter hinweg. Der gerechte Friedrich fällte ein für die Regensburger günstiges Urtheil, versprach, sie vor Gewaltthaten in seinem Lande zu schützen, und sicherte ihnen volle Gerechtigkeit gegen ihre Schuldner zu. Diese Gnade kam ihnen aber ziemlich theuer zu stehen, denn die Kosten der Gesandtschaft und verschiedene Geschenke, zu welchen man sich in Wien genöthiget sah, wurden auf zwölfhundert Pfund Pfennige angeschlagen *).

Wurden gleich viele Privilegien von Kaisern, Königen und Herzogen auf ewige Zeiten verliehen, so forderten doch ihre Nachfolger, und die Klugheit rieth es auch, daß man dieselben immer wieder von dem neuen Regenten bestätigen ließ. Die Ertheilung oder die Bestätigung eines Privilegiums gehörte zu den Finanzquellen der Fürsten im Mittelalter; und thaten auch einige derselben großmüthig darauf Verzicht, so traten ihre Kanzler und Hofräthe auf, und verlangten drohend reichliche Gaben für ihre geringen Bemühungen. Man mußte sich in die Umstände fügen, denn damahls hat größtentheils Gewalt für

---

*) A. a. O. S. 501 und 502.

Recht gegolten. Dieses ist den Regensburgern und auch anderen Handelsstädten nicht nur in Oesterreich, sondern auch in Bayern *) und in vielen anderen Provinzen begegnet. Nach dem Tode K. Friedrichs hat sein Bruder Albrecht der Lahme in Gesellschaft H. Otto's die Regierung in Oesterreich angetreten. Der Magistrat von Regensburg fand es für räthlich, die alten Privilegien der Stadt von dem neuen Regenten bestätigen zu lassen, und schickte 1330 Abgesandte nach Wien. Albrecht benahm sich gegen dieselben ganz seinem Character gemäß: großmüthig und milde; aber mit unverschämter Geldgier forderten die Hofräthe reiche Geschenke. Zwey Stück Brüssler Tuch, welche die Gesandten zum Geschenke anbothen, wurden mit Verachtung zurückgewiesen, denn solche Kleinigkeiten geziemten sich nicht für große Herren. Sogar H. Otto's Siegelbewahrer, ein geistlicher Herr und Pfarrer, mußte wie die Weltlichen befriediget werden, ehe das erneuerte Privilegium für die Regensburger ausgefertiget wurde. Die Beendigung dieses Geschäftes kostete sieben und sechzig Mark Silbers, wofür den Regensburgern neuerdings Sicherheit der Personen und des Eigenthums verheißen wurde **).

---

*) Nur ein Paar Beyspiele, wie es am Hofe K. Ludwigs zuging. Um sich nur einen Zutritt zu ihm zu verschaffen, war Geld für seine Hofherren unentbehrlich. Sind diese befriediget worden, dann mußte man dem immer geldarmen Kaiser und auch seiner Gemahlin große Anerbiethungen machen, um ein Privilegium oder ein gnädiges Urtheil in einer Streitsache zu erlangen. Gemeiner, Th. II. S. 31, 32, 36, u. f. — In Zirngibl's Geschichte dieses Kaisers finden sich häufige dergleichen Beyspiele. Diese Sitte, sich Gnaden abkaufen zu lassen, war damahls in allen Ländern herrschend.

**) Gemeiner, Th. I. S. 548.

Im Jahre 1337 erhielten sie eine zweyte Bestätigung ihrer Freyheiten,*), deren Kraft erst mit dem Tode H. Albrechts erlosch.

Um die Ertheilung der Schutzprivilegien für fremde Kaufleute noch einträglicher zu machen, schritt man unter der Regierung H. Rudolphs IV. zu einem neuen Erwerbsmittel: man verlieh sie nur auf wenige Jahre, um sie desto öfter erneuern zu können. Rudolph nahm die Kaufleute von Regensburg am 25. März 1364 gegen bare Bezahlung **) auf sechs Jahre in seinen Schutz, versprach ihnen Sicherheit der Person und des Eigenthums, ein gerechtes Urtheil gegen ihre Schuldner, und Befreyung von dem Pfändungsrecht. Würde er ihnen einmahl seinen Schutz entziehen, so soll dieses ihrem Magistrat angezeigt, und ihnen noch vier ganze Monathe hindurch der Genuß dieses Privilegiums gestattet werden ***). Rudolphs Nachfolger bestätigten 1379 und 1398 nicht nur dieses Privilegium nach seinem ganzen Inhalte, sondern auch das Recht einer Waarenniederlage in Wien und eines freyen Handels im Herzogthum; sogar von dem Zahlungsaufschub, welchen die Herzoge Wilhelm und Albrecht ihren eigenen Unterthanen bewilliget haben, sollten die Regensburger keinen Nachtheil zu befürchten haben ****). Der einträgliche Handel der Regensburger nach Oesterreich lockte sie an, eine neue Straße nach Wien einzuschlagen, dagegen K. Ludwig der Bayer 1344 einer Regensburgischen Gesandtschaft seines Vortheiles halber Vorstellungen gemacht hat *****).

*) A. a. O. S. 556.
**) Gemeiner, Th. II. S. 133.
***) Senkenberg, Selecta, T. IV. p. 255 — 257.
****) Gemeiner, Th. II. S. 192 und 338.
*****) A. a. O. S. 41.

H. Albrecht der Dritte fing an, seinen Privilegien am Ende die Formel beyzusetzen: „Bis an Unser Widerrufen." Seine Nachfolger in der Regierung folgten seinem Beyspiele nach, und auf diese Weise wurden Privilegien nicht mehr, wie zuvor, für eine Ewigkeit verliehen, und konnten für das allgemeine Beste leichter abgeändert oder gar aufgehoben werden; aber desto nöthiger wurden auch die oftmahligen Erneuerungen derselben, wodurch die Finanzen der Fürsten einen erwünschten Vortheil erlangten.

Wie von Regensburg, so kamen auch von vielen anderen Städten Kaufleute nach Oesterreich *). Ohne Privilegien hätten sie es nicht wagen dürfen, bedeutende Geschäfte dorthin zu unternehmen, sonst hätten sie sich häufigen Gefahren ohne allen Schutz bloßgestellet, und wären dem gänzlichen Verderben kaum entgangen. Hätten wir auch von anderen Städten so vortreffliche Chroniken wie von Regensburg: so wären wir im Stande, eine vollständigere Geschichte des Handels in Oesterreich zu liefern. Das Einzige, was sich dessen ungeachtet mit gutem Grunde voraussetzen läßt, ist dieses: Die Oesterreichischen Kaufleute werden in den auswärtigen Städten, welche von unsern Herzogen vorzüglich begünstiget wurden, ähnliche oder ganz gleiche Vorrechte genossen haben; im widrigen Falle hätte man sich der Repressalien nach allgemeiner Sitte bedienet.

---

*) Der H. Ottokar nennt schon 1190 Kaufleute von Regensburg, Cöln, Aachen, Ulm und Mastrich, die den Jahrmarkt in Enns besuchten. In dem Stadtrecht, welches K. Friedrich 1320 den Wienern verliehen, werden noch viele andere weit entlegene Städte genannt: apud Rauch, T. III. p. 24. Die Venetianer nennt H. Friedrich der Streitbare in einer Urkunde für Neustadt.

An Handelsverbindungen größerer Art mit See=
mächten wurde damahls noch gar nicht gedacht, ob=
gleich es an Beyspielen nicht gemangelt hätte, daß
Landstädte des Reichs wie Regensburg und Nürn=
berg, ihren Handel bis in weit entfernte Länder aus=
gebreitet haben. Erst 1702 ward K. Leopold von ei=
nem ihm gemachten Vorschlag heftig ergriffen: Es
sollte der Fluß Oder vermittelst der March mit der
Donau verbunden, und dadurch dem Oesterreichischen
Handel eine neue tröstliche Aussicht eröffnet werden.
Zur Ausführung dieses Projectes wurden sogleich die
nöthigen Befehle ertheilet, aber der Canal kam nicht
zu Stande, und man hat sich mit der Hoffnung —
„der Beförderung der Comercien mit ausländischen
See=Potenzen" getäuschet *).

Handels=Polizey.

Vierzehnter Abschnitt.

Obrigkeitliche Personen: Die Genannten, der Hansgraf und die Leihkaufer.

Aus dem bisher Gesagten erhellet zur Genüge, daß
sich sowohl unsre Landesfürsten als auch die Oesterrei=
chischen Handelsleute, die nur aus Bürgern in Städ=
ten und Märkten nebst einigen wenigen vorzüglich
Begünstigten bestanden, eifrigst bestrebet haben, nach
ihren beschränkten Ansichten den Handel zu beleben
und fester zu begründen. Daß eine so wichtige Sache,

*) Supplement. Cod. Austriac. p. 446.

nämlich der Handelsverkehr zwischen den Unterthanen selbst, und auch zwischen diesen und ausländischen Kaufleuten, einer obrigkeitlichen Aufsicht unterliegen müsse, hat man auch im Mittelalter ein-
gesehen, wenn man gleich noch nicht im Stande war,
passende Maßregeln für verschiedene mögliche Fälle
anzuordnen und festzuhalten. Wir wollen sehen, welche Polizeygesetze für den Handel damahls erlassen
worden, und welche Personen für die Handhabung
derselben gewacht haben. Wir reden von letzteren
zuerst:

Die städtische Verfassung hat sich in Italien frühzeitig ausgebildet, und die Bürger mehrerer dortigen
Städte errangen, von Umständen begünstiget, sich
bald die Freyheit, in voller Unabhängigkeit von ihren
vorigen Lehenherren ein Stadtregiment nach eigenem
Gutbefinden einzuführen, und das Gemeindewesen
selbst zu verwalten. Gelang dieses gleich auch vielen
Städten im Deutschen Reiche, so gingen doch die
Italiener den Deutschen in Rücksicht des Handels
und großer merkantilischer Unternehmungen gewöhnlich voraus, und gaben ihnen Muster weiser Anordnungen im Fache des Handelsverkehrs, bis endlich
nach der Gründung und Befestigung des hanseatischen
Bundes die Lehrer von ihren Schülern übertroffen
wurden. Der Stadtmagistrat, aus der Mitte der
Bürger von ihnen selbst gewählet, führte die oberste
Aufsicht über das Wohl der Stadtgemeinde und sorgte für die Erhaltung der Ruhe und Ordnung. In
Gegenständen von minderer Wichtigkeit überließen
es unsere Herzoge der Einsicht des Magistrates, zeitgemäße Anordnungen zum Besten der Bürger zu
machen; in wichtigeren Angelegenheiten entschieden
sie aber als Landesfürsten selbst, und ersetzten dadurch

die Gebrechen kurzsichtiger, saumseliger, manchmahl
auch gewinnsüchtiger Stadtbeamten.

In den frühesten Zeiten gab es nur einen Stadtrichter und Rathsherren (consules); die Bürgermeister wurden viel später eingeführet, weil es den Stadt-
richtern bey Zunahme der Geschäfte unmöglich ward,
für die Gerichtspflege und Oekonomie der Stadt zugleich zu sorgen*). Unter den Rathsherren gab es einen zweyfachen Rang. Die vornehmeren derselben,
unter welchen sich gewöhnlich Adelige und Wohlha-
bende befanden, machten den sogenannten inneren
Rath aus, der die wichtigsten Geschäfte der Stadt
besorgte. Zum äußeren Rath wurden ärmere, minder
angesehene Bürger erwählet, denen man verschiedene

---

*) Von Wien wissen wir dieses aus dem Lazius. Den Bürgern
von Linz erlaubte K. Friedrich 1490 die erste Wahl eines
Bürgermeisters. In der Urkunde hierüber heißt es:
,,Wann unser Getreuen Lieben, N der Richter, Rath und
unser Burger hie zu Linz dieser Zeit mit den Kriegsläufen,
Gebäuen und ander Arbeit, die sich täglich mehren merklich
beladen, deshalben unser Richter daselbst von Manigfaltig-
kait wegen solcher Arbeit über sein Vermügen beschwert,
und darum niemands, so zu solchem Amt tauglich, leichtlich
darzu zu bringen; darzu dieselb unser Stadt ain Hauptstadt unsers Fürstenthums Oesterreich ob der Enns ist, und
billichen für ander unser Städt daselbst geehret, und mit
sondern Würden und Freyhaiten versehen werden soll...
haben wir ihnen die Gnad gethan, vergunt und erlaubt,
wissentlich mit dem Brief, daß dieselben, Richter und Rath
und ihre Nachkommen nun füran ains jeden Jahrs ain aus
ihnen, so darzu tauglich ist, zum Burgermaister und ain
aus ihnen zum Richter fürnehmen und erwählen, u. s. w.
Geben zu Linz, am Mittichen nach dem Sontag Reminisce-
re in der Fasten (am 10. März) 1490." — In Steyr wurde 1499 mit Bewilligung des Kaisers der nämlichen Ursachen halber der erste Bürgermeister erwählet. Preuenhuber,
S. 161. — In Wels geschah dieses 1569. In Krems 1416.

kleinere Geschäfte anvertrauete. Bey Ereignissen von
der größten Wichtigkeit, welche einen allgemeinen Be-
schluß der ganzen Bürgergemeinde nöthig machten,
berief der innere Rath den äußeren zur gemeinsamen
Berathschlagung, wobey letzterer die Gesammtheit
der Bürger vorstellte und vertrat. Die Genannten
gehörten zu dieser Classe des Stadtrathes, oder aus
ihnen bestand eigentlich der äußere Rath. Der Gegenstand ihrer Amtspflicht war vorzüglich: Für Treue
und Glauben zwischen Käufern und Verkäufern Sorge
zu tragen, allen Betrug zu beseitigen, in zweifelhaften
Fällen als Zeugen aufzutreten, und beym täglichen
Handelsverkehr die gesetzliche Ordnung aufrecht zu erhalten. Eine eigene Obrigkeit für den Handel findet
man schon frühzeitig in Italien*) und Deutschland;
in unserm Oesterreich erscheinet sie urkundlich zuerst
im zwölften Jahrhundert. In der Folge änderten sich
die Verhältnisse der Amtsgewalt der Genannten zum
Stadtregiment an verschiedenen Orten; der Nahme
der Genannten hörte auf, und ihre Geschäfte theilten
der innere und äußere Rath. Da in den älteren Oesterreichischen Urkunden immer nur ein Stadtrichter mit

---

*) Muratori, Antiquit. Ital. T. II. p. 887. Multis in locis
  invaluit mos creandi Consules Mercatorum, qui et adhuc alicubi perdurat. Multa erat auctoritas ejusmodi mu-
  nere fungentibus tum ad componendas, aut dirimendas
  mercatorum lites, tum etiam ad puniendos quorumdam
  criminum reos, et ad foedera etiam cum exteris ineunda.
  In Mobena, Lucca und in anderen Städten Italiens kommen Majores Consules et Consules mercatorum vor: der
  innere und äußere Rath. Muratori, l. c. — In Krems und
  Stein erscheinen 1477: Rath und Genannte. Rauch, III.
  313 et 314. — Senkenberg, IV. 465. In der Urkunde
  H. Rudolphs IV. vom Jahr 1364 heißt es: „Der burgermaister, der inner und der ausser rat.“

einem Stadtrath und die Genannten vorkommen, ſo
irret man nicht, wenn man unter letzteren geradezu
den äußeren Rath verſteht. Als Beweiſe dieſer Behauptung dienen folgende Stellen:

Um minder Bemittelte vor der Habſucht der Mächtigen zu ſichern, befahl ſchon zur Zeit der Frankenkö-
nige das alte Geſetz, daß ein Kauf nur dann gültig
ſeyn ſollte, wenn er vor Gericht in Beyſeyn tauglicher
Zeugen iſt abgeſchloſſen worden *). Dieſes Geſetz dauerte unter einer mehr ausgedehnten Form auch noch
in ſpäteren Zeiten fort, denn es wurde in Oeſterreich
feſtgeſetzt, daß ein jeder Kaufscontract, deſſen Be-
trag ſich über drey Pfund Pfennige belief, vor wenig-
ſtens zwey Zeugen ſollte abgeſchloſſen werden. Zu dieſer Zeugenſchaft waren die Genannten beſtimmet.
Sehr wahrſcheinlich ſind unter den Beamten der Stadt
Enns, welche in der Urkunde H. Ottokars vom Jahre
1190 Richter heißen, ſchon die Genannten zu verſtehen, denn dieſelben waren den Handelsgeſchäften vor-
geſetzt und wachten für die geſetzliche Zollabgabe auf
dem dortigen Jahrmarkt **).

---

*) Baluzius, Capitularia. L. II. Cap. 32. T. I. p. 747. Prop-
ter proviſiones pauperum, pro quibus curam habere de-
bemus, placuit nobis, ut nec Epiſcopi, nec Abbatès,
nec Comites, nec Vicarii, nec Judices, nullusque omnino ſub mala occaſione vel malo ingenio res pauperum
vel minus potentum nec emere nec vi tollere audeat; ſed
quiſquis ex eis aliquid comparare voluerit, in publico
placito coram idoneis teſtibus et cum ratione hoc faciat.
Ubicunque autem aliter inventum fuerit, factum hoc
omnino emendetur per juſſionem noſtram.

**) Scheid, Origin. Guelf. T. III. praef. p. 30. Peracto foro
et ibidem navibus oneratis, Comes Ratisponenſis cum
judicibus de villa ad portum veniens, a nautis inquirat,
quid queque navis ferat… Si vero judices ville nautis

Noch deutlicher erscheinen die Genannten und ihre Amtsverrichtungen in dem Stadtrechte, welches H. Leopold 1198 den Wienern verliehen hat. Er befahl, daß aus allen Gässen der Stadt hundert aus den weisesten Bürgern, deren Nahmen in einem besondern Verzeichniß enthalten seyn und den Bürgern bekannt gemacht werden müssen *), erwählet werden sollten, deren Anzahl immer gleich erhalten, und nach dem Tode eines derselben durch eine neue Wahl wieder ergänzt werden müsse. Wir verordnen, sagt Leopold, daß aller Kauf und Verkauf, jede Verpfändung oder Schenkung der Landgüter, Häuser, Weingärten oder was immer für Sachen, deren Werth drey Pfund übersteigt, und ein jedes wichtiges Geschäft, dessen Verhandlung nicht in Vergessenheit gerathen darf, vor zweyen oder mehreren dieser hundert Männer geschlichtet werden soll. Hat ein Bürger zwey derselben zu Zeugen und stirbt einer von ihnen, so genügt das Zeugniß des Uiberlebenden in Gesellschaft eines andern glaubwürdigen Mannes. Weigert sich einer aus diesen hundert Männern, vor Gericht als Zeuge zu erscheinen, so soll ihn der Richter dazu zwingen. Wäre aus der Weigerung, Zeugenschaft zu geben, ein Schaden entstanden, so müßte der Halsstarrige Ersatz

---

non crediderint, de quibuscumque eos impecierint, naute juramento suo se defendant. Die Genannten konnten füglich auch Richter heißen, weil sie nicht nur in Handelsachen, sondern auch in anderen Geschäften dem Stadtgerichte beysaßen.

*) Ohne Zweifel hießen sie daher die Genannten, weil ihre Nahmen verzeichnet und allen Bewohnern der Stadt bekannt gemacht wurden, damit man sich in Handelsangelegenheiten ohne vieles Nachfragen an dieselben wenden und sie zu Zeugen nehmen konnte.

leiſten *). Dieſes Geſetz H. Leopolds wurde von ſeinen
Nachfolgern bald wörtlich wiederhohlet, bald mit einer Verminderung oder Vermehrung der Anzahl der
Genannten erneuert, und auch auf andere Städte
des Herzogthums Oeſterreich ausgedehnet.

Zu einer Zeit, als die Schreibekunſt auch in
Städten unter den gemeinen Bürgern immer noch etwas Seltenes war, und die meiſten Verträge münd-
lich abgeſchloſſen wurden, mußten nothwendig wegen
des Mangels geſetzlicher Beweiſe manche Streitigkeiten entſtehen, die ſich nicht leicht entſcheiden ließen;
da ſich weder glaubwürdige Zeugen noch ſchriftliche
Aufſätze vorfanden, auf welche der Richter ſein Urtheil hätte gründen können. Um dem Betrug unred-
licher, und dem Gezänke gewinnſüchtiger Menſchen
Einhalt zu thun, war obiges Geſetz vom H. Leopold
den Wienern gegeben, und hatte gewiß ſehr heilſame
Folgen. Eine gleiche Wohlthat hat er 1212 den Bürgern von Enns erwieſen, in welcher Stadt ſechs beeidigte Männer über den Handel und über alles, was
der Bürgergemeinde zur Ehre und Wohlfahrt gerei-
chen konnte, wachen mußten; ihren Beſchlüſſen durfte
ſich der Stadtrichter keineswegs widerſetzen **). Ver-

---

*) Lazius, l. c. p. 73. Statuimus in civitate Centum viros
fideliores de ſingulis vicis prudentiorum, quorum no-
mina in chartula ſpeciali notata juxta privilegium hoc
ſemper habeantur; et ſi unus illorum moriatur, alter
ſtatim in locum ſuum communi conſilio ſubſtituatur.
Nos ad hoc inſtituimus, ut omnis emptio et venditio,
pignoratio, donatio prediorum, domorum, vinearum,
vel quarumcunque rerum, quae aeſtimatae fuerint ultra
tria talenta, et quodlibet negotium arduum et memoria
dignum coram duobus vel pluribus illorum Centumvi-
rorum celebretur et agatur, etc.

**) Hormayr, Taſchenbuch für das Jahr 1812. S. 52. Sta-
tuimus, ut ſex ydonei ciues iuramento confirment,

muthlich hat der Herzog Leopold auch noch anderen
Städten Aehnliches vorgeschrieben, aber die Urkun=
den sind verloren gegangen. Seine Verordnung diente
in den folgenden Jahren den Regenten Oesterreichs
zum Muster. Mit ganz gleichen Worten verordnete
sein Sohn H. Friedrich der Streitbare, daß zwanzig
Bürger in der Stadt Heimburg über alle Handels=
verträge Zeugenschaft geben sollen*). Für die Stadt
Wien verordnete der K. Rudolph im Jahre 1278
hundert**), und H. Albrecht der Lahme im Jahre
1340 zweyhundert Bürger zu diesem Geschäfte***).

---

quod disponant de mercatu et de univerſis que ad honorem et utilitatem ciuitatis pertinent. Die altdeutſche Ui=
berſetzung dieſer merkwürdigen Urkunde findet ſich in: Oe=
ſterreich unter den Königen Ottokar und Albrecht. Th. II.
S. 251.

*) Senkenberg, Viſiones, p. 278. Wir ſetzen zwaintzich man
in der ſtat die tewriſten auz allen gazzen vnd die weiſiſten,
der namen in einem beſondern prief geſchrieben vnd gemerckt
pei diſer handfeſt ze aller zeit behalten werden ... Diſe hab
wir darzu geſatzt. daz ein ieglich chauf vnd verchauf oder
hingebung der aygen . der Hauſer oder der Weingarten
oder ſwerherlay gut ez ſei, die vber drey phunt geacht ſein
..ſtetichleich geſchehen vnd getan werden vor zwain oder
menigern der genauten, u. ſ. w.

**) Lambacher , S. 154. Statuimus centum viros in civita-
te, vel plures, .. ut omnis emptio vel venditio, pignoratio, donatio domorum ... coram duobus vel pluribus
illorum denominatorum legitime celebretur ... Denique
quicunque illorum denominatorum etc. Die denominati
ſind die Genannten; ſo werden ſie auch in der Urkunde
H. Friedrichs für Heimburg aufgeführet.

***) Rauch, T. III. p. 48. Wir ſetzen Zway Hundert man, oder
mer, ob ſein durft iſt, der getrewiſten, vnd der weiſeſten
auz allen ſtrazzen, der namen ſullen ſein geſchrieben bei di=
ſer Hantfeſt .... daz ſol ſtetichlich geſchehen vor zwain
oder vor menigern der genanten, u. ſ. w.

In dem Stadtrechte H. Albrechts, das er 1296 den
Wienern verliehen hat, ist nicht von den Genannten
oder vom äußeren, sondern vom inneren Stadtrath
die Rede, welcher seinem Willen gemäß aus zwanzig
Mitgliedern bestehen sollte. Diesen ertheilte er die
Vollmacht, allen verkäuflichen Dingen gewissenhaft
einen Preis zu bestimmen, der den Zeitumständen
angemessen, und für Käufer und Verkäufer billig seyn
sollte *).

· Die späteren Urkunden bezeichnen die Genannten
und ihr Amt so deutlich, daß uns kein Zweifel übrig bleiben kann, daß Genannte und äußerer Rath ganz gleich-
bedeutende Worte sind. Preuenhuber erzählet aus den
alten Urkunden der Stadt Steyr, daß in den früheren Zeiten jährlich um Weihnachten ein Richter und
sechs Rathsherren aus den tauglichsten und angese-
hensten Bürger sind erwählet worden. Als sich späterhin die Volksmenge vermehrte, hat man beyläufig
fünfzig Bürger aus den Gemeinden Steyr und Steyr-
dorf erwählet, welche Genannte hießen. Sie wurden
in Eidespflicht wie die Rathsherren genommen und
in den Stadtrath berufen, um bey wichtigen Vorfäl-
len im Nahmen der ganzen Bürgergemeinde mitzu-
stimmen. Was alsdann von diesem zusammengesetzten
Rath beschlossen wurde, mußte ohne Widerrede von
allen Stadtbewohnern befolget werden. Als es sich
späterhin aber zeigte, daß es schwer ließe, von so vie-

*) Senkenberg, Visiones, p. 289. Wir haben auch gesetzet
... daz von der gemaine der stat zu dem rot werden erwelt
zwainzik man · in der gesellschefte sei der Richter von der
stat.... Si suln auch mit gesworem aide allen vailen dingen
rehten chauf, vnd rehten Marcht auffsetzen .. daz dem chauffär, vnd dem verchauffer nach der gestalt der zeit vnd auch
durftichait werde behalten.

len Rathsmännern einen einstimmigen Schluß zu
erhalten, so ward die Einrichtung getroffen, daß die
ürsprünglichen sechs Rathsherren wie zuvor von der
Bürgerschaft erwählet wurden; aber diese Rathsher=
ren erhielten die Vollmacht, sechs andere Bürger zu
ihren Mitgliedern zu ernennen. Die jährlich austre=
tenden sechs Rathsherren übernahmen das Amt der
Genannten, welches zuvor von fünfzig Bürgern ver=
waltet wurde, und standen den Rathsherren in ih=
ren Verrichtungen bey *). — In Enns bestand der
Stadtmagistrat aus einem Richter, acht Rathsher=
ren und vier und zwanzig Genannten **). In der neuen
Bürgerordnung, welche K. Ferdinand am vierzehn=
ten October 1548 den Welsern vorgeschrieben hat,
wurde festgesetzt, daß ihr Magistrat aus einem Stadt=
richter, aus acht Rathsherren und zwölf Genannten
bestehen sollte. Ersterer wurde jährlich, letztere wur=
den nach zwey Jahren erwählet. Alle mußten dem
Kaiser schwören ihr Amt getreulich zu verwalten. Der
Stadtrichter und die Rathsherren traten ihre Würden
erst nach erhaltener Bestätigung des Kaisers, die Ge=
nannten aber sogleich nach ihrer Erwählung an ***).
In dem Privilegium, welches K. Friedrich 1463 den
Städten Krems und Stein zur Belohnung der ihm
bewiesenen Treue verliehen hat, werden genannt:
Bürgermeister, Richter, Rath, Genannte und Ge=
meinde der Stadt ****).

Ob die Genannten ganz allein den äußeren Rath
einer Stadt ausmachten oder nebst diesem eine eigene

---

*) Preuenhuber, S. 161.
**) Beylage Nro. XXXII.
***) Das Original dieser langen Urkunde befindet sich im Stadt=
archiv zu Wels.
****) Rauch, T. III. p. 378.

dritte Abtheilung im Stadtregimente bildeten, läßt
sich im Allgemeinen nicht bejahen, nicht verneinen.
Als die Handwerksinnungen anfingen, einen Antheil
am Stadtregiment zu fordern und nicht eher ruhten,
als bis einige ihrer Genossen in den Rath aufgenommen und verschiedener Stadtämter theilhaftig wurden, gestaltete sich die neue Verfassung in den Städten auf eine verschiedene Weise. In Regensburg gab
es ungezweifelt einen inneren und äußeren Rath, und
nebst letzterem noch Genannte und Vierziger *). In
anderen Städten machten die Genannten den äußeren Rath aus **), was auch in Oesterreich nach der
Aussage der angeführten Urkunden bestanden zu haben
scheinet, denn ein äußerer Rath, und nebst diesem
noch Genannte als ein für sich bestehender Rathskör-
per, werden nirgends angegeben. In Wien, wo die
Genannten in den Urkunden zuerst erscheinen, geschah
von ihnen im sechzehnten Jahrhundert keine Erwähnung mehr ***), da sie doch in anderen Städten Oberösterreichs, in Enns, Steyr und Wels, unter der
alten Benennung noch fortgedauert haben. Im siebzehnten Jahrhundert verschwand allgemach der alte
Nahme der Genannten, und es gab allenthalben nur
einen inneren und äußeren Rath in Städten und
Märkten, dessen Mitgliedern die verschiedenen Geschäfte der Gemeindeverwaltung anvertrauet waren.

Es war nöthig, von den Genannten weitläufiger
zu sprechen, weil sie bey dem allgemeinen Handelsverkehr im Lande eine wichtige Rolle als Vorgesetzte ge-
spielt haben.

---

*) Gemeiner, Chronik. Th. I. S. 324, u. f.
**) Karl Friedrich Eichhorn, Deutsche Staats- und Rechtsge-
schichte. Göttingen, 1819. Th. III. S. 280 — 284.
***) Abermann, Buch III. S. 91.

Um viele Jahre später als die Genannten erscheinet in unsern vaterländischen Urkunden eine obrigkeitliche Person, welche Hansgraf genannt wird. Dieses Wort, das aus Hansa oder Hanse und Graf zusammengesetzt ist, bezeichnet einen Handelsrichter, welcher Streitigkeiten zwischen Käufern und Verkäufern zu untersuchen, und für die Beobachtung der bestehenden Handelsgesetze, so wie auch für die Sicherheit der Kaufleute zu wachen hatte *). Er war im eigentlichsten Sinne nach unserem heutigen Sprachgebrauch der Polizey = Director in Handelsgegenständen, hatte Unterbeamte und Aufseher, die ihm Bericht erstatten mußten, und war der Vorsteher des Hansgrafenamtes. Diese Magistratsperson hat man in Oesterreich sehr wahrscheinlich vom Ausland her kennen gelernet, für den Handelsverkehr ersprießlich gefunden und in Wien zuerst eingeführet.

Ein Hansgraf von Regensburg wird schon in der Urkunde erwähnet, welche der Steyrische Herzog Ottokar 1190 den Bürgern von Enns für den dortigen Jahrmarkt verliehen hat **). Hätte damahls schon auch in Oesterreich ein Hansgrafenamt bestanden, so wäre in den vielen Privilegien der Städte gewiß da-

---

*) Georg Sartorius, Geschichte des Hanseatischen Bundes. Th. I. S. 109. Das alte Wort Hansa oder Hanse bedeutete überhaupt eine Gesellschaft und auch einen Bund. Späterhin wurde es bloß von dem Bunde der Handelsstädte und von einzelnen Handelsgeschäften gebraucht. Das Wort Graf bezeichnete einen Richter über einen gewissen Bezirk. Hansgraf ist also ein Richter, der die Streitigkeiten in Handelssachen untersucht und entscheidet. — Jonathan Fischer, Th. I. S. 528, u. f.

**) Scheid, L. c. Peracto foro et ibidem navibus oneratis, Comes Ratisponensis cum judicibus de villa ad portum veniens. Cf. Gemeiner, Th. I. S. 280, 296, 325, u. f.

von Meldung geschehen; aber in denselben erscheinen
nur die Genannten, welchen die Aufsicht über den
Handel anvertrauet war. Indessen ist es wahrschein=
lich, daß am Ende des dreyzehnten Jahrhunderts in
Wien ein Hansgraf über die Befolgung der Handels=
gesetze gewacht habe, denn im vierzehnten Jahrhun=
dert reden unsre vaterländischen Urkunden von seinem
Amte wie von einer alten Sache. Dieß geschieht vor=
züglich in den Polizey=Verordnungen, welche H. Al=
brecht der Lahme 1350 für die Wiener erlassen hat *).
Von derselben Zeit angefangen erscheinet bis zum acht=
zehnten Jahrhundert herab in häufigen Urkunden so=
wohl in Wien als auch in Linz ein Hansgrafenamt **).
Nur muß bemerkt werden, daß in späteren Zeiten
das Wort Hansgraf in Handgraf ist verwandelt
worden ***).

Hansgrafenämter gab es nur in den zwey Haupt=
städten Oesterreichs: in Wien und Linz. Die vorzüg=

---

*) Rauch, T. III. p. 70. Es sol auch ain yeglicher vnderkeuffel=
dem Hannsgrafen gehorsam sein ... Als das von alter her=
komen ist.

**) Senkenberg, Selecta, T. IV. p. 240. — Pez, Codex
diplom. P. III. p. 433. — Abermann, Buch III. S. 2.
Guarient, Codex Austriacus. T. I. p. 101, 108, 115, 127,
129, 133, 455. T. II. p. 256, 540. — T. III. p. 221, 398,
449, 476. In diesen und noch mehreren andern Stellen
wird vom Handgrafenamt in Wien und Linz Meldung ge=
macht.

***) Der Mangel einer geregelten Orthographie und die Unkennt=
niß des alten Stammwortes Hanse sind die Ursachen, daß
das Wort Hansgraf in Handtsgraf, und zuletzt in Hand=
graf verwandelt wurde. Nach Adelung ist letzteres aus Han=
delsgraf zusammengezogen. Vielleicht wurde Hansgraf in
Handgraf verändert, um dem verächtlichen Nebenbegriff
auszuweichen, welchen der Taufnahme Hans in vielen
Sprachen bekommen hat. Man sehe hierüber: Adelung,
bey dem Worte Hans.

lichsten Gegenstände, welche der Aufsicht eines Hansgrafen in Oesterreich anvertrauet waren, gab schon
Lazius im Anfange des sechzehnten Jahrhunderts an:
Er hatte ins besondere über den Viehhandel, und
über Maß, Elle und Gewicht zu wachen *). Die Oesterreichischen Gesetze, welche Guarient gesammelt
hat, bestimmten ihn auch zum Einnehmer gewisser
Taxen und Zollabgaben, und zum Aufseher über gewisse Käufe und Verkäufe. Wir führen aus häufigen
Verordnungen nur einige wenige an.

In der Verordnung H. Albrechts des Lahmen
vom Jahre 1350 erscheinet der Hansgraf als Vorge-
setzter der Unterkäufler **). Da aller Viehhandel unter der Aufsicht des Hansgrafen gestanden, so wurde
nach alter Gewohnheit, wie es in einer Verordnung
vom Jahre 1617 heißt, bey jedem Ochsenmarkt in
Wien die Fahne des Hansgrafenamtes ausgesteckt.
So lange diese wehte, hatten die Fleischhauer von
Wien das Vorkaufsrecht. Ein Unterhändler oder ein
Dolmetscher durfte auf dem Viehmarkt niemand seyn
als nur die beeidigten Unterkäufler des Hansgrafen ***). Ohne Erlaubnißschein des Hansgrafenamtes
durfte aus dem Auslande kein Zug- oder Schlachtvieh
nach Oesterreich gebracht werden, damit die Abgabe
davon desto gewisser entrichtet würde. Um allem Be-

---

*) Abermann, Buch III. S. 2. Der Handtgrave.. ist sonder-
lich über den Viech- oder Ochsenhandel, deren man Järlich
ein grosse Anzahl auß Vngern durch Oesterreich in das
Teutsch Landt wegtreibt: Item über der Verkäuffer Gewicht vnd Maß, wie sie dieselbige recht haben sollen, gesetzt. Vnd hat auch hierinnen seine Mitgehilffen, Rathgeber
vnd Diener.
**) Rauch, T. III. p. 68—70.
***) Guarient, Th. II. S. 78 und 79.

truge hierin vörzubauen, wachten an den Gränzen
Oesterreichs, vorzüglich gegen Ungarn und die Steyr=
mark, die Offiziere und Aufseher des Hansgrafen,
welchen man an verschiedenen Orten gar übel begeg=
nete *). In Unterösterreich gab es mehrere Zollstatio=
nen, wo das sogenannte Viehauftriebgeld und der
Viehaufschlag dem Hansgrafenamte entrichtet werden
mußte **). Dieses war die Ursache einer Verordnung
vom Jahre 1611, welche geboth, alles Vieh, wel=
ches zum Verkauf fortgetrieben wurde, ohne Ver=
heimlichung beym Hansgrafenamte anzuzeigen ***).
Das Nämliche war in Rücksicht des Pferdehandels
gebothen. Der Tausch und Kauf eines Pferdes mußte
beym Hansgrafenamte angemeldet, und dafür eine
Taxe erleget werden ****). Von dieser Regel waren
nur die Prälaten, Herren und Ritter, aber sonst nie=
mand, sogar auch die Kriegsleute nicht ausgenommen.
Wer die Anzeige davon zu machen unterließ, verlor
das Pferd und verfiel noch in eine andere Strafe.
Nebst der Abgabe des Viehaufschlages und des Pfer=
dehandels wurden vom Hansgrafenamt auch einge=
nommen: der Fleischaufschlags=Pfennig *****) und
der Fleischkreuzer ******); der Getreid = und Pa=
pieraufschlag war ebenfalls dessen Aufsicht anver=
trauet *******). Maß, Elle und Gewicht wurden vom
Hansgrafenamt gesetzlich untersucht und mit einem
Zeichen beglaubiget; Betriegereyen von demselben ge=

---

*) L. c. Th I. S. 128 — 132.
**) L. c. Th. II. S. 378, und Th. III. S. 221, 449.
***) A. a. O. S. 377.
****) A. a. O. S. 256 — 258; und Th. I. S. 132 — 134.
*****) A. a. O. Th. III. S. 389.
******) A. a. O. Th. I. S. 101 — 105.
*******) A. a. O. Th. I. S. 108 und 115.

ſtraft *). Die Aufſeher in den Städten und auf dem
Lande, Zimenter genannt, waren dem Hansgrafen
untergeben, und mußten beym Antritt ihres Amtes
einen Eid ablegen, daſſelbe getreu zu verwalten. In
früheren Zeiten ſtänden ſie unter dem Stadtrath **).

Aus den angeführten Urkunden, die vom ſech=
zehnten bis in das achtzehnte Jahrhundert herab rei=
chen, erhellen die Pflichten eines Hans = oder Hand=
grafen, die ganz gewiß nach Zeit und Umſtänden ei=
nen engeren oder weiteren Wirkungskreis hatten. Der
Getreid= Papier= und Fleiſchauffſchlag und der Fleiſch=
kreuzer waren in den früheren Zeiten ganz unbekannte
Dinge, konnten alſo auch nicht der Aufſicht des Hans=
grafen unterliegen; dagegen beſtanden damahls noch
die ſtrengen Stapelgeſetze, der Straßenzwang und

---

*) A. a. D. Th. III. S. 476.
**) Der Seitenſtetter Codex enthält aus dem fünfzehnten Jahr=
hundert folgende Eidesformel, welche unter dem König
Mathias Corvinus nach der Eroberung Wiens von einem
Zimenter iſt beſchworen worden. —
„Des Zymenter aid in preſencia Regis Maieſtatis
Gregori Holnbrunner, des Rats der ſtat.
Ir werdet ſchwern, vnnſerm allergenedigiſten Hern
dem Konig getrew zu ſein, Das Zymentambt Im Land
Oſterreich rechtlich zu hanndeln, Die gewicht nach dem Rech=
ten vater (ſic) abteyhen, ainem yeden, der des begert, zu=
gebn mit aufſlahen der zaichen, So darauff gehorn. So Ir
auch die gewicht ye zu zeiten aufheben, (vnd) Ellen vnd maß
beſehen wellet: Das tut mit wiſſen ains Burgermaiſters
vnd raths hie, Deßgleichen in anndern ſteten Im lannd.
Vnd was Ir penuell findet, Die anſagt, als offt ſich das be=
gibt, Domit ſeiner kon. genad daran nit entzogen werde,
Sunder des halben ſein genad vnd anndern, wie von alter
iſt herkomen, beſcheche. Auch den germitl (ſic) ſon von den
gewichten, ſo Ir abteilet, von ainem yden nemet, vnd
dawider nyemants beſweret, Sunder es damit haldet auch,
wie von altter iſt herkomen, treulich vnd vngeuarlich.‟

das Vorrecht der Bürger in Städten, daß nur sie mit
Fremden Handel treiben durften. Uiber die genaue
Befolgung dieser Handelsgesetze mußte der Hansgraf
wachen: ein Eid verband ihn dazu, den er dem Lan=
desfürsten bey seinem Amtsantritt schwören mußte *).
Aus diesem Eide geht aber auch die volle Gewißheit
hervor, daß sich die Amtsgewalt eines Hansgrafen
im fünfzehnten Jahrhundert bey weiten nicht auf so
viele Gegenstände erstreckte als in den späteren Zeiten.

Wir werden nicht irren, wenn wir annehmen,
daß der Hansgraf die Verpflichtungen der alten Ge=
nannten auf sich nahm, von welchen in den Haupt=
städten Oesterreichs späterhin keine Erwähnung ge=
schieht; in den Provinzialstädten dauerte ihr Amt noch
länger fort. In Regensburg ernannte den Hansgra=
fen der Stadtrath; in Wien war er ein Beamter
der Hofkammer, wurde also vom Landesfürsten er=
nannt **). Manchmahl verfuhren sie eigenmächtig und
verletzten die Rechte Anderer, wurden aber vom Re=
genten ernstlich ermahnet, sich genau an die ihnen
gegebenen Befehle zu halten ***).

---

*) Beylage Nro. XLVIII.
**) Abermann, Buch III. S. 2. „Die ander Obrigkait (nach
der Regierung) würdt der Fiscus, oder wie wir pflegen zu
sagen, die Cammer genandt...Unter diesen seynd zway an=
dere ämpter, als, wie mans nennet, das Handtgraven
vnd Wasser Mautner Ampt."
***) Ein älteres Beyspiel findet sich in den ständischen Acten des
Jahres 1613. Die drey oberen Stände klagten dem Kaiser
Mathias. „Wir seindt in dem zum höchsten beschwert, daß
Eur Khays. Mayestät Handtgraf sich vndersteht, Jme seines
gefallens selbsten aigne gesatz vnd ordnung zu machen, vnd
die Fleischhacker, So hin vnd wider im lanndt vnder vnß
Seßhafft, vnersucht Ihrer ersten Instantz Obrigkeit vnder
sich zu ziehen, u. s. w." — Hierauf erfolgte die Resolution:

Zuletzt muß noch bemerkt werden, daß der Hans=
graf der Regensburger die dortigen Kaufleute ins
Ausland begleitete, um Ordnung unter ihnen hand=
zuhaben und ihre Personen und das Eigenthum der=
selben an fremden Orten möglichst zu schützen. So
finden wir ihn in der Urkunde H. Ottokars auf dem
Jahrmarkt in Enns. Aehnliches wird vom Hansgra=
fen Wiens nirgends erzählet. Er blieb als Aufseher
über Handelsgeschäfte in Wien, hatte aber an ver=
schiedenen Plätzen des Landes Unterbehörden, wo
sogenannte Handgrafenamts=Offiziere und Uiberreiter
für die Beobachtung der vorgeschriebenen Handelsge=
setze wachten. Bey Abermann kommt ein Obrister
und Richter der Kaufleute in Wien vor *): wahrschein=
lich ein Hansgraf.

Zur Bequemlichkeit der Kaufleute und zur schnel=
leren Beförderung des Handels gab es schon im
zwölften Jahrhundert privilegirte Unterhändler oder
Unterkäufer **), welche in den Urkunden Litkau=

„Dem Handtgrauen wolle Jre Mayestät ernstlich verschaf=
fen lassen, das Er bey seiner Instruction verbleibe, vnd
darwider nichts fürneme."

*) Buch II. S. 95. „Ladislaus Edlasperger, deren Kauff
Leuth Obrister vnnd Richter, vnnd Beysitzer der Oesterrei=
chischen Räth."

**) In der Urkunde H. Leopolds vom Jahre 1192 für die Re=
gensburger bey Scheid heißt es: Si iorte querimonia de
conventione mercationis eorum orta fuerit, hii, qui
vocantur Litcofaie, contra eos non admittantur in te=
stimonium, verum honesti viri, qui appellantur hospi=
tes, item Wirte, et quibus merito credi debeat. — In
dem Stadtrechte, welches H. Leopold 1198 den Wienern
verliehen hat, sagt er: Statuimus etiam, ne advena ali=
quod testimonium possit ferre super civem, nec civis su=
per advenam, cum his qui dicuntur leykhauf. Lazius

fer *), Leitkaufer **) Leihkaufer oder Unterkäufler ***)
genannt werden. Es gab beeidigte, ordentlich bestellte,

---

hat hier ohne Zweifel das 'alte Litcofar in das neuere Leih=
kaufer seiner Zeit verwandelt.

*) H. Leopold für die Regensburger 1190, apud Scheid ‚l‚c‚
Si forte querimonia de conventione mercationis eorum
orta fuerit, hii, qui vocantur Litcofare, contra eos non
admittantur in testimonium. — Hormayr, Taschenbuch für
das Jahr 1812. S. 50. In dem Stadtrecht für Enns 1212
befiehlt H. Leopold. Volumus etiam, ne aduena aliquod testimonium possit facere super ciuem, neque civis super
aduenam, cum hiis qui dicuntur Litchovffaeie. So steht
es buchstäblich im Original. Der einfältige Uiberseßer dieser
Urkunde verstand dieses Wort im vierzehnten Jahrhundert
nicht mehr, und schrieb leithawsser hin. Oesterreich unter
den Königen Ottokar und Albrecht. Th. II. S. 257. — Die
Abstammung und Bedeutung des Wortes Litkaufer erkläret
Adelung bey dem Worte: Leihkauf. Lid oder Lith hieß ein=
stens ein berauschendes Getränk. Das ganze Wort, Litkof,
Leihkauf, bezeichnet die alte Gewohnheit, daß unter dem
gemeinen Volk nach geschlossenem Handel sowohl der Käu=
fer als Verkäufer ein Geld zusammenlegten und es mit ein=
ander vertranken. Leihkauf bedeutet auch das Angeld, das
der Käufer dem Verkäufer zur Sicherheit des geschlossenen
Handels entrichtet. Die Sache und das Wort bestehen noch
heut zu Tage bey uns. — Senkenberg, Selecta, T. IV.
p. 244, irret, da er sagt: Exprimitur Laudemium per
Leitckouf. Nimirum leit derivatur a leiden, consentie,
ferre ut aliquid fiat. Unde Leitckouf emtio, consensus,
quod est ipsum Laudemium. Leßteres paßt nicht auf Käufe
unter dem Volke, wo bey geringeren Sachen der Leihkauf
den Dienstbothen gegeben wird. In alten Zeiten hieß er
Mercipotus, welcher Ausdruck sehr bezeichnend war.

**) Senkenberg, Visiones, p. 280. In dem Stadtrecht für
Heimburg verordnete H. Friedrich der Streitbare: „daß
dhain gast gen einen purger noch dhain purger auf einen
gast icht mug erzeugen mit den die da heizzent leitchaufer."

***) Rauch, T. III. p. 51. H. Albrecht seßte 1340 fest: „daz
dhain purger .. icht mug erzeugen mit den, di da haizzent
leichouffer oder vnderchouffel."

und von der Obrigkeit bestätigte Unterkäufer, welchen
H. Albrecht der Lahme eigene Verhaltungsregeln vor=
geschrieben hat *). Unter ihnen befanden sich auch Ju=
den **). Die Unterkäufer waren dem Hansgrafen un=
tergeben, vor dem sie sich nach alter Gewohnheit alle
Mittwoche stellen mußten. Aus der herzoglichen In=
struction für dieselben ergibt sich, daß sie zugleich das
Amt geheimer Aufseher über die Kaufleute und auch
über die gemeinen unbeeidigten Unterkäufer verwaltet
haben. Ihre gesetzliche Einnahme von den durch sie
besorgten Handelsgeschäften waren vier Pfennige von
einem Pfund des Kaufschillings. Selbst Handel zu
treiben oder mit einem Kaufmann in eine Handelsver=
bindung zu treten war ihnen strenge untersagt; auch
durften sie nicht mit fremden Kaufleuten auf dem
Lande herumziehen, noch sie in das Ausland begleiten.

Das Recht, Unterkäufer zu ernennen, stand den
Bürgern und Kaufleuten zu, welche es wahrscheinlich
durch ihren Stadtmagistrat oder doch mit Vorwissen
und Bewilligung desselben ausübten. Daher läßt es
sich erklären, wie es gekommen sey, daß der Stadt=
magistrat von Enns den dortigen, öffentlich angestell=
ten und beeidigten Unterkäufern 1330 mehrere Gesetze
vorgeschrieben, und den Uibertretern schwere Strafen
angedrohet hat ***). In Wien sind sie nach den ange=
führten Zeugnissen schon lange vorhanden gewesen;
als endlich H. Albrecht der Lahme ihrer Innung eine
genauere Ordnung vorgeschrieben hat. Im Jahre
1348 schränkte er ihre Anzahl auf Sechs ein — was

*) L. c. p. 68 — 70.
**) Senkenberg, Selecta. T. IV. p. 292. Wir Albrecht Tun
     kunt daz wir kolman dem vnderkeuflern vnserm Juden ze
     wienn die gnad getan, u. f. w.
***) Beylage Nro. XVI.

nur von den beeidigten zu verstehen ist — und überließ
ihre Ernennung den Bürgern und Kaufleuten; jedoch
fügte er die ausdrückliche Bedingniß hinzu, daß zu
Unterkäufern nur ehrbare und verläßliche Leute sollten
erwählet werden, welche ihr Geschäft getreulich besorgen, und deren Eigenthum wenigstens fünfzig Pfund
am Werthe beträgt. Besäße einer nicht so viel, so muß
er für diese Summe einen Bürgen stellen *).

Uibrigens wiederhohlen wir auch bey den Leih-
oder Unterkäufern die schon öfter gemachte Bemerkung, daß sich ihre Zahl und auch die Vorschriften,
die sie bey ihren Geschäften zu befolgen hatten, ohne
allen Zweifel zu verschiedenen Zeiten werden geän-
dert haben; nur sind wir aus Mangel der Urkunden
nicht im Stande, diese Veränderungen durch einige
Jahrhunderte anzugeben. Die Geringfügigkeit des
Gegenstandes lohnet auch nicht der Mühe eines langen Nachsuchens. Zur Sprache mußte er dennoch
gebracht werden, um die alten Ausdrücke: Litchouf-
färe, Underchouffel, u. s. w. unseren Lesern verständlich
zu machen.

Fünfzehnter Abschnitt.

Maß und Gewicht.

Ohne gesetzliche Maße, Gewichte und Ellen kann
an keinem Orte der Handel gedeihen, denn ohne diese

---

*) Rauch, T. III. p. 124. „Die selben purger vnd kauffleut
Mugen seczen Sechs vnder keuffel, u. s. w.“ — Die Unterkäufer geht auch an, was Friedrich der Schöne 1312 für
den Handel in Wien verordnet hat: l. c. p. 123. „Wir
wellen auch, daz dhain Purger durch leichauf noch durch
dhainen posen list mit dhainem Gast chauffen noch verchauffen sulle da den vorgenanten Chaufleuten von Wienne
ir recht mit ze brochen werde.“

schwebten der Käufer und Verkäufer fortwährend in Gefahr, sich einander nicht zu verstehen und übervortheilet zu werden. Ein gesetzliches Maß und Gewicht gewähret beym Handel Sicherheit und Bequemlichkeit den Käufern, beseitiget Mißverständnisse· und thut Streitigkeiten Einhalt. Ist dieses für einen jeden einzelnen Handelsplatz unentbehrlich nothwendig, so wird es einem ganzen Lande sehr vortheilhaft und wünschenswerth seyn, wenn der Regent desselben allen seinen Unterthanen ein ganz gleiches Maß und Gewicht vorschreibt, und dadurch für das Wohl des Handels und seines Volkes väterlich sorget. Seit den Zeiten Carls des Großen *) fehlte es auch keineswegs in Deutschland an häufigen und oft wiederhohlten Befehlen, daß die Maße und Gewichte einer Provinz an allen Orten gleich seyn sollten, man findet aber leider durch alle Jahrhunderte herab, daß so heilsamen Verordnungen keine Folge geleistet wurde, und daß beynahe ein jeder bedeutender Ort, ein jeder mächtiger Grundherr ein eigenes Maß und Gewicht hatte.

In Oesterreich schrieb schon das alte Landrecht vor, daß sich Alle eines gleichen Metzens **), Eimers und einer gleichen Elle bedienen sollten ***); aus

---

*) Baluz., T. I. p. 238, de anno 789. Ut aequales mensuras et rectas, pondera justa et aequalia omnes habeant sive in civitatibus, sive in monasteriis, sive ad dandum in illis, sive ad accipiendum.

**) Man möge mir gütigst eine kleine Unregelmäßigkeit vergeben, die ich mir gegen Adelungs Wörterbuch erlaube. Man sollte schreiben und sagen: Die Metze; aber dieses Wort wäre in Oesterreich manchem auffallend, manchem gar anstößig.

***) Senkenberg, Visiones, p. 238 et seq. Wir setzen vnd gepieten das man vberal in dem land haben sol ainen metzen ain Emer ain Elln vnd ain gelöt.

17 *

häufigen Urkunden und späteren Verordnungen geht jedoch hervor, daß zu keiner Zeit ein ganz gleiches Maß in unserm Vaterland bestanden habe. Wir führen nur einige Beyspiele davon an.

In dem Verzeichniß der Abgaben an unsre Landesfürsten, welches zu Ende des dreyzehnten Jahrhunderts verfaßt worden, kommen verschiedene Getreidemeßen vor: große und kleine Meßen; Burg- und Kastenmeßen; Meßen nach Tulner= St. Pöltner= Kremser= und Neuburger=Maß *). Das Nämliche findet sich auch in Rücksicht des Eimermaßes: Wien, Tuln, Krems, u. f. w. hatten verschiedene, größere oder kleinere Eimer **). Ganz dasselbe war auch in Oberösterreich der Fall. Anstatt häufiger Stellen, die uns die Urkunden der Städte und Schlösser darböthen, lassen wir das Patent sprechen, welches K. Maximilian der Zweyte 1570 erlassen hat ***). In demselben erklärt der Kaiser seinen Willen auf folgende Weise: Wir wollen, daß beym Getreidehandel in Oberösterreich kein anderer Meßen gebraucht werden soll als der Meßen der Stadt Steyr; jedoch muß derselbe so eingerichtet werden, daß das neue gestriche Maß eben soviel enthalte, als das alte aufge=

---

*) Rauch, T. II. p. 20. Modius auenae minoris mensurae. — p. 21: Sex dienstmut frumenti. Hoc sunt XL purchmetzen. — p. 30: Tres metretas chastmetzen. — p. 23: modios auene Tulnensis mensure. Ibidem: Modium auene Ipolitensis mensure. — p. 76. Modium Niunburgensis mensure.

**) L. c. p. 24. XVIII urnas vini Wiennensis mensure. — Ibidem: Carradam vini mensure Tulnensis. — p. 29: Carradam vini Chremsensis mensure. Es wäre ein Leichtes, dieses Verzeichniß zu vermehren; doch die angeführten Beyspiele genügen zum vollsten Beweise.

***) Guarient, Th. II. S. 344.

häufte, denn das Aufhäufen des Metzens muß ab=
gestellet werden. Um aber bey dieser neuen Einrich=
tung weder den Herrschaften, bey denen man sich zum
Ausmessen des Zins = und Dienstgetreides verschiede=
ner Metzen bedienet, die bald größer bald kleiner als
der Steyrische sind, noch auch den Unterthanen ein
Unrecht zuzufügen, erlauben wir bey den genannten
herrschaftlichen Getreideabgaben die Beybehaltung
der alten gebräuchigen Metzen; beym Kauf und Ver=
kauf des Getreides muß man sich genau an den neuen
Landmetzen halten. Wir ermahnen zugleich die Land=
stände dafür zu sorgen, daß die herrschaftlichen Metzen
nach Thunlichkeit auf das Maß des neuen Landme=
tzens gebracht, und die neuen Erbbriefe der Untertha=
nen so eingerichtet werden, daß die vorigen Getreide=
abgaben ohne alle Vergrößerung nach dem Maße des
neuen Landmetzens in denselben ausgedrückt erschei=
nen. Ein Kalk= und Kohlenmetzen enthält auch künftig
wie bisher einen doppelten Getreidemetzen. Da die
Linzer Elle weder die größte noch kleinste, und doch
unter den in= und ausländischen Kaufleuten die bekann=
teste und gebräuchlichste ist: so wird sie zur allgemein
gültigen Elle erhoben; alle übrigen müssen aufhören.
Das Linzer Gewicht, welches mit dem Wienerischen
übereinstimmt, wird beybehalten; eben so auch die
Holzklafter. Zur Erzielung einer Gleichförmigkeit
müssen in jeder Stadt ein gesetzlicher Metzen und
eiserne Ellen und Klaftern vorhanden seyn, und allen
Besitzern von Maßen, Ellen und Gewichten steht es
frey, dieselben gegen Erlegung der Taxe mit einem
Brandzeichen versehen, und sie dadurch für gesetzlich
erklären zu lassen. —

In der Oesterreichischen Gesetzsammlung hat sich
eine Vergleichung der Maße von zwey und dreißig

Märkten und Städten gegen das Wienermaß erhalten *), in welchem jedoch viele Orte mit Stillschweigen übergangen werden, von deren Metzenmaß in den
Urkunden Erwähnung geschieht. Nehmen wir noch die
verschiedenen herrschaftlichen Metzen hinzu, so geht die
volle Gewißheit hervor, daß ungeachtet wiederhohlter
Verordnungen an keine Einförmigkeit der Maße und
Gewichte im Mittelalter und auch noch in den neueren
Zeiten zu denken ist. Und wer könnte bey einer so allgemeinen Verwirrung etwas Bestimmtes herausbrin-
gen, in welchem Verhältniß der Metzen verschiedener
Jahrhunderte zu unserm jetzigen stehe?

Aus dem Gesagten erhellet, daß in den älteren
Zeiten an ein gesetzlich einförmiges Landmaß in Oesterreich gar nicht zu denken ist. Der Magistrat eines
jeden mehr bedeutenden Ortes sorgte nur dafür, daß
in dem Bezirke desselben das vorgeschriebene oder alt
hergebrachte Maß getreulich gehalten wurde **),
worüber auch unsere Landesfürsten mehrere Befehle
erlassen haben. H. Leopold unterwarf alles, was den
Handel betraf, im Jahre 1198 dem Stadtmagistrat
von Wien: also auch ganz gewiß Maße, Gewichte
und Ellen, was in späteren Urkunden ausdrücklich
bekräftiget wird ***). Zugleich verurtheilte er jeden,
bey dem man ein falsches Maß, welches damahls
Ham ****) genannt wurde, oder so ein Gewicht oder

---

*) Codex Auſtriacus. Th. III. S. 42.

**) Dieses Aufsichtsrecht heißt in den alten Lateinischen Urkun-
den Wargaria oder Wagaria, von dem Deutschen Worte:
Wage.

***) Rauch, T. III. p. 56. Die mazze weins, metes oder pires,
als die purger auffetzent.

****) Das Wort Ham drückt einen Betrug, eine Hinterlist, eine
versteckte Bosheit zum Schaden Anderer aus. Unser Hä-
misch stammt davon ab.

eine Elle fand, zu einer Geldstrafe von fünf Pfund *).
Seine Nachfolger in der Regierung: H. Friedrich der
Streitbare **), K. Rudolph ***) und H. Albrecht der
Lahme erneuerten dieses Gesetz; letzterer verschärfte,
wahrscheinlich wegen häufiger Uibertretungen, die
Strafe unrechter Maße und Gewichte, und verordnete: Wird jemand zum vierten Mahle als Maßver-
fälscher überwiesen, so soll ihm der Daumen abgehauen und das Getränk weggenommen werden ****).

---

*) Lazius, l. c. Apud quemcunque in civitate inventa fuerit
injusta mensura, quae dicitur Ham, vel injusta ulna, vel
injustum aliquod genus ponderis, judici solvat quinque
talenta.

**) Senkenberg, Visiones, p. 280. Stadtrecht für Heimburg.
Daz wem in der stat vnrecht mazz fonden wirt daz die Häm
haizzt . anders denn wirs gesatzt haben . oder ein vnrechte
ellen . oder welcherlay vnrecht gewäg . der geb dem richter
phunif Pfunt.

***) Lambacher, S. 157. K. Rudolphs Stadtrecht für Wien
vom Jahre 1278. Apud quemcunque injusta fuerit mensura inventa, quae hamm dicitur, vel iniusta ulna, vel
aliquod injustum genus ponderis, judici solvat quinque
talenta. Es kann keinem genauen Beobachter entgehen, daß
die alten Oesterreichischen Stadtrechte immer auf einem
älteren beruhen, und dieses ist das bisher bekannte Stadtrecht H. Leopolds für Wien vom Jahre 1198. Vielleicht
hatte auch er ein noch früheres Stadtrecht vor Augen. Die
jüngeren Stadtrechte erweiterten und änderten sich nur
nach den Bedürfnissen der Zeiten.

****) Rauch, T. III. p. 54. H. Albrechts Stadtrecht für Wien
vom Jahre 1340. Daß wem in der Stat erfunden wirt ein
vnrecht mazze, ez sei ham, oder vnrecht etten, oder swelicher
slacht vnrecht mazze, oder wag, oder gelöt, der geb dem Richter sumf phunt. Ist aber er ein sogtän man, daz er ee vmb
dieselben tat puezwirdig ist warden oder gewesen, der sol
allez dinges des Gerichtes weiß leiden vnd wesen vndertan." Des Gerichtes weiß, oder Beiße, ist die Strafe
desselben, welche, l. c. p. 56 et 57. angegeben wird: „Die
mazze weins, metes oder pires, als di purger auffetzent,

Aber auch eine so schwere Strafe schreckte nicht ab,
oder wurde vielleicht aus Nachlässigkeit der Stadtpolizey nicht vollzogen, denn H. Rudolph der Vierte
sagte es in seinem Ungeldspatent unumwunden, daß
die Schenkwirthe bisher nach ihrem Belieben durch
falsche Maße betrogen haben *). In Enns, wo der
Magistrat eben so, wie in allen andern Städten, die
Aufsicht über rechtes Maß und Gewicht führte **),
verfuhr man mit den sogenannten Maßbrechern gelin-
der, denn dort zahlte der Weinschenk, der sich eines
falschen Maßes bediente, einem Beschluße des Magistrates zu Folge nur die Geldstrafe von zwey und
dreißig Denaren ***). Wir übergehen spätere Verordnungen der Landesfürsten und einzelner Städte mit
Stillschweigen, denn alle gehen auf das Nämliche
hinaus: den Magistraten, und späterhin auch dem
Hansgrafenamte, unter welchem die Zimenter oder
Aufseher über Maße und Gewichte standen ****), war
die Sorge für die gesetzlichen Maße und Gewichte
anvertrauet, und Befehle über die Einförmigkeit der-

Swer die zepricht aines, zwier oder drei stund (das ist:
dreymahl) als oft geb er dem Richter ein halb phunt phenning, vnd an die Stat ein halb phunt. Pricht er es je dem
vierden mal an einem vazz, so sol man dem, der vor dem
vazz sitzet, den daumen abslahen, vnd den wein nidersla-
hen, der da vail ist, auf die erde, oder man geb in in das
spital ''

*) Oesterreich unter H. Rudolph dem Vierten. S. 323.
Vnd beleibent die leut vnbetrogen von den leitgeben, die
vormals nach irm mutwillen geschenket haben.

**) Hormayr, Taschenbuch, 1812. S. 52. Sex ydonei ciues
iuramento confirment, quod disponant de mercatu.

***) Beylage Nro. XVI.

****) Die Eidesformel eines Zimenters enthält die Beylage
Nro. XLIX.

selben wurden oft gegeben aber nie befolget, worüber uns K. Leopold der Erste ein unverwerfliches Zeugniß durch seine fünfmahlige Erneuerung desselben Gebothes vom Jahre 1667 bis 1700 gegeben hat *).

Mit völlem Rechte werden die Leser des gegenwärtigen Aufsatzes erwarten, daß ihnen das Verhältniß eines alten Metzens, Eimers oder Pfundes zu unserem gegenwärtigen angegeben werde. Der Verfasser dieses gesteht aufrichtig sein Unvermögen, diese Erwartung zu erfüllen. Was einem hochverehrten Anton nicht gelungen **), und was der tiefgelehrte Lang bey einem ungeheuren Vorrath von Urkunden nur zum kleinsten Theile für Bayern zu Stande brachte ***), darf man von demselben für Oesterreich keineswegs erwarten. So lange kein altes Metzen- oder Eimermaß von irgend einer Stadt aufgefunden wird, ist von einer Vergleichung desselben mit dem unsrigen keine Rede; und selbst in diesem Falle wüßten wir nur das Verhältniß des Metzen- oder Eimermaßes derselben Stadt allein, aber nicht auch der übrigen Städte, Märkte und Schlösser, denn überall bediente man sich eines eigenen, dort üblichen Maßes. Sind die Metzen und Klaftern in Oesterreich noch heut zu Tage nicht gleich, so darf man dieß noch weniger im Mittelalter erwarten. Wir sehen uns also genöthiget, einen Metzen und Eimer vorauszusetzen, der dem unsrigen mehr oder weniger mag gleichgekommen seyn. In den Urkunden und andern alten Schriften

---

*) Guarient, Th. II. S. 540 — 542.
**) Karl Gottlob Anton, Geschichte der teutschen Landwirthschaft. Görliz, 1802. Th. III S. 234 — 237.
***) Karl Heinrich Ritter von Lang, Baierische Jahrbücher. Ansbach, 1816. S. 366, u. f.

kommen aber auch noch andere größere und kleinere
Maße vor, deren Verhältniß zum Metzen oder Eimer
angegeben wird. Von diesen muß nothwendig Erwäh=
nung geschehen, um unsre Leser in den Stand zu
setzen, wenigstens zum Theile über dergleichen Dinge
urtheilen zu können. Nur muß auch hier wieder die
Bemerkung beygefügt werden, daß selbst die sehr be=
stimmt angegebenen Verhältnisse kleinerer Maße zu
größeren sich auch während eines kurzen Zeitraums
nicht gleich blieben, sondern bald mehr bald weniger
von einander wieder abwichen und an verschiedenen
Orten verschieden waren.

Wir schöpfen unsere Angaben aus Quellen des
dreyzehnten und vierzehnten Jahrhunderts, die Allen
zugänglich sind, weil sie der um die vaterländische Ge=
schichte hoch verdiente Adrian Rauch durch den Druck
bekannt gemacht hat. Es sind dieß die Verzeichnisse
der Abgaben, welche die Grundholden der Herzoge
von Oesterreich und der Grafschaft Steyr an ihre
Herrschaften zu entrichten hatten. Durch die Unacht=
samkeit des alten Schreibers sind einige Stellen in
den angegebenen Rechnungen verderbt worden; und
dann muß noch die schon von vielen Schriftstellern
gemachte Bemerkung beygefügt werden, daß sich die
alten Rechner um kleine Bruchtheile nicht immer be=
kümmerten, sondern gar oft sich mit einer runden,
obgleich nicht ganz richtigen Summe begnügten.

In den genannten Verzeichnissen der Abgaben
kommen folgende Maße und ihre Verhältnisse zu
einander vor:

Große und kleine Metzen werden in denselben als
bekannt vorausgesetzt; dasselbe geschieht auch von dem
sogenannten Ostermetzen. Nebst dem Metzen kommen
auch Metzel vor, deren beynahe zwey und ein halbes

einen Ostermeßen ausmachten *). Metreta und Modius waren die gewöhnlichen Lateinischen Benennungen eines Meßens; Modius bedeutete aber auch gar oft ein Muth, welches dreißig gewöhnliche Meßen enthielt, was aus mehreren Urkunden und alten Rechnungen erhellet. In dem Privilegium, welches H. Ottokar 1190 den Regensburgern für den Jahrmarkt in Enns verliehen hat, wird ihnen zu Gunsten der Zoll für einen Modius Getreide auf zwölf Pfennige angesetzt **). Wer könnte wohl anstehen, hier den Modius nicht mit Meßen, sondern mit Muth zu übersetzen? Ein Meßen um zwölf Pfennige im zwölften Jahrhundert wäre, eine Hungersnoth ausgenommen, ein unerhörter Preis gewesen; wie hätte man also eine so große Summe als Zollabgabe fordern können? Im Jahre 1224 wurde zwischen dem H. Leopold und dem Kloster Gleink ein Tausch abgeschlossen. Der Herzog erhielt dadurch mehrere Besitzungen des Klosters, trat dafür andere ab, und fügte zum gänzlichen Ersatze noch das Privilegium hinzu, daß das Kloster jährlich fünfzehn Fuder Wein und dreißig Modios

---

*) Rauch, T. I. p. 391. Zwainzich meßel habern . die tuent siben meßen ostermaße. — p. 392. Vier vnd zwainzich Meßel habern chlainer maße . oder zehen Meßen oster maße." — Es heißt aber auch auf derselben Seite: „Zwen Meßen chorns . oder vier meßel chlainer maße."

**) Scheid, l. c. Quaecunque etiam navis vinum vel frumentum fert in tempore foii, tum de modio frumenti, tum de carrada vini XII. denarios persolvat. Man bemerke, daß von einem Muth Getreide, das dreißig Meßen, und von einem Fuder Wein, das dreißig Eimer enthielt, ein gleich großer Zoll bezahlt werden mußte. In dem wohlfeilen Jahre 1313 kostete ein Meßen Roggen vier, Hafer zwey, höchstens drey Pfennige: Chron. Claustroneoburg., apud Pez, T. I. p. 482. Man darf annehmen, daß er 1190 noch weniger gekostet habe.

Getreide ohne allen Zoll auf der Donau hinauf zu
seinem Hausbedarf führen durfte *). Von fünfzehn
Metzen kann hier unmöglich die Rede seyn, denn so
eine Kleinigkeit lohnte nicht der Mühe, eine Urkunde
zur Erleichterung des Klosters auszustellen, da in der
Zollordnung desselben Herzogs ausdrücklich für einen
Modius Getreide nur eine Abgabe von vier Pfennigen
festgesetzt war **). Zu Ende des fünfzehnten Jahr=
hunderts enthielt das Muth in Oesterreich ganz gewiß
dreißig Metzen ***), was auch heut zu Tage noch
besteht.

In alten Urbarien kommen nebst den Muthen auch
Muthel vor. Vier und achtzig Muthel, heißt es, ma=
chen vierzehn Muth großen Maßes ****); also bestand
ein Muth aus sechs Mutheln. Indessen geht aus vielen

---

*) Beyträge zur Geschichte des Landes Oesterreich ob der
Enns. Th. III. S. 336. De uictualibus eorum per aquam
ascendentibus, scilicet de XV. carradis uini et frumenti
XXX. modiis maioris metrete .. uectigal non requi-
ratur.

**) Forma minoris mutae in Stein, apud Rauch, T. II.
p. 107. De modio frumenti IIII. denarios.

***) Der schon oft erwähnte Codex von Seitenstetten erkläret
die verschiedenen Maße und Gewichte seiner Zeit. Von dem
Muth wird Folgendes erwähnet: „Hie wis, das man
dreißig metzen Rait für ain mut." — Hanthaler, Recensus
diplom. genealog. T. II. p. 144, gestand zwar, daß Modius sowohl ein Muth von dreißig Metzen, als auch einen
einzelnen Metzen bedeuten könne, führte aber für ersteres
keine Beweise an. — Philibert Hueber, Austria ex archi-
vis Mellicensibus illustrata, p. 261, bezeuget es aus Ur=
kunden seines Klosters: Modius .. continet triginta metretas (Metzen) nostratis Vindobonensis mensurae. Archiv. Mellic. et Urbaria nostra Mellicensia de 13, 14 et
15 saeculo passim.

****) Rauch, T. I. p. 409. Vier vnd obzich Muttel. Die machent
uierzehen mutte der grozzen mazze.

anderen Stellen hervor, daß an vielen Orten ein Mu= thel zu fünf, an anderen gar zu vier Metzen angeschla= gen wurde. Zu fünf Metzen erscheinet ein Muthel in folgenden Berechnungen: Drey und sechzig Muthel und zwey Metzen machen zehn Muth und siebzehn Metzen *). Sechs und fünfzig Muthel und ein Me= tzen machen neun Muth und eilf Metzen **). Siebzehn Muthel und zwey Metzen machen drey Muth, weni= ger drey Metzen ***). — Zu vier Metzen wird ein Muthel gerechnet in folgenden Stellen: Hundert zwölf Muthel machen fünfzehn Muth weniger zwey Metzen ****). Acht und dreyßig Muthel und ein Me= tzen machen fünf Muth und drey Metzen*****). Wenn es in einer Stelle heißt: Sieben und zwanzig Muthel machen vier Muth und zwölf Metzen ******), so ist dieß wohl ganz gewiß ein Druck= oder Schreibfehler; es sollte vier Muth, weniger zwölf Metzen heißen.

―――――――――――――

*) L. c. p. 410.

**) L. c. p. 416.

***) L. c. p. 424. Sibenzehen muttel. vnd zwen metzen. Die machent drei mutte. an drei metzen. der grozzen.″ — Das Wörtchen: an, ist gleichbedeutend mit: ohne, oder weniger. Die Stellen: p. 409, 422, 431, stimmen mit der angegebenen Berechnungsweise überein. Nur muß bemerkt werden, daß S. 422 der halbe Metzen bey den sechs und siebzig Mutheln in der Rechnung scheinet weggelassen zu seyn.

****) L. c. p. 441. Hundert muttel vnd zwelf Muttel. Die machent funfzehen mutte. an zwen metzen. der grozzen mazze.

*****) L. c. p. 444. An zwai vierzich (das ist acht und dreißig) muttel vnd ein metzen. Die machent fünf mutte vnd drei metzen der grozzen mazze.

******) L. c. p. 445. Siben vnd zwainzich muttel. Die machent vier mutte vnd zwelf metzen der grozzen mazze.″ — Lie= set man anstatt: vnd zwelf, an zwelf metzen, so ist die Rechnung richtig.

Es kommen aber auch Stellen vor, in welchen
verkleinerte Metzen erscheinen, welche Metzel genannt
werden nach derselben Weise, wie Muthel von Muth.
Manchmahl machen zwey Metzel geradezu einen Metzen *); in anderen Stellen kommen 2⅖ oder auch
2⅖ Metzel auf einen Metzen zu rechnen **).

Ein Schaff bestand aus sechs Metzen ***). Bald
werden drey Schaff ****), bald wieder fünf einem sogenannten Burgmuth gleich geschätzt *****). Diese
Unverläßlichkeit alter Rechnungen ist entweder den un-
gleichen Maßen verschiedener Orte, oder wahrschein-
licher noch der Unachtsamkeit der Schreiber beyzumes-
sen ******). Sechs Dienstmuth werden zu vierzig

---

*) L. c. p. 392. Zwen Metzen chorns. oder vier metzel
chlainer mazze.

**) L. c. p. 391. Zwainzich metzel habern. die tuent siben
metzen oster mazze. — p. 392. Vier vnd zwainzich Metzel habern chlainer mazze. oder zehen Metzen oster
mazze.

***) L. c. p. 392. Vier Schaf habern. oder vier vnd zwain-
zich metzen. — In einem Urbarium des Klosters St.
Florian aus dem vierzehnten Jahrhundert wird gesagt:
VI metrete faciunt unum cumulum. Ein schaphium
und ein cumulus waren also gleichviel.

****) Rauch, T. II. p. 31. III schaphia faciunt bene unum
purchmut.

*****) L. c. p. 37. V schaphia faciunt unum purchmut.

******) Rauch, T. I. p. 427. Neun muttel. vnd drei metzen.
Die machnt zwen mutte vnd drei metzen.'' Wenn man
den Diensthafer des Amtes Raumnich, von S. 424 bis
427 zusammenzählt, so kommen, fünf Metzen auf ein
Muthel gerechnet, richtig neun Muthel und drey Metzen.
heraus, welches acht und vierzig Metzen betrüge. Aber
dann kann obige Berechnung: die machnt zwen mutte
vnd drei metzen, keineswegs bestehen, und diese Stelle
ist offenbar verderbt. Daher muß entweder ein Muth
und achtzehn Metzen, oder zwey Muth weniger zwölf
Metzen gelesen werden.

Burgmetzen angeſchlagen *); drey Kaſtenmuth mach=
ten ein Burgmuth **).

Man muß darauf Verzicht thun, die alten Maße
genau beſtimmen zu wollen, denn je mehr Daten man
hierzu ſammelt, deſto größer wird die Verwirrung.

Mochten die Metzenmaße von einander auch noch
ſo ſehr abweichen, ſo ſorgte man doch an jedem be=
trächtlicheren Orte dafür, daß das Maß des dort
einmahl üblichen Metzens von allen Bewohnern bey
Käufen und Verkäufen beybehalten würde: Es gab
einen geſetzlichen Stadt= Markt= und Schloßmetzen,
der den einzelnen Hausbeſitzern zur Richtſchnur diente.
Dahin zielen die vielen Verordnungen der alten Her=
zoge unſers Vaterlandes und auch der Städtmagi=
ſtrate, von welchen ſchon weiter oben die Rede gewe=
ſen: es ſollte an allen Orten von eigens dazu beſtellten
Beamten über das geſetzliche Maß eine ſtrenge Auf=
ſicht geführet werden. Es ſind aber auch Urkunden
vorhanden, welche ausdrücklich eines Stadtmetzens
als einer alten Sache erwähnen. In Steyr bewahrte
ihn dem Befehl H. Albrechts I. gemäß der dortige
Brückenmeiſter. Den einheimiſchen Bürgern mußte
er das Getreide, das ſie zu ihrem Hausbedarf nöthig
hatten, unentgeldlich meſſen; die andern Verkäufer
zahlten ihm von einem Metzen einen Pfennig, welche
Abgabe zur Erhaltung der Brücke ſollte verwendet
werden ***). In Wien war der Stadtmetzen einem

---

*) Rauch, T. II. p. 21. Sex dienſtmut frumenti. Hoc ſunt
XL purchmetzen.

**) L. c. p. 28. VII modios avene. chaſtmut. quorum III.
faciunt unum purchmut.

***) Preuenhuber, S. 37. H. Albrechts Privilegium vom Jahre
1287. Statuimus, ut nullus in ipſa civitate propriam me-
tretam teneat, cum magiſter pontis metretarum omnium

Beamten anvertrauet, der davon den Nahmen: Metz=
ner, erhalten hat. Der Bürger zahlte für das Messen
eines jeden Metzens einen halben Pfennig; ein Frem=
der für ein Muth eben soviel. Auch hier, wie in Steyr,
mußte der Verkäufer die Metzenabgabe leisten *).

Uiber die Maße flüssiger Körper ist in den Urkun=
den noch weniger angemerkt als über das Getreide=
maß; wir bleiben hierüber ebenfalls, wie über den
Metzen, in einer großen Ungewißheit.

Das Wort Modius kommt in manchen Gegenden
sowohl beym Maße des Getreides als auch des Wei=
nes vor **); heißt also bald ein Metzen bald ein Ei=
mer. So wenig man aus den angegebenen Ursachen be=
stimmen kann, wie viel der Metzen in sich enthalten
habe, eben so wenig läßt sich über den alten Eimer
etwas Bestimmtes angeben: er war an verschiedenen
Orten bald größer bald kleiner. Wir sehen uns also
wie beym Metzen auch hier wieder genöthiget, einen
Eimer vorauszusetzen, dessen Inhalt wir nicht be=
stimmt anzugeben wissen. Sehr wahrscheinlich bezeich=
net das alte Wort Urne einen Eimer ***); man bedien=
te sich desselben sowohl in der Lateinischen als auch in
der Deutschen Sprache. Im fünfzehnten Jahrhundert

---

esse debeat unicus conservator, qui indigentibus ipsis
concedat, de modio mensurato unum denarium, de di-
midio vero obulum ad pontis aedificationem recepturus
de manibus venditoris.

*) Rauch, T. III. p. 21. Stadtrecht K. Friedrichs für Wien,
vom J. 1320. Ist daz ain Purger entnimt ain metzen von
dem metzner. so geit er ein halben phenning von dem me=
tzen. Swi vil er von ainem wagen mißet.

**) Anton, Th. III. S. 306.

***) Dieses erhellet vorzüglich aus vielen Stellen des Rationa-
rium Austriae et Styriae, apud Rauch, T. II. p. 24, 146,
152.

erscheinet jedoch in mehreren Zollverordnungen nur mehr der Eimer und manches größere oder kleinere Maß.

Nach langem vergeblichen Suchen über die Maße flüssiger Dinge gab der Codex von Seitenstetten einige nähere Aufschlüsse, die hier den Lesern mitgetheilet werden. Bey dem Weinmaß wird dort Folgendes angemerkt: Sechzehn Pfund machen ein Quart; vier Quart machen ein Begniß, und vier Begniß eine Ampher *). Nur scheinet das Wort, Pfund, ein damahliger Kunstausdruck gewesen zu seyn, denn gewöhnlich haben Pfunde mit der Bestimmung des Maßes für flüssige Körper nichts gemein. Das Zeichen des Pfundes muß also mit einem andern uns unbekannten verwechselt werden **). — Der Codex setzt ferner hinzu: Dreißig Eimer machen ein Fuder, und zwanzig einen Dreyling ***). Aus der Kammerrechnung des Stiftes

----

*) Hie soltu wissen, das XVI ℔ macht 1 quart. Item vier quart macht 1 wegniß. Item vier wegniß machen 1 ampffer. In der Beylage Nro. L. wird die Ampher zu eilf Wiener Eimern gerechnet.

**) Gemeiner, Chronik, Th. II. S. 77. „Der chopf hälber ist genant ein trinchen, desselben gen ein halbes pfunt än den Emer.“ Es muß äuffallen, daß auch in Regensburg die Theile des Eimers nach dem Pfundgewicht bestimmt wurden.

***) Hier merckh, das XXX emer machen 1 Fuder. Item XX emer machen 1 dreyling.“ — Das Lateinische Wort Carrada heißt im Deutschen immer Fuder. Uiber letzteres Wort ist Wachters Glossarium Germanicum nachzusehen, und Du Fresne, v. catrada. — Ternarius war ein Dreyling. Philibert Hueber, l. c. p. 280, stimmt mit dem Seitenstetter Codex nicht überein, da er sagt: Ternarius vini. Austriacis nostris vulgo Ein Dreyling Wein, id est, Vindobonensis nostrae mensurae triginta urnae, uti ex nostris manuscriptis Originariis constat. — p. 258: Carrata vini .. quadraginta urnae.

Klosterneuburg erhellet, daß im vierzehnten und fünfzehnten Jahrhundert ein Fuder Wein aus zwey und
dreißig dortigen Eimern bestanden, und ein Karn geheißen habe *). — Auch Taferniß wird ohne nähere
Bestimmung als ein Weinmaß in diesem Codex angegeben **); aus dem Stadtrechte, welches H. Albrecht 1340 den Wienern verliehen hat, geht hervor,
daß es beyläufig aus vier Eimern bestanden habe ***).
Acht sogenannte Wiener Maß machten 1372 ein
Viertel ****).

Von den kleineren Maßen, in welchen Wein,
Meth und Bier ausgeschenkt wurden, nennt das
Ungeldspatent H. Rudolphs IV. ein Viertel, einen
Stauff und noch kleinere Gefäße, in welchen Getränke
verkauft wurden *****); auf seinen Befehl mußten alle
diese Maße um den zehnten Theil verkleinert, dessen
ungeachtet aber von den Käufern so bezahlet werden,
als wäre mit ihnen keine Veränderung vorgefallen. —
Ein Achtering enthielt zu Ende des siebzehnten Jahrhunderts vier Seitel ******); in Oesterreich nennt
man ihn jetzt schlechtweg eine Maß.

Da mit den benachbarten Ländern und Reichsstädten unsre Landsleute von jeher einen starken Han-

---

*) In einer Urkunde des Stiftsarchives von 1340 heißt es :
„Je zwen vnd dreizzich Emmer weins für ain Fuder.
**) Ein Gast ... furt er Welischen wein heraus, so geb er
von 1 Taferniß 24 Pfennige.
***) Rauch, T. III. P. 58. Wir erlouben einem erbern man-
ne, der sein wert ist, ain Taferniß, nuer ze virr urn,
oder minner, in seinem hous selb ze trinchen.
****) Rauch, l. c. p. 116. Sie sullen weinschenkchen vnd ver-
chauffen pei ainer mazz, der acht ein virtail füllent vnd
machent, dieselb mazz genant ist die wienner mazz.
*****) Oesterreich unter H. Rudolph IV. S. 322.
******) Codex Austriacus, Th. III. S. 317.

del getrieben haben, ſo darf man mit den Nahmen der gewöhnlichſten ausländiſchen Maße benachbarter Staaten nicht ganz unbekannt ſeyn. Man findet ſie bey Anton, Lang, Gemeiner *), und vielen anderen Schriftſtellern.

Uiber das Gewicht, wie es zu Ende des fünfzehnten Jahrhunderts beſtanden hat, gibt uns der Seitenſtetter Codex eine erwünſchte Aufklärung, wenn gleich manches noch für uns dunkel bleibt; wie dieſes bey einem ſo verworrnen Gegenſtand auch nicht anders möglich iſt. Wir führen die eigenen Worte des Codex in einer beſonderen Beylage an **) und freuen uns, über die verſchiedenen Gewichte: Meiler, Ster, Meder, Karg, u. ſ. w. belehret zu werden. Dem Verfaſſer des Codex war es ſehr darum zu thun, die Leſer in den Stand zu ſetzen, über Maße und Gewichte, ſo wie auch über den Werth der Münze Oeſterreichs und benachbarter Länder richtig zu urtheilen: ein angenehmes und unentbehrliches Geſchenk für ſeine Landsleute, die Wiener, die einen ausgebreiteten Handel, vorzüglich aber mit Venedig trieben. Letzteres iſt die Urſache, warum ſich der Verfaſſer des Codex ſo ſehr bemühte, recht viele Handelsnotizen über Venedig zu ſammeln.

Wenn von Gewichten die Rede iſt, ſo darf der Saum nicht mit Stillſchweigen übergangen werden.

---

*) Da die Kaufleute von Regensburg in Oeſterreich vorzüglich begünſtiget waren, ſo könnte es ſich leicht fügen, daß in Urkunden auch von ihren Maßen und Gewichten Erwähnung geſchähe. Viele derſelben werden in der vortrefflichen Chronik Gemeiners erkläret. Bey dem Weinmaß zu Regensburg erſcheinen die: Viertel, Kopf, Trunk. Th. II. S. 77.— Ein Ohm enthielt fünf Eimer; ſechs Ohm machten ein Fuder im Kloſter Prüm. Anton, Th. III. S. 306.

**) Beylage Nro. L.

Als Gewicht bedeutet ein Saum gewöhnlich die Last, welche ein Thier tragen kann. In einer weiteren Bedeutung ist ein Saum ein gewisses Maß von flüssigen und auch von anderen Dingen, welche in Gebirgen und auch auf dem flachen Lande aus Mangel fahrbarer Straßen durch Lastthiere fortgeschafft werden. Dieß war in früheren Zeiten auch in Oesterreich die Ursache, warum man sich bey Waarentransporten so häufig der Säumer bediente. In Zollverordnungen geschieht sehr oft Erwähnung von der Abgabe, die von einem Saum entrichtet werden mußte, ohne das Gewicht desselben nach Pfunden zu bestimmen. K. Friedrich setzte 1320 das Gewicht desselben auf vier Centner *). Aber schon die Natur der Sache, indem nicht alle Thiere gleiche Lasten zu tragen vermögen; und dann die allgemeine Erfahrung, daß auch die gleichnahmigen Maße und Gewichte nirgends gleich waren, lassen uns den folgerechten Schluß ziehen, daß man bey dem Worte Saum bald an ein größeres, bald wieder an ein kleineres Gewicht denken müsse. Urkunden bestätigen dieses Urtheil vollkommen. Nichts war gewöhnlicher, als eine gewisse Anzahl ganzer Stücke Tuch einen Saum zu nennen, und doch fand es K. Friedrich der Schöne im Jahre 1320 für nöthig, die Anzahl der Stücke, die einen Saum aus-

---

*) Man sehe hierüber die gleich folgende Note. Ganz anders hat K. Ferdinand 1523 das Gewicht eines Saums bestimmet. Cod. Austr. T. III. p. 10 et 11: „Der obangezeigten Venedischen Waar thun drey Centner ein Sämb... Die Nürnberger und andere Kaufleute sagen ihre Tücher nach dem Land Sämb an, und derselbe Sämb hält einer 24 oder 26 Stück, dieselben rechnet man hier zu Emerstorf in Wasser-Sämb, und machen 16 Stück Tuch einen gantzen Wasser-Sämb.

machten, genau zu beſtimmen, wobey er, wahrſcheinlich wegen ihrer Feinheit und des größeren Werthes,
vorzüglich darauf Rückſicht genommen hat, in welcher
Stadt ſie verfertiget wurden. Acht Stuck Scharlach,
zehn Stuck von Gent, zwölf von Ypern, ſechzehn
von Hoy, zehn ſchwere und vierzehn geringere von
Thorn, achtzehn von Aachen, u. ſ. w. galten bey der
Zollſtation in Wien für einen Saum *); und wie
verſchieden mag der Saum noch bey anderen Waaren
geweſen ſeyn? Deſto mehr muß es auffallen, daß
K. Friedrich in eben derſelben Verordnung den Saum
einmahl nach der Anzahl der Stücke Tuches, und
dann wieder nach dem Gewichte von vier Centnern
feſtgeſetzt hat. Seinem Beyſpiele iſt H. Rudolph IV.
nachgefolget. Er hat im Jahre 1364 einen Vertrag
mit der Stadt Nürnberg abgeſchloſſen, in welchem
beſtimmet wurde, wie viel Tuch von jeder Sorte auf

---

*) Rauch, T. III. p. 23. Zur Bequemlichkeit derjenigen mei-
ner Leſer, welche das Werk des gelehrten Rauch nicht zur
Hand haben, ſetze ich die merkwürdige Stelle aus Friedrichs Stadtrecht für Wien ganz her. „Furt ein man chramgewant von paiern . der geit von dem ſaum zwainzich phenninge . Iſt daz ein man an der wider vart pringet ain uarwes
(gefärbtes) gewant . von wannen er daz furt . ſo geit er von
dem ſaum ie viertzich vhenninge. Furt er minner . ſo geb .
als iz nach dem ſaum gepürt. Zehen tůch von gent iſt ain
ſaum . Acht ſcharlach iſt ain ſaum . Zwelif tůch von eyper iſt
ain ſaum . Sechzen tůch von Hoy iſt ain ſaum . Zehen tůch
Swere von dorn iſt ain ſaum . Vierzehen mitterev von
Dorn iſt ain Saum . Achzenev von ach iſt ain ſaum . Sechzenev von biredundey iſt ain ſaum . zwelfe von Brüchſel iſt
ain ſaum . Sechzenev bepikem iſt ain ſaum . Vnd ſwaz
Chramgewantz von Golſche oder ſwi ſo daz genant iſt oben
ab her chumpt des macht immer vier Centen ainen Saum.“
Ich geſtehe aufrichtig, daß ich einige der hier genannten
Städte nach ihrem jetzigen Nahmen nicht kenne.

einen Saum sollte, gerechnet werden *). Hätte der
Saum allenthalben für ein gewisses, allgemein an=
genommenes Gewicht gegolten, so war es unnöthig
die Anzahl der Stücke von verschiedenen Tüchern zu
zählen, darüber Befehle zu erlassen oder Verträge zu
schließen. — Wie groß die Last einer sogenannten
Wagengwant gewesen sey, läßt sich nicht ausmit=
teln **).

So wie es allenthalben einen öffentlichen gesetzli=
chen Stadtmetzen gegeben, eben so war auch eine
Stadt= oder Frohnwage ***) vorhanden. In Wien
war sie seit den frühesten Zeiten den Kaufleuten und
Krämern anvertrauet ****); jedoch fand es H. Albrecht
1432 für räthlich zu verordnen, daß die vier Wäger
und Unterkäufler von dem Stadtmagistrat bekräftiget,
und die Einnahme vom Wagehaus zum Besten der
Stadt sollte verwendet werden *****). Aehnliches fin=

---

*) Friedrich Christoph Fischers Geschichte des teutschen Han=
   dels. Th. II. S. 328.
**) Scheid, l. c. Urkunde H. Leopolds von 1192. De onere
   plaustri, quod vulgari dicitur ein Wagengiwant, si fu=
   nibus circumligatis a Colonia ducitur, tria talenta sol=
   vantur. Si vero teloneario visum fuerit, vestes (Tücher)
   ejusmodi onus plaustri, de quo dictum est, excedere, etc.
   Späterhin sah man nicht mehr auf eine Wagenlast, sondern
   auf die einzelnen geladenen Waaren. Rauch, T. III. p. 22.
   et seq.
***) Das alte Wort Frohn bedeutete nicht nur heilig, wie bey
   Frohnleichnahm; nicht nur groß und hoch, wie bey Frohn=
   altar; sondern auch obrigkeitlich und herrschaftlich: daher
   Frohngewalt, Frohndienst.
****) Rauch, l. c. p. 123. In der Urkunde H. Friedrichs vom
   Jahre 1312 heißt es: „Darzu wellen wir auch ... daz die
   Vron wage ze Wienne, die di vorgenanten chaufleute vnd
   Chramer mit alter gewonhait her bracht habent auch fürbaz
   in ir gewalt beleibe.“
*****) Beylage Nro. XXII.

den wir in Urkunden der Städte und Märkte im
Land; nur wachte dort der Magistrat, weil es keine
Kaufmannsgilde gab, für die gesetzliche Wage.

Von dem Verhältniß des alten Ellenmaßes zu un=
serm heutigen findet man in Urkunden nichts aufge=
zeichnet. Durch den Handel mit Venedig wurden die
Wiener mit den Venetianischen Maßen, Gewichten
und Ellen bekannt. Letztere nannte man in Oesterreich
Bretschen: so verdeutschte man das fremde Wort
braccio. Der Codex von Seitenstetten gibt kein Ver=
hältniß der Bretschen zur Wiener Elle an, sondern
macht nur darauf seine Leser aufmerksam, daß Tücher
und Zeuge, die man von Venedig brachte, eine ver=
schiedene Länge und Breite hatten *).

Sechzehnter Abschnitt.

Merkwürdigere Polizeyverordnungen über den Handel.

Ein aus der Mitte der Bürger gewählter Magi=
strat, welchem die Verwaltung des Gemeindewesens
anvertrauet war, ist der vorzüglichste und unentbehr=
lichste Bestandtheil einer freyen bürgerlichen Verfas=
sung im Mittelalter gewesen. Die Gerechtigkeitspfle=
ge in peinlichen Fällen handhabte der Richter; für al=
les Uibrige sorgten der Bürgermeister, der innere und

---

*) Merck von der Ellen maß. Wis, Das alle parchant, dicke
vnd dünne Losch (vnd) rauche Samat haben XXV. pretschen
an der leng vnd ain pretschen an der prait. Item ain prait=
ter waldackin ist sieben pretschen langk vnd zway pretschen
prait. Dieselb leng vnd prait habent Zigatoni, kamaka,
Torrosin, purpur, maromat. Item Taffanta vnd sarasmat
sind XVIII. pretschn tangk vnd vier viertail prait. Hie
merckh, das mon von wullein tuch nicht maß gehaben mag,
wann sie habend manicherlai lenge vnd prait.

äußere Rath. Zu den Hauptgeschäften der letzteren
gehörte die Marktpolizey oder die Aufsicht über den
Handel *). Die ältesten Stadtrechte, die sich bis auf
unsre Zeiten erhalten haben, enthalten die klarsten
Beweise; daß unsere Herzoge die Magistrate der
Städte, und bald hernach auch der vorzüglich begünstigten Marktflecken mit der Vollmacht ausgerüstet
haben, Verordnungen in Handelssachen zu erlassen,
und über die Befolgung derselben zu wachen. Langten die Einsichten oder Kräfte des Stadtrathes nicht
aus, so ersetzten die Herzoge selbst die Mängel desselben, verbesserten alte Gebrechen und Mißbräuche
und bestrebten sich, nach ihren obgleich noch sehr ein-
geschränkten Ansichten die Wohlfahrt ihrer Unterthanen durch einen blühenden Handel zu befördern. Als
Belege führen wir nur einige Stellen an, in welchen
die oberste Aufsicht über den Handel dem Stadtmagistrate von den Herzogen anvertrauet wird. Der H. Leopold verordnete im Jahre 1198, daß der Stadtrath
von Wien aus vier und zwanzig Mitgliedern bestehen,
und daß man sie aus den vorzüglicheren Bürgern nehmen sollte. Diese mußten schwören, nach ihrer besten
Einsicht für den Handel und überhaupt für das Wohl

---

*) Zeitschrift für geschichtliche Rechtswissenschaft, herausge-
geben von Savigny, Eichhorn und Göschen. Berlin, 1816.
Band II. S. 206, u. f. In der vortrefflichen Abhandlung
Eichhorns über den Ursprung der städtischen Verfassung in
Deutschland wird dargethan, „daß der Inbegriff gewisser
den Städten verliehener Vorrechte, den man im zehnten
Jahrhundert libertas Romana nannte, nichts anderes als
die Policeigewalt einer eigenen Behörde in dem Umfange,
wie sie die Cölnische Richerzechheit durch ihre Amtleute ausübte, bezeichnen kann, u. s. w.‟ In der angeführten Stelle
ist vom Marktrechte und von der Marktpolizey eines Stadt-
magistrates die Rede.

der Bürgergemeinde zu sorgen; dem Stadtrichter
ward verbothen, sich in dieses Geschäft einzumengen *).
Mit den nämlichen Worten wurde auch der Stadtrath
in Enns 1212 und nach wenigen Jahren der Stadtrath von Heimburg bevollmächtiget, das Nöthige über
den Handel zu verordnen **). Häufige Urkunden enthalten die Beweise, daß die Stadtmagistrate von jeher
dieses Recht auch wirklich ausgeübt, und leider nur gar
zu oft Handelsbefehle erlassen haben, aus welchen
nicht nur keine Weisheit, sondern Selbstsucht und
Neid gegen andere Handelsorte hervorleuchten.

Der erste **Mißgriff**, den man sich mit landesfürstlicher Einwilligung erlaubte, war die Festsetzung
bestimmter Preise aller Waaren, die zum Verkauf zu
Markte gebracht wurden. Der Zwang, den man dadurch den herbeyreisenden Kaufleuten anlegte, mußte
desto unerträglicher seyn, da es letzteren strenge verbothen war, mit jemanden andern als nur mit einem
dort einheimischen Bürger zu handeln. Wollte der

---

*) Lazius, l. c. Statuimus, ut XXIIII civium, qui po-
tentiores in civitate inveniri potuerint, juramento confirment, quod disponant de mercatu et de universis,
quae ad honorem et utilitatem civitatis pertinent, sicut
melius sciverint. Et quidcunque iidem in hoc agant et
disponant, judex civitatis nullo modo audeat irritare.

**) Hormayr, Taschenbuch für 1812. S. 52. Statuimus ut
sex ydonei ciues iuramento confirment, quod disponant
de mercatu et de uniuersis, que ad honorem etc. — Senkenberg, Visiones, p. 281. Stadtrecht für Heimburg:
„Darnach sezzen wir der purger vier die in der stat die wei-
sisten fonden mugen werden. daz die mit irm ayd beweren.
daz alle chaufmanschaft. vnd alles daz: daz zu ere vnd zu nu-
zen der stat gehört sezen vnd dar zu raten als aller peste
chvnn vnd wizzen.. vnd waz dieselben daran tuent vnd
schaffent. daz der statrichter chainn weis daz türr (dürfe)
wider sprechen.

fremde Kaufmann feiner Waaren los werden, fo
mußte er fich bequemen, diefelben um den Preis hin=
zugeben, welcher von dem Ortsmagiftrate aus Ne=
benabfichten wohl nicht immer mit großer Redlichkeit,
ift feftgefetzt worden: gegen die hoch gepriefene alte
Treue und Verläßlichkeit treten die alten Gefetze und
taufend wilde Thatfachen auf. Von der Feftfetzung ei=
nes beftimmten Waarenpreifes im Allgemeinen —
denn von Fleifch = und Brodfatzungen wird weiter un=
ten die Rede feyn — fprechen folgende Urkunden: das
Privilegium K. Rudolphs, in welchem er Wien nach
dem Beyfpiele K. Friedrichs II. im Jahre 1278 zu
einer Reichsftadt erhoben *); das Stadtrecht, wel=
ches fein Sohn Albrecht der Erfte 1296 **), und das
Privilegium, welches H. Albrecht der Dritte 1382
den Wienern verliehen hat ***). Wir übergehen meh=

---

*) Lambacher, S. 161. Mandamus, ut de tota univerfitate
civitatis viginti viri, Deum habentes prae oculis, fa=
pientiores, fideliores, et utiliores de potioribus pro
confulibus (Rathsherren) eligantur... teneantur fub de=
bito juramento omnibus rebus venalibus congruum fo=
rum (Preis) imponere, et fimiliter omni mercatori
emptiones et venditiones inftituere, ita ut vendenti et
ementi juxta necefsitatis et temporis exigentiam cavea=
tur. — Deutfch heißt diefe Stelle bey Rauch, T. III. p. 8,
fo: „Vnd fchullen auch pey irem fchuldigen ayd Recht
märcht vnd chäuf auflegen vnd auf fecen allez chaufen vnd
verchaufen an allen chaufleichen dingen nach der natdurft
vnd der czeit begier.

**) Senkenberg, l. c. p. 290. Si fuln auch mit gefworem aide
allen vailen dingen rehten chauf, vnd rehten Marcht auffe=
tzen, vnd auch allem chauffe. ze chauffen vnd ze verchauffen
alfo auflegen, daz dem chauffär vnd dem verchauffer nach
der geftalt der zeit vnd auch der dürftichait werde behalten.

***) Rauch, T. III. p. 130. Albrechts Urkunde handelt von den
Freyheiten der Jahrmärkte zu Wien. Die hieher gehörige

rere dergleichen Zeugniſſe mit Stillſchweigen und fü=
gen nur die Bemerkung bey, daß ſich dieſer Unfug,
auf Wochen = und Jahrmärkten die Waarenpreiſe zu
beſtimmen, bis in die zweyte Hälfte des ſiebzehnten
Jahrhunderts an einigen Orten erhalten hat, denn
K. Leopold der Erſte ſchaffte ihn 1668 in dem Markt=
flecken Scheibs und in der Stadt Waidhofen an der
Jps bey ſtrenger Ahndung ab *). Sehr wahrſcheinlich
haben die Magiſtrate anderer Städte und Märkte
ſchon viel früher freywillig auf ein ſo arges Vorrecht
verzichtet, deſſen Schädlichkeit für den Handel jeder
einſehen mußte, der ſich von Eigennutz und unklug er=
theilten Vorrechten nicht leiten und verblenden ließ.

Deſto mehr muß es auffallen, daß man in alten
und neueren Zeiten die Polizeyaufſicht über den Han=
del und Wandel der Unterthanen ſo weit trieb, daß
man ſich berechtiget glaubte, nicht nur den Taglöh=
nern, ſondern auch den Handwerkern und ihren Ge=
ſellen den Taglohn, und allen möglichen Fabrikaten
den Preis zu beſtimmen, um welchen ſie verkauft wer=
den ſollten. Ein ſo arger Mißbrauch der Polizeyge=
walt, der die ſo nöthige Handelsfreyheit gänzlich un=
terdrückte, und Induſtrie und Vervollkommnung der

Stelle lautet ſo: „Es ſullen auch auf denſelben Jarmerkten
all =kewf, die vmb alle vaile ding da geſchehent, gegeben
werden mit der zal, mit der maß, vnd mit der Wag, nach
Rechter ſatzung des Rats der Stat ze Wienn, durch das
ainem vegleichen hingeber, vnd kauffer, vnd vedem Mann
da Recht geſchech angeuer.
*) Guarient, Codex Auſtriacus. Th. II. S. 5. Wir haben
Uns allergnädigſt reſolvirt, daß es bey deren von Scheibs
Erbieten, daß ſie nemblich keinem ſeine Waar oder Pfenn=
werth zu tariren, oder jemands an Wiederhinwegbringung
deſſen, ſo nicht verkauft wird, zu hindern begehren...
ſein Verbleiben haben ſoll.

Erzeugniſſe lähmte, würde uns heut zu Tage als un=
glaublich erſcheinen, hätten wir die Geſetze, die ihn
begünſtigten, nicht vor unſeren Augen. Für die ver=
ſchiedenen Arbeiter in einem Weinberg beſtimmte
H. Albrecht im Jahre 1352 fünf und höchſtens ſechs
Pfennige Taglohn. Der Bürger, welcher einen höhe=
ren Arbeitslohn gegeben hätte, wäre in eine Geldſtrafe
von fünf Pfund Wiener Pfennige verfallen. Unter=
fängt ſich, heißt es weiter, der Weinzierl, ohne Be=
fehl des Eigenthümers dieſes Geſetz zu überſchreiten,
ſo bezahlt er ebenfalls fünf Pfund; hat er nicht ſo viel
Geld, ſo wird ihm zur Strafe eine Hand abgehauen.
Verlangt ein Arbeiter einen größeren Lohn, oder wei=
gert er ſich um den geſetzlichen in einen Weingarten zu
gehen und überläßt ſich dem Müßiggange: ſo muß
man ihn ergreifen und als einen ſchädlichen Menſchen
behandeln *). Wenn ein Haushälter, um die nöthigen
Arbeiter deſto gewiſſer zu bekommen, mehr als ſechs
Pfennige Taglohn gibt, und bloß deswegen eine Hand
verlieren ſoll: ſo ſchaudern wir zurück und wenden
unwillig unſre Blicke von einem barbariſchen Zeitalter
hinweg, das ſelbſt einen weiſen, gütigen, allgemein
verehrten Fürſten mit ſich fortriß, und zu einem ſo
grauſamen Polizeygeſetze verleiten konnte. Das Hand=
abhauen haben menſchlichere Grundſätze und eine beſ=
ſere Verſtandescultur abgeſchafft, aber man hat es
auch noch im ſiebzehnten Jahrhundert für eine Pflicht
einer guten Polizey gehalten, den Hauern **), Tag=
löhnern, Maurern und Zimmerleuten einen Arbeits=

---

*) Rauch, l. c. p. 75. Als offt es aber der weinczürl an ſeines
herren geſchefft vnd gehaiſſen vberuert, in welihen wegen
daz iſt, der ſol daſſelb wandel geben, hat er der phennig
nicht, man ſlach im ab ain hant.

**) Supplementum Codicis Auſtriaci. S. 315.

lohn zu bestimmen *) und denjenigen schwere Strafen
anzudrohen, die sich weigern würden um denselben zu
arbeiten.

Aber damit hat sich die viel zu geschäftige Handels=
polizey noch keineswegs begnüget: sie hat beynahe al=
len erdenklichen Erzeugnissen der Handwerker noch im
Jahre 1689 einen Preis bestimmet in der Uiberzeu=
gung, daß nur auf diese Weise dem Wucher Einhalt
gethan und eine fortdauernde Wohlfeilheit erhalten
werden könnte. Das Patent hierüber füllet achtzehn
klein gedruckte Bogen, und ist sogar mit einem Ku=
pferstich ausstaffiret, der den Schuhmachern die Form
anschaulich machen sollte, die der Polizey bey Bestim=
mung der Preise verschiedener Schuhe vor Augen
schwebte **). Dieses Patent ist zugleich der klarste Be=

---

*) Guarient. Th. II. S. 324—328.
**) Um den Lesern, welche den Supplementband der Gesetz=
  sammlung Guarients nicht zur Hand haben, einen Begriff
  von dieser sonderbaren Verordnung zu geben, setzen wir
  aus derselben nur Weniges her. Sie findet sich am ange=
  führten Orte, S. 290 — 359. Preise werden bestimmet:
  allem Bauholz und hölzernen Gefäßen; den Erzeugnissen
  der Binder, Brunngraber, Flintenmacher, Buchbinder,
  Bürstenbinder, Decken = und Kotzenmacher, Glaser,
  Gürtler, Schneider, Töpfer, Hutmacher, Kupferschmide,
  Lederer, Riemer, Seiler, Sattler, u. s. w. u. s w. Ein ein=
  ziger Artikel aus der Rubrik: Gewandschneider, genü=
  get, um über das Ganze urtheilen zu können.— „Ein gro=
  ßer, von Brunauer Tuch, anderthalb Ellen lang, mit einer
  halben Tuchweite und Taschen, völlig gefütteter und ausge=
  machter Mannsrock, wozu sie drey Ellen Tuch, viertehalb
  Ellen Boy, und zehen Dutzend Knöpfe nehmen sollen,
  sammt dem Macherlohn per sieben Gulden dreißig Kreu=
  zer.“ Und so geht es durch alle Gattungen der Kleidungs=
  stücke fort. Die Dauer solcher Verordnungen wird kurz,
  und ihre Befolgung schlecht gewesen seyn. Es lohnte nicht

weis von den damahligen noch äußerst beschränkten Ansichten und Vorurtheilen über den Handel, denn man wähnte, ihm durch unzählige Befehle und durch gänzliche Unterdrückung aller Handelsfreyheit aufhelfen zu können.

Der gemeinste Mann urtheilet ganz richtig, daß eine Waare desto wohlfeiler zu stehen kommt, je größer der Zusammenfluß der Handelsleute ist, welche dieselbe zum Verkauf anbiethen. Von dieser Wahrheit überzeuget, erließen die Herzoge und der Stadtmagistrat von Wien viele heilsame Verordnungen, welche den freyen Verkauf der nöthigsten Lebensmittel beförderten und allen Handelsleuten erlaubten, sie ungehindert nach Wien zu bringen. Der Stadtrichter in Wien hatte sich das Recht herausgenommen, den Krebsen = und Aalenhändlern einen Zoll abzufordern, was zur Folge hatte, daß die beyden genannten Eßwaaren sehr sparsam zu Markte gebracht wurden, wodurch ihr Preis in die Höhe stieg. Auf die lauten Klagen, welche die Bürger hierüber erhoben, erschien 1368 ein Befehl der Herzoge Albrecht und Leopold und auch des Magistrates von Wien, welcher die Abgabe an den Stadtrichter abschaffte, und den Krebsen = und Aalenhandel den Bürgern und auch den Auswärtigen ohne Unterschied Preis gab, um der Theurung Einhalt zu thun*). Desto auffallender ist dasjenige, was eben dieselbe Verordnung über die Futterer festgesetzt hat. Die Futterer bildeten in Wien eine

---

der Mühe sie zu verfassen und durch den Druck bekannt zu machen.

*) Rauch, l. c. p. 106. Nyemant geturst kreuzzen noch Allen hin geben denn sie hetten es von Jm pestanden da von grosse tewrung erstanden.

eigene Zunft und hatten das Vorrecht, die dortigen
Bürger mit Hafer, Gerste, Heu, Stroh und Holz
zu versehen *). Ein allgemeines Murren gab die übergroße Anzahl derselben als die Ursache einer drückenden Theurung der genannten Gegenstände an. Um
dem Uibel abzuhelfen ward beschlossen, die Zahl der
Futterer auf sechzig herabzusetzen; fände der Magistrat es vortheilhaft, diese Zahl noch mehr zu min-
dern, so sollte er nach Gutbefinden handeln **). Es
ist gar nicht glaublich, daß so verkehrte Maßregeln
sollten zum Ziele geführt haben. Der K. Leopold bestimmte auch den Futterern den Gewinn, den sie von
einem Metzen Gerste oder Hafer auf eine erlaubte
Weise haben durften ***). Aehnliches hat schon H. Albrecht 1340 verordnet ****).

Beyfallswürdiger waren manche andere Polizeygesetze über den täglichen Handelsverkehr, die zwar
nur für die Stadt Wien erlassen wurden, aber auch
den übrigen Städten und Marktflecken in Oesterreich
zum Muster dienten, welches begierig nachgeahmt
wurde, soviel es Zeitumstände und Ortsverhältnisse
nur immer gestatteten.

Allen verkäuflichen Dingen war ein gewisser
Marktplatz angewiesen, auf welchen sie gebracht, und
wo sie ausschließlich verkauft werden durften. Von
dieser Regel waren in den früheren Zeiten weder Kaufleute und Krämer, noch auch Handwerker und Landleute, die mit Lebensmitteln in die Stadt kamen, aus-

---

*) Cod. Austriac. T. III. p. 305.
**) Rauch, l. c. Des ersten das groß schaden chomen vnd er-
stuenden von der menig vnordenunge der fuetrer ꝛc wienn,
der zu viel were da von grosse tewrung auf erstannden ist.
***) Cod. Austr. l. c.
****) Rauch, l. c. p. 56.

genommen: ein jeder Verkäufer mußte sich auf dem
Platze einfinden, der seiner Waare von dem Magi=
strat ist angewiesen worden. Die ansehnlicheren Kauf=
leute bothen in Lauben, das ist, in Hallen, Lager=
oder Kaufhäusern ihre Waaren feil, und hießen davon
Laubherren *); aber diese Lauben oder Hallen sollten
einer alten Satzung gemäß auf einem bestimmten Pla=
tze an einander liegen. Der alte Nahme: unter den
Tuchlauben, dauert in Wien noch fort. Die Hand=
werker von einer Zunft hatten ebenfalls einen gemein=
schaftlichen Platz, wo sie auf Gerüsten oder Bänken
ihren Waaren zum Verkaufe ausstellten; daher der
Nahme: Brodbänke, Fleischbänke, u. s. w. Die öf=
fentlich gemeinschaftlichen Marktplätze erhielten von
den Waaren, die dort verkauft wurden, ihre Benen=
nung: Fleisch = Mehl = Kien = Fischmarkt. Später=
hin erlangten die Krämer Erlaubniß, ihre Waaren in
ihren eigenen Häusern zu verkaufen **). Es scheint
auch kein bloßes Ungefähr zu seyn, daß sich Handwer=
ker gleicher Art in einer Gasse oder Straße an einander
niederließen; wahrscheinlich vollzogen sie auch hierin
einen Magistratsbefehl, durch den die alte Sitte mög=
lichst sollte beybehalten werden, daß eine jede Waare
auf einem bestimmten Platz feilgebothen würde, um
der Stadtpolizey eine bequemere Uibersicht und leich=
tere Erhaltung der öffentlichen Ordnung, den Käu=
fern aber eine Auswahl unter zahlreicher Waare und
einen billigen Preis zu verschaffen. Gassen und Stra=
ßen erhielten ebenfalls gar oft von den vielen dort

---

*) Rauch, l. c, p. 54. Die hausgenoßen vnd die loubenherren.
**) Beylage Nro. XXIII. Urkunde H. Albrechts vom Jahre
1435: „Welcher kromer ein aigen Haus hat: Der sol
freye wal haben, in demselben sein haus ein krom zu machen
vnd zehaben, vnd sein Handel darInn zu treyben.‟

wohnenden Handwerkern ihre Nahmen: Nagler=
Schmid = Färber = Weißgärbergaſſe. Aus häufigen
Belegen, die ſich für die Wahrheit obiger Behaup=
tung anführen ließen, heben wir nur einige aus, denn
dieſelbe Einrichtung fand ſich allgemein in den vorzüg=
licheren Handelsplätzen, und beſteht zum Theile noch
in unſeren Tagen.*).

Von den Bänken oder Tiſchen in Neuſtadt und
von ihrem Standplatz geſchieht Erwähnung in der Ur=
kunde, welche H. Friedrich 1244 den dortigen Bür=
gern zu einem öffentlichen Zeugniß ſeiner Dankbarkeit
und zum Lohn ihrer unwandelbaren treuen Ergeben=
heit verliehen hat **). Als H. Albrecht 1340 Allen
ohne Unterſchied erlaubte, Brod, Fleiſch und andere
Lebensmittel nach Wien zu bringen, fügte er ausdrück=
lich die Bemerkung hinzu, daß eine jede Waare auf
den für ſie beſtimmten Platz gebracht und dort verkauft
werden ſollte***). Ein Rathsbeſchluß vom Jahre
1357 wies den Tuchmachern und Tuchbereitern von
Wien und von Tuln die Plätze an, auf welchen ſie ih=
re Waare verkaufen ſollten****). Die Tuchhändler

---

*) Hüllmann, Geſchichte des Urſprungs der Stände in
Deutſchland. Th. III. S. 132. — Zeitſchrift für ge=
ſchichtliche Rechtswiſſenſchaft. Th. II. S. 213.

**) Hormayr, Taſchenbuch, 1812. S. 79. Stationes menſa-
rum ſecundum quod ab initio locato fuerint, perpetuo
permanebunt.

***) Rauch, l. c. p. 54. Wir wellen ouch, ſwaz man zu der Stat
fuert, daz man daz zu dem rechten marcht fuer, vnd da ver=
chouffe, als von alter gewonhait herchomen iſt.

****) Rauch, l. c. p. 82 und 83. Alſo das die ſelben tuch peraitter
vnd die loden würcher von wien mit allem irem gwant An=
derſwo nynbert ſten ſullen noch väil haben dann auf dem
Sait haus an der ſtat. — Wachter, Gloſſarium, v. Loden,
pannus hirſutus. — Wurken oder Würken iſt gleichbedeu=
tend mit Machen. Lodenwurcher iſt alſo ein Tuchmacher. —

19

hat noch 1589 K. Rudolph der Zweyte Laubherren genannt*). Sie gehörten also zur Classe der eigentlichen Kaufleute, die im Großen verkauften; im Gegensatze von ihnen erscheinen die Krämer, nämlich die Kleinhändler, welche von ihren Hütten, in denen sie auf dem bestimmten Marktplatz ihre Waaren verkauften, auch Wandkrämer genannt wurden**). Von den Marktplätzen verschiedener anderer Handelsleute und Handwerker wird in den folgenden Polizeygesetzen Meldung gemacht werden.

Unter allen Handwerkern zogen vorzüglich die Bäcker und Fleischer die Aufmerksamkeit der Polizey auf sich. Um Wohlfeilheit des Brods und Fleisches, um das gesetzliche Gewicht, und zugleich um die gute Beschaffenheit desselben haben sich unsre Landesfürsten und die Ortsobrigkeiten von jeher bekümmert; dieß beweisen häufige Verordnungen, deren große Anzahl den Lesern lästig fiele, wenn wir sie alle der Reihe nach anführen würden. Wir heben nur die merkwürdigsten

---

Tuchhändler, Handschneider genannt, hatten in Krems schon im dreyzehnten Jahrhundert eine Laube, und genossen mancherley Handelsfreyheiten, worüber eine merkwürdige Urkunde vom J. 1305 nachzusehen ist, apud Rauch, l. c. p. 362. Incisoribus pannorum sub lubio apud Crembsam, qui vulgariter Huntsneyder nuncupantur .. jura sua confirmamus .. mandantes, quod nullus civium Crembsensium pannos, qualescunque fuerint, incidere aut vendere per ulnas presumat, nisi in ipsorum consortium .. assumatur et stet sub lubio (Laube), locum ab ipsis receptum in consortium consueto ordine occupando. Sancimus etiam quod nullus advenarum pannos nobiles, qui amuar vulgari vocabulo nominantur, vel pannos lombardicos vendere per ulnam aliquatenus audeat, etc.

*) Guarient, Th. I. S. 759. „Laubherren oder Tüchler.″
**) Beylage Nro. XXII.

aus, denn der Geist der damahligen Gesetzgebung
spricht sich in diesen schon deutlich genug aus.

. Um dem gewinnsüchtigen Monopolium der Bäcker = und Fleischerzunft Einhalt zu thun, erlaubte
H. Albrecht der Lahme 1340, daß das ganze Jahr
hindurch Fleisch, Brod und andere Eßwaaren in die
Stadt Wien durften eingeführt werden; nur sollte
alles auf den dazu bestimmten Platz gebracht und dort
verkauft werden. Einem jeden Bäcker, der vom Lande
in die Stadt ziehen und die Lasten eines dortigen Bürgers übernehmen wollte, stand es frey, alle Arten
Brodes zu backen und zu verkaufen, nur mußte es das
gesetzliche Gewicht und den Preis haben, welchen die
Brodsatzung des Magistrates vorschrieb. Fügten ihm
die alten Stadtbäcker aus Zunftneid irgend einen
Schaden zu, so sollten sie ihre Bosheit an ihrem Leib
oder Gut büßen. Den bürgerlichen Stadtbäckern erlaubte der Herzog aus besonderer Gnade, daß sie künftig wochentlich ein halbes Muth, aber nicht mehr, ver-
backen durften, was ihnen bisher aus uns unbegreifli-
chen Ursachen verbothen war. Die Strafe der Bäcker
war nach altem Fürstenrechte das Schupfen, was Albrecht neuerdings bestätigte und was bis ins achtzehnte Jahrhundert sowohl in Oesterreich als auch in den
benachbarten Ländern als eine Buße beybehalten wurde, durch welche das durch die Bäcker betrogene gemeine Volk Genugthuung erhielt und zugleich nach seiner
Weise köstlich belustiget wurde. Die Vergehen der
übrigen Handwerker wurden mit Geld und andern
üblichen Strafen gebüßt *).

---

*) Rauch, p. 54. Die peckhen sol man schuphen, als von altem
fürstlichen recht herchomen ist, vnd sullen dhain ander wandel nicht geben " — Diese Strafe war auch in Regensburg
üblich: Gemeiner, Chronik, Th. I. S. 480, 509, u. f. —

Eine viel größere Mühe kostete es den Regenten und den Ortsobrigkeiten, die Derbheit, Gewinnsucht und Halsstärrigkeit der Fleischer zu zähmen und sie zu nöthigen, sich in die vorgeschriebene Ordnung zu fügen. Ihre Frechheit hat einen sehr hohen Grad erreicht: dieß bezeugen die vielen Verordnungen, welche zur Abhülfe der großen Noth, in die das Wienervolk durch die Fleischer versetzt wurde, sind erlassen worden. Diese Zunft hatte es schon so weit gebracht, daß sie sich das Recht herausnahm, Handwerksgesetze zu entwerfen, wodurch die Macht des Landesfürsten und des Magistrates gelähmt, der Alleinhandel mit Fleisch und auch mit Fischen ihr für beständig gesichert, und die ganze Stadt in Rücksicht der Fleischpreise von ihr abhängig gemacht werden sollte. Dieser wilde Unfug hatte bereits so tiefe Wurzeln gefaßt, daß er nicht plötzlich, sondern nur allmählig und mit ausdauernder Kraft der Landesfürsten konnte abgeschafft werden. Zu einer Zeit, in welcher nicht allgemeine Gesetze sondern unzählige Privilegien und alt hergebrachte Gewohnheiten herrschten, konnte jeder Mißbrauch ein

---

Die sonderbare Stelle in Albrechts Urkunde lautet so: „Die purger pekchen sullen nicht vailes prot pachen, danne ir lon prot; daz sint ouch wekke für zwen phenning, vnd durch merer gnad, so erlouben wir, ir igleichem ze pachen, einen halben mutt, ze der wochen, vnd nicht mer. Swer darüber mer puech, der muez daz wandel geben, als ez der Rat, von der Stat aufsetzet." — Was soll man denn unter dem Löhnbrod verstehen? In den vielen späteren Verordnungen werden die Obrigkeiten immer ermahnet, über das gesetzliche Brodgewicht zu wachen, und die Betriegereyen der Bäcker unnachsichtlich mit Arrest, Ausstellung auf der Schandbühne, und endlich mit dem Schupfen zu bestrafen, wenn keine Besserung erfolgen würde. Guarient, Th. II. S. 325. Th. III. S. 920 und 935. In Dörfern durften die Bäcker auch mit einer Geldstrafe belegt werden.

geſetzliches Anſehen erhalten; deſſen ungeachtet kann man den Magiſtrat nicht entſchuldigen, durch deſſen Sorgloſigkeit das Uibel ſo ſehr zugenommen hat, daß es eine große Anſtrengung koſtete, demſelben Einhalt zu thun. Die Mittel, die man ſpäterhin ergriffen, hätte man viel früher anwenden, und das Volk von dem ſchändlichen Druck der Fleiſcher befreyen ſollen. Die folgenden Polizeygeſetze über den Fleiſchhandel ſtellen uns den früheren Uibelſtand deutlich vor Augen.

Arme und Reiche erhoben in Wien laute Klagen über die Fleiſcher, und bathen die Herzoge Albrecht und Otto um Abhülfe der großen Beſchwerden. Ihre Bitte wurde gnädigſt erhört und 1331 verordnet, daß es den auswärtigen Fleiſchern auf dem Lande wochentlich zwey Mahle, nämlich auf den Wochenmärkten Dienſtags und Samſtags von Michaelis bis Georgi erlaubt ſeyn ſollte, Fleiſch in die Stadt zu bringen und auf dem alten Fleiſchmarkt zu verkaufen. Blieb ihnen an den Wochenmärkten noch ein Fleiſch übrig, ſo konnten ſie es in den Zwiſchentagen am Heupüchel nach alter Sitte verkaufen. Den Stadtfleiſchern wurde zugleich verbothen, auf dem hohen Markt einen mit Fiſchen beladenen Wagen oder ein mit Fiſchen gefülltes Schaff von einem Auswärtigen zu kaufen, ausgenommen er wollte die Fiſche außerhalb der Stadt verkaufen; auf der Herberge der Fiſchhändler wurde ihnen dieſes jedoch geſtattet. Am hohen Markt hatten Fiſcher und Fleiſcher die volle Freyheit mit Fiſchen Handel zu treiben *).

In dem Jahre 1340 fand H. Albrecht für nöthig, eine neue Fleiſcherordnung für Wien feſtzuſetzen. Sie

─────────────

*) Rauch, l. c. p. 32.

enthält folgende Artikel *): Einem jeden ist es das ganze Jahr hindurch erlaubt, frisches, eingesalzenes oder geräuchertes Fleisch in die Stadt zu bringen und feil zu haben. Unterfingen sich die Fleischer der Stadt, die Zufuhr desselben zu hindern oder einem Fleisch= händler einen Schaden zuzufügen, und würde dieß erwiesen: so sind sie dem Richter nach dem Urtheil des Stadtrathes mit Leib und Gut in eine Strafe verfal= len. Wünscht jemand in die Fleischerzunft aufgenom= men zu werden und verpflichtet er sich, die Verbindlich= keiten eines Bürgers gegen die Stadt zu erfüllen: so darf man ihm sein Gesuch nicht versagen, sondern er gibt dem Richter und auch der Zeche der Fleischer ein Pfund Pfennige, und tritt sogleich in ihre Rechte ein. Verweigerten ihm aber die Fleischer die Aufnahme in ihre Zunft, so soll er diesen Frevel dem Stadtrathe klagen, der ihn sogleich der Fleischerzunft einverleiben muß, ohne zur Zeche das sonst vorgeschriebene Pfund zu bezahlen; der Richter ist jedoch auch in diesem Falle berechtiget, sein Pfund zu fordern; die Fleischer ver= fallen wegen ihrer Widersetzlichkeit in die vorgeschrie= bene Strafe. Sobald im Sommer zur None geläutet wird, müssen die Fleischer ihre Bänke öffnen und sitt= sam ihr Fleisch verkaufen; im widrigen Falle straft sie der Stadtrath. Finniges Fleisch zu verkaufen ist nur unter folgenden Einschränkungen erlaubt: So ein Fleisch muß abgesondert von dem gesunden auf einen Tisch geleget, und den Leuten, die es dennoch kaufen

---

*) L. c. p. 55. Davon wurde auch schon gesprochen in: Oe= sterreich unter H. Rudolph dem Vierten. S. 137. — In den Urkunden von Mauthausen wird finniges Fleisch ein ungerechtes Fleisch genannt. Es mußte von den bürgerlichen Fleischbeschauern weggenommen, in die Donau geworfen, oder auf eine andere Weise vertilget werden.

wollen, ausdrücklich gesagt werden, daß dieses Fleisch mit Finnen behaftet sey. Wer ein finniges Fleisch auf eine andere als diese vorgeschriebene Weise verkauft, dem nimmt es der Richter weg, und der Stadtrath kündiget ihm die gebührende Strafe an. — Die Unschädlichkeit eines finnigen Fleisches für die Gesundheit der Menschen hat in den neuesten Zeiten einige Vertheidiger gefunden; dessen ungeachtet wird man nicht anstehen, einer Polizeyverfügung den Vorzug zu geben, welche alles Eckelhafte beseitiget und der möglichen Gefahr zuvorkommt, die für die Gesundheit der Menschen daraus entspringen könnte, wenn es erlaubt würde ein krankes Vieh zu schlachten und das Fleisch davon öffentlich zu verkaufen. Die Gränzen des mehr oder weniger Schädlichen sind in solchen Fällen schwer zu bestimmen.

Daß die Fleischer dieser Verordnung Albrechts den Gehorsam versagt und sich erfrecht haben, nach eigenem Belieben Zunftregeln zu entwerfen, die für das gemeine Wesen der Stadt schädliche Folgen erzeugten, erhellet aus einem zweyten Polizeygesetze desselben Herzogs, das im Jahre 1350 ist bekannt gemacht worden *). Darin wird festgesetzt, daß jeder Fleischer so viele Ochsen, Schweine und Schafe schlachten könne, als ihm gut dünkt, ohne daß er verpflichtet werden könne, irgend eine Abgabe zur Fleischerzunft zu leisten. Den Fleischern wird verbothen, einen eigenen Zunftrichter einzusetzen, und von großem oder kleinem Vieh einen Zoll zu fordern. Alle Verbindungen unter ihnen sind aufgehoben; nur Zwey dürfen sich in eine Gesellschaft zu gemeinsamen Gewinn und Verlust miteinander vereinigen. Solche

---

*) l. c. p. 67.

Zwey können einen mit Hausen oder Schuppenfischen
beladenen Wagen kaufen und theilweise oder im Ganzen verkaufen. Früher, als dieses geschehen ist, bleibt
es, ihnen verbothen, einen zweyten Wagen kommen zu
lassen. Die Zufuhr des Fleisches von dem Land in die
Stadt ist das ganze Jahr hindurch ungehindert erlaubt; den Eigenthümern dieser Waare ist es jedoch
untersagt, derselben einen Preis festzusetzen; beym
Einkauf haben Reiche vor den andern Armen kein
Vorrecht. Geheime Verbindungen und ein eigener
Zunftrath sind den Fleischern verbothen, denn daraus
könnten für die Stadt schädliche Folgen entspringen.
Die Fleischer dürfen ohne Mitwissen des Magistrates keinen ihrer Knechte oder Handwerksgenossen aus
der Stadt fortschaffen. Aus der Zunftcasse darf ohne
Wissen des Stadtrathes kein Geld zum Handel genommen, noch dürfen auch Schulden anders woher
auf dieselbe gemacht werden; der Gewinn, welchen ein
erlaubter Geldvorschuß einbringt, fällt an die Casse
zurück. Die Fleischer sollen zu rechter Zeit auf den
Viehmarkt kommen. Einer Gesellschaft, welche aus
Zweyen bestehen durfte, ward nur erlaubt zwölf Stück
ausländisches oder acht Stück inländisches Vieh nach
Wien auf den Markt zu treiben. Alles Vieh, welches
in den Burgfrieden von Wien gebracht wird, muß am
Freytag auf dem Wochenmarkt jedem, der es verlangt,
ohne Widerrede verkauft werden. Da mehrere Fleischer im Gefängniß ihre Vergehen gebüßt haben, so
müssen dieselben versprechen, dieses an niemanden zu
rächen. Ein Fleischer, der sich dieser landesfürstlichen
Verordnung widersetzt, verfällt mit Leib und Gut in
die gesetzliche Strafe. —

Die Mißbräuche der Fleischerzunft, welche H.
Albrecht mit wenigen Worten andeutete, enthüllt uns

sein Sohn Rudolph vollkommen. Bestürmt mit neuen
Klagen des Magistrates von Wien über den Unfug der
Zünfte, entschloß er sich, nach dem Beyspiele vieler
alten Regenten dem Unwesen ein Ende zu machen, und
hob zuerst 1361, und dann zum zweyten Mahle 1364
alle Zünfte in Wien auf *). Ein vorzüglich strenges
Gericht ist wider die Fleischer ergangen, denn der
Druck ihres Fleischmonopoliums hat den Magistrat
und die Bürger Wiens zum höchsten Unwillen gegen
sie aufgereitzt. Vergebens hat sich der gewaltige H.
Rudolph 1361 dem Zunftdespotismus entgegenge-
stellt; schon nach drey Jahren erhoben sich die alten
Klagen gegen die Fleischer neuerdings wieder, und der
Herzog erließ während der Belagerung des Bayeri-
schen Marktes Ried im heutigen Innviertel eine lange
Verordnung, welche folgenden Inhaltes ist **):

Einem Landesfürsten geziemt es, das Wohl seiner
Unterthanen zu befördern und für Reiche und Arme
gleiche Sorgfalt zu tragen. Vorzüglich muß desselben
Aufmerksamkeit auf die täglichen, allen Menschenclas-
sen unentbehrlichen Lebensbedürfnisse gerichtet seyn.
Ungeachtet Wir in einer für die Stadt Wien sehr heilsamen Verordnung alle Zechen und Einigungen der
dortigen Handwerker und die Zunftsatzungen, die sie
sich eigenmächtig zum Nachtheil der ganzen Bürgerschaft entworfen, auf immer abgeschafft haben, so vernehmen Wir doch von dem innern und äußeren Stadtrath, daß dieser Unfug immer noch fortdauert, und daß
sich die Zünfte unterfangen gewisse Handwerksregeln
vorzuschreiben, die nur ihnen nützlich, allen Uibrigen

---

*) Oesterreich unter H. Rudolph dem Vierten, S. 126 — 139
und 368.
**) Senkenberg, Selecta, T. IV. p. 465 et seq.

aber sehr nachtheilig sind. Um alles daraus entspringen=
de Unheil zu verhüten und die Volkszahl und den
Wohlstand der Bürger zu vermehren, haben Wir Fol=
gendes beschlossen:

Wir erklären durch gegenwärtige Verordnung aus
landesfürstlicher Macht alle Zechen, Einigungen und
Gesellschaften der Handwerker in Wien, so wie auch
ihre Satzungen, Ordnungen und Zunftgebothe, die
sie eingeführt haben oder noch einführen könnten, für
aufgehoben und kraftlos. Nur der Bürgermeister und
der Stadtrath sind bevollmächtiget, den Zünften
Ordnung und Gesetze vorzuschreiben, was ihr Amt
schon mit sich bringt und auch unsre Vorfahren in der
Regierung verordnet haben. Da Brod und Fleisch die
gewöhnlichste Nahrung der Menschen ausmachen, so
haben der Bürgermeister und der Stadtrath von Wien
für diese beyden Gegenstände heilsame Anstalten ge=
troffen, die Wir vollkommen gutheißen und bestätigen.
Dem zu Folge befehlen Wir, daß kein Fleischer je=
manden, er sey ein Zunftgenosse oder nicht, auf dem
Viehmarkte hindern dürfe ein Vieh zu kaufen; auch
soll keiner es wagen, einen Viehhändler listiger Weise
zu nöthigen, sein Vieh unter dem Werthe desselben zu
verkaufen. Ein jeder Fleischer kann zu einer ihm belie=
bigen Zeit so viel Vieh schlachten als er will, ohne sich
um die bisherigen Zunfteinschränkungen zu beküm=
mern; nur müssen alle Ochsen und auch anderes Vieh,
wovon das Fleisch in den gewöhnlichen Fleischbänken
verkauft wird, auf der allgemeinen Schlagbrücke beym
rothen Thurm an der Donau geschlachtet werden. Kein
Vieh darf dort geschlachtet werden, bevor es nicht von
den geschwornen Beamten, die der Magistrat jährlich
ernennt, ist untersucht worden; erklären diese ein
Stück für preßhaft, so muß demselben der Zagel

(Schweif) abgehauen werden, um es dadurch als ein zum Fleischhandel untaugliches Vieh zu erklären.

Ohne wichtiges Hinderniß darf der Meister keinen Stellvertreter in die Fleischbank schicken; er soll in eigener Person das Fleisch aushauen. Witwen und Waisen können durch Andere das Handwerk treiben; der Fleischverkäufer darf aber niemahls außerhalb seiner Bank stehen. Finniges Schweinfleisch muß außerhalb der Fleischbank feilgebothen werden, damit es jedermann für unrein erkennen könne. Das Fleisch verschiedener Thiere muß an verschiedenen Orten abgesöndert liegen, damit der Käufer nicht Bockfleisch für Schaffleisch bekomme. Zwischen Ostern und Michaelis darf kein Vieh am Vormittage geschlachtet werden. Länger als zwey Tage darf man ein Fleisch nicht feilhaben. Alles Fleisch muß nach der Wage, und nicht in ganzen Stücken nach dem Augenmaß verkauft werden; das Gewicht muß mit dem Stadtzeichen versehen seyn. Würde sich ein Fleischer in dieses Geboth nicht fügen, so müßte er auf ein Jahr die Stadt verlassen und verlöre seine Handwerksgerechtigkeit. Den Preis für ein Pfund Fleisch setzen der Bürgermeister und Rath alle Quatemberzeiten, erhöhen oder vermindern ihn, je nachdem das Vieh theuer oder wohlfeil ist, und sorgen immer dafür, daß Reiche und Arme das Fleisch um den nämlichen Preis erhalten, daß aber auch dem Fleischer für seine Mühe noch ein Gewinn verbleibe. Köpfe und Füße von Rindern und Schweinen können die Fleischer, ohne sie zu wägen, um einen ihnen beliebigen Preis verkaufen.

Es ist verbothen ein Kalb zu schlachten, ohne es zuvor von den Fleischaufsehern untersuchen zu lassen; und auch dann darf ein Kalb nur geschlachtet werden, wenn es vier Wochen alt ist. Ein Kalb, was über zehen

Wochen alt ist, darf gar nicht geschlachtet werden. Be=
leidigungen, die sich Fleischer in ihren Bänken gegen
Käufer erlauben, werden mit einer Geldbuße bestraft.
Will jemand das Fleischerhandwerk ausüben, so darf
er von den alten Meistern daran nicht gehindert wer=
den, denn das Zunftgesetz ist aufgehoben, vermöge
dessen niemand Fleisch aushauen durfte, der nicht selbst=
ein Fleischersohn, oder doch wenigstens der Ehemann
einer Fleischerstochter war. Den Fleischern aller Orte
ist es erlaubt, das ganze Jahr hindurch ungehindert
Fleisch in die Stadt Wien einzuführen. Von Ostern
bis zum heiligen Kreuztag im Herbste (dem vierzehn=
ten September) ist es Pflicht der Fleischer, die Bänke
sogleich zu öffnen, sobald zur None geläutet wird;
nach dem Kreuztag müssen sie dieselben den ganzen
Tag hindurch offen halten, damit die Leute zu jeder
Stunde können befriediget werden. — Die späteren
Verordnungen *) enthalten nichts Merkwürdiges,
werden also mit Stillschweigen übergangen. —

Im Eingange der eben angeführten Verordnung
macht H. Rudolph von Bäckern und Fleischern Er=
wähnung, übergeht aber im Verfolge die ersteren, und
beschäftiget sich nur mit letzteren: ein Beweis, daß
sich diese ganz vorzüglich einer Ahndung würdig ge=
macht und Ursache gegeben haben, ihre Zunftmißbräu=
che neuerdings zu rügen und gänzlich abzuschaffen. So
heilsam zum Theile die Verordnungen für Bäcker und
Fleischer zur Abschaffung der allgemein schädlichen
Monopolien dieser beyden Zünfte gewesen sind, so
waren sie doch nicht im Stande, den freyen Handel mit
Lebensmitteln im Lande selbst von allem Drucke zu
befreyen. Dieser für den Bauersmann unschätzbaren

---

*) Guarient, Th. I. S. 365 — 371.

Wohlthat ständen noch immer Vorrechte adeliger Grundherren im Wege, die sich aus der rauhen Zeit einer allgemeinen Knechtschaft der Unterthanen bis ins siebzehnte Jahrhundert herab erhalten haben: Wollte der Bauer ein Schlachtvich oder ein Getreid verkaufen, so war er verpflichtet, es zuerst seiner Herrschaft anzubiethen, welcher es damahls nicht an Mitteln mangelte ihn zu nöthigen, seine Waare um einen ihr beliebigen Preis hinzugeben. Darin bestand das Vorkaufsrecht der Herrschaften. Dazu gesellte sich der Mühlenzwang, welcher den Grundherren das Recht einräumte ihre Unterthanen zu zwingen, daß sie ihr Getreid in der Hofmühle mußten mahlen lassen: lauter Mißbräuche, welche die Freyheit des Handels einschränkten, die Lebensmittel vertheuerten und den armen Ackersmann in tiefer Armuth und Knechtschaft hinhielten. Den Mühlenzwang schaffte K. Rudolph II. 1591, jedoch vergeblich *); den Getreidvorkauf der Herrschaften gar erst 1661 K. Leopold ab **). Als ein trauriger Beweis einer sehr beschränkten Ansicht und Kenntniß des Handels und als ein gewaltiger Miß-

*) A. a. O. Th. II. S. 16. Nachdem Uns .. mit sonderer Beschwär angebracht worden, daß etliche Herrschaft und Obrigkeiten ihre arme Unterthanen benöthigen, ihr schlechtes Getraid auf derselbigen Hof- oder andere ihre eigene Mühlen wider ihren Willen zu führen und allda schratten und mahlen zu lassen ungeacht daß sie wohl nähere Gelegenheit haben, und mit geringen Unkosten abkommen möchten, daraus dann nicht allein erfolgt, daß die armen Leut die Zufuhr öfters mit höchstem Nachtheil und Schaden, und bey Haus Versaumnuß des ihrigen weit und viel Meil Wegs suchen müssen; sondern auch wegen Verführung des Mahlters oder Mangel des Wassers, zumahlen Winterszeiten, lange Zeit aufgehalten werden: so wollen Wir aus gnädig- und väterlicher Wohlmeinung, u. s. w.

**) A. a. O. Th. I. S. 387, u. f.

griff steht die Verordnung K. Ferdinands da, in wel=
cher er 1623 Allen ohne Unterschied den Ankauf alles
Schlachtviehes und aller Häute untersagte, und aus=
schließlich eine Gesellschaft, welche den Nahmen der
Landverleger erhalten hat, mit dem Monopolium des
Vieh= und Häutehandels berechtigte. Sogar auf den
öffentlichen Viehmärkten durfte es niemand anderer
als ein Landverleger wagen, Schlachtvieh zu kaufen.
Und dieses, wähnte K. Ferdinand, würde dem gemei=
nen Wesen, vorzüglich bey der damahligen Viehtheu=
rung, zur Wohlfahrt gedeihen, und ganz gewiß allem
Fleischmangel abhelfen *).

Der vielen Fasttage halber, an welchen der Genuß
der Fleischspeisen verbothen war, gehörten einstens die
Fische zu den vorzüglicheren Lebensmitteln. Dieß war
auch die Ursache, warum die Polizeyordnungen über
den Fischhandel so Vieles festsetzten. H. Albrecht der
Lahme sagt 1340 **): Den verderblichen Vorkauf
treiben vorzüglich die Fischer. Um diesem Uibel Einhalt
zu thun, gebiethen wir ernstlich, daß ein jeder Fischer,
welcher grüne Fische, nämlich solche, die nicht eingesal=
zen oder geräuchert sind, auf dem Markte feilbiethet,
ohne Mantel, ohne Hut, und überhaupt ohne alle
Kopfbedeckung auf dem Platze stehen soll, damit ihn
Sonne und Regen, Kälte und Hitze nöthigen, desto
eiliger seine Fische um einen geringeren Preis zu ver=
kaufen. Ist ein Fisch zwölf Pfennige oder noch mehr
werth, und der Fischer kann ihn am ersten Markttage
nicht verkaufen, so muß er ihm den Schweif abhauen.
Wird dieß vom Fischer unterlassen, so bezahlt er dem
Richter sechzig Pfennige zur Strafe. Den Fischern ist

---

*) Guarient, Th. II. S. 376.
**) Rauch, l. c. p. 56.

es auch verbothen, auf dem Marktplatz einander Fische zu verkaufen, und sie dann sogleich wieder anderen Leuten feilzubiethen; aber vor der Stadt oder bey einem Fluß kann jedermann nach Belieben kaufen. Wer diese Fischerordnung übertritt, muß mit Weib und Kindern die Stadt auf ein ganzes Jahr verlassen.

. Im Jahre 1350 vermehrte H. Albrecht diese Fischerordnung noch mit einigen Zusätzen *). Er wies einer jeden Sorte von Fischen den Platz an, auf welchem sie verkauft werden sollte. Ungarischen Fischhändlern, welche die Deutsche Sprache nicht verstanden, mußte ein Dollmetscher beygegeben werden, der aber mit ihm in keiner Handelsverbindung stehen durfte. Die Ungarn brachten Hausen, Schuppen= und auch eingesalzene Fische nach Wien. Nach einem alten Rechte durften Bürger und Auswärtige vierzehn Tage vor dem Fasching Hausen und andere Fische feil haben, jedoch nirgends sonst als auf dem hohen Markte. In dem Heiligenkreuzer und Zwettler Hof wurden nur ganze Hausen oder Stücke von größerem Gewichte von Auswärtigen verkauft. In der nämlichen Fischerordnung geschieht auch Meldung von gewässerten Hausen, und auch von gewässerten und gesalzenen Häringen, worüber wir den Kennern der Kochkunst das Urtheil anheimstellen. Seefische durften nur auf dem Platz am Hof verkauft werden. — Daß auch die Fleischer einen Fischhandel treiben durften, haben wir bereits vernommen, als weiter oben von ihnen die Rede gewesen. Wahrscheinlich genoßen sie dieses Vorrecht zu einigem Ersatz, weil ihrem Fleischhandel durch die vielen Fasttage, vorzüglich aber durch die vierzigtägige Fasten ein großer Abbruch geschah.

---

*) L. c. p. 70 et seq.

Um die Fiſche zu ſchonen und die zu große Ab=
nahme derſelben, woraus nothwendig eine Theurung
entſtehen müßte, möglichſt zu verhindern, wurden
mehrere ſehr heilſame Verordnungen, beſonders für
Oberöſterreich erlaſſen. Aus der oftmahligen Erneue=
rung derſelben, vom ſechzehnten bis in das achtzehnte
Jahrhundert, geht aber die volle Gewißheit hervor,
daß es ſchwer ließ, die Fiſcher zur genauen Befolgung
derſelben zu nöthigen. Um die Brut zu ſchonen, wurde
den Fiſchern die Größe der Spiegel ihrer Netze genau
beſtimmt; und wurden deſſen ungeachtet kleinere Fi=
ſche durch Ungefähr mit den größeren herausgezogen,
ſo mußten dieſelben wieder in den Fluß geworfen wer=
den. Die Länge und Schwere der edeln Fiſche gaben
die Fiſchordnungen an, wenn ſie behalten und auf den
Markt gebracht werden durften. Auch die Zeit wurde
beſtimmet, während welcher gewiſſe Fiſche gar nicht
durften gefangen werden. Eigene Aufſeher unterſuch=
ten die Fiſchbehälter, und waren auf den Fiſchmärkten
zugegen, um über die Befolgung der beſtehenden Fiſch=
geſetze zu wachen *). Die Tauglamkeit derſelben hat
ſich erprobt, denn ſeit der Zeit, als man anfing ſie
nicht mehr zu beobachten, vermehrten ſich immer die
Klagen über den Mangel an Fiſchen, und wahrſchein=
lich werden unſre Enkel einen edeln Fiſch von beträcht=
licherem Gewichte als eine große Seltenheit an=
ſtaunen.

Wir haben bisher von den Polizeygeſetzen geſpro=
chen, welche den Handel mit Eßwaaren betrafen; es
übriget noch, Weniges von den Verordnungen über
Getränke zu erwähnen.

---

*) Guarient, Th. I. S. 353 — 364 — Th. III. S. 473
und 996.

Weine aus dem Ausland nach Wien zu bringen, blieb längere Zeit hindurch verbothen, wurde aber endlich doch wieder, bald unter manchen Einschränkungen und dann ohne alles Hinderniß, den Wienern erlaubt, wovon weiter unten die Rede seyn wird.

In den Urkunden kommen städtische Beamten unter dem Nahmen der Weinkoster vor, welche zu den Unterkäuflern gehört zu haben scheinen. Ihre Amtsverrichtungen werden nicht bestimmt angegeben; nur das ist gewiß, daß sich Auswärtige beym Weinhandel mit Bürgern derselben bedienten oder vielmehr bedienen mußten, theils um geschwinde zu erfahren, wo sich ein feiler Wein von einer gewünschten Eigenschaft vorfinde; theils auch um einen gesetzlichen Zeugen über den geschlossenen Kauf zu haben, wie es das damahlige Gesetz vorschrieb. Dem Weinkoster gebührte von jedem gemachten Weinkauf eine bestimmte Taxe *). Durch einen Mißbrauch ist es in Wien Sitte geworden, daß sich die Weinkoster als unentbehrliche Unterhändler aufdrangen und eine Abgabe forderten, wenn in der Stadt ein Weinmost verkauft wurde. Diesen Unfug hat H. Albrecht der Dritte im Jahre 1368 auf immer abgeschafft **). Ob die Weinkoster nicht vielleicht über Weinverfälschung zu wachen hatten, sagen die Urkunden nicht aus ***).

Für die Schenkhäuser bestanden folgende Polizeyverordnungen ****): Die Bürger müssen für Wein, Meth und Bier ein bestimmtes Maß festsetzen. Wer sich in diesem Maße einen Betrug erlaubt, gibt bey

---

*) Beylage Nro. XVI.
**) Rauch, l. c. p. 107.
***) Man vergleiche: Beckmann, Beyträge, Th. I. S. 193, u. f.
****) L. c. p. 66—58.

den erſten drey Uibertretungen dem Richter und auch
der Stadt ein halbes Pfund Pfennige; wird er zum
vierten Mahle des nämlichen Vergehens überwiesen
und ſitzt er vor dem Faße, aus welchem das Getränk
in einem falſchen Maße verkauft wird *), ſo muß ihm
der Daumen abgehauen, das Faß aber zerſchlagen,
und der Wein auf die Erde ausgelaſſen werden, oder
man gebe ihn dem Spital zu einem Geſchenke. Das
Getränk mag im Gaſthauſe oder außerhalb deſſelben
genoſſen werden, ſo muß man es in dem vorgeſchriebe-
nen geſetzlichen Maße ausſchenken, worüber die dazu
eigens beſtellten Aufſeher zu wachen haben; dieſe haben die Pflicht, die Maße in den Gaſthäuſern und
außerhalb derſelben zu unterſuchen. Wird jemand von
ihnen als ſtrafbar erkannt, ſo muß ihn der Richter
ohne Gnade verurtheilen. Mit dem Zeichen der Bierglocke hört alles Ausſchenken der Getränke auf. Welchem Getränke, es mag dann Wein, Meth oder Bier
ſeyn, die Bürger kein beſtimmtes Maß vorſchreiben,
deſſen Werth ſoll der Gaſtgeber ausrufen, und dabey
muß es verbleiben **). Welcher Gaſtgeber Wein,

---

*) Bey dieſer Stelle muß man ſich an die alte, ſchon weiter
oben erwähnte Sitte erinnern, daß nur ſehr wenige Wäa-
ren in Häuſern oder Kaufgewölben, die meiſten aber auf
öffentlichen Plätzen feil gebothen wurden. Daſſelbe geſchah
auch häufig mit Wein, Bier und Meth; letzteres Getränk
wird auch noch heut zu Tage auf Jahrmärkten in Hütten auf
freyem Platze gekauft und getrunken. Einige dunkle Stellen
dieſer Urkunde werden durch das Ungeldpatent H. Rudolphs erläutert und verſtändlich gemacht. Oeſterreich unter
H. Rudolph IV. S. 321.

**) Soll dieſe Stelle mit dem Vorhergehenden in keinem Wi-
derſpruche ſtehen, ſo muß man nothwendig annehmen, daß
hier von ganz vorzüglichen Getränken die Rede ſey, die
nicht in den ſonſt gewöhnlichen Maßen, ſondern in eigens

Meth oder Bier verheimlicht, und so ein Getränk auch gegen bare Bezahlung aus seinem Hause nicht will forttragen lassen, dem muß man das Faß einschlagen, das Getränk auslaufen lassen, ihn selbst aber noch darüber strafen, wenn er sich beym Ausschenken dieses verheimlichten Getränkes innerhalb seines eigenen Hauses eines falschen Maßes bedient hätte, denn in diesem Stücke muß der Grundsatz festgehalten werden: Das Getränk, welches der Wirth in seinem eigenen Hause den Gästen aufsetzt, muß auch Auswärtigen um ihre Bezahlung verabfolget werden.

Wird ein Aufseher über die gesetzlichen Maße überwiesen, daß er aus Nachlässigkeit, Bestechung, Partheylichkeit oder unzeitiges Mitleiden seiner Pflicht nicht Genüge gethan hat, so muß man mit ihm desto schärfer verfahren, weil er den Eid, den er bey seiner Anstellung vor dem Stadtrathe geschworen, verletzte; dadurch hat er sich unfähig gemacht, irgend einem Amte der Stadt weiters vorzustehen. Ungarische und Italienische Weine *) darf niemand in den

---

dazu bestimmten Flaschen verkauft wurden, denn Albrechts Geboth schrieb ja vor, allen Getränken ein Maß zu bestimmen. Vielleicht ist in dieser Stelle von gekochten Weinen die Rede, die man im Mittelalter sehr hoch schätzte. Schon zu den Zeiten Carls des Großen gab es Weinsieder. Der Claret, der aus Wein, Honig und verschiedenen Gewürzen verfertiget wurde, und der Brombeerwein waren sehr beliebte Getränke. Mehr darüber findet man bey Anton, Geschichte der teutschen Landwirthschaft. Th. I. S. 415, und Th. III. S. 329. — Pigmenta nannte man die süßen Weine späterhin. Fischer, Geschichte des teutschen Handels. Th. I. S. 284.

*) Im Original steht: „Den vngerischen oder wellischen wein." — Das Wort Wälsch oder Wallisch kann freylich im Allgemeinen etwas Fremdes oder Ausländisches bedeu-

20 *

Burgfrieden der Stadt zum Verkauf bringen; wer
gegen dieses Verboth handelt, verfällt zwar in keine
persönliche Strafe, aber seine Weine verliert er, die
man entweder auf die Erde ausrinnen lassen oder an
das Spital abgeben muß. Würde sich ein Richter so
sehr vergessen, daß er innerhalb des Burgfriedens der
Stadt den Verkauf solcher verbothener Weine zugäbe
oder dieselben sich zueignete, so zahlt er dem Herzog
und der Stadt dreißig Pfund Pfennige zur Strafe.
Nur aus besonderer Gnade des Herzogs ist es ehrba=
ren Männern in der Stadt erlaubt, ein Tafernitz, zu
vier Urnen gerechnet, oder noch weniger, zu eigenem
Gebrauch in ihren Häusern aufzubewahren, von wel=
chem sie zwar auch guten Freunden etwas zu einem
Geschenke mittheilen, aber keineswegs um Geld ver=
kaufen dürfen; und auch dann muß über dieß noch
der Stadtrath hiezu seine Einwilligung ertheilen,
um dergleichen Weine einführen zu dürfen. — Nach
dem Martinitag darf gar kein Wein mehr, sogar auch
nicht von den eigenen Weingärten der Bürger in die
Stadt eingeführt werden, es wäre denn, daß sich die
Weinlese so sehr verspätete, daß sie vor dem Martini=
tag nicht beendiget werden könnte; in diesem Falle
müssen die Bürger einen späteren Tag bestimmen und
ausrufen lassen.

In dieser und auch in anderen Polizeyverordnun=
gen geschieht Erwähnung von der Bierglocke. Sobald
diese ertönte, sollte in den Gasthäusern kein Getränk
mehr verkauft werden, und jedermann war verpflich=

---

ten, wie z. B. ein Wälscher Habn. Hier aber muß es in en=
gerer Bedeutung genommen werden, weil sonst das Wort
Ungarisch ganz unnütz da stünde, und wirklich viel Wein
aus Italien in Oesterreich eingeführt wurde.

tet,) auf der Gasse mit einem Lichte versehen zu seyn, was bey dem Mangel einer allgemeinen Stadtbeleuchtung, welche erst 1687 vom K. Leopold befohlen wurde *), eine sehr heilsame Verordnung gewesen ist **). Eine Bierglocke wurde aus gleicher Ursache auch in anderen Städten geläutet, und ist sehr wahrscheinlich in späteren Zeiten Hußglocke genannt worden, nicht der grausamen Hussiten halber, sondern vom Befehle, eiligst das Gasthaus zu verlassen ***).

Die Ungarischen und die Italienischen Weine ausgenommen, welche nur nicht in den Stadtbezirk von Wien, aber wohl in die Oesterreichischen Provinzen durften eingeführt werden, findet man kein Einfuhrsverboth ausländischer Waaren in unser Vaterland; gegen Entrichtung der vorgeschriebenen Zollabgaben konnten ohne Ausnahme alle Erzeugnisse fremder Länder nach Oesterreich gebracht und dort verkauft werden. Erst nachdem die Königin Elisabeth von England zur Emporbringung des Handels ihrer Unterthanen

---

*) Cod. Austriac. Th. III. S. 239. „Wir geben euch zu vernehmen, was maßen Wir Uns zu Abwendung und Verhütung aller, nächtlicher Weil eine Zeit her häufig in Schwang gegangenen und noch befürchtenden Mord und Diebereyen, wie auch zu Einführung einer allgemeinen Sicherheit allergnädigst entschlossen, daß .. alle Plätze und Gassen Unserer Stadt Wien durch Aussteckung gewisser Laternen beleuchtet werden, u. f. w." — Uiber den Anfang der Beleuchtung der Städte und das Zeichen mit der Brennglocke ist lesenswerth, was Beckmann gesammelt hat: Th. I. S. 62, u. f. Und Th. II. S. 439, u. f.

**) Rauch, l. c. p. 46 et seq. Vnd wirt ein man, nach der pyergloken, auf der strazze an liecht geuangen, vnd ist das wizzenlich, daz ein getewr man ist, so fei (er) dem Gericht, nicht mer, danne zwen, vnd sechtzig phenning auf gnab veruallen, Hat er aber ein liecht, man sol in nicht vahen.

***) Gemeiner, Chronik, Th. II. S. 287.

alle Vorrechte des hanſeatiſchen Bundes aufgehoben
und alle Vorſtellungen dagegen fruchtlos geblieben,
bediente ſich 1597 der Kaiſer Rudolph der Repreſſalien, und verboth im ganzen Deutſchen Reiche und
auch in den Oeſterreichiſchen Erbländern die Einfuhr
aller Engliſchen Waaren *). K. Leopold verordnete
daſſelbe 1674 für Franzöſiſche Waaren, welche nur
zur Befriedigung des Luxus dienten **), nachdem er
ſchon im Jahre 1659 die Einfuhr verſchiedener Luxusartikel, deren Ankauf ungeheure Summen Geldes dem
Vaterland entzogen, gänzlich verbothen hat ***). Die
oftmahlige Wiederhohlung dergleichen Verbothe iſt ein
klarer Beweis, daß ſie gar ſchlecht ſind befolget worden.

Die Polizey älterer Zeiten hat ſich des gewöhnlichen Verſehens ſchuldig gemacht, daß ſie ſich um gar
zu Vieles bekümmerte. Tuchmacher und Tuchbereiter,
ſo wie auch Zeugfabrikanten und Handwerker aller
Art ****) erſcheinen ſchon in Urkunden und Chroniken

---

*) Guarient, Th. I. S. 296.

**) A. a. O. S. 374.

***) A. a. O. S. 408. Verbothen waren: „Goldene und ſilber-
ne, oder mit Gold und Silber eingetragene Borten, Spitze
und Gallonen. Ganz goldene und ſilberne Stuck, auch andere mit Gold und Silber eingetragene Zeuge. Die mit
Silber und Gold geſtikte Wehrgehänge, Handſchuhe und
Hutſchnüre, wie auch allerley andere Galanterien, als
Käſtel von Schildkrot, Ohrgehänge, Halsbänder und andere Zierathen, ſeidene Spitzen, reiche Band von Gold
und Silber; ingleichen das Silber von getriebener und anderer künſtlicher Arbeit; die ganzen, halben, und viertel
Caſtorhüt, ausländiſche falſche Borten und Hutſchnur,
Stützel, Meſſer, Sporn, allerley geſchmelztes Glaswerk,
Schreibtafeln, und alles was von falſchem Gold gemacht,
wie auch die weißen Niederländiſchen Spitz.‟

****) Eine lange Reihe derſelben erſcheinet bey Horneck. Pez,
T. III. p. 566 et ſeq.

des dreyzehnten Jahrhunderts, und ohne Zweifel ha=
ben sich ausländische Künstler in den folgenden Zeiten
in Oesterreich niedergelassen *). Wer konnte auch
unsern alten inländischen Handwerksleuten das Ver=
mögen absprechen, sich in ihrem Fache während eines
Zeitraums von drey Jahrhunderten zu vervollkomm=
nen? An Mustern, die zur Nachahmung aneiferten,
fehlte es bey der freyen Einfuhr fremder Erzeugnisse
nicht. Eine vorsichtige Handelspolizey hätte die gün=
stigen Zeitumstände benützen und die Fabrikanten auf=
muntern sollen, die in Oesterreich viel gesuchten Ge=
genstände in gehöriger Menge und Güte zu liefern,
und dadurch alles Ausländische möglichst entbehrlich
zu machen. Aber anstatt dessen ist man auf den un=
glücklichen Gedanken verfallen, das ganze Oesterrei=
chische Volk in viele Classen zu theilen und einer jeden
pünktlich vorzuschreiben, welcher Tücher und Zeuge
sie sich zur Bekleidung bedienen dürfe. Nichts zu sa=
gen von dem zwecklosen Zwange, welchem man die
Leute unterwerfen wollte, so muß man doch gestehen,
daß solche Polizeyverordnungen der Industrie und
dem Handel ganz gewiß geschadet haben. Dergleichen
vielmahl abgeänderte, erläuterte und verbesserte Po=
lizeyordnungen über Luxusartikel und Kleiderpracht
haben vorzüglich K. Maximilian der Zweyte und K.
Leopold der Erste bekannt gemacht **). Letzterer ist so
weit gegangen, daß er den unteren Volksclassen sogar
gewisse kostbarere Speisen zu genießen bey Strafe

---

*) Hieher gehören die vielen Stellen der Urkunden des drey=
zehnten und vierzehnten Jahrhunderts, welche allen An=
kömmlingen in Städten, die sich dort niederlassen wollen,
vollkommene Freyheit und das Bürgerrecht zusichern.

**) Guarient, Th. II. S. 147, u. f.

verbothen hat; hingegen ist von ihm der Luxus in
Kleidungen gegen eine gewisse Abgabe wieder erlaubt
worden; Perücken und sogenannte geschopfte Hauben
erhielten ebenfalls ein ähnliches Privilegium.*).

Gedeihlicher für den Handel und eines Gesetzge-
bers würdiger war die Verordnung H. Albrechts im
Jahre 1340, welche dem Stadtrathe befahl Aufseher
zu bestellen, die über Waarenverfälschung wachen
sollten. Entdeckten sie einen dergleichen Betrug, so
mußten sie die verfälschte Waare auf öffentlichem
Markte verbrennen lassen; der Richter war in einem
solchen Falle nicht befugt, den Betrieger über dieß
noch mit einer Strafe zu belegen**).

Gewinnsucht verleitet die Kaufleute nur gar zu
oft zu Bevortheilungen der Käufer, woraus sehr
leicht verwickelte Prozesse entstehen. Für solche Fälle
hat schon der H. Leopold in dem Privilegium für die
Regensburger 1192 Folgendes verordnet: Entsteht
eine Klage über einen abgeschlossenen Kaufsvertrag,
so dürfen die Leihkaufer nicht zur Zeugenschaft zugelassen werden, sondern man rufe glaubwürdige Män-

---

*) A. a. O. S. 166. „Wer eine Paruquen, Fontange oder
schopfte Hauben, es mögen die Hauben von Spitz oder ohne Spitz, gestickt oder mit Banden geziert seyn, tragen
will, soll die erste Classe sechs Gulden, die anderte drey
Gulden, die dritte einen Gulden dreyßig Kreuzer, die
vierte fünf und vierzig Kreuzer bezahlen, worauf sodann
diese Trachten auf ein Jahr denen bezahlenden Partheyen
verstattet sind.“

**) Rauch, l. c. p. 55 und 56. Swer vnder den saitchouffern,
valschen sait wurchet, der sol dem Richter darumb nichtes
schuldig sein, aber die purger, dr dartzue geschaft sein von
dem Rat, die sullen daz sait haizzen verprennen offenlichen
an dem marcht. — Ich wage es nicht, die Bedeutung des
Wortes Sait anzugeben.

ner zu Zeugen auf, sie mögen dann Auswärtige, oder
einheimische Hauswirthe von Wien seyn. Verkauft ein
Regensburger einem Bürger von Wien eine Waare,
und führt sie dieser ohne weitere Untersuchung aus der
Stadt fort, so ist der Verkäufer keineswegs mehr
verantwortlich; wenn gleich späterhin eine Klage über
den Unwerth einer Waare entsteht. Erscheinet ein ver-
borgener Mangel an der Waare nach abgeschlossenem
Kauf, und der Verkäufer trägt den Schadenersatz an,
so hat sich der Richter nicht einzumengen. Wenn ein
Fremder einem Bürger ein Stück Tuch verkauft, von
dem schon ein Theil ist abgeschnitten worden, und ersterer schwört, daß er dieses nicht gewußt hat, so ist er von
aller Geldbuße frey; weigert er sich aber zu schwören,
so zahlt er dem Richter ein halbes Pfund, dem Frohn-
bothen zwölf Pfennige *). Diese Verordnung H. Leopolds scheinet H. Albrecht der Lahme vor Augen gehabt und erneuert zu haben; der verderbte Text hin-
dert uns aber, hierüber etwas Gewisses vorzubrin-
gen **).

Im Grunde sind der Straßenzwang, die Sta-
pel- und Meilenrechte, die Repressalien und alle übrigen alten Einrichtungen, welche den Handel einschränkten oder beförderten, ebenfalls Polizeyverordnungen über den Handel. Alle diese Gegenstände sind
aber in den vorhergehenden Abschnitten bereits weitläufiger abgehandelt worden und bedürfen keiner Wiederhohlung. Eben so übergehen wir manche Verordnungen der Handelspolizey des siebzehnten Jahrhunderts mit Stillschweigen, denn sie enthalten nicht viel
Merkwürdiges, noch weniger aber etwas Erfreuli-

*) Scheid, l. c.
**) Rauch, p. 51 et 52.

ches, und erfüllen die Leser gewöhnlich mit Un=
muth und Bedauern gegen ein Zeitalter, das so viele
zwecklose oder ganz unnütze Handelsverordnungen er=
zeugte.

Verzeichniß der vorzüglicheren Waaren, mit welchen in Oesterreich gehandelt wurde.

Siebzehnter Abschnitt.

Ausfuhr inländischer Producte.

Die Beantwortung der Frage, mit welchen Waa=
ren in Oesterreich vorzüglich Handel getrieben wurde,
ist weit größeren Schwierigkeiten unterworfen als die
Erörterung der vorhergehenden Abschnitte über Han=
delsgesetze und Polizeyverordnungen, welche in= und
ausländischen Kaufleuten in Oesterreich zur genauen
Befolgung sind vorgeschrieben worden. Wenige Han=
delsprivilegien einiger Städte und Märkte ausgenom=
men; stehen uns über diesen Gegenstand keine anderen
Quellen zu Gebothe als ein Paar Zollverordnungen,
welche die Abgaben für verschiedene Waaren bestim=
men. Die Chroniken sind mit Nachrichten über den
Handel so sparsam, daß sie als historische Quellen
über denselben beynahe gar nicht in Betrachtung kom=
men. Man erwarte hier also ja nicht einen reichhalti=
gen, erschöpfenden Bericht über alle Waaren, mit
denen in Oesterreich Handel getrieben wurde; diese
Aufgabe mag ein glücklicherer Geschichtschreiber genü=
gend lösen, welchem mehrere noch unbekannte Han=

delsurkunden und Notizen zu Gebothe stehen als dem Verfaſſer des gegenwärtigen Buchs.

Zur leichteren Uiberſicht ſprechen wir zuerſt von jenen Handelsartikeln, die aus Oeſterreich in fremde Länder ausgeführt wurden, und dann von der Ein=ſuhr fremder Waaren in unſer Vaterland.

Wenn von dem Handel Oeſterreichiſcher Erzeug=niſſe die Rede iſt, ſo kann in früheren Zeiten von ei=ner Ausfuhr des Salzes keine Meldung geſchehen, indem das Salzbergwerk zu Iſchel wohl ſchon zu Ende des zwölften Jahrhunderts beſtanden *), aber nur ei=ne geringe Ausbeute geliefert hat. Die ſegensreichen Salinen zu Halſtatt ließ erſt die Königin Eliſabeth in den erſten Jahren des vierzehnten Jahrhunderts auf ihre Koſten bearbeiten **), aber aus Mangel berg=männiſcher Kenntniſſe war lange Zeit hindurch die Benützung eines unermeßlichen Reichthums des Ber=ges nicht groß, ſonſt würde man ſich in Oeſterreich nicht genöthiget gefunden haben, ſich mit ausländi=ſchem Salze zu verſehen. Und hätte auch dieſes Hin=derniß nicht obgewaltet, ſo wäre der Vortheil für unſre Landesfürſten doch immer ſehr gering ausgefallen, weil ſie den Salzhandel den Bürgern der landes=fürſtlichen Städte und Märkte als ein Monopolium übergeben haben.***). Zu allen dieſen Mängeln kam noch der Uibelſtand hinzu, daß die benachbarten Län=der, Böhmen und Mähren allein ausgenommen, mit Salz im Uiberfluß verſehen waren; und dieſen

---

*) Diplomatarium Garſtenſe, illuſtratum ex collectaneis manuſcriptis R. P. Sigismundi Pulch. Viennae, 1754. p. 65.

**) Oeſterreich unter K. Friedrich dem Schönen. S. 438, u. f.

***) Aus häufigen Urkunden werden nur einige auserkoren, und in der Beylage Nro. LI. aufgeführt.

beyden Ländern wurde aus Bayern, Salzburg und
Berchtesgaden das ihnen nöthige Salz mitten durch
Oesterreich zugeführt.

Die Durchfuhr fremden Salzes in Oesterreich zu
verhindern, stand in früheren Zeiten nicht in der Macht
unsrer Herzoge, denn kaiserliche Privilegien schützten
den Salzhandel der Reichsfürsten. Vorzüglich ließen
die Erzbischöfe von Salzburg nichts unversucht, den
Bau eines neuen Salzbergwerkes in Oesterreich zu
hintertreiben *). Die Königin Elisabeth eröffnete
durch die Salinen in Hallstatt unserem Vaterlande eine neue Quelle des Wohlstandes, und schon im vierzehnten Jahrhundert erhellet aus mehreren Urkunden
der Vorsatz unsrer Landesfürsten, durch das Verboth
der Einfuhr alles ausländischen Salzes den Handel
mit dem inländischen zu heben **). Hindernisse mancher
Art traten jedoch der Ausführung dieses heilsamen
Plänes in den Weg. Bald nöthigten Zeitumstände
unseren Herzogen Verträge mit Bayern und Salzburg ab, welche dem fremden Salze die Einfuhr nach
Oesterreich neuerdings öffneten, bald waren sie mit

---

*) Oesterreich unter den Königen Ottokar und Albrecht. Th. I.
    S. 164, 201. Th. II. S. 211.

**) Am 24. August 1396 erging ein herzoglicher Befehl an den
    Magistrat in Krems, kein Salz von Hall und Schellenberg
    vorbeyführen zu lassen; aber dieses Verboth beförderte den
    Handel mit inländischem Salze nicht, denn das Haller und
    Schellenberger Salz durfte man einem Privilegium zu-
    Folge bis Krems führen, dort aber mußte es niedergelegt
    und verkauft werden. Die Bürger von Korneuburg waren
    von dieser Regel ausgenommen, und durften ausländisches
    Salz vor Krems vorbeyführen, welche Freyheit ihnen 1396
    wieder bestätiget wurde. — Ob das Salz, mit dem 1320 in
    Wien Handel getrieben wurde, ein inländisches gewesen
    sey, läßt sich nicht bestimmen. Cf. Rauch, T. III. p. 21.

Ertheilung von Privilegien für den Salzhandel der
Auswärtigen zu freygebig *). Hätte man in Oesterreich sich darauf verstanden, mehr Salz zu erzeugen
und im Handel gleichen Schritt mit Bayern, Salzburg und Berchtesgaden zu halten, und hätte man
strenger auf die genaue Befolgung häufiger Verordnungen gedrungen, welche die Einfuhr fremden Salzes untersagten: so hätte man im Salzhandel den
Auswärtigen gewiß den Vorsprung abgewonnen.
Erst im Jahre 1706 ward allem ausländischen Salze
der Eingang in die Oesterreichen Provinzen gänzlich
verwehret, welches Unternehmen der Spanische Erb-
folgekrieg gar sehr erleichtert und begünstiget hat **).

---

*) Jos. Ernst von Koch Sternfeld, Geschichte des Fürstenthums
   Berchtesgaden und seiner Salzwerke. München, 1815.
   Buch II. S. 15. Die Herzoge Albrecht und Otto ertheilten
   dem Stifte Berchtesgaden 1333 die Erlaubniß, vierhundert achtzig Fuder Salz gegen eine jährliche Messe zollfrey
   zu Linz vorbeyzuführen.—Hierher gehören auch häufige Urkunden, die von unsern und auch von auswärtigen Landesfürsten den Klöstern in Oesterreich über die zollfreye Zufuhr
   des Salzes zu ihrem Hausbedarf sind verliehen worden. Cf.
   Hanthaler, Recensus, T. I. p. 221 et seq. Aehnliche Privilegien finden sich in allen Klösterarchiven. Baumgartenberg erhielt die Zollfreyheit des Salzes von den Bischöfen
   in Passau, und zu Aschach von den Grafen von Schaumberg: Meine Beyträge zur Geschichte des Landes Oesterreich ob der Enns, Th. III. S. 429, 433. — Dem Kloster
   Schlägel bestätigte H. Maximilian von Bayern noch im
   Jahre 1614 die alten Privilegien seiner Vorfahren, daß es
   aus dem Erzstift Salzburg jährlich „ain Pfund des weiten
   und vier Pfund des clainen Pandt Salzes“ zollfrey durch
   Burghausen und Schärding führen durfte.
**) Hormayr, Historisch-statistisches Archiv für Süddeutsch-
   land. Th. II. S. 94, u. f. — Uiber den Salzhandel im Inneren des Landes finden sich bey Guarient mehrere Verordnungen. Th. II. S. 269, über die Salzausfuhr aus der Steyr-

Einer der vorzüglichsten Handelsartikel, welche aus Oesterreich ausgeführt wurden, war der Wein. Er wurde nicht nur nach Bayern, Mähren und Böhmen, sondern sogar auch nach Ungarn verführet *). Die Einfuhr fremder Weine aus Italien und Ungarn nach Wien ist von mehreren Herzogen strenge untersagt worden, um den Weinbau in Oesterreich zu befördern; aber der Privilegien, welche Ausnahmen von dieser allgemeinen Regel gestatteten, waren bald wieder so viele, daß die Einfuhr Italienischer Weine doch von großer Bedeutung seyn mußte. Im Jahre 1340 verboth H. Albrecht Ungarische und Italienische Weine in den Burgfrieden der Stadt Wien einzuführen, nahm aber alle ehrbaren Männer, die des Vorzugs, ausländische Weine zu trinken, werth waren, von diesem Verbothe wieder aus **). Aus andern Urkunden erhellet, daß ähnliche Verbothe ausländischer Weine auch für die übrigen landesfürstlichen Städte,

---

mark nach Unterösterreich. S. 270, über die Einfuhr des Salzes, u. f. w. Den Handel damit trieben die Bürger, aber es gab allenthalben landesfürstliche Zollstationen, wo für das Salz eine Abgabe mußte entrichtet werden. Man findet jedoch auch Beyspiele, daß Adeligen eine Salzmauth gestattet wurde. Der Graf Christoph Leopold von Thürneim besaß so ein Vorrecht bey seiner Herrschaft Weinberg in dem Marktflecken Käsermarkt im Jahre 1669 Cod. Austr. T. III. p. 199. Warum das Salz 1703 viel theurer geworden, findet man Th. II. S. 298, u. f. angegeben.

*) Rauch, T. III. p. 21 et seq. Ist daz ain Purger gein ungern farn wil oder gen pairn auf dem wazzer, so geit er ... zwen phenninge, an von getraide vnd von wein allein. Cf. p. 23 et 25.

**) L. c. P. 58. Doch von besundern gnaden, so erlouben wir einem erbern manne, der sein wert ist, ain Tafernitz, nuer zu vier vrn oder minner, in seinem hous selb ze trinchen, oder vereren, vnd nicht vmb phenning ze geben.

in Oesterreich, und um soviel mehr für die kleineren
Märkte und Dörfer sind, erlassen worden; aber bald
wußte man sich Ausnahmsprivilegien zu verschaffen
und erhielt die Erlaubniß, Italienische Weine einzuführen. Ein solches Privilegium hat H. Albrecht 1368
den Bürgern von Enns ertheilet, sie aber auch zugleich
verpflichtet, daß sie von diesen Weinen den vorgeschriebenen Zoll entrichten, und dieselben auf der Straße
über Zeyring einführen sollten *). Der Mangel bestimmter Begriffe über die Natur des Handels und
der Erfordernisse, das Wohl des Staates auf festen
Grundlagen zu sichern, brachte dieses Schwanken der
Gesetzgeber in sich widersprechenden Handelsverordnungen hervor. Vergebens hatte der H. Rudolph noch
im Jahre 1364 befohlen, daß man vorzüglich auf fremde durchreisende Kaufleute ein obachtsames Auge haben müsse, damit sie nicht ausländische Weine bey ihrem Durchzug in den Oesterreichischen Provinzen ablegen und verkaufen könnten **); sein Bruder und
Nachfolger in der Regierung, Albrecht der Dritte,
war viel zu wankelmüthig, als daß er das Ziel seines
Vorgängers verfolgt hätte. Im Jahre 1368 erlaubt
er, wie wir gleich vernommen haben, den Bürgern
von Enns, Italienische Weine nach Oesterreich zu
bringen, und im folgenden Jahre erneuerte er das
Verboth seines Vaters, ausländische Weine in den
Burgfrieden von Wien einzuführen ***). Desto mehr
fällt die Erlaubniß auf, die er 1370 den Wienern ertheilte, eine Taberne zu errichten, in welcher alle Gattungen ausländischer Weine verkauft werden durf-

---

*) Beylage Nro. LII.
**) Pelzel, K. Karl der Vierte. Th. II. S. 336.
***) Rauch, l. c. p. 112.

ten *). Da ſowohl das Verboth als auch die Erlaubniß, ausländiſche Weine einzuführen, vom H. Albrecht als eine beſondere Gnade zur Aufnahme und
Wohlfarth der Stadt Wien gegeben wurde, ſo kann
kein Zweifel übrig bleiben, daß man noch keineswegs
mit ſich ſelbſt einig war, ob man durch Einſchränkung
oder Freyheit des Handels mit gewiſſen ausländiſchen
Waaren das Wohl der Unterthanen mehr befördern
könne. Unter den damahligen Regierungsgrundſätzen
behauptete das Zollweſen den erſten Rang; dieſem
mußten alle andere Rückſichten weichen.

In den folgenden Zeiten wurde die Einfuhr ausländiſcher Weine bald verbothen, bald wieder erlaubt.
Letzteres geſchah vorzüglich aus der Urſache, um der
Theurung und den hohen Preiſen des Weines Einhalt zu thun **). Die Verbothe Ungariſcher Weine
wurden auch ſpäter noch erneuert ***). Vom Branntwein kann in früheren Zeiten keine Erwähnung geſchehen, da er eine ſpätere Erfindung iſt ****); aber ge-

*) L. c. p. 114. Wir haben durch Jr (der Wiener) vnd der
Stat nucze vnd frumen willen Jn die genad getan, daß ſi
furbas in der Stat ze wienn ein gemain offenn taffern haben
ſchullen vnd mugen welſch weynn oder anderley frömd
weynn wie die genant ſind, ewiglich der Stat ze nucz dar
in ſchenkchen vnd verkauffen.
**) Guarient, Th. I. S. 457. Verordnung K. Rudolphs des
Zweyten vom Jahre 1602. Er befahl, „daß insgemein
männiglichen die freye Ein = und Zufuhr der Ungariſchen,
Oeſterreichiſchen, und allerley ober = und ausländiſchen
Weine . . . erlaubt ſeyn ſolle.“ Man ſehe auch Th. II.
S. 418.
***) Guarient, Th. II. S. 422. Verordnung K. Ferdinands
des Dritten vom Jahre 1649.
****) Beckmann, Beyträge, Th. I. S. 33, u. f. — Th. II.
S. 277. — Uiber das Branntwein Verfertigen aus Ge-
treide; — „aus Holler, Obſt, Attich und andern dem Men-

kochte Weine hat man auch in Oesterreich zu bereiten
verstanden *).

Daß der Handel mit fremden Weinen eine lange
Zeit hindurch in Oesterreich verbothen war, hatte allerdings seine gute Ursache. Daß man aber den Unterthanen auch sogar den Handel mit inländischen Weinen sehr erschwerte, läßt sich gewiß nicht billigen. Zum
Schaden und zur Bevortheilung des ganzen Volkes
hatten nur die landesfürstlichen Bürger und wenige
Begünstigte das Recht mit Wein zu handeln. Die
Herrschaften übten mit den Getränken aller Art ein
noch weit schlimmeres Vorrecht aus, indem sie in ihren Bezirken den Gastwirthen Wein und Bier um einen ihnen beliebigen Werth aufnöthigten und es ihnen
scharf untersagten, anderswo ein Getränk zu kaufen.
Dieß nannte man damahls das Vorlegrecht. Der Weinhandel war also wieder ein Monopolium des Adels
und der Bürger, welche sorgfältig darüber wachten,
daß ja niemand aus der Fremde, wenn er gleich eben
so, wie sie, ein Oesterreichischer Unterthan war, es
wagte, einen Wein in ihr Gebieth zu bringen und ihn

---

schen schädlichen Kräutern und Samen, sonderlich aber zu
hitzigen Fieber- und Infectionszeiten" — finden sich Verordnungen von 1594 bis 1699 bey Guarient, Th. I.
S. 223, u. f.

*) Cod. Austr. Th. III. S. 244. Die Zubereitung der Wei-
ne — „von Quitten- Margaranten- Weinschärling- und
Ribeselsaft" — war ein Gegenstand der Apothekerkunst.
Daher mag auch der Nahme, vinum medicinale, gekommen seyn. Cf. Denis, Codices manuscripti bibliothecae
Palatinae. P. I. p. 832. — Ohne Zweifel kannte man auch
in Oesterreich Weine, die mit Honig und Gewürzen zuberei-
tet waren; ihre Nahmen waren: Claret, Pigment, und Hip-
pocras: ein Lieblingsgetränk der Ritter. De Sainte Palaye,
Das Ritterwesen des Mittelalters, übersetzt von Joh. Ludwig Klüber. Nürnberg, 1786. Th. I. S. 16.

21

dort zu verkaufen. Wer ſo ein Handelsgeſchäft unternehmen wollte, bedurfte wieder eines beſonderen Privilegiums, wovon wir ein Paar Beyſpiele anführen
wollen. K. Friedrich der Schöne erlaubte 1319 dem
Stifte Kloſterneuburg, jährlich fünfzehn Fuder Wein
in der Stadt Enns auszuſchenken oder auch in Fäßern
zu verkaufen *). Dagegen erhielten die Bürger von
Enns 1358 die Freyheit, nach Gmunden und Vöcklabruck mit Wein und Getreide zu handeln **). Die
Bürger von Stockerau durften zwar vermöge eines
alten Privilegiums, das ihnen K. Friedrich 1327 erneuert hat, mit Wein, Getreide und Holz in Oeſterreich ſelbſt, aber keineswegs in das Ausland Handel
treiben ***). Auf dieſe Weiſe geſchah es auch bey dem
Weinhandel, daß ſchädliche, ein Monopolium begün-
ſtigende Privilegien durch andere Privilegien wieder
gehindert wurden, einen gar zu großen Schaden an-
zurichten.

---

*) Max. Fiſcher, Merkwürdigere Schickſale des Stiftes und
der Stadt Kloſterneuburg. Im Urkundenbuch, S. 349.
**) Wir Albrecht .. enbieten vnſern getrewn, dem Richtter vnd
Purigern ze vecklapruk vnſer gnad vnd alles gut. Wir ſein
des vberain worden, daz vnſer puriger von Enns mit wein
vnd mit getraide ſullen aribaiten vntz hintz dem Stadl (oberhalb Lambach) vnd dann reiten gen Gmundn oder gen veclapruk, vnd denſelben wein oder getraib daſelbs verchawffen.
Gebieten wir ew gar ernſtleich vnd wellen, daz ir ſy daran
nicht enget noch irret in dhainem weg. Geben ze lincz am
Phincztag vor Johans waptiſte (den 21. Junius) anno domini MCCCL octauo.'' — Eine zweyte ganz gleichlautende Urkunde wurde an demſelben Tage an die Bürger von
Gmunden ausgefertiget.
***) Ludewig, Reliqu. MSS. T. IV. p. 238 Manches, was
den Weinhandel älterer Zeiten betrifft, iſt ſchon weiter
oben in den Abſchnitten über das ausſchließende Handelsbefugniß der Bürger und über die Meilenrechte vorgetra-
gen worden.

Daß unsre Altvordern den Wein liebten und dessen Anbau mit großem Fleiße besorgten, wird ihnen hoffentlich niemand verargen. Daß sie aber auch in sehr kalten Gegenden Oesterreichs, und sogar im Norden des Landes ob der Enns, welchen der rauhe, unwirthbare Böhmerwald umzingelt, Weinberge anlegten und sich mit einem essigsauren Safte erquickten, verräth keinen guten sondern einen sehr abgestumpften Geschmack. Schon im achten Jahrhundert erscheinen Weingärten in den Umgebungen von Aschach oberhalb Eferding, von welchen sich einige Uiberbleibsel bis auf den heutigen Tag erhalten haben. Rechnen es Weinkenner unter die martervollen Strafen, so einen Wein trinken zu müssen: was für ein Urtheil würden sie erst über Weine fällen, die auf den rauhen kalten Bergen des oberen Mühlviertels einstens gewachsen sind? Und doch hat man auch dort, wo nur wenige Obstsorten gedeihen, schon vor tausend Jahren Reben gepflanzt. Herzog Thassilo schenkte dem von ihm neu gestifteten Kloster Kremsmünster zwey Weingärten zu Aschach, und drey am Rotelfluß im heutigen oberen Mühlviertel, und K. Carl der Große bestätigte diese Besitzungen demselben in einer eigenen Urkunde *). Im dreyzehnten und vierzehnten Jahrhundert machen Urkunden verschiedener Klöster von Weingärten; und Urbarien mehrerer Herrschaften und Pfarrhöfe von Weinzehenten in dieser kalten Gegend noch häufig Erwähnung. In den wilden Bergen der Pfarren Walding, St. Gotthard, St. Martin und Feldkirchen besann man sich endlich doch eines Besseren, rottete die Weinreben aus und säete Rocken an, der dort vortrefflich

---

*) Rettenpacher, Annal. monast. Cremifan. p. 26. Tradimus ad Ascha duas vineas, et ad Raotula tres, et totidem vinitores. Cf. p. 29.

gedeiht. In den flachen Gegenden um Feldkirchen
wurden erst in unseren Tagen die Weingärten in Korn-
felder verwandelt, was im unteren Mühlviertel um
ein Paar Jahrhunderte früher geschah.

. Beynahe das Nämliche gilt auch vom Traun= und
Hausruckviertel, wo es in früheren Zeiten ebenfalls
Weingärten gegeben hat, was aus alten Zehentregi=
stern hervorgeht. Den Weinzehent in den Pfarren
Linz und Tabirsheim hat 1111 der Bischof Udalrich
von Passau dem Kloster St. Florian geschenkt .*).
Aber auch dort wurden schon frühzeitig die Weingär=
ten in Ackerland verwandelt, was wir aus einer Ver=
ordnung K. Friedrichs des Vierten abnehmen können.

---

*) In der noch ungedruckten Urkunde heißt es: Decimam
uini totam in duabus parrochiis Tabirsheim et Lintze, et
ad Assha tres uineas in sacrificium altarium ipsius mona-
sterii contulimus. — Tabirsheim, Tauersheim oder Ta=
uersheim ist die Pfarre St. Peter in der Zizlau zwischen
Ebelsberg und Linz, einstens die Mutterkirche der Filiale
St. Magdalena im Haselgraben auf der Nordseite der
Donau, unterhalb des Marktes Ufer bey Linz. Das Dorf
Tauersheim hat bis jetzt den alten Nahmen behalten. Vor
einigen Jahren wußte ich diese Pfarre nicht anzugeben.
Man vergleiche meine Beyträge, Th. II. S. 480 — 483.
Daß die Mutterkirche auf dem rechten, die Filialkirche auf
dem linken Donauufer liegt, darf uns nicht befremden. Die
Pfarrbezirke erstreckten sich ja noch in unseren Tagen bis
zur neuen Pfarreintheilung gar oft über die Donau hinüber.
Im Jahre 1682 gehörten Bauernhöfe bey Luftenberg ober=
halb Steyreck noch zur Pfarre St. Florian. — Von Wein=
gärten im Dorfe St. Florian selbst macht der Bischof Alt=
mann im Jahre 1071 Erwähnung. In seiner Restaura=
tions=Urkunde heißt es: Villam in qua ipsum monaste=
rium fundatum est, cum omnibus ad eam pertinentibus.
agris scilicet et uinetis, etc. Die Gränzen des Dorfes St.
Florian gibt eine Urkunde vom J. 1111 an: In summitate
montis descendit per septentrionem usque ad terminum
uinearum ad orientem.

Dieſer Monarch war zu Ende des fünfzehnten Jahrhunderts für den Weinbau in Oberöſterreich noch ſo ſehr eingenommen, daß er Allen, welche in der Gegend von Linz Weingärten anlegen würden, große Begünſtigungen zugeſagt hat *). In den Weinländern hat er 1449 das Bierbräuen und Schenken gänzlich verbothen; nur den Hausherren und ihrem Geſinde erlaubte er in ihren eigenen Häuſern Bier zu trinken **). — Das ſogenannte Märzenbier war in Oeſterreich ſchon im fünfzehnten Jahrhundert als eine alte Sache bekannt ***).

Ein ſonderbares Privilegium H. Albrechts erlaubte den Bürgern von Enns im Jahre 1379, daß ſie jährlich zwiſchen Lichtmeſſen und Georgi Tag ſechzig Dreyling Bier bräuen und ausſchenken durften, aber nicht mehr. Zu dieſem Geſchäfte ſollte der Stadtrath ſechs Männer beſtimmen, welche in der Stadt ſeßhaft und zu einer ſchweren Arbeit untauglich ſind ****).

*) In dem Stadtarchiv zu Linz findet ſich folgender Regierungsbefehl an die dortigen Bürger ohne Jahresangabe: „Allenn vnd yeglichen ſey ze wiſſen. Der allerdurchlewchtigiſte Fürſt vnd Herr Friderich Röm. Kaiſer vnnſer allergnedigiſter Herr erlawbt allen vnd yedem, Welh weingartpaw auf Jren grüntn zu ainer Meyl weyt vnd prayt vmb die Stat Lynntz von New wellen Pawn vnd arbaitn Laſſen, Hat ſein kay. genad dieſelbn grundt füran gefrewdt, daz Sy Zechenndt Stewr vnd Perigkhrecht frey ſein ſullenn."

**) Guarient, Th. I. S. 217.

***) Beylage Nro. XXXII.

****) Wir Albrecht von gots gnaden Hertzog ze Oeſtereich.. Bechennen vnd tun kunt offenlich mit diſem Brief, Daz die erbern vnſer getrewn.. Die Purger von Ens für vns komen vnd chlogten vns, wie Si grozze vnd manigerlay gepreſten hieten, von des Pier prewn wegen, davon Si vnd diſelben vnſer Stat ze Ens in kunftigen zeiten ze merklichen vnd nemlichen ſcheden komen mechten, Nu haben wir angeſehen vnd betracht diſelben ir klag vnd gepreſten, vnd haben in die

Aus Mangel der Kenntniß der näheren Umstände und
Verhältniſſe bleibt uns der Inhalt dieſer Urkunde
dunkel.

In den Urkunden von Freyſtadt und einigen
Märkten des Mühlviertels geſchieht Erwähnung von
der Ausfuhr des Biers nach Böhmen, die aber unmöglich von großer Bedeutung geweſen ſeyn kann,
denn das Bier der Böhmen und ihr Handel mit dieſem
Getränk ſind ſeit den früheſten Zeiten allgemein an-
gerühmt worden. Führten deſſen ungeachtet die Oe-
ſterreicher ein Bier in das angränzende Böhmen,
ſo kann dieß nur von einer Zeit der Noth, und von wenigen noch öderen Gegenden am Böhmerwald gelten.
Möglich wäre es auch, daß man den Böhmen ein
Märzenbier aus Oeſterreich zugeführt hätte.

Von der Ausfuhr des Getreides in die benachbarten Provinzen machen mehrere Urkunden und Zollpatente Meldung; von großer Wichtigkeit kann aber der
Getreidehandel in das Ausland nicht geweſen ſeyn,
denn die angränzenden Länder: Bayern, Böhmen,
Mähren und Ungarn kamen von jeher an Fruchtbar-
keit des Bodens unſerem Oeſterreich gleich oder über-
trafen es noch. Nur eine plötzliche Noth, durch Hagel-

---

gnad getan, vnd tun auch, daz Si ierlich zwiſchen vnſer
frawntag ze der Lichtmeſſe, vnd dem neſten (ſic) ſand Jorgen tag darnach Prewn verſchenken vnd vertun ſuln vnd
mugen Sechtzig Dreiling pier, ez ſey in grozzen oder in
klainen veſſlein vnd nicht mer, Vnd ſol der Rat daſelbs ze
Ens Sechs darzu alle iar nemen vnd ſetzen, die ze Ens geſezzen vnd ſeſhaft ſein vnd die grozzer vnd anderer arbait
nicht pflegen noch treiben künnen noch verbringen alz das
von alter her komen iſt, mit vrkund ditz brifs. Geben ze
wienn an Suntag alz man ſinget Oculi in der vaſten (am
13. März) nach kriſts gepurde Dreutzehen Hundert Jar
darnach in dem Newn vnd Sybentzigiſten Jare.

schlag, Kriegsverheerungen oder Mißwachs herbeyge=
führt, konnte die genannten Völker zwingen, in Oester=
reich Abhülfe ihres Mangels zu suchen, wie dieß auch
in den neuesten Zeiten schon öfter der Fall gewesen ist.
Gewöhnlicher geschah aber das Gegentheil; es wurde
aus dem Ausland Getreide aller Art nach Oesterreich
zugeführt *). Eine solche gegenseitige Aushülfe war
damahls desto nöthiger, je größer in allen Ländern die
Sorglosigkeit der Regierungen für die Herbeyschaf=
fung der Lebensmittel zur Zeit der Noth gewesen ist.
Das gemeine Volk blieb sich in solchen Fällen selbst
überlassen und hülflos, konnte sich des ungeheuren
Preises halber kein Brod anschaffen, und wurde leider
nur gar zu oft dem schrecklichen Hungertöde Preis ge=
geben. Was diesem entging, ward ein Opfer der nach=
folgenden Seuche, die unter den Armen große Verhee=
rungen anrichtete **).

Wichtiger ist ohne Zweifel der Eisenhandel Oester=
reichs in das Ausland gewesen. So gewiß wir dieses
voraussetzen dürfen, so sind die Nachrichten hierüber
dennoch sehr sparsam und ungenügend. Die Stadt
Steyr genoß schon seit den früheren Zeiten das
Vorrecht einer Eisenniederlage und einer gänzlichen
Mauthfreyheit für alles Eisen, das in die Stadt
eingeführt wurde ***). Aus dem Zollprivilegium,

---

*) Rauch, l. c. p. 29. Ein igleich gaſt auzzer landes, welcher=
laie er herfürt getraide, der geit von dem wagen zwen phen=
ninge. — p. 25: Ein gaſt der getraide fürt her von vn=
gern, der geit von dem mutte zwen phenning. — Man ver=
gleiche damit auch die Beylage Nro. XLV. A.

**) Eine allgemein bekannte Sache bedarf nicht vieler Bewei=
se. In den Chroniken bey Pez, T. I. p. 375 et 482 ; T. II.
p. 262, 785, und an vielen anderen Stellen geschieht von
Hungersnoth Meldung.

***) Preuenhuber, S. 36. Quicunque ferrum vel ligna duxerit
ad civitatem vendenda, per triduum ibi remanat.

welches H. Albrecht 1287 den Bürgern von Steyr
verliehen hat, ersieht man auch, durch welche Gegenden
ihr Waarenzug gegangen ist: über Claus, Rotten=
mann, Katzling oder Zeyring nach Innerösterreich
und Venedig *); auch nach Regensburg und Mün=
chen **); nach Wien, Böhmen und Mähren ***). Der
Eisenhandel im Inlande war den Steyrern mit den
Bürgern der übrigen Städte gemein. Auch in Waid=
hofen an der Ips wurde viel Eisen verarbeitet; daß
aber Steyr weit mehr begünstiget war, erhellet aus
dem Verboth H. Albrechts vom Jahre 1371, daß
nach Waidhofen nicht mehr Eisen, als man dort zur
Arbeit nöthig habe, dürfe gebracht werden; alles an=
dere mußte man nach Steyr und Enns bringen, da=
mit das Monopolium der dortigen Bürger aufrecht
erhalten wurde. Die Einfuhr des fremden Eisens war
ganz untersagt ****).

In Wien gab es Eisenarbeiter verschiedener Art,
welche das Privilegium hatten, keine Wagenmauth

---

*) L. c. In Clausa de rebus suis, quas ibidem traduxerint,
nullum solvant teloneum sive mutam, in Rotenmono
vero, in Kazling et apud Dietmanspeig de Sauma solve-
re pro muta duos denarios teneantur. In Ratisbona de
eo, quod comparaverit vel vendiderit civis Styrensis,
duos denarios pro thelonio tantum solvat. Vom Handel
der Oesterreichischen Städte nach Venedig ist schon weiter
oben Erwähnung geschehen. Preuenhuber spricht vom Han=
del der Steyrer dorthin. S. 57.

**) Da H Otto, wie wir an einem andern Orte vernommen
haben, den Münchnern einen freyen Handel nach Wien ge=
stattet hat, so versteht sich von selbst, daß den Oesterreichern
dieselbe Freyheit in München ertheilet wurde.

***) Man erinnere sich an die oben angeführten Handelsverträ=
ge zwischen Böhmen und Oesterreich. Von dem Eisenhandel
nach Böhmen geschieht auch Meldung in den Urkunden von
Freystadt und Leonfelden.

****) Preuenhuber, S. 58.

für ihre Waaren zu erlegen, wenn sie dieselben in das
Ausland verführten *). K. Friedrichs Mauthgesetz
vom Jahre 1320 macht nur in allgemeinen Ausdrü=
cken Meldung von dem Eisen, welches dort von Aus=
ländern gekauft und ausgeführt wurde **). Die späte=
ren Verordnungen über den Eisenhandel enthalten
nichts Merkwürdiges ***). Die Oesterreichischen Sen=
sen und Sicheln sind auch außerhalb unsers Welttheils
bekannt; indessen müssen sie doch spät einen hohen
Grad der Vollkommenheit erreicht haben um Aufse=
hen zu machen, denn von unsern Sensenschmieden ge=
schieht in Urkunden erst im sechzehnten, und häufiger
noch im siebenzehnten Jahrhundert Erwähnung.

Daß man Leinen= und Wollenwaaren von Ober=
österreich nach Wien, und von dort noch weiter ver=
führte, sagt K. Friedrichs Mauthprivilegium vom
Jahre 1320 für dieselbe Stadt aus ****). Eben das=
selbe setzt es außer Zweifel, daß man mit Häuten von
Wien nach Venedig gehandelt hat *****).

Daß der Hopfenbau einstens in Oesterreich mehr
als jetzt getrieben wurde, erhellet aus vielen alten Ur=

---

*) Rauch, l. c. p. 24. Ist daz ain Hantwercher der hie in der
stat gesezzen ist, er sei ein smit, schlozzer, oder ein sporer,
oder welcherlaye eisenwerch iz sei, daz er selbe würchet, wil
er iz uzzer landes fürn, so schol er nicht wagenmaut geben,
denne sein purchmaut, zwen phenninge an dem tor.

**) L. c. p. 19. Alle geſt, die irn chauffchatz hie verchauft habent,
vnd andern chauffchatz von hinnen fürn wellent, iz sei
Chramgewant, weinstain, Eisen, oder wie iz genant ist,
geit der gaſt sein phuntmaut, so ist er ledich an dem tor.

***) Guarient, Th. I. S. 317 — 321.

****) Rauch, l. c. p. 20. — Im Jahre 1715 erließ K. Carl eine
lange Verordnung für die Zunft der Weber, denen neuer=
dings erlaubt wurde, Loden, Mischling und Bauerntuch zu
verfertigen und selbſt zu walken. Cod. Austr. Th. III.
S. 792.

*****) L. c. p. 24. Man vergleiche die Beylage Nro. LIII.

barien verschiedener Herrschaften. Diesem stimmet K.
Friedrichs oft genanntes Privilegium bey, welches
vom Hopfen Meldung macht, der aus Oesterreich nach
Bayern und sogar auch nach Böhmen verführt wur=
de *); darunter mag sich aber auch ausländischer
Hopfen befunden haben.

Ein Verzeichniß der Zollabgaben für verschiedene
Handelsgegenstände zeigt uns die Waaren an, die im
fünfzehnten Jahrhundert aus Oesterreich nach Vene=
dig ausgeführt wurden **); aber darunter befinden
sich offenbar sehr viele ausländische Producte, mit
welchen in unserm Vaterlande nur ein Zwischenhandel
getrieben wurde, als: Kupfer, Zinn, Quecksilber ***),
u. s. w. — Dieß ist alles, was sich in den älteren
Zeiten von der Ausfuhr Oesterreichischer Waaren ins
Ausland mit voller Gewißheit sagen läßt.

---

*) L. c. p. 17 et 24. Vom Hopfen und dem frühzeitigen Ge=
brauch desselben zur Verfertigung des Biers handelt Beck=
mann, Beyträge, Th. V. S. 206, u. f.

**) Beylage Nro. LIII.

***) Vom Quecksilber, das durch Oesterreich nach Venedig ge=
führt wurde, geschieht öfter Erwähnung. Bey Guarient,
Th. II. S. 198, findet sich eine Verordnung K. Ferdinands
vom Jahre 1526, in welcher es heißt: „Wir tragen nicht
Zweifel, euch sey gut wissend und kund gethan, wie und was
gestalt Unser Bergwerk in Jdria durch Uns und die Gewer=
ken daselbst erhebet, in Aufnehmen und Wesen gebracht und
erhalten worden dermassen, daß darvon das Quecksilber
und Zinnober eine Zeit hero in gutem Werth verhantiret,
verführt, und also Uns und denen Gewerken merklich daran
gelegen ist, damit solches Bergwerk in Wesen und Werthen
behalten werde. Nun seyn Wir aber berichtet, wie an dem
Böheimerwald außerhalb Unserer erblichen Landen auch ein
Bergwerk aufgericht, darin jetzt jährlichen in zweyhundert
Centner Quecksilber und Zinnober gemacht.. und durch
Unsere Lande in Italien und andere Ende zu verführen sich
unterstehen sollen." — Deswegen wurde die Durchfuhr
gänzlich verbothen.

Achtzehnter Abschnitt.

Einfuhr fremder Waaren nach Oesterreich.

Mögen die Oesterreicher gleich noch viele andere
inländische Producte ausgeführt haben, ohne daß wir
sie nahmentlich angeben können, so blieb ihr Handel
doch immer weit zurück, wenn wir ihn mit dem Handel
der Ausländer vergleichen, welche fremde Waaren
nach Oesterreich brachten. Lebensmittel, vorzüglich
Schlachtvieh und Fische mancher Art; verschiedene
Metalle, nur das Eisen ausgenommen; Tücher und
Zeuge; endlich auch mancherley Luxusartikel wurden
in Oesterreich in so großer Menge eingeführt, daß
sich unsre Landesfürsten, freylich etwas spät, genöthiget sahen, Vorkehrungen zu treffen, daß nicht alles
Geld ins Ausland wanderte und der Staat nicht gänzlich erarmte. Luxusverbothe und Kleiderordnungen
halfen, was sich leicht voraussehen ließ, dem Uibel
nur wenig ab, und beschränkten gar zu sehr die Freyheit der Unterthanen, des Kunstfleißes und der Gewerbe. An die Errichtung der Fabriken, welche die
nöthigen Producte im Inland erzeugten, hat man
erst in den letzten zwey Jahrhunderten gedacht *).

---

*) Die Wollenzeug=Fabrik in Linz nahm zu Ende des siebzehn-
ten Jahrhunderts ihren Anfang und machte großes Auffse-
hen. Guarient, Th. I. S. 271, und Th. III. S. 780 und
858. Andere Fabriken verdienen kaum genannt zu werden,
wie z B. Adam Ignatius Höger's Fabrik, in welcher aus
Weinkörnern ein Oehl verfertiget wurde, und die 1708 ein
Privilegium erhalten hat. A. a. O. S. 593 und 634. —
Franz Clari zog aus den gepreßten Weintrauben eine
Quintessenz, und wurde 1624 mit einem Privilegium begnadiget. Guarient, Th. II. S. 198. — Für die Seidenfa-
brikanten erließ K. Leopold 1669 ein ermunterndes Privilegium. S. 295.

Auf diese Weise blieb Oesterreich lange Zeit hindurch von fremden Kaufleuten abhängig, die ihre Waaren mit reichlichem Gewinn dort absetzten und ungeheure Summen mit sich fortschleppten.

Wir übergehen die Gewürze, deren Gebrauch in früheren Zeiten weit stärker als späterhin war *), mit Stillschweigen, und führen nur die merkwürdigeren ausländischen Handelsartikel an, welche fremde Kaufleute nach Oesterreich brachten. Unter diesen nahmen Tücher und Zeuge den vorzüglichsten Platz ein **).

───────────

*) Sogar als Zollabgabe und in Kriegen und Fehden als Brandschätzung wurden Gewürze gefordert. Der H. Ottokar sagt in der Urkunde für die Regensburger 1190, apud Scheid, l. c. Mercatores ultra terminos venientes, videlicet de Mastrichet, idem de Colonia dimidium fertonem vini, libras piperis tres, duos calceos et cyrotecas duas nobis dabunt. — In der Fehde mit dem K. Friedrich 1477 begehrten die Brüder Heinrich und Christoph von Lichtenstein vom Kloster St. Florian als Brandschätzung tausend Ungarische Gulden .. vier Pfund Saffran, zehn Pfund Pfeffer, zehn Pfund Ingber, u. f. w. Oesterreich unter K. Friedrich dem Vierten, Th. II. S. 127. — In der Beylage Nro. LIII. heißt es ebenfalls: „Was ein purger auff wagen von Venedig furt, da geyt er von ein Pfund pfeffer.“ — Die Regensburger bezahlten im vierzehnten Jahrhundert den Grafen von Schaumberg für ein jedes Schiff als Zollabgabe zwey und dreißig Pfennige, zwey Pfund Pfeffer, u. f. w. Gemeiner, Chronik, Th. I. S. 557, u. f.

**) Zu leichterer Verständlichkeit der alten Wörter in Urkunden, die von Tüchern und Zeugen aller Art Meldung machen, bemerken wir, daß Wat, Wad, Wand und Gewand ein Gewebe aus Garn, Seide oder Wolle bedeute, besonders aber so fern es zu einem Kleidungsstücke bestimmt ist. In engerer Bedeutung bezeichnet es ein wollenes Gewebe, ein Tuch, und auch ein Kleidungsstück. Ein Gewandschneider war ein Krämer, welcher berechtiget war, wollene Tücher und Zeuge auszuschneiden oder nach der Elle zu ver-

Tuchfabrikanten kommen in Oesterreich zu Wien und Krems schon frühzeitig vor; es war ihnen dort ein eigener Marktplatz angewiesen, wie wir dieses schon weiter oben vernommen haben. Im fünfzehnten Jahrhundert werden Tücher von Tuln genannt, welche von sehr gemeiner Art müssen gewesen seyn, da man sie zu Kleidungen armer Leute bestimmte *). Diese Tuch= macher=Innungen reichten aber bey weiten nicht aus, Oesterreich mit den nöthigen Tüchern zu versehen, und noch viel weniger waren sie im Stande, feine Tücher, wie sie der damahlige Luxus verlangte, zu erzeugen. Wollten Fürsten, Grafen und Ritter in voller Pracht erscheinen, so sahen sie sich genöthiget, zum Auslande ihre Zuflucht zu nehmen, und sich von dorther feine, schön gefärbte Tücher und Gold= und Silberstoffe kommen zu lassen. Ausländische Kaufleute sorgten reichlich dafür, daß an diesen Waaren in Oesterreich kein Mangel erschien, und aus Italien, aus den Nie= derlanden, und aus vielen damahls blühenden Han= delsstädten wurden auch aus weiter Entfernung große Vorräthe von Tüchern und reichen Zeugen herbeyge= schafft. Aus vielen Belegen heben wir nur einige aus, um unsre Behauptung zu erproben.

In den Urkunden, welche H. Ottokar 1190, und H. Leopold 1192 den Regensburgern verliehen haben, werden Kaufleute von Cöln, Aachen, Ulm und Ma=

---

kaufen. Daher Jus incidendi pannos ad ulnam, incisor panni, pannicida. Cf. Wachter, Glossarium, v. Wad et Wand. — Haltaus, v. Gewandschnitt.

*) Hoheneck, Genealogisch=historische Beschreibung der Stän= de. Th. III. S. 597. Der Ritter Hans von Rorbach ver= ordnete 1435 in seinem sonderbaren Testamente unter an= dern Dingen Folgendes: ,,Bey seiner Begräbniß soll man zwey und dreyßig armen Leuten, jedem fünf Ellen Tulner Tuch, und drey Pfenning geben.''

ſtrich, und unter ihren Waaren ausdrücklich Tücher
erwähnet *). Die verſchwenderiſche Pracht, welche
in der erſten Hälfte des dreyzehnten Jahrhunderts
bey Ritterſpielen in Oeſterreich herrſchte, beſchreibt
uns Ulrich von Lichtenſtein **). Um von Rittern nicht
übertroffen zu werden, bothen die Fürſten alles Mögliche auf, in einer unerreichbaren Glorie zu erſcheinen.
Im Jahre 1261 feyerte K. Ottokar die Vermählung
ſeiner Nichte Kunigunde mit dem Prinzen Bela von
Ungarn mit einer außerordentlichen Pracht und Verſchwendung. Von koſtbaren Tüchern und Seidenzeugen, die man dabey bewunderte, nennt uns Horneck
folgende: Den Rittern, die zum Turnier auserwählet
wurden, gab K. Ottokar Hüte, die halb mit rothem,
halb mit weißem Zendel überzogen waren. Die Sitze
für die hohen Gäſte waren mit breitem Sammet, mit
Paltikein und Pliat bedeckt ***). Der Brautrock wurde

---

*) Scheid, l. c. Si pannum inciſum hospes uni civium
dederit, etc. Ad quantitatem pannorum, qui de Colonia
ligati veniunt, etc. Currus veſtium.

**) Frauendienſt, herausgegeben von Ludwig Tieck. Zehntes,
fünfzehntes, achtzehntes, ein und zwanzigſtes, und fünf und
zwanzigſtes Capitel. In dieſen und auch in mehreren andern
Stellen geſchieht Erwähnung von koſtbaren Tüchern, Zeugen und Luxusartikeln.

***) Apud Pez, T. III. p. 78 et 79. Dergleichen ward geſannt
Ain vberczogen Huet, von Zenndal, der waz gut Gehalbirt
weis und rot. — Dew geſidel er entwurffe, Als er ſew haben
wolde, Aus Silber und aus Golde Hiez er alle berait Wurchen zem und gerait: Scharlach und Prunat, Paltikein
und Siglat, Grab Hermein und punt, Mer den umb
zwainczſch tawſend phunt." — Auf der 79. Seite wird
daſſelbe wiederhohlet. Manchem meiner Leſer wird es
erwünſcht ſeyn, die Erklärung unbekannter Wörter hier
beygeſetzt zu finden. Zendel oder Sendel iſt jetzt eine geringe Art Taffets; einſtens gehörte er zu den vorzüglichen-
ren Seidenzeugen. — Paltikein, Patikein, Palczigin, Bal-

aus Purpur verfertiget; Perlen aus Arabiſchem Gold blendeten durch ihren Glanz die Augen der Zuſchauer. Der Mantel Kunigundens prangte mit Gold und herrlichen Stickereyen. Hermelin, ſchwarzbrauner Zobel, Perlen, Edelſteine und goldene Spangen vollendeten den hoch bewunderten Putz der Braut *).

Daß dieſe koſtbaren Dinge nicht inländiſche Producte waren, darf nicht erſt erinnert werden, und bey der Erzählung der Vermählungsfeyer des Markgrafen Hermann von Brandenburg mit der Oeſterreichiſchen Prinzeſſin Anna im Jahre 1295 bemerkt Horneck ausdrücklich, daß der Vater der Braut, H. Albrecht der Erſte, grauen und bunten Hermelin aus Italien, Tücher aber aus Flandern habe kommen laſſen **). Von Tüchern war ihm ein deſto größerer

---

defin, iſt ein Tuch aus Seide mit eingemengtem Gold. Cf. Du Freſne, v. Baldakinus: Pannus omnium ditiſſimus, cujus utpote ſtamen ex filo auri, ſubtemen ex ſerico tegitur, plumario opere intertextus, ſic dictus, quod Baldacco ſeu Babylone in Perſide in occidentales provincias deferretur. — Pliat oder Blyand überſetzt Pez aus einem alten Wörterbuch: Edel Seidengewand. Es bedeutet aber auch überhaupt ein gewiſſes Kleidungsſtück. Du Freſne, v. Bliaudus.

*) L. c. p. 80. Den Rokch den man an Ir vant, Der waz ein Phele von Tyrant.. Manig Tirel chlain als ein Glaim Auf dem Phele was gepolt Von Arabiſchen Gold.“ — Phele iſt Purpur, manchmahl auch feine Leinwand. Phellol, pallium, apud Schannat, Gloſſarium, h. v.

**) L. c. p. 585. Gra Hermein und Punt, Dez hiez er an der Stund Genug von Walhen pringen, von Flandern und von Charlingen Envollen man dem Furſten holt, Waz er Gewants haben ſolt.“ — Uiber die Pelzkleider und Verbrämungen mit koſtbarem Rauchwerk iſt Beckmanns gelehrte Abhandlung im fünften Band ſeiner Beyträge nachzuſehen. S. 51: Mus ponticus iſt wahrſcheinlich Anfangs der Zifel, dann das Eichhorn und der Hermelin geweſen.—

Vorrath nöthig, da er sich bey Vertheilung prächtiger Hochzeitskleider außerordentlich freygebig bezeigte. — Die Krönung K. Wenzels von Böhmen im Jahre 1297 übertraf an Pracht und Verschwendung noch weit die hier erwähnten Feste. Juwelen ließ er in Italién aufkaufen, und da ihm die Flandrischen Tücher nicht genügten, wurden Gewänder aus dem Orient gehohlet *): ein böses Beyspiel für Prachtlustige seiner und der folgenden Zeit. — Zur Krönung der Königin Elisabeth, Albrechts Gemahlin, wurden Edelsteine und kostbare Zeuge von Venedig herbeygeschafft; letztere sind in heidnischen Landern verfertiget, und in Wien noch mit künstlichen Stickereyen verschönert worden **).

S. 53 : Verschiedene Benennungen des Hermelins. Zobel ward später bekannt.

*) Horneck, l. c. p. 596. Darnach sand man weit Vnd in verrew Lant Nach sogetanen Gewant, des man zu Flandern vindet nicht In so chostleicher Angesicht, Als Gewant Seyden, Czendel und Platigen, Sameyt und Siglat, Phelle und Plyat, Achmartein und Tuch von Tasme, Als man bringet vber See.‟ — Eine genau bestimmte Bedeutung läßt sich von den meisten dieser Wörter nicht angeben. Aus dem Zusammenhang erhellet, daß dadurch kostbare Gewebe angezeigt werden.

**) L. c. p. 631. Auf manigen Sawmern furt man den Venetigern Gold und Silber zu.. Dafuer man herwider nam.. manche reiche Klaynat Von Gold der pesten Wat Man aus der Haydenschaft pracht, Der man lang ye gedacht. Dy Maister weis und charch Manig tawsent March Vmb Edelgestain gaben.. Auch kawfften sy da Punt Hermlin und gra.. Was man zu derselben Stunt In den Lant Solher Lewt erchant, Es wer Weib oder Man, Die sich der Chunst namen an, Daz sy auf Frawen Wat Mit Reyhen oder mit der Nat, Mit Strichen oder mit Snayßen Von Perl Tyer Walayßen chunden wurchen Maisterleich, Die wurden gemacht reich.‟ — In der letzten Beylage, Nro. LIII..

Horneck macht Meldung von Tüchern, die aus der
Heidenschaft über das Meer nach Venedig gebracht
wurden. Diese wurden in Indien, Persien, Griechen=
land, und auch in Afrika und Spanien verfertiget,
und durch Kaufleute von Venedig, Genua und Pisa
nach Italien und Deutschland verführet.*). Durch
die Kreuzzüge wurden Europens Völker mit der
Pracht und Schwelgerey des Orients bekannt und
ahmten sie nach, was zur Folge hatte, daß man keines
Geldes schonte, um Prunkkleider und Leckerbissen von
dorther zu erhalten. Dieser Luxus weckte die Betrieb=
samkeit der Abendländer so sehr, daß sie keine Mühe
sparten dahin zu gelangen, ähnliche Erzeugnisse aus
ihren eigenen Werkstätten selbst liefern zu können.
Italien brachte es frühzeitig zu einer großen Kunst=
fertigkeit, webte feine Tücher und reiche bunte Zeuge
aller Art, und führte sie nach Deutschland und Oester=
reich aus. Eine Urkunde H. Rudolphs des Dritten, die
er 1305 der Stadt Krems verliehen hat, erwähnet
solcher kostbaren Waaren und Lombardischen Tü=
cher **). Da Rudolph ausdrücklich sagt, daß er nur

---

heißt es: „Samat von venedig vnd Sammat von Rewssen
oder von Haiden land.“

*) Muratori, Antiquitat. T. II. p. 399. De textrina et ve-
stibus saeculorum rudium. Eine vortreffliche Abhandlung
nicht nur für Italien, sondern auch für die Oesterreichischen
Provinzen.

**) Rauch, T. III. p. 362. Uniuersa et singula iura sua, qui-
bus temporibus illustrium principum quondam Leopoldi et Friderici ducum Austrie sunt gauisi, liberaliter
approbamus... Sancimus etiam, quod nullus aduena-
rum pannos nobiles, qui amuar vulgari vocabulo nominantur, vel pannos lombardicos vendere per ulnam aliquatenus audeat, sed ipsos integros exponat et probeat
ad vendendum. — In der Forma minoris mutae in Stein
werden latini panni erwähnet. L. c. T. II. p. 107.

22

die älteren Privilegien seiner Vorfahren, der Herzoge
Leopold und Friedrich, erneuere, so liegt der klare Be=
weis da, daß Oesterreich schon im dreyzehnten Jahr=
hundert mit Italien einen Tuch= und Seidenhandel
getrieben hat. K. Friedrich der Schöne nennt in seinem
Privilegium für Wien 1320 noch viele andere Städ=
te, welche Oesterreich mit Tüchern, unter denen sich
auch Scharlach befand, versehen haben *).

Das Verzeichniß der Zollabgaben zu Neudorf
und Salchenau macht uns mit verschiedenen Tüchern
und Zeugen bekannt, die von Venedig nach Wien
gebracht wurden **). Man verlange aber ja nicht eine
Erklärung der Nahmen häufiger Waaren, die seit
Jahrhunderten nicht mehr verfertiget werden. Was
ein Muratori und viele andere hoch berühmte Schrift=
steller zu leisten nicht im Stande waren, würde man
jetzt noch vergeblicher zu unternehmen wagen.

Die jüngeren Verordnungen über den Handel mit
Tüchern und Zeugen sagen nichts Merkwürdiges aus.
Den Engländischen Kaufleuten und Waaren hat K.
Rudolph 1597 vergeblich den Eingang in Deutschland

---

*) L. c. p. 23 et 24. Fürt ein man chramgewant von paiern.
der geit von dem saum zwanzich phenninge.'' — Kram oder
Chram hießen alle verkäufliche Waaren; Gewand bedeutete
Tücher und Zeuge zu Kleidungsstücken, wie wir dieses be=
reits angedeutet haben. Haltaus, Glossarium, v. Kram:
Mercimonia, res quae emuntur et venduntur. Nur führte
das Wort Kram den Nebenbegriff des Kleinhandels mit sich.
In der gleich angeführten Urkunde K. Friedrichs heißt es
weiter: ,,Zehen tuch von gent ist ain saum. Acht scharlach
ist ain saum. Zwelif tuch von epper.. Sechzehn tuch von
Hov.. Zehen tuch Swere von dorn ist ain saum, u. s. w.''—
Von dieser merkwürdigen Urkunde ist schon weiter oben bey
den Maßen und Gewichten die Rede gewesen.
**) Beylage Nro. LIII.

unterſagt *). Derſelbe Kaiſer verboth auch 1592 den
Ausländern, ihre Tücher auf Wochen- und Jahrmärkten in Oeſterreich nach der Elle zu verkaufen, welche
Verordnung K. Mathias 1614 mit dem Beyſatz erneuerte, daß ſchlechte, von den Beſchauern nicht gut
geheißene Tücher gar nicht ins Land gebracht, im Be-
tretungsfalle aber hinweggenommen werden ſollten **).

Unter den ausländiſchen Waaren, die in Oeſterreich eingeführt wurden, nennt K. Friedrichs Privilegium vom Jahre 1320 nebſt Honig, Wachs, Syro-
montan und vielen anderen Dingen auch Fiſche verſchiedener Art, und unter dieſen: Häuſen und Häringe
ge ***). Verdiente der verrufene Geſchichtſchreiber
Aventin Glauben, ſo hätten ſich die Bürger von Tuln
im zehnten Jahrhundert den Häuſenfang widerrechtlich zugeeignet, aber die Großen des Landes hätten
dieſes Vorrecht auf einem Landtage zu Tuln dem Biſchof von Paſſau zuerkannt. Leider vergaß ſich aber
Aventin ſo ſehr, daß er Männer zu Gerichte ſitzen ließ,
die ſchon vor längerer Zeit von dem Schauplatz dieſer
Erde abgetreten wären ****). Dieſer Umſtand, und
die allgemein anerkannte Unverläßlichkeit Aventins
hinderten jedoch keineswegs, daß viele Bayeriſche
Schriftſteller auf das Zeugniß deſſelben ſich ſtützend
von dieſem Tulner Landtage wie von einer ausgemacht
richtigen Thatſache geſprochen, und daraus manche

---

*) Guarient, Th. I. S. 296.
**) Guarient, Th. II. S. 352.
***) Rauch, I. c. p. 15—31.
****) Hanſiz, German. Sacra, T. I. p. 226. Reliqua, quae
Aventinus narrat, ejus fide, quoniam alia deſunt, refe-
rimus. — Cf. Calles, Annal. Auſtriae, T. I. p. 275
et ſeq.

eben so unhaltbare Folgerung gezogen haben *).
Für uns ist dieser Landtag eine Erdichtung, und die
Verhandlungen desselben taugen nichts zu einem Be=
weise, daß man in Tuln je einmahl einen bedeutenden
Hausenfang und Hausenhandel getrieben habe. Näh=
men wir dieses für wahr an, so ließe sich schwer erklä=
ren, wie der Abt Gozpert von Tegernsee, der zu der=
selben Zeit lebte und im Lande unter der Enns beträcht=
liche Güter besaß, dem Grafen Meginhelm schreiben
konnte, daß er den Hausen erst durch desselben Frey=
gebigkeit habe kennen gelernet**). Im vierzehnten
Jahrhundert kannte man diesen Leckerbissen in Bayern
schon besser. Der Abt Bernhard von Alteich forderte
seinen Verwalter der Klostergüter in Oesterreich auf,
ihm für die Fastenszeit Hausen zu schicken. Dieser
antwortete ihm, daß bisher noch wenige dergleichen
Fische nach Oesterreich sind gebracht worden; aber un=
geachtet der Seltenheit und ihres hohen Preises sollen
seine Wünsche dennoch erfüllet werden***).

---

*) Nach einer langen Reihe von Vorgängern trat auch ein
ganz neuer Schriftsteller in ihre Fußstapfen: Herr Ignatz
Rudhart, in seiner Geschichte der Landstände in Bayern.
Im Th. I. S. 16, geschieht auch nicht mit Einem Worte
eine Erwähnung, daß man gegen den Landtag in Tuln mit
vollem Rechte manches einwenden könne.

**) Pez, Cod. diplom. P. I. p. 124. Vix potuimus scire,
quid esse pisces, quos Husones nominant, nisi elemo-
syna vestri.

***) Pez, l. c. P. II. p. 213. Der Abt Bernhard schrieb: Ca-
rere non possumus, quin nobis Esoces quatuor trans-
mittatis. Unter den vielen Lateinischen Nahmen des Hau=
sens war einstens auch Esox, welcher jetzt einen andern
Fisch bezeichnet. — Der Verwalter antwortete seinem Prä=
laten: Licet adhuc pauci Esoces ad Austriam sint dela-
ti... ideo nec piscium raritas, nec pretii gravitas, nec
aliqua efficiet difficultas, quod vestrae contrarier volun-

Der Hausen wurde immer, und dieß mit vollem Rechte, unter die köstlichsten Fische gerechnet. H. Rudolph der Vierte schickte dem Papste Innocenz, um ihm seine Ergebenheit zu bezeigen, dergleichen Fische von Oesterreich nach Avignon, wo man zuvor noch nie einen gesehen hatte *). — Es ist allerdings möglich, daß man in früheren Zeiten auch in Oesterreich einige Hausen gefangen habe; der Verwalter des Klosters Alteich sagt jedoch nichts davon, sondern bedient sich des Ausdruckes: Obwohl bisher noch wenige Hausen nach Oesterreich sind gebracht worden. Sie wurden aus Ungarn nach Oesterreich verhandelt, wovon in mehreren Polizeyverordnungen über den Fischhandel Erwähnung geschieht, wie wir dieses schon weiter oben vernommen haben. Im sechzehnten Jahrhundert und in den folgenden Zeiten gehörte es zu den größten Seltenheiten, wenn ein Hausen in Oesterreich gefangen wurde **).

Nebst den Hausen wurden auch Häringe in Oesterreich eingeführt, und von da noch weiter versendet.

___

tati. — Auch in Oesterreich wurde der Hausen esox genannt. Dieß erhellet aus der Zollverordnung H. Leopolds für die Stadt Stein, apud Rauch, T. II. p. 108: De esoce integro. VIII denarios. De hausenwampe IIII denarios. — Von Wien aus wurde nach Venedig ein Handel mit Hausen und Häringen getrieben. Beylage Nro. LIII.

*) Edmundi Martene et Ursini Durand Thesaurus novus Anecdotorum. T. II. p. 911. Der Papst dankte dem Herzog: Usones tuos, novum apud partes istas genus piscium, ... eo gratius suscepimus, quo exenii novitas et intervalla terrarum plus secum complacentiae afferebant.

**) In dem Werke des berühmten Aldrovandus: De piscibus, edit. Bononiens. 1638, L. IV. c. 11. p. 534, findet sich folgende Anecdote: Memoria teneo, Antaceum (Hausen) duobus milliaribus supra urbem inclytam Viennam captum piscatoribus magno miraculo.

Dieser Handelsartikel kommt in allen größeren Zoll-
ordnungen und in häufigen Polizeygesetzen vor; die
über den Handel im Innern sind erlassen worden. Der
H. Albrecht der Lahme hat in seinen Polizeyverordnungen von gesalzenen und auch von ausgewässerten
Häringen Meldung gemacht*). Daß der Härings-
fang, das Einsalzen, Packen und Versenden dieses
Fisches viel älter sind als man einstens vorzugeben
pflegte, und daß Wilhelm Beukelson nicht der Erfin-
der, sondern nur der Verbesserer der Kunst des Ein-
salzens der Häringe gewesen, haben mehrere Schriftsteller mit überzeugenden Gründen dargethan**).

In dem Mauthprivilegium für die Stadt Wien,
von welchem wir oben ausgegangen sind, nennt K.
Friedrich auch Wachs, Rauchwaaren und Felle verschiedener Thiere. Kupfer und Zinn, das von Ungarn
heraufkam, war zollfrey; führte man es aber aus
Pohlen herbey, so mußten vom Centner drey Pfennige bezahlt werden. Nach Oesterreich brachte man ferner Schlachtvieh aller Art, auch gesalzenes Fleisch
und Getreide; Oehl, Seife, Feigen und Obst; Hül-

---

*) Rauch, T. III. p. 71. Man sol auch all häring gesalczen
oder gewessert nynnder alswo vail haben dann ynder den andern fleisch penckhen.

**) Sartorius, Geschichte des Hanseatischen Bundes. Th. I.
S. 209, u. f. — Wilhelm Robertsons Geschichte der Regierung K. Carls des Fünften, übersetzt von Julius August
Remer. Im fünften Abschnitt, wo vom Hansischen Handel die Rede ist, heißt es: „Es ist jetzt überall als Irr-
thum anerkannt, daß der Niederländer Wilhelm Beukelson
am Ende des vierzehnten Jahrhunderts zuerst die Kunst erfunden habe, Häringe einzusalzen." — Bey Rauch, T. II.
p. 108, kommen schon zu Ende des zwölften, oder gleich
im Anfang des dreyzehnten Jahrhunderts Häringe in Oesterreich vor: De numero allecium qui dicitur last, XL
denarios.

senfrüchte und verschiedene andere Lebensmittel; end=
lich auch Pferde. — Da sich dieses Mauthprivilegium
mit der Aufzählung der verschiedenen Waaren, die
nach Oesterreich eingeführt wurden, nicht befaßt,
sondern den Zoll größtentheils nach Schiffs= und
Wagenladungen oder nach Saumlasten bestimmt: so
erscheinen auch nur einige Benennungen der vorzüg=
lichsten ausländischen Handelsartikel. Das Verzeich=
niß derselben kann aus andern älteren und jüngeren
Urkunden noch sehr vermehret werden *).

Gold in Oesterreich einzuhandeln hat H. Leopold
1192 den Regensburgern erlaubt, den Ankauf des
Silbers aber untersagt. Nach acht Jahren hat er al=
len ausländischen Handelsleuten auch den Ankauf des
Goldes verbothen, und seine Nachfolger in der Regie=
rung haben dieses Verboth bis in die neueren Zeiten
herab erneuert **). Edle Metalle durfte jedermann
nach Oesterreich bringen, aber sie niemanden als nur
ganz allein der herzoglichen Kammer, zu der auch die
Hausgenossen oder Münzer gehörten, verkaufen.
Diese Anordnung wirkte desto verderblicher auf den
Handel und gab desto mehr Gelegenheit zu häufigem

---

*) Hieher gehören die ältesten Zollverordnungen der Herzoge
   Ottokar und Leopold für die Regensburger von den Jahren
   1190 und 1192; H. Leopolds Forma minoris mutae in
   Stein, apud Rauch, T. II. p. 106 — 109; die Wasser=
   mauth der Stadt Heimburg, l. c. T. I. p. 206. In diesen
   Urkunden werden häufige Waaren genannt, mit welchen
   im zwölften und dreyzehnten Jahrhundert in Oesterreich
   Handel getrieben wurde. Von dem Handel mit ausländi=
   schen Producten während des fünfzehnten Jahrhunderts
   gibt uns die Beylage Nro. LIII. manchen erwünschten
   Aufschluß.
**) Rauch, T. III. p. 52, 101, und in vielen anderen Stellen.
    Aehnliches findet sich auch bey Guarient.

Betrug und zu Umgehung der Gesetze, da die schädlichen Privilegien der Münzer viel zu lange während
des ganzen Mittelalters bestanden haben. Diese Privilegien räumten ihnen das Vorrecht ein, Gold, Silber und alte Münzen einzukaufen und Geld zu wechseln, wobey es größtentheils der Ehrlichkeit oder
Willkühr des Münzmeisters und seiner Genossen
überlassen blieb, den Preis der Metalle und der alten
oder fremden, in Oesterreich nicht gangbaren Münzen zu bestimmen *).

Aus dem, was wir bisher vom Handel in Oesterreich unsern Lesern aus unverwerflichen Urkunden mitgetheilet haben, erhellet deutlich, daß sich die merkan-
tilischen Begriffe derselben Zeit noch nicht viel über
ihre erste Kindheit erhoben haben, denn alles, was
den Handel betraf, beruhte noch auf Privilegien, auf
unseligen Stapel- und Meilenrechten und auf der
möglichsten Hintanhaltung Aller, die nicht das Glück
hatten, Mitglieder einer Bürgergemeinde in landesfürstlichen Städten oder Märkten zu seyn. Nur Günst-
linge oder solche, welche Vermögen genug besaßen
um sich ein kostbares Handelsbefugniß kaufen zu können, durften im Handel mit den Bürgern gleichen
Schritt halten. War einer irrigen Meinung zu Folge
durch häufige Zollstationen für eine reichliche Ausbeute des Landesfürsten, und durch Monopolien für
einen muthmaßlich hohen Gewinn der Bürger gesorget: so glaubte man für den Handel schon genug befohlen und geleistet zu haben; höher konnte sich die
Handelsweisheit des Mittelalters nicht aufschwingen.

Ganz anders verhielt es sich mit dem Handel großer Reichsstädte und aller derjenigen, die dem Hansea-

---

*) Cf. Herrgott, Nummotheca. P. I. p. 254 — 257.

tischen Bunde einverleibt waren. Freyheit der Perso=
nen, Sicherheit des Eigenthums und die möglichste
Beförderung und Ausbreitung des Handels waren die
ersten und vorzüglichsten Gegenstände, auf welche die
Bürgergemeinden ihr Hauptaugenmerk richteten. In
diesen Städten wurde der Handel nicht mit Engher=
zigkeit und neidischer Eifersucht als ein Erwerbzweig
einzelner begünstigter Bürger, sondern als Gemein=
gut des ganzen Bürgerstaates angesehen. Daher kam
es auch, daß die Magistrate derselben mit benachbar=
ten und auch weit entfernten Ländern Handelsverträge
abschloßen, oder auch um große Geldsummen der Bür=
gerschaft sehr vortheilhafte Handelsprivilegien in den=
selben verschafften. Der Gemeingeist in diesen Städten
ging so weit, daß die Bürgerschaft einzelnen Kaufleu=
ten sogar den Schaden ersetzte, den sie auf fremdem
Boden durch Kriege, Fehden oder Räubereyen erlit=
ten haben. Eine Beleidigung eines der Mitbürger ward
für eine Beleidigung der ganzen Stadt angesehen und
blutig gerächet, wenn nicht eine zu große Macht des
Gegners auch die gerechteste Rache zurückhielt. Wäh=
rend die meisten Landesfürsten dem Handel ihrer Un=
terthanen durch verkehrte Maßregeln und mancherley
Mißgriffe Einhalt thaten und mit ewiger Geldnoth
zu kämpfen hatten, blühte der Handel in den freyen
Reichsstädten und in den großen Städten Italiens
herrlich empor, und in ihren Gemeinden häuften sich
ungeheure Schätze und Reichthümer an. Nur die Bür=
ger dieser Städte haben die Grundsätze des wahren
Handelsgeistes aufgefaßt und denselben gemäß Ge=
schäfte unternommen, die unsre Bewunderung ver=
dienen. Desto auffallender erscheinet die Unbehülflich=
keit vieler Fürsten im Mittelalter, die sich darauf nicht
verstanden, das gegebene Beyspiel der großen Handels=

städte nachzuahmen, sondern vielmehr ihre Unterthanen abhielten, die schon betretene Bahn zu verfolgen, und sich aller möglichen Handelsvortheile nach dem Muster berühmter Städte theilhaftig zu machen*).

Zum Beschluße der gegenwärtigen Abhandlung muß noch bemerkt werden, daß man sich in Oesterreich mehrere Jahrhunderte hindurch des Wortes: Arbeiten, bediente, wenn vom Handel die Rede war. Die Bürger arbeiteten mit Salz, mit Wein und mit verschiedenen anderen Waaren, das heißt: sie trieben Handel damit**). Und weil die Bürger das ausschliessende Recht, sich durch Handel zu bereichern, ganz allein besaßen, dagegen aber auch dem Besteurungsrechte der Landesfürsten unterlagen, und auch für die Erhaltung und Vertheidigung ihrer Städte sorgen mußten: so war die Verfügung gewiß sehr billig, daß Alle, die in Städten das Bürgerrecht erhalten und Handel treiben wollten, verpflichtet seyn sollten, die allgemeinen Lasten der Stadt mittragen zu helfen, worüber sich viele landesfürstliche Befehle in den Ar-

---

*) Anstatt vieler einzelnen Beweisstellen führen wir nur ein Paar Werke an, die das Gesagte vollkommen bekräftigen. Geschichte des Hanseatischen Bundes von Sartorius, und Regensburgische Chronik von Gemeiner.

**) Häufige Urkunden enthalten den Beweiß davon; mehrere derselben sind auch im gegenwärtigen Buche aufgeführt. Der H. Albrecht sagt in einem Privilegium für Linz im Jahre 1390: „Daz nu fürbaz kain vnser burger, noch nymand anders daselbs ze Lintz, wer der ist, weder mit wein, noch mit Salz nicht aribaiten sol noch muge in dhainer weis, er hab dann daselbs ain aigen Haus.“ — Dieser Ausdruck wurde auch im Lateinischen beybehalten. Bey Rauch, T. III. p. 93, sagt der K. Casimir von Pohlen: Ciues nostri Cracouienses ac alii de regno nostro possint et valeant ad praedictum ducatum austrie, et specialiter ad ipsam ciuitatem Wiennensem laborare.

chiven der Städte noch vorfinden *). Sogar die erste
Magistratsperson, der Stadtrichter, — die Bürger=
meister wurden später eingesetzt — war davon nicht
ausgenommen **).

  Dergleichen Befehle haben vorzüglich den Adel
getroffen. Grafen, Barone und Ritter kauften sich
Häuser in den Städten, nicht um Handel zu treiben,
was sie einstens entehret haben würde, aber theils zu
ihrer Sicherheit, um zur Zeit eines Krieges oder ei=
ner Fehde einen sichern Zufluchtsort für ihre Fami=
lien und bessern Habseligkeiten zu haben, theils auch
zu ihrem Vergnügen. Ungeachtet sie nun Besitzer bür=
gerlicher Häuser waren, wollten sie dennoch zu den
Bedürfnissen der Stadt nichts beytragen, und entzo=
gen sich allenthalben den gemeinsamen Lasten der Bür=
ger, mit denen sie doch die Vortheile des Stadtlebens
genoßen. Dieß gab zu häufigen Klagen der Bürger
und zu oft wiederhohlten Befehlen der Landesfürsten

---

*) Wir Alber. vnd Ott. von Gots gnaden Hertzogen ze Oe=
sterreich ze Steyr vnd ze Chernden. Tun chunt offenlich, mit
disem prief, daz wir wellen, wer der ist, der vnser Stat
ze Lyntz Statrecht haben wil, vnd da mit arbeiten wil, als
ander vnser Burger daselbs, daz auch der, mit vnsern Bur=
gern trage, vnd leide, an stewr vnd an andern sachen, als
ander vnser Burger, Tet er des nicht, so sol er ouch der Stat
recht, daselbs nicht haben. Mit vrchunde ditz priefs. Der
geben ist, ze Wienn, an sand Andres tag (den 30. No=
vember) Anno domini M. CCC. XXX. Sexto.

**) Wir Albrecht... thuen khundt, das wir wellen, swer vnser
Richter ist ze Welß, das der mit der Stat vnd mit den
burgern daselbs ze Welß diennen soll als ein ander burger.
Mit vrchund dits briefs geben ze Welß am Eritag vor vnn=
sers herrn leichnamtag (am 5. Junius) Anno Domini
Millesimo trecentesimo quinquagesimo secundo. — Die=
sen Befehl erneuerten Albrechts Nachfolger: H. Rudolph
1359, und H. Albrecht 1393.

Anlaß: Abgaben und andere Leistungen in Städten
sollten ohne Unterschied der Personen auf den Häusern haften, und in Rücksicht der Hausbesitzer keine
Ausnahme gestattet werden. Bey fortdauernder Widersetzlichkeit des Adels kam es endlich so weit, daß
den Bürgern verbothen wurde, künftig einem Adeligen
ein Haus in einer Stadt zu verkaufen. Der Adel be-
quemte sich zuletzt, der unausweichlichen Nothwen-
digkeit zum Theile nachzugeben, und die Bürger, ihres Vortheils eingedenk, erhoben keine Klagen dagegen, daß der Adel fortfuhr, seine Häuser in Städten
mit Bewilligung des Landesfürsten von mancher bürgerlichen Last zu befreyen. Der Handwerker und
Kaufmann konnte bald die Bemerkung machen, daß
die Anwesenheit eines begüterten Adels ihrer Stadtgemeinde mancherley Vortheile gewähre und die Abnahme ihrer Fabricate und Waaren befördere. Dazu
kam noch, daß es ein Raubritter, der ein Haus in der
Stadt besaß, in welchem sich seine Familie oder kostbare Habseligkeiten befanden, nicht leicht wagen durfte, die Kaufleute derselben zu plündern. Der Adel
hörte auf, den Bürger zu verachten, und gewöhnte
sich in Städten an ein geselligeres Leben; und die
Bürger beeiferten sich, durch eigene Kunsterzeugnisse
und Herbeyschaffung ausländischer Waaren den Großen des Landes den Aufenthalt in ihrer Mitte möglichst angenehm zu machen. So wurden Kunstfleiß
und Handel befördert.

Beylagen.

Beylage Nro. I.

H. Otto befiehlt, die Bürger von Enns in Jps nicht zu beeinträchtigen. 1336. Aus dem Original.

Wir Ott von gotes genäden ... Enbieten vnssern getrewn dem Richter vnd dem Mawtter ze Ybs vnsser gnad vnd alles gut. Wir wellen vnd gepieten ew ernstleich vnd vestichleich bei vnssern Hulden, daz ir von den Newn vassen, die vnsser puriger von Enns hinab in daz lesen furent, chain Mawt nempt noch mit nichtew wesweret, vnd auch weleiben lasset an allen sachen bei irn alten rechten, des sie preff vnd vrchund von vnser vodern selign habent. Des wellen wir nicht enpern. Geben zu Steir an sand Mathias abent Anno MCCCXXXVI.

Zwey andere ähnliche Befehle. A. d. O.

Wir Alber .. enbietn vnssern getrewn Ruedolffen von Lyechtenstain vnd seinem vettern Ruedolff Otten von liechtenstain vnsser gnad vnd alles gut. Wand vnsser Puriger ze Enns alle di recht habend, di vnsser Puriger ze Steir habend, wellen wir vnd enphelichen ew ernstleich, daz ir diselben vnsser Puriger ze Enns bei den rechten an der Mawt ze Checzlingen weleiben lasset di vnsser Puriger ze Steir da habent vnd si nicht verrer nöttet. Mit vrchund des brieffs geben ze wienn am Eritag vor dem Auffert tag (am achten May) anno MCCCXLVII.

Wir Albrecht ꝛ enbieten vnſſern getrewn Arnolten
vnd dem Wucherlein vnſſern Mawttern zu Raten-
mann (ſic) vnſſer gnad vnd alles gut. Wir gebieten ew
vnd wellen ernſtleich, daz weder ir noch ewr Anwalt
vnſſer getrew die chawfflåwt von Enns nicht irret an
der Mawt ze Trieben, vnd ſew weleiben laſſet bei der
gwonhait vnd dem rechten, als ſie herchomen ſind.
Tåt ir icht anders, daz wår ganczleich wider vns.
Gebn zu Lyncz am Eritag vor Sunewenden (am 17.
Junius) anno MCCCXLVIII.

Der H. Rudolph hat 1358 dieſen Befehl erneuert.

Beylage Nro. II.

Der H. Albrecht fordert die Städte ob der Enns auf, ihm Bericht zu erſtatten, welcher Straßen ſich bisher die Pettauer bedienet haben. 1368. Aus dem Codex von Seitenſtetten.

Wir Albrecht von gottis genaden Hertzog Zu Oſterreich. Empiten vnnſern getrewen Richttern Räten
Vnd den purgern gemainiglich in allen vnnſern ſteten
ob der Enns vnnſer genad vnd alles gut. Es ſind für
vns kumen Die purger von pettaw, Vnd haben vns
geſagt, Wie ſie von altter herbracht haben, Das ſie
Ir kaufmonſchafft von weliſchen lannden füren ſullen
vber den karſt Vnd pey der Tre (ſic; ſpäterhin heißt es immer Tra) gen Vngern hinwider gen Walhen. Da entgegen haben wir verhört vnnſer purger vnd kaufflewt
zu wienn vnd ander vnſer ſtet in ſteyr, dy ſprechen
vnd haben vns beweiſt vor vnſern Hern, Das die egenanten purger von pettaw dieſelben ſtras nicht Recht
haben zu uarn. Wann ſoltten ſie dy varn, Das wer
vns an vnſern embttern vnd auch an vnſern land vnd

lewtten groſß ſchad. Nur allain die ſtet pey der Ira (ſic),
Die ſollen füren Ir kauffmonſchaʒ pey der Ira, vnd
auch nicht mer, dann ſi dem lannd zu ſteyer verkauf=
ſen mugen, Vnd was ſie in dem land zu Steyer nicht
verkauffen mugen oder enwellen, Das ſullen Sie fü=
ren die ober ſtras gein Judenburgh vber den pergkh,
der da haiſſet der ſemering, die gerechtten ſtras gen
wienn. Dauon emphelhen wir ew gar ernſtlich Vnd
wellen, das Ir vns wiſſen laſſet, wes Ir darumb
gedencket, Vnd was darinn nucʒ oder ſchad ſey, vnd
uns auch das zu wiſſen thut vnd verſchreybt an ewern
offen brieff bey ewern trewen. Geben zu Wienn am
phinʒtag nach ſand Jacobs tag (am 28. Julius) anno
etc. LXVIII.

Antwort der Stadt Enns.

Dem Edeln Hochgeporen furſten Vnſerm Lieben
genedigen Hern Herʒog Albrechtten Zu Oſterreich,
zu Steyer, zu kernden vnd zu krain, Graff zu Iy=
roll, Empiten Wir, der Richter vnd der Rat vnd die
gemayn Der Stat zu Enns vleiſſiglich vnſern dinſt
mit ganʒen Trewen. Genediger Herr. Ais Ir vns
vnd andern Ewern Steten Ob der Enns geſchriben
habt von der petauer wegen vmb die Stras von vene=
dig. Thun wir ewern furſtlichen genaden zu wiſſen,
Das wir all vnſer tag des gedenckn, Das alle weli=
ſche Hab von Venedig herauß komen iſt Durch den ka=
nal vnd durch den Nams, vnd nye vber den karſt,
Vnd auch kuppffer, vnd zyn vnd queckſilber Zu aller
zeyt von wienn gen venedig vber den Semering ge=
gangen iſt, Vnd alſo nicht dann nur allain die petauer
mugen vben den karſt vieh treibn, Ochſſen, ſchwein
vnd ſchaff, Vnd herwider aus vber den karſt mugen
ſie gefüren Rainual (ein Wein), der hieuor Wechſt,

vñd chain ander Wélſche hab nicht, Vnd ſie auch; dieſelben petawer, zu allen Zeytten von beſundern vrlaub vnd gunſt geüaren haben in Ewern Landen alſo, das ſie an die maut gen Sand Veyt kumen Mueſ-
ſen, Sy füren auf waſſer oder auf lande. Vnd das
ſagen wir pey vnſern trewen, Das wir des alſo von
altter her gedencken. Verſigelt mit vnßer der ſtat auf-
gedrucktten Inſigl.‘‘

Mit den nämlichen Worten erſtatteten ihren Bericht auch die Städte Linz, Wels, Steyr und Freyſtadt. Gmunden und Vöcklabruck wurden nicht befragt. — Nach dieſer vorausgegangenen Unterſuchung erfolgte ein Befehl des Herzogs:

„An die Städte in Steyr, Kärnthen und Krain.

Wir laſſen euch wiſſen, als Ir vns Empoten
habt, wes die Stet in Steyer, vnd in kernden vnd In
krain Recht habend, Des wir vns erfarn haben, Das
die ſtet in krain mit Irem vich vber den karſt gen venedig mugen arbaiten (handeln), Aber kain ſchwere
Hab, die von vngern kumbt, als kuppffer, wars ꝛc. ꝛc.
(ſic) ſullen ſie nicht vber den karſt füren. Vnd ſullen
heraus nicht mer kauffmonſchatz furen, Dann yede
Stat bedarff, Vnd ſol auch nicht Jen (ſic) vngern
gefurt werden. Vnd was ſie vbrigs vber yede Stat
notdurfft furen, Das ſullen Sie heraus vber den Semering furen vnd das verkauffen, wo ſie es zu Recht
verkauffen ſullen.

Vnd ſullen auch alle ſtet in kernden der Tra nach
gen venedig arbaiten mit Irem vich, aber chain ſchwere
hab, als kuppher, wars ꝛc. ꝛc. Die von vngern kumbt,
ſullen ſie nicht furen, Sy furen ſie dann vber den Semering, Darüber die ſelb ſchwer hab von recht geen
ſchol. Vnd ſol yede Stat heraus von venedig furen
alstuil, als ſie bedarff, Vnd was ſie vbrigs furen,

das follen ſie vber den Semering furen vnd verkauf=
fen, wo ſie es zu Recht verkauffen ſullen; Aber an das
vngriſch ſol die ſelb kauffmonſchaʒ nicht komen.

Item alle Stet in Steyer ſullen mit Irem viech
gen venedig arbaiten der Tra vnd der Mur nach, (nach)
yeder ſtat gelegenhait, Aber chain ſchwere hab ſullen
ſie nicht furen, die von vngern chumbt, Dann ſie fu=
ren ſi vber den Semering, darüber ſie zu Recht geen
ſchol, Vnd yede ſtat ſol Ir nottdurfft gen venedig fu=
ren, vnd das die ſelb chauffmonſchaʒ nicht gen vngern
kum, vnd das vbrig vber Ir nottdurfft ſol vber den ſe=
mering heraus kumen als vor benannt iſt.

Item beſunderlich die ſtat pettaw (mag) mit Irem
viech nach der Mur gegen venedig arbaiten, Aber
chain ſchwere hab von vngern ſullen ſie furen Dann
vber den ſemering als uor, Vnd ſollen auch heraus
nicht mer furen, Dann Ir nottdurfft, Vnd das die
ſelb chauffmonſchaʒ nicht gen vngern kom. Furtten ſie
aber Vbrigs, das ſie auch vber den Semering furen
als vor berürt iſt." — Ohne Datum.

Unmittelbar nach dieſem herʒoglichen Befehl ent=
hält der Codex Folgendes:

**Vermerckt, wy ſich die von Wienn mit der Hut haltten ſollen
auf dem karſt.**

Item es ſol nyemant farn mit kainerlai kauffmon=
ſchaʒ von pettaw gen venedig, noch von venedig gen
pettaw, noch von pettaw gen vngern. Wo man das
ankymbt, das mag mon ſicherlich anuallen, Es ſey
Innerhalb pettaw (oder) auff der ſtras, die von fey=
ſtriʒ gen pettaw geth. Item vnd ob yemant kauffmon=
ſchaʒ von venedig heraus furet, oder von Soders*),

---

*) Soders, Saders, Suders, iſt Zara in Dalmatien.

oder von Zeng, oder von allen wellischen Lanndn,
welcherlai kauffmonschatz das were, Das mag mon
freyhlich anuallen Zu obern leybach oder zu nydern
leybach, oder wo das were.

Item. Es sol auch kain gast weder von vngern
noch von pehen (sic), noch von polan mit seinem
wechssel die Straß kaine Hin ein nicht varen oder
reytten, Es sey silber oder ander wechssel. Wo mon
das ankumbt, das mag mon freyhlich anuallen.

Item es mag auch yede Stat danne gearbaiten
mit getraid, mit viech, mit Ranual (sic) oder mit an=
derm Wein, Ein stat oder marckhe zu der andern, als
uil vnd Jr nottdurfft ist.

Item es mag auch ein yeder mon varen mit ge=
wand von einer stat oder marckh zu der andern.

Item es sol nyemant von vngern gein venedig farn
mit wachs, kuppffer, Quecksilber, Hewtten, Noch mit
gewand vber den karst: Auch wist, Das es den von
wienn vnd den von der Newenstat auch verpoten ist.

━━━━━━━━━━━━━━━━━━━━━━━

Beylage Nro. III.

H. Albrecht weiset den Kaufleuten die Straßen an, auf welchen
sie nach Venedig und wieder zurück reisen sollen. 1386.
Aus dem Seitenst. Codex.

Wir Albrecht von gots genaden Hertzog zu Oster=
reich .. Empieten vnsern lieben getrewen, Dem bur=
germaister, Dem Richtter vnd dem Ratt vnd den
purgern gemainiglich zu wien vnser genad vnd alles
gut. Wir lassen euch wissen, das wir die Strassen von
venedig vber den karst, Vnd alle ander vngewonlich
Stras abgenomen haben, Vnd meinen, das die stras
gein Venedig vnd heraus für Villach vnd vber den

Semering außher. Nichts (sic) gein wienn als von alltter herkomen ist, Außgenomen vnser fünff Stet ob der Enns *), Die ober die Zeyrick varen mugen nach Jrer brieff laut. Dauon emphelhen Wir euch ernstlich vnd wellen, das Jr das Alles auch also haldet, Vnd all annder stras verpiettet vnd werett. Vnd wo darüber dhain chauffmonschatz gefüret wurde, das Jr dy nemet zu vnsern hannden. Wann wir das ernstlich mainen. Geben zu potzen an Sand Niclas tag (am sechsten December) anno domini MCCC vnd Jm LXXXVI. Jare.

Beylage Nro. IV.

H. Albrecht befiehlt, daß alle verbothene Waaren, die nach Pettau geführt werden, ohne Rücksicht auf den Eigenthümer zu nehmen, sollen angehalten werden. 1389. Seitenst. Codex.

Wir albrecht von gots genaden Hertzog zu Osterreich.. Empieten vnsern Lieben getrewen, vnsern ambtleuten in Steyer, in fernden, in frain, Vnd allen andern vnsern ambtleuten, Landhern vnd Rittern vnd chnechten, phlegern, purckgraffen, Richttern, Mauttern, zolnern vnd andern vnsern vntterdanen, Den der brieff gezaigt wirt, vnser genad vnd alles gut.. Wir gepieten euch ernstlich, Ob yemant were, er wer Landtmon oder gast, der verpottne kauffmonschatz gen Petaw

---

*) Auch hier werden Vöcklabruck und Gmunden nicht zu den freyen landesfürstlichen Städten gerechnet; dessen ungeachtet durfte Gmunden doch nach Venedig handeln, denn die dortigen Bürger haben dieselbe Urkunde erhalten, die in der Beylage Nro. VI. steht. Das Nämliche gilt auch von den übrigen Städten.

geſüret hiet oder noch füret wider vnſer gepot, das wir
darauff geſchafft haben ze thun, Das Jr die mitſambt
derſelben kauffmonſchatz auffhalt, nyderlegt vnd hefftet
zu vnſern hannden vntz an vns, vnd des nicht laſſet,
Wann wir das gar Ernſtlich mainen, außgenomen
den purgern von petaw Jr ſelbs nottdurfft zu wienn,
Das wir Jn gern gunnen, Als auch vnſern ſteten
vnd merckten erlaubt. Geben zu wienn, an Suntag ſand Jacobs tag (am 25. Julius), anno domini
MCCCLXXXVIIII.

Beylage Nro. V.

H. Albrecht verleihet der Stadt Grätz auf ſieben Jahre ein eingeſchränktes Stapelrecht. 1393. Seitenſt. Coder.

Wir Albrecht von gots genaden Hertzog zu Oſterreich.. Bechennen für vns vnd für vnſer Lieben vettern vnd erben, Das wir angeſehen vnd betracht haben
Die mercklichen vnd manigfaltigen gepreſten, So vnſer Stat vnd purger zu Gretz anligund ſind, Vnd dadurch, das dieſelben vnſer purger vnuerdorben pleiben
vnd hinder vns geſitzen mögen, haben wir vnſer egenanten ſtat zu Gretz vnd auch dem Richter vnd dem
Rat vnd den purgern daſelbs Die genad gethon vnd
thun auch wiſſentlich mit dem brieff, Das ſy daſelbs zu
Gretz by nachſtkunfftigen ſiben Jar nach einander, vnd
nicht lenger, ein niderleg haben ſullen Jn Solher mas,
was man hab, guts vnd kauffmonſchatz da durch Hin
ab an die Marckh (vnd) herauff in vnſer land gen
Steyr fürtt, Das mon die alle daſelbs zu Gretz niderlegen, vnd das damit werd gehandelt mit verkauffen
vnd andern Sachen, Als ſolher nyderlegung Recht iſt,
Doch der niderlegung vnſer ſtat hie zu wienn vnd der

straß gein Venedig an allen Jren Rechtten gantzlich
vnschedlich. Dieselben vnser purger zu Gräz Sullen
auch die egenannte zeyt Die verpoten.Stras vber den
karst, Vnd die Strassen vber den Hardperg gen petaw
vnd in die Marckh behuten vnd besorgen, So pest Sie
mugen nach Jren trewen an geuärde, Das die nyemant
var noch arbeyt. Wer aber, das sie auf Denselben
Zwain verpoten Strassen icht venedische hab oder
kauffmonschaz ankomen, Die mugen sie wol vnd
freylichen zu vnsern vnd der Stat hannden nemen vnd
anuallen. Sie sollen auch dieselbn siben Jar kainen
gast von hungern, Der mit seinem kauffmonschafft (sic)
gen wienn, vnd wider von dan gen hungern wolt varn,
gen Graiz (sic) nicht noten zu uarn. Darumb emphelhen wir vnsern getrewen vnd lieben Hertneiden von
Lichtenstain, vnserm Haubtmonen in Steir, oder wer
vnser Haubtmon doselbs ist, Vnd wellen Ernstlich,
Das (sie) die obgenanten vnßer purger pey diser vnser
genad vmb die niderlegung Das vorgenant Zill auß
(nämlich sieben Jahre hindurch) vestiglichen beschirmen vnd haltten von vnsern wegen, Vnd nicht ge-
staten, Das In da wider Imant (sic) kain Irrung
oder pewegung thue in chain Weg. Datum zu wienn
an freytag vor lichtmeß (am 31. Jänner), anno domini MCCCLXXXXIII.

Beylage Nro. VI.

H. Albrechts Verordnung über den Handel in Oberösterreich.
1372. Aus dem Original.

Wir Albrecht von gots gnaden Hertzog ze Oesterreich ze Steyr ze Kernden vnd ze krain Graf ze Thyrol
Tun kunt, Wan wir wol beweiset sein, Daz man auf

den Gewmarkten ob der Ens, in den Dörffern vnd
bey den kirichen, chain kaufmanschaft haben sol; denn
alain auf rechten Merkten vnd kirichtagen, do das von
alter her beschehen ist, Vnd daz man alle kaufmanschaft in vnsern Stetten ob der Ens haben, kauffen
vnd verkauffen sol, Dauon durch besundern frumen
derselben vnser Stette wellen wir, vnd mainen ernstlich, daz fürbaz auf dem Gew, noch vor den kirichen,
kain kaufmanschaft vayl gehabt werde, vnd daz man die
alain in vnsern Stetten ob der Ens kauff vnd verkauffe,
vnd nicht anderswa, an geuer, ausgenomen alain solich
kost, die man ezzen vnd trinken sol, vnd die man allenthalben vail haben vnd verkauffen mag als das von alter
her komen ist . Wir wellen auch, daz nyemant vber die
zeirek gen Venedi arbait noch kaufmanschaft füre, nur
vnser egenant Stett ob der Ens, vnd auch die, den wir
das mit vnsern besundern offnen briefen gegunnen vnd
erlaubt haben. Davon gebietten wir vnserm Houbt-
man, vnserm Lantrichter, vnd allen andern vnsern
amptleuten vnd vndertanen ob der Ens, den diser
brif gezaigt wirdt, Daz si vnser Stat ze Ens, vnd alle
ander vnser Steet ob der Ens bey denselben iren Rechten, vnd vnsern gnadn vestiklich halten, vnd in daran
keinen ingriff von nyemant tun, noch beschehn lazzen,
in dhainen weg, Mit Vrkund' ditz briefs, Gebn ze
Wienn, an Phintztag nach sand Thomas tag des zwelif botten (den 23. December), Nach kristes gepurt
dreutzehnhundert iaren, darnach in dem zwai vnd Si-
bentzgisten Jare."

Eine wörtlich gleiche Urkunde von eben demselben
Tage hat auch Linz erhalten. Von den übrigen Städ-
ten Oberösterreichs darf also das Nämliche ohne allen
Zweifel vorausgesetzt werden.

Beylage Nro. VII.

H. Albrecht erlaubt der Stadt Linz einen Zoll. 1369. Aus dem Riedecker Coder.

Wir Albrecht von Gottes genaden Hertzog ... Bekhennen vnd thuen khundt offentlich mit disem briefe, Wann wir woll vnd Aigentlich beweiset sein, daß vnser Statt zu Lyntz an Thuernen vnd Mauren, an graben vnd an Andern werlichen Pauen, Bey Langen Zeiten hero großlich Abgenomben vnd zergangen sei, So verer man ir khürzlich nit zu hülffe khommet, das denne daßelb Paw gar zergee vnd nidergelig, Vnd wann das vnß, Landt vnd Leuthen gar schedlich were, Darnach alß dieselb vnser Statt an vnsern gemerken gelegen ist. Darumb nach gueter vorbetrachtung, vnd zeitigem Rathe vnsers Raths, haben wier den Burgern derselben vnser Statt gegunnen vnd erlaubt, gunen vnd erlauben auch mit füerstlicher Macht, das sie daselbs zu Lyntz ain Zoll haben vnd Aufnemen mügen, Auf wasser vnd auf Lande, In solcher masse, alß hienach beschaiden ist, von Jedem fueder weins, zwelf phenning, von dem Dreyling weins, Acht phenning, von ainem muth Khorns, zween phenning, vnd von Jedem Roß zween wienner phenning, vnd sollen denselben zoll da haben, einnemben vnd vessen, vntz an vnser, oder vnsers Lieben Brüeders hertzog Leopolts widerrueffen *). Waß auch dauon geuellet, das sollen sie mit ainer

---

*) Zuvor war es Sitte, daß alle Privilegien auf ewige Zeiten ertheilet wurden, wenn sie gleich sehr oft wieder selbst von den Ertheilern gebrochen oder aufgehoben wurden. H. Albrecht der Dritte fing an, behutsamer zu Werke zu gehen, und setzte gewöhnlich bey: Bis auf Unser oder Unserer Erben Widerrufen. Seine Nachfolger ahmten sein Beyspiel nach.

gueten Khundschafft vnsers haubtman ob der Ennß,
wer der Je zu den Zeiten ist, Anlegen vnd begehren
zu dem Pau der egenanten vnser Statt, an Thuernen
vnd Graben, an Mauren vnd an ander werlich Pau,
da es aller-Notdüerfftigist ist, Une geuer. Darumb
gebiethen wir allen... Geben zu wienn, An Sannt
peters vnd St. Pauls Abent der heyligen zwelfpoten
(am 28. Junius) Nach Christi gebuert dreyzechen
hundert Jar, darnach in dem Neun und Sechtzigisten
Jare.

Im Jahre 1477 erlaubte K. Friedrich der Stadt Linz einen Weinzoll.

Wier Friderich von gottes genaden Römischer
khayser... Bekhennen, das wir vnsern getreuen lieben N. dem Richter, Rath, vnd vnsern Burgern zu
Lyntz die sunder genad gethan, vnd Jnen erlaubt vnd
vergunnet haben wissentlich mit dem brief, das Sy
nun hinfüran, vntz auf vnser widerrueffen, verrer
geschäfft vnd Beuelchen, zu behüettung vnsers gschlos
zu Lyntz, von Aim Jeden Dreyling wein, so daselbs
für Lyntz gefüert wierdet, zwen vnd dreissig Pfening,
vnd von dem mehrerm vnd myndterm Panndt, auch
nach derselben Anzahl, daselbs zu Lyntz, zu Auflag
nemen mügen. Dauon gebieten wir allen... Geben
zu Wienn, am Mitwochen vor Sand Margrethen
tag (am neunten Julius). Nach Cristi gebuerth vier-
zechenhundert vnd im Siben vnd sibentzigisten....

Beylage Nro. VIII.

H. Rudolph IV. beſtätiget den Bürgern von Freyſtadt alle
alten Privilegien überhaupt, nahmentlich aber K. Rudolphs
Stapelrecht. Am 2. October 1359. Aus dem Riedecker
Codex.

Nos Rudolphus Quartus. Dei gratia Palatinus
Archidux Auſtriae. Stiriae et Carinthiae. Princeps
Sueuiae et Alſatiae. Dominus Carniolae. Sacri Ro-
mani Imperii Supremus Magiſter Venatorum. Vniuerſis et ſingulis praeſentibus et futuris ad quorum
notitiam praeſentes deuenerint in perpetuum uolu-
mus eſse notum, quod accedentes ad noſtri principatus praeſentiam fideles noſtri, dilecti Ciues noſtri de
Freiſtat nobis humiliter ſupplicabant, quatenus gratiam ipſis a piae memoriae Domino Rudolpho olim
Romanorum rege, noſtro Proauo indultam, nec non
conditiones, libertates et Jura, quas et quae ab incly-
tae recordationis Illuſtribus Leopoldo et Friderico
quondam Ducibus Auſtriae tenuerunt, Confirmare,
approbare, et innouare dignaremur iuxta continen-
tiam litterarum ſibi per dictum noſtrum proauum
datarum deſuper, quarum tenor ſequitur in haec
uerba . Rudolphus Dei gratia Romanorum Rex. ——
Nun folgt wörtlich K. Rudolphs Urkunde vom Jahre
1277, die ſchon bekannt iſt.

. Nos attendentes puritatem conſtantis fidei et
gratorum obſequiorum promptitudinem, quibus dicti noſtri Ciues nobis et noſtris progenitoribus ſemper
immarceſcibiliter aſtiterunt, gratiam, Conditiones,
libertates et Jura comprehenſas in ſcriptis litteris,
quas in ſcriptura et ſigillo omni ſuſpicione carentes
Vidimus, noſtro, Friderici, Alberti et Leopoldi Ducum et dominorum dictärum terrarum nomine, quo-

rum his diebus plenam poteſtatem gerimus, de noſtri
principatus beneuolentia maturo conſilio praehabito
ex certa ſcientia approbamus, confirmamus, ac uigo-
re praeſentium innouamus, etc. **Viele Zeugen.** Datum et Actum Viennae in ducali noſtro palatio. Sexto
Non. Octobris. Anno natiuitatis ·Domini Milleſimo
Trecenteſimo quinquageſimo nono. Anno aetatis
noſtrae Viceſimo, Regiminis uero Secundo, indictio-
ne Duodecima.

·Rudolphus Dux praedictus hac ſubſcriptione
manus noſtrae praehabita roboramus.

Beylage Nro. IX.

**H. Albrecht befiehlt, das Salz aus Oeſterreich nach Böhmen
auf keiner anderen Straße, als nur über Freyſtadt zu führen. Am 24. Märg 1376. Aus dem Riedecker
Codex.**

Wir Albrecht von Gottes genaden Hertzog zu Oeſterreich... Embietten vnſern getreuen Lieben, Hain-
rich von walſee, Haubtmann ob der Enns, vnſer gnadt
vnd Alles guets. Wir Empfelchen dir gar Ernſtlich
vnd wellen, Das du Niemandt Salz von Lynz gen
Behaimb die vngewendlich Straß Laſſeſt fieren. Vnd
das das Salz khlainß vnd groſſes gen vnſer Statt
Freyſtatt khume, alß von Alter herkhomen iſt, vnd
ſy bey den gnaden vnd Rechten, die ſy von vnſern
voruordern vnd von vns haben, beleiben laſſeſt nach irr
Brief ſag, vnd ſy darauf veſtiglichen Schiermeſt.
Wann wir das Ernſtlich alſo mainen. Geben zu wienn
Am Montag nach dem Sonntag alß man ſyngt Letare
zu Mitterfaſten. Anno ꝛc. LXXVI.

Ein zweyter Befehl vom Jahre 1393, daß der Waarenzug nach Böhmen, und auch von dort heraus nur über Freystadt gehen soll.

„ Wir Albrecht ... Embietten vnsern Lieben getreuen, Reinprechten von walsee, vnserm Haubtmann ob der Ennß, oder wer ye vnser khunfftiger haubtmann da wirdt, vnser gnadt vnd Alles guets. Wir lassen dich wissen, das an vns khumen ist, wie das etliche, die von hinen gehn Behaimb, vnd herwiderumb aus, mit Sallz vnd anderer khaufmanschafft arbaitent, die Strassen vber den haslpach, vnd ander vngewendlich Strassen faren, also das sie nicht faren die Rechten landtstrassen für die freystatt vnd an vnser Mauth daselbst, Alß vorher khumen ist, das vnß nit geuelt. Daruon Empfelchen wir dir, vnd wellen Ernstlich, das du die Ehegenannt strassen vber den haslpach, vnd ander vngewendlich Strassen vestiglichen wahrest vnd auch stechest *), vnd Ernstlich schaffest von vnsertwegen, das Sy die Rechte Strasse für die Freystatt, vnd an vnser Mauth hinein vnd herwider aus faren. Welche aber darwider thetten, das du derselben haab vnd khaufmannschafft, wo du daran khumest, zu vnsern handten verhafftest vnd niderlegest. Das ist genzlich vnser Mainung. Geben zu Lynz am Erchtag vor Sant Dionisien tag (am 7. October). Anno Domini Millesimo Trecentesimo Nonagesimo tertio.

Ein dritter Befehl vom J. 1395, ähnlichen Inhalts.

„ Wir Albrecht von Gottes Genaden Hertzog zu Oesterreich ... Embietten vnsern Lieben getreuen, Gundtaggern von Starchemberg vnser Gnadt vnd

---

*) Das Verwahren und Stechen der Straßen heißt wohl nichts anders, als dieselben verrammeln und abgraben.

alles guetts. Vns haben fürbracht vnser getreuen N.
die Burger Zu der Freinstatt, das alle khauffman=
schafft von Sallz vnd andern dingen, die zu Linz auß=
geet, vngewendliche weeg durch den haßlpach vnd an=
dere Stetten gehen vnd gesiehrt werden, wider die
Brief die Sy darumb haben. Daentgegen wier an
vnsern Meuthen vnd Zellen, vnd sy an ierer rechten
Niderlegung groß abgang vnd schaden nemen. Em=
pfelchen wier dier vnd weilen gar Ernstlich, das du das
von vnsertwegen werest vnd vndersteest, vnd auch nit
gestattest, das yemandt ander weege, wann die Alten
gewendlich Landtstrassen, fare noch baue, Darmit wir
bey vnsern Meuthen vnd Zellen, vnd auch vnser Bur=
ger zü der Freinstatt bey ieren Rechten nach ier Brief
sage beleiben, das ist genzlichen vnser Mainung! Ge=
ben zü wienn am Sonntag Nach Sant Jörgen Tag
(am 25. April). Anno etc. Nonagesimo quinto.

Es ist auch noch ein vierter Befehl vom J. 1398
vorhanden. Die Herzoge Wilhelm und Albrecht be=
fahlen dem Heinrich von Wildenegg, ihrem Pfleger
in Freystadt, darüber zu wachen, daß Kaufmanns=
güter und Salz weder nach Böhmen hinein, noch auch
heraus auf verbothenen Straßen durch den Haselbach
(jetzt sagt man Haselgraben) oder durch Ottensheim
geführt werden, sondern nur allein durch Freystadt.
Im Uibertretungsfalle — „soltu das Saltz oder die
khauffmanschafft zu vnsern handten Nider Legen vnd
verhafften. Das Mainen wir ernstlich. Geben ze
wienn am Erchtag Nach Sant Veiztag (am 18. Ju=
nius). Anno etc. Nonagesimo octauo.

Beylage Nro. X.

H. Albrecht entscheidet einen Streit wegen der Freyheit der Leonfeldner Straße zu Gunsten der Bürger von Freystadt.
Am 25. April 1428.

Wir Albrecht .... Bekhennen von der Stoß vnd Zwayung wegen, die da gewesen sindt zwischen vnsern getreuen Lieben N. den Burgern gemainclich zu der Freinstatt aines thailß vnd den Burgern zu Lohnfelden des andern, von der Straß vnd Niderlegung wegen, Darumb sy bederseits auf heut alls auf den Benennten Tag, den wir ten Beschaitten hetten, für vns khumen. Vnd da dieselben Burger von der Freinstatt fürlegen, wie sy von weillendt vnsern Vorfordern herzogen von Osterreich Löblicher gedächtnus Begnadt sindt, das man khauffmanschafft für die Statt; zwischen den wälden auf oder ab fiere, es sey Salz gros oder khlains, oder wie dieselb khauffmanschafft genannt ist; die sollen in der Statt Nidergelegt werden, Vnd liessen darauf hörn der Ehegemelten vnser fordern gnadenbrieff vnd vnsern Bestätt Brief darüber, vnd Batten bei solchen gnaden vnd Freyhaiten gehalten zu werden. Dagegen aber die Burger von Lohnfeldt füergeben, wie sy in der Freystätter brieff vnd freitum nichts wessten ze reden, Aber es wer von Allter her auch ain gemaine Straß füer Lohnfeldt gangen, vnd gieng auch noch darfüer, vnd wer dieselb Straß mit seiner khauffmanschafft farn woldt, der mecht das woll gethuen, vnd baten darbei gehalten zu werden, wann es wider der Freinstetter Brieff vnd Freyhaiten nicht wer. Vnd wann sich baidt obgemelt Thaill nach meniger Irer Redt vnd wider Reth der sachen liessen zu dem rechten, habent vnser herrn vnd Rath, die dazumall bei vns sassen, nach vnser frag zu Recht erkhent, waß

man khauffmanschafft füer die Statt zwischen den
Walden auf oder Abfierdt, Es sey Salltz groß oder
khlains, oder wie dieselb khauffmanschafft genant ist,
Die soll man in der Statt niderlegen ane widerredt
vngeuerhrlich, alß das die obgemelten Brieff außwei-
sen, vnd sollen wier die obgenannot vnser Burger von
der Freinstatt darbey halten vnd schiermen. Mit vrkhundt des Briefs geben ze wienn am Sonntag Nach
Sant Jorgen Tag. Nach Christi gebuerth viertzehen
Hundert Jar, darnach in dem Acht vnd Zwainzigi-
sten Jar.

Dominus Dux in consilio.

Dieses Urtheil wurde durch offene Briefe allen
Herren, Rittern, Städten und herzoglichen Beamten
im Lande bekannt gemacht.

Im J. 1459 bestätigte H. Albrecht den Freystädtern in allgemeinen Ausdrücken überhaupt ihre alten
Privilegien, setzte aber wegen ihrer Niederlage ausdrücklich hinzu: „Wir haben in der obgemelten Vnser Vorfordern Brief gesehen, daß die ehgerürten
Vnnser Burger gemainglich zu der Freinstat begnadet
sein, Vnd durch ainen Fürstlichen Spruch herbracht
haben, Alß wán die Lente in der Landschaft in Vnsern
Landt Enthalben der Thonaw, zwischen Lynz vnd der
Freinstatt allenthalben Salz bedörffen, daß sollen vnd
mögen Sie zue Lynz kauffen, Vnd daß in vnserm
Landt verthuen vnd vertreiben, doch allßo, daß Sie
daß auß vnserm Landte gen Beheimb nicht ferer verkauffen noch verthuen in kainem weeg, Aber alles ander Salzs grosses vnd klaines vnd all ander Khauf-
manschaft, so zue Lynz über die Thonaw, vnd zwischen
den Wälden auf oder abgeführet werden, daß soll alles
gehen vnd kommen an die rechte Niderlage gen der

Freinstatt, vnd kain ander strassen nicht. Es sollen auch
vnßer Burger von Lynz kain Salz über die Thonaw
den Behembern, die daß auß vnsern Landten führen
wolten, nicht verkauffen in kain weiß; ohn alle geuer=
de.... Geben ze Lynz, am Freytag nach Sanct Pauls
tag der bekherung (am 26. Jänner), Nach Christi
Geburt Vierzehenhundert vnd in dem Neun vnd Fünf=
zigisten Jahren." — Diese Urkunde wird im Archiv
der Bürger zu Freystadt aufbewahret.

**1489. K. Friedrichs Befehl, mit allen Waaren nach Freystadt
zu fahren.**

Wir Fridrich... Empieten vnsern getreuen Lie=
ben N. dem Burgermaister Richter vnd Rath zu der
Freinstatt gegenwertigen vnd khunfftigen vnnser gnadt
vnd alles guets. Alß ier vnnß Yetzt durch eur Erbar
Podtschafft Eur Priuilegi vnd Freyhait habt fuerbrin=
gen Lassen, darin ier von vnsern Vorfahrn Fuerssten
von Osterreich gefreidt seit, das alles Sallz, groß vnd
khlainß, auch Venedische vnd annder wahr vnd khauff=
manschafft, so aus vnnserm Landt ob der Ennß geen
Beheimb oder von dann in dasselb vnnser Landt ge=
fierth wird, die Strassen auf dieselb vnnser Freinstatt
vnd Mauth daselbst bracht, da Nidergelegt, vnd sonst
khain ander Strassen zwischen den Walden auf noch
ab gefierdt, das auch in ainer Meillwegs vmb die be=
melt vnnser Statt khain wein, Meth noch Pier vom
Zapffen geschenkht werden soll, Es sein dan die von
euch khaufft, Vnd von denselben vnnsern Vorfahrn
Jarmarckht vnd wochenmarckht habt, vnd vnß darbei
Bericht, wie euch an solchen Eurn Freihaiten mit Je=
bung anderer vnd frembter Strassen durch den Haßl=
bach auf Lohnfeldt vnd vber den Roßberg, vnd ander
ende damit die obgemelt georndt Straß zu Euch vmb=

24

gefaren, vnd vnnſer Maut vnd Zoll von ſolcher wahr
vnd khauffmanſchafft nit geraicht. Auch von den vmb=
ſeſſen des Adels vnd andern in ainer Meillwegs vmb
euch Wein vnd Pier aus vnſern Fuerſtenthumb Oeſter=
reich vnd Behaimb geſierdt vnd da außgeſchenkht,
Darzue eur Jarmarckht vnd Wochenmarckht von für=
khauffens wegen der täglichen Pfennbert, ſo auf dem
Landt daſelbſt wider Allts herkhumen beſchechen, dar=
mit deſthalben bey euch Teurung erwachſen, in Ab=
nemen khumen vnd vnbeſucht Beleiben zuſambt ober=
ſierung vnnſer Mauth, vber vnnſer Schreiben deß=
halben Außgangen, Mercklich Jrung Thann, vnd
eur Narung entzogen worden, Vnd vnns diemiettige=
lich angerueſſt vnd gebetten, Euch darin gnedige wen=
dung ze thuen, vnd bey den beſtimbten Eurn Freyhai=
ten handtzuhaben. Nun haben wir vnnſern Lieben ge=
treuen Gottharten von Starchemberg, vnſern haubt=
mann ob der Ennß, Auch Chriſtoffen von Zelckhing
vnſern Rath vnd Pfleger daſelbſt zu der Freinſtatt
geſchriben vnd befolchen offentlich berueffen zu laſſen,
Das Niemant ſolch frembt Straſſen, ſonnder auf die
Freinſtatt, alß vormalls beſchechen iſt, fare, vnd euch
bei derſelben, vnd andern Euren Freyhaiten handtze=
haben, alß ier ob vnnſern offen brieffen vernemen wer=
det, Empfelchen wir euch ernſtlich, vnd wellen, das
ier ſambt den Benannten von Starchemberg vnd
Zelckhing, oder wie euch das am fueglichiſten ſein
wierdet, allen fleis Thuet, das ſolchen berueffen nach=
gangen, die frembten Straſſen, vnd dem khauffen
wein Meth vnd Pier auſſerhalb eur, mit ſambt den
fuerkhauffen gewerth vnd vnderkhumen werde, Dar=
mit ier bei denſelben Freihäiten vngeirt beleiben mügt,
Welch aber das oberſieren, dieſelben, wo ier die an=
khumbt, zu vnnſern handten gefenklich annemet, ier

wahr vnd khaufmannſchafft nemet, vnd vntzt auf vnnſer verer geſchäfft vnd Beuelchen haldet, vnd die Roß,
die das fieren, zu euren nutz gebrauchet. Vnd nachdem
euch zu vorderiſt ſolches nutz vnd guett khumbt, darin
khain vleiß Sparet, alß euch das zu Thain gebiert.
Daran Thuet ier vnnſer Ernſtliche Mainung. Geben
zu Lynz am Erchtag Nach Sant Andres tag (am 30.
November). Nach Chriſti gebuert Ain Tauſent vierhundert Neun vnd Achtzig...

Commiſſio Domini Imperatoris propria.

K. Maximilian beſtätigte 1495 im Allgemeinen
die Privilegien der Freyſtädter, — „vnd darzue den
Endtſchiedt, ſo der gemelt vnnſer Herr vnd vatter
Khayſer Friderich zwiſchen Innen (den Freyſtädtern)
an ainem, vnd dem Richter vnd vnnſern Burgern zu
Lohnfelden anders thaillß, von wegen der Straſſen,
ſo von Linz durch den Haſlbach auf Lohnfelden vnd den
Roſſberg gebraucht worden, Allſo lautendt, das fue-
ran zu khunfftigen Zeiten albegen vnd vnwiderrueflich,
alle wahr vnd khauffmànſchafft, wie die genanndt ſindt,
nichts Außgenomen, ſo aus dem Landt Behamb in
vnſer Fuerſtenthumb Oſterreich ob der Ennß zwiſchen
den walden vnd widerumben von dann aus dem ſelben
vnnſerm Landt ob der Ennß daſelbſt hin gehn Behamb
geſierdt, auf die bemelt vnnſer Freyſtatt Mauth vnd
Niderlag daſelbſt bracht, vnd damit khain ander Straſſen weder durch den Haſlbach auf Lohnfelden, noch
über den Roſſberg, noch ander vngewendlich weeg
oder Straſſen gebracht noch geſiehrt werden ſollen.
Es ſoll auch das ſaltz gros vnd khlain Pandts, Stachl
vnd Eiſen von den bemelten vnnſren Burgern zu der
Freinſtatt khaufft, vnd gehn Behaimb, als von Allter
herkhumen iſt, geſiehrt vnd da verkhaufft werden...

24 *

Geben zu Worbms, am Samstag vor Sánt Lauren=
zen.tag des Heiligen Marterers (am 8. August), Nach
Christi gebuerth viertzehen hundert, vnd Im fünf vnd
neunzigisten.. Jar."

Die nachfolgenden Kaiser wiederhohlten dieses
Privilegium wörtlich; Ferdinand im Jahre 1522,
und Maximilian 1565.

Beylage Nro. XI.

**K. Maximilians Entscheidung wegen der Leonfeldner Straße.
Am ersten October 1496. Aus dem Leonfeldner Archiv.**

Wir Maximilian... Bekhennen offentlich mit disem
brief. Alß weilendt vnser lieber Herr vnd vatter der
Römisch Kayser loblicher gedechtnuß zwischen vnsern
getrewn lieben N. Richtern, Reten, vnd Burgern zü
der Freinstat vnd zu Lanfelden, wie es mit den Straf=
sen durch die Wäldt vnd über den Rosberg füran ge=
halten werden soll, darumb Irrung zwischen In ge=
wesen ist; ainen Entschiedt gethan, des sich die ge=
melten von Lanfelden aus allerlay vrsachen beschwert,
deßhalben vnser haubtman, Stathalter, vnd Regen=
ten zu Wienn die genanten Partheyen zu bederseit für
sich ervordert, dieselb sachen nach der Leng verhört,
vnd darinen erfunden, daß durch solchen Entschiedt,
wo der in Wesen beleiben soll, der Markht Lanfelden,
daran vnß vnd gemainen Landt nicht klain gelegen ist,
gantz verderbt vnd vergenklich wurde, vnd darumb
nach vnsern Geschefft vnd beuelch, mit zeitigem Rate
aus den obberürten vnd andern vrsachen über den ob=
bestimmten Entschiedt ain erklerung getan, also, daß
nu füran alle beslagen vnd gewogen Pfennbert mit

ſambt Tüchern, Hewten, Eiſen, wachs, hönig vnd anderm, ſo für kaufmansguet geſchätzt wird, die Straſſen auf die Freinſtat, vnd nicht auf Lanfelden; vnd dagegen alles das, ſo von Behamb heraus zu Speis vnd notturft vnſers Lands gefürt würdet, als Viſch, Waitz, Korn, Habern, Schmalz, Pier vnd andere Speis, auf yegliche der obberürten Straſſen gen der Freinſtat oder Lanfelden, weliche dem Kauf= man oder Furlewten am beſten fuget, gefürt vnd durch die von der Freinſtat vnd Jr Nachkomen, noch nye= mands andern daran khein verhinderung gethan wer= den ſull, getreulich vnd vngeuerlich. Vnd gebieten da= rumb den obgemelten Richtern, Reten vnd Burgern daſelbſz zu der Freinſtat vnd Lanfelden bei Vermei= dung vnſerer vngenadt vnd Straff ernſtlich, vnd wel= len; daß Sy die vorgeſchriben Ordnung vnd Ercle= rung in allen Jren Punkten vnd Articln ſtet vnd vn= zerbrochen halten, vnd der ſtrachs on all waigrung vnd außzug nachuolgen, vnd dawider nit thuen, noch nymandts von Jren wegen zu tun geſtatten in dhain weiß: Daran tun Sy vnſer ernſtliche Maynung. Mit vrkhundt des briefs, geben am Sambſtag nach St. Michaelſz tag nach Criſti geburde viertzehen hundert vnd im Sechs vnd neuntzigiſten. Vnſer Reiche des Rö= miſchen im Aindlefften vnd des Hungeriſchen im Si= benden Jare."

Daß der Markt Leonfelden auch eine Zollabgabe von den durchgeführten Lebensmitteln erhalten hat, geht aus einem Privilegium K. Maximilians vom Jahre 1506 hervor. — „Wir Maximilian... Be= khennen, daß für vnß khommen ſein vnſer getrewen lieben N. Richter vnd Rate vnſers Markhts Lanfel= den, in vnſer herrſchafft Wechſſenberg gehörend, vnd gaben vnß zu erkhennen, wie Sy von vnſern Vorfahrn

Fürsten von Oesterreich loblicher gedechtnuß, mit den
hernach geschriben Artikheln begnadt gewesen, der Sy
von Alter her, vnd noch also in beruelichen gebrauch
sein, vnd Jnen aber die brief, so Sy von den gemelten vnsern vorfahren darum gehabt, in der jüngsten
Prunst des gemelten vnsers Markhts Lanfelden verdorben vnd verprunen waren. Vnd sein das dieselben
Artickl, nemblich welicher Burger oder einwoner daselbst zu Lanfelden, oder freimbder vnd Außlender
durch den Markt, oder daselbst auf der Strassen bey
dem Markht Saltz, wein, traidt oder annder Pfennbert fürfüret, der sulle von ainer yeden grossen khuef-
fen Saltz zwen Pfenning, vnd von ainem Pfundt
klainer khüeffel zwen vnd dreyssig Pfenning, von ainem Emer wein ain Pfenning, vnd von ainem Metzen Traidt ain Haller, vnd von andern Pfennberten
ain zimblichen Zoll nach gelegenheit derselben güter
geben. Vnd baten unß diemutigclich, daß wir Jn die
yetzgemelten Artikl als Herr vnd Landsfürst von neuem
zu bestetten genedigclich geruhten. Haben wir angesehen die notturft des berürten vnsers Markhts, so an
den Grenitzen gelegen, vnd etweuil Weer vnd huet
bey Tag vnd nacht nottürftig ist, auch der obgenanten
vnser Burger zimblich bete, u. s. w." — Hier folgt
die Bestätigung des Zolles mit dem Beysatz, daß die
Einnahme davon — „zu Paw, weer vnd huet des
bestimmten vnsern Markhts jerlich angelegt werden
soll... Geben zu Lynz am Andern tag des Moneds
Januarÿ nach Christi gepurde funffzechen hundert
vnd im sechsten.. Jaren.

Beylage Nro. XII.

Auszug aus dem gedruckten Patent K. Maximilians des Zweyten, in welchem er den Kaufleuten die Strassen bestimmte, die
sie durch Oesterreich nach Böhmen, oder von dorther nach
Oesterreich einschlagen müßten. 1571.

„Wiewohl von Unsern Vorfordern vom Haus Oesterreich, auch Röm. Kaisern und Khünigen Unsere
Freystadt im gedachten Unsern Erzh. Oest. ob der
Enns gelegen, gnädigist dahin begnadet vnd befreiet,
auch durch Uns gleichfalls bei solchen Freyhaiten gelassen wurde, daß alle Kaufmannswaaren, wie die
genannt sind, darzu auch diejenigen Speisnothdurften, so man aus oder durch Unser Land ob der Enns
bringt, und darinnen nicht verbraucht, die von oder
durch Böheim und Oesterreich unter der Enns zwischen den Walden in Oest. ob der Enns, oder von
dannen in Böheim oder Oest. unter der Enns gebracht
werden wollen, allein in die recht Niederlag zu Freystadt gebracht, und daselbst ohne Widerred nieder gelegt werden sollen, die aber deme nicht geleben wurden, in landsfürstliche Ungnad, und darzu hundert
Pfund Goldes zu Wandl, halben Thail in Unser landsfürstliche Cammer, und der ander halbe Thail denen
von der Freystadt als Beschwerten verfallen seyn solle,
darüber auch Wir als regierender Herr und Landsfürst
Inhalts Unserer vom 25. Tag Martii nächst verschienen siebenzigsten Jahrs in der Kron Böheim und Erzh.
Oest. publizirten Generalien männiglich gemessene
Ordnung vorgeschrieben, welche Strassen, und mit
was Sorten ein jeder, so aus Böheim oder Oest. unter der Enns in das Land ob der Enns, oder daraus
dahin fahren, und gemeldte beede Machland- und
Mühlviertel berühren will, besuchen und kommen
sollen; darneben auch Unsern Mautnern und Auf-

schlägern zu Linz, Mauthhausen und Englhartszell
gnädigst auferlegt und befohlen, alle und jede Waaren und Gattungen, die allein auf Freystadt zu bringen gehörig sind, wann die bey ihnen ankommen, und
die Kauf= und Fuhrleut aus der Mauth zu der Freystadt keine Polletenzettel, daß solche Waaren auf ordentlicher und benennter Straß dahin kommen, und
mit rechter Ansag die Mäuth davon gerichtet, fürzu-
legen haben, als kontrabantisches Gut zu Unserer Camer eingezogen werden solle:

So kommt Uns doch anjetzo glaubwürdig vor,
daß zuwider Unsern Generalien und der Stadt Freystadt Freyheiten, der Niederlag daselbst zu großem
Abbruch, auch Schmählerung Unsers Camerguts,
an beeden Mäuthen zu Freystadt und Linz, und überdieß zur Entziehung der Gegenfuhr auf berührte Niederlag und Mauthstätte, desgleichen zur Verhinderung der Proviant= Beförderung, und sonsten Uns
und dem Land in viel mehr Wege solchen Unsern Generalien zuwider und entgegen gehandelt werden soll.
Dieweil Uns aber solches ferner zu gestatten nicht ge-
meint ist: so haben Wir demnach angeregte Unsre Generalien hiemit wiederum verneuert und wollen gnädiglich, daß männiglich alle beschlagene Waar und
gewegen (sic) Pfennwerth mit sammt Tüchern, Häuten, Eisen, Wachs, Honig und andern, so für Kaufmannsgut geschätzt, und aus Oesterreich in Böheim
geführt wird, die Straße von Linz aus entweder auf
Gallneukirchen, Spatendorf, Straßldorf gegen Freystadt, oder aber von Linz aus durch den Haslgraben
auf Helmannsöd, Schenkenfeld gegen Freystadt, und
also beede Straßen hinaus gen Linz; von Mauthhausen aber nach Marbach, Pregarten oder Wartberg,
Weinberg gen Freystadt, von dannen durch Rainbach,

Kerschbaum, Unterhaid, Kaplitz; Welschin, Stainas-
kirchen und Budweis; oder auf der rechten Hand von
Freystadt aus nach Lichtenau, Paßberg, Zetwing, Beneschau, und von dannen gen Schweinz, Wittingau,
Strobnitz oder Gratzen, und alsdann weiter. Also
auch was von Böheim heraus, wie nächst bemeldt
wurde, für Kaufmannsgüter und Sorten, oder derley Speiswaaren und Nothdurften, so in Unserm
Land nicht verbleiben, sondern ferner daraus in Bairn
und ander Orten verführt werden, allein in die jetzt
benannten Straßen auf Freystadt, und nicht gen Leonfelden, Haslach oder ander Wege; dasjenig aber, so
zu Speisnothdurft Unsers Landes aus Böheim geführt
wirdet, entweder die vorbemeldt Straß auf Freystadt,
oder aber auf Leonfelden hernach folgende Straßen:
als von Budweis aus, es sey durch Kaplitz, Unterhaid, oder anderstwo auf Oberhaid, oder durch Krum-
mau, Hohenfurt, Kaltenbrunn gen Leonfelden, von
dannen durch Hellmannsöd auf Linz, welche der ernannten Straßen gen Freystadt oder Leonfelden mit
solchen Speiswaaren zu Nothdurft des Landes denen
Kauf- oder Fuhrleuten zu besuchen gelegen seyn wird;
Außer derer aber als ordentlichen Landstraßen keines
andern Weges zu gebrauchen zugelassen seyn soll. Und
dann aus Niederösterreich von Gmündt oder Weitra
nach Strobnitz, Beneschau, Meinhardsschlag, Zetwing, Paßberg, Lichtenau. Item von Zwettl auf Ja-
ckenbach, Englstein, Perchtolds, durch den freyen
Wald auf Rauchenöd gen Freystadt; oder aber auf
Germus, Liebenstein, Weitersfelden, St. Oswald
gen Freystadt; item auf Napoltenstein, Arbesbach,
Weitersfelden, St. Oswald gen Freystadt. Vom Königswieser Wald aber auf Pregarten, und von dannen
wieder durch berührten Wald wollen Wir allein denen

Saumern Traid und Salz, auch den Viehtrieb, gericht auf Unſer Filialmauth zu Pregarten zu kommen,
und allda die Mauth davon zu verrichten hiemit verwil-
liget, ſonſt aber keine beſchlagene oder gewegn Waar,
noch ainicherley Kaufmannsgüter und Speiswaaren
von berührten Orten auf Pregarten zu bringen, ſondern damit allein Unſere Freyſtadt, wie obgemeldt,
zu beſuchen zugelaſſen haben, in allweg aber von allen
Waaren und Gütern die gebührlich Mauth mit ordentlicher Anſag desjenigen, ſo ein jeder führt, unweiger-
lich bezahlt werden ſolle.“ —. Zur Gewißheit der genauen Befolgung dieſer Verordnung mußte ein jeder
Fuhrmann bey den Ausbruchſtationen ein Zeugniß
von Linz oder Freyſtadt vorweiſen, daß er auf der vor-
geſchriebenen Straße gereiſet ſey. Den Uibertretern
wurden die Wagen ſammt der Fracht weggenommen
und zur landesfürſtlichen Kammer eingezogen. —
„Geben in Unſer Stadt Wien den achtzehnten Tag
Juny Anno ꝛc. im Ain und ſibenzigiſten.“

Aus dieſer merkwürdigen Urkunde lernen wir den
ungemeinen Druck des Stapelrechtes von Freyſtadt
auf das Mühl- und Machlandviertel, und auch die
Richtungen der damahligen Straßen kennen; von mehreren derſelben iſt keine Spur mehr vorhanden. Es
iſt doch unbegreiflich, wie man ſehr bequeme Straßen,
z. B. die von Pregarten, wo ſich eine Zollſtation befand, für Frachtwagen verbiethen, und ſie nur den
Saumern und Viehtreibern erlauben konnte. Auffallen muß auch der Unterſchied, den man zwiſchen eingeführten Lebensmitteln machte. Diejenigen, die im Lande verzehrt wurden, durften auch über Leonfelden eingeführt werden; die andern aber, die weiter ins Ausland
gebracht wurden, mußten alle nach Freyſtadt kommen.

Beylage Nro. XIII.

Der Statthalter Erzherzog Ernſt hebt den Straßenzwang bei Leonfelden und Haslach auf, und erklärt ſie allen Kaufleuten für geöffnet. 1576.

Wir Ernſt von Gottes genaden Erzherzog zu Oeſterreich ... Empieten N. allen vnd yeden der Röm. Kay. Mjt. Vnſers genedigſten geliebten Herrn vnd Bruders Unterthanen, geiſtlichen vnd weltlichen, weſſen Standes oder Weſens die allenthalben, vornemlich aber in Machland und Mühelviertel des Erzh. Oeſt. ob der Enns wohnhaft ſein, und ſonderlich die Obrigkeit, Gericht, oder derſelben Verwaltung im gemeldten Erzherzogthum haben, ſo mit dieſem unſern General-Mandat angelangt, erſucht oder derſelben zu wiſſen gemacht werden; auch allen Kauf-Handels- und Fuhrleuten, ſo ernennte beede Viertel mit ihren Waaren, Roß und Wagen beſuchen und berühren, unſer Gnad., und geben euch gnädiglich zu vernemben. Als weilend der allerdurchleuchtigiſt.. Herr Herr Maximilian der Ander.. hievor im verſchienen ain und ſiebenzigſten Jahr auf N. Burgermaiſter, Richter und Rath der Stadt Freyſtadt im gedachten Erzh. Oeſt. ob der Enns gelegen, unterthänigſtes Anlangen und Bitten gnädigſt bewilliget, daß alle Kaufmannswaaren, wie die genennt werden, darzu auch diejenigen Speisnothdurften, ſo man aus oder durch Land ob der Enns bringt, und darinnen nicht verbraucht, die von oder durch Behaim und Oeſterreich unter der Enns zwiſchen den Walden in Oeſt. ob der Enns, oder von dannen in Behaim oder Oeſt. unter der Enns gebracht werden wollen, allein auf die Niederlag Freyſtadt, und nicht auf Lanfelden, Haslach oder ander Sträſſen gebracht und geführt

werden sollen, und deswegen sondere General=Man=
dat ausgehen haben lassen: Wir aber sider (seither)
her in gewisser Erfahrung befunden, daß Ihrer Mjt.
solche Sperr der Straßen auf Lanfelden und Haslach
in mehr Weg, sonderlich aber in Ausgang und Ver=
führung Ihrer Mjt. Hallstätter und Ischler Salz in
Behaim zu merklichem Nachtl und Abbruch Ihres
Camerguts geraicht hat, derwegen Ihre Mjt. gar
nicht gemaint, angeregte Sperr der Straßen auf
Lanfelden und Haslach länger zu gedulden oder zu
gestatten; fürnemlich darumben, daß Ihr Mjt. gnä=
digst gestimmt und entschlossen sind, nu fürohin Ihr
Hallstätter und Ischler Salz in großer Anzahl auf
allen Straßen soviel müglich in Behaim eingehen und
verführen zu lassen. So wollen Wir demnach aus
gehörten Ursachen berührte, hievor Anno im ain und
siebenzigisten Jahr ausgangen General = Mandat von
Ihr Mjt. wegen hiemit wieder relaxiret, aufgehebt,
abgethan, und entgegen die Wiederöffnung der Stra=
ßen auf Lanfelden und Haslach, wie von Alters her
gebräuchig gewest, gnädigst zugelassen, erlaubt und
bewilligt haben. Und gebiethen hierauf allen Ihrer
Mjt. Landmarschalchen, Landshauptleuten ... und
sonderlich denen, die der Enden Gericht, Gebieth
und Obrigkeiten haben, ernstlich und wollen, daß
ihr ob solcher Unserer Bewilligung mit Ernst hal=
tet, die Kauf= Handels= und Fuhrleut mit ihren
Waaren zu Lanfelden und Haslach, wo sie sonsten
nicht auf die Freystadt zu fahren wollen, ungeirrt
und unaufgehalten dem alten Gebrauch nach durch=
kommen und passiren lasset, darwider selbst nicht hand=
let, noch andern zu thun gestattet. Daran vollzieht
ihr höchstgedachter Kay. Mjt. und Unsern ernstli=
chen Willen und Mainung. Geben in der Stadt

Wienn den 25. Octobris, Anno im Sechs und Sibenzigisten.

Beylage Nro. XIV.

K. Rudolph beschränkt wieder die freye Fahrt nach Leonfelden 1577.

Wir Rudolph der Ander.. Embieten N. allen vnd yeden vnsern Vnterthanen, geistlichen vnd weltlichen, was Würden, Stands oder Wesens die allenthalben", u. s. w. —; wie in der vorhergehenden Urkunde des Erzh. Ernst. —

„Wiewohl der durchleuchtig hochgeborn, unser freundlicher lieber Bruder und Fürst, Ernst, Erzherzog zu Oesterreich, durch offne Patenta vom 25. Octobris verschienen 76 Jahrs die Generalien, welche auf Anhalten N. Burgermaister, Richter und Rath unser Stadt Freystadt durch vnsern geliebten Herrn und Vater, weilendt Kayser Maximilian der Ander.. ausgehen lassen, darinnen Ihr Kays. Mjt. gebothen und befohlen haben, daß alle Kaufmannswaaren, u. s. w. — (wie in der vorigen Urkunde) —. So seind Vns doch siederhero andere und neue wichtige Bedenken und Bewegnussen fürgefallen, in Kraft deren Wir die Wirkung vorbemelten Unsers Bruders und Fürstens offne Mandata bis auf Unsere weitere Resolution dergestalt aufschieben, nämlich, daß gleichwohl diejenigen, so zu Linz und in andern Salz-Lagstätten groß Kuffensalz laden, mit demselben Unsern Salz jedes Gelegenheit nach auf Lanfelden, Haslach oder Freystadt zufahren mögen, und auf solich Unser Salz allain zu verstehen, ihnen die Lanfelder und Haslacher Straßen nicht gesperrt seyn sollen. Was aber sonsten andere Waaren in gmain, desgleichen die Victualien anberührt: in dem lassen Wirs allerdings bey Unsers geliebten Herrn und Vaters im 71. Jahr den 18. Junn ausgangen offnen Generalen derzeit verbleiben; denenselben sollen sich Kauf= und Fuhrleut, In= und Ausländer, gemäß verhalten. Wer aber sich solchen Generalien zugegen betreten ließe, den mügen die von der Freystadt pfänden und zu gebührlicher Straf bringen. Das ist also Unser gnädiger Willen und Mainen. Geben in Unser Stadt Wienn am 23. Tag Marty Anno im sieben und siebenzigisten...

Beylage Nro. XV.

Die Herzoge Albrecht und Leopold verleihen der Stadt Wels ein Stapelrecht für den Holzhandel. Am 28. April 1372. Aus dem Welser Archiv.

Wir Albrecht vnd Leupolt brüder von gotes gnaden hertzogen ze Oest... Bekhennen vnd thuen khundt offennlich mit disem brief, das wir angesehen haben die gebresten, die vnnser Stat ze Wellß manigualtigclich anligundt sind, vnd haben den burgern gmaingclich daselbs ze Wellß die genad geton vnd thuen auch, Swaß man Holtzes oberhalben Wellß auf der Traun oder auf andern wassern, wie die genannt sindt, abwertz vnd enawe (sonst heißt es gewöhnlich nauwärts; daher der Nauferg) füert, das dasselb Holtz nicht verrer solt gefüert werden, danne geen Wellß, vnd nicht fürbaß, vnd das egenant holtz mügen vnd sollen die vorgenenten vnser burger von wellß danne khauffen, vnd ander niemant, vnd damit fürbaß wandln vnd fügn an alle Irrung, als lanng vntz wir beede, oder vnser Ainer

das' widerrueffen. Mit vrkhundt dits briefs geben ze
Wienn am Mitichen nach Sannt Georgen tag. Anno
Domini Millesimo . Trecentesimo Septuagesimo Se-
cundo.

Beylage Nro. XV. A.

H. Albrecht bestätiget den Bürgern von Mauthausen zwey
alte Privilegien. 1402.

Wir Albrecht von Gottes Gnaden Herzog zu Oesterreich .. bekennen und thun kund offentlich mit dem
Brief, daß für Uns kommen Unser Getreuen, der
Richter und die Burger zu Mauthausen, und legten
Uns für und weisen uns auch mit Unsern Städten ob
der Enns und Unsers Mauthner zu Linz Briefen und
Kundschaften, Wie derselb Unser Mark zu Mauthausen und sie von weiland Unsern Vordern löblicher Gedächtnuß solch Recht, Gnad und Freyheit
von Alter her hätten bracht und gehabt, als hernach geschrieben steht. Und wann ihnen die Briefe,
die ihnen dieselb Unser Vordern seliger darüber hätten
geben, ungefährlich verbrunnen wären, davon so bathen sie Uns diemüthiglich, daß Wir ihnen die gemeldten ihre Recht, Gnad und Freyheit von Unser Gnaden geruhen von neuem Ding zu geben und bestätten.
Von Ersten, daß sie vor allen Unsern Mauthstätten bey
der Donau mit allen ihren Waaren, Getreid, Salz
und andern Haben, wie sie die dahin bringen, alle die
Freyheit, Genad und Recht haben, die ander Unser
Burger aus unsern Städten ob der Enns mit ihren
Weinen, Getreid, Salz und andern ihren Haben,
wann sie die dahin bringen, haben, ohne Gefähr.
Item was jemand, der in dem ehgenannten Markt

nit wohnhaft oder seßhaft ist, seiner Habe auf dem
Waſſer in Schiffung dahin bringt, es ſey Wein, Getreid oder andere Habe, der mag die auf den Schiffen
wohl verkaufen und verthun, wenn er will; wollt
er aber ſolch Wein, Getreid, Salz oder andere Habe
daſelbſt in Keller oder an das Land legen und es dann
verkaufen und verthun: des ſoll er nit Gwalt und
Macht haben, ſondern die Gmain Unſer Burger mögen es wohl unterſtehen und verwehren, als von Alter herkommen iſt, ungefährlich. Nun haben wir angeſehen derſelben Unſer Burger fleißige Bitt und Begier, und haben dadurch und durch gmaines Nutz,
Frommens und Aufnehmens willen deſſelben Unſers
Markts und aller Unſer Unterthanen, darinne geſeſſen, ihnen und allen ihren Nachkommen die obbe-
ſchriebene Freyheit und Gnad, als ſie von Wort zu
Wort darvor geſchrieben ſteht, und auch all ander ihre Recht, Freyheit und löblich Gewohnheit, die ſie
von Alter herbracht und gehabt haben, verneuet, bekräftiget und beſtätt; verneuen, bekräftigen und be-
ſtätten ihnen auch die von fürſtlicher Macht wiſſentlich ... Geben zu Wien am St. Nicolaus Tag (am
6. December) nach Chriſti Geburt vierzehnhundert
Jahr, darnach in dem andern Jahr.

Nur zu Mauthauſen, und nicht zu Au und Albern, ſoll eine
Niederlage ſeyn. 1378.

Wir Albrecht und Leopold von Gottes Gnaden
Herzogen zu Oeſterreich ... bekennen und thun kund
offentlich mit dieſem Brief. Als Unſer lieber Herr und
Vater, ſeliger Gedächtnuß, den Burgern gemainiglich zu Mauthauſen ſeinen Brief geben hat, daß daſelbſt zu Mauthauſen, da man Unſer Mauth nimmt,
all Niederlag ſeyn ſoll, und kein Niederlag ſeyn ſoll

zu Au; als mainen Wir und wollen ernſtlich, daß es
bey demſelben Brief bleib in aller der Maßen, als
derſelb Brief von Wort zu Wort geſchrieben ſteht.
Darzu haben Wir ſie durch ihr rechter Nothdurft willen ſonderlich begnadet, daß zu Albern auch kein Niederlag ſey zu gleicher Weis als zu Au. Davon gebiethen Wir ernſtlich Unſern lieben Getreuen, den Haupt-
leuten ob der Enns, gegenwärtigen und künftigen,
Grafen, Freyen, Landherrn, Rittern und Knechten,
Burggrafen, Richtern und Mauthnern, und allen
andern Unſern Amtleuten und Unterthanen, den dieſer Brief gezeigt wird, und wollen ernſtlich, daß ſie
die vorgenannten Unſer Burger zu Mauthauſen bey
derſelben Unſer Beſtätigung und Gnad beleiben laſſen
und dawider nicht thun in kein Weg. Wer es aber
darüber thät, der wär gänzlich wider Uns. Des geben
Wir zu Urkund dieſen Brief beſiegelt mit Unſerem
Inſiegel, der geben iſt zu Wien am Samſtag vor
dem Sonntag, als man ſingt Oculi in der Faſten
(am 20. März), nach Chriſti Geburt dreyzehenhundert Jahr, darnach in dem acht und ſiebenzigſten
Jahr.

Brief-Eberhards von Capellen an den Herzog, in welchem
er bezeuget, daß die Freyſtädter keinen Handel in Mauthauſen treiben dürfen. 1392.

Dem Durchleuchtigen, hochgeborn edlen Fürſten,
Herzog Albrechten, Herzog zu Oeſterreich, zu Steyr,
zu Kärnthen und zu Crain, Graf zu Tyrol.

Mein willig Dienſt war allzeit bevor. Lieber
Herr. Wie Eure Burger hie zu Enns, und die Stadt
und die ganz Gmain daſelbſt verſchreibent, als laß
ich Euer Gnad auch wiſſen, daß ich jetzund und auch
vor, als lang ich Euer Hauptmann zu Enns geweſen

bin, gedenk, daß kein Freyſtädter mit Recht hat an
den Stätten, noch in den Kellern hinzugeben noch zu
kaufen, wann es Eur arm Leut zu Mauthauſen ihr
maiſte Nahrung iſt, mit Wein und Traid da verkau=
fen und hingeben. Sollen da ander Leut mitſammt ſie
das Recht haben, verſteht Euer Gnad wohl, daß es
ihr Verderben wär. Geben zu Enns, am St. Lucas
Tag (den 18. October) anno Domini etc. LXXXX.
Secundo.

Eberhardt von Khappelln.

Ein zweytes ſolches Zeugniß von Linz. 1392.

Dem Durchleuchtigen, Hochgebornen Fürſten,
Unſerm Gnädigen Lieben Herrn Herzog Albrecht zu
Oeſt., zu Steyr ... entbiethen wir, der Richter, der
Rath und gmaindlich Euer Burger der Stadt zu Linz
unſer willig Dienſt mit ſtetem Gehorſam. Gnädiger
Herr! Wir thun Euer Fürſtlichen Gnaden zu wiſſen,
daß die Mauthauſer für uns kommen ſeynd, und ha=
ben uns zu wiſſen gethan, wie die Freyſtädter mit
ihnen arbeiten wollten, des ſie doch nicht Recht hiet=
ten, und bathen uns, unſer Kundſchaft, als wir ſein
gedächtig wären, zu ſagen. Da verhörten wir etlich,
die vor Zeiten Mauthner und Schreiber der Mauth
daſelbſt geweſen ſeynd. Die ſagten bey ihren Ayden
und Treuen, und haben es auch von andern ehrbaren
Lenten wohl vernommen, daß die Freyſtädter mit de=
nen Mauthauſern nicht andere Rechten habent zu
arbeiten, denn was ſie auf Schiffen daſelbſt hin gegen
Mauthauſen bringent von Wein und Getreid und ſol=
cher Kaufmannſchaft, das mögen ſie auf dem Waſſer
und an der Zilln wohl verkauffen wem ſie wollen;
aber daß ſie es auf dem Land und aus den Kellern da=
ſelbſt zu Mauthauſen verkaufen ſollen, des haben ſie

nit Recht. Beſchloſſen unter unſrer Stadt Inſiegl.
Geben zu Linz, om Sonntag nach Lucas (den 20. October) Anno Dni etc. LXXXX. Secundo.

Beyläge Nro. XVI.

Urkunden, welche beweiſen, daß fremde Kaufleute auch im Lande ob der Enns eben ſo wie unter der Enns mit niemanden, als iiur mit den
Bürgern in Städten Handel treiben durften.

Statuten des Magiſtrates der Stadt Enns. Am 24. April
1330. Aus dem Original.

Hier ſtent geſchriben. die Auffetz. die der Rat. vnt
die Gemain hat aufgeſatzt. der Stat ze nutz. vnd ze
eren. Daz erſt iſt. daz aller fürchauf verpoten iſt.
darnach ſchol alleu Mazz geleich ſein. beſunderlich an
Wein. den man ſent in die Stat. Als öft der Wein-
ſchench. die weinmazz priht. daz er ſei niht vollichlich
ſent in die Stat. ſo iſt derſelb. ze wandel. veruallen.
Zwen vnt Dreizzich phenning. dem Rihter. vnt dem
Nahrihter. ſo ſchol verpoten ſein. allen weinchöſtern.
vnt allen vnder Chauffern. daz ſi. mit niht. dehain
wandlung ſchullen haben. zwiſchen allen Geſten.
dann als vil. daz der Weinchoſter. den Gaſt zue dem
Purger. ſchol pringen. der wein. wil chauffen. vnt
waz der Gaſt. weins chauft. von dem Purger. ſo ſchol
der Purger. von iedem Dreiling weins. geben zehen
phenning wienner müntzze dem Weinchoſter. vnt dehain Gaſt niht. vnt waz der Gaſt. weins geit ze
chauffen. dem Purger. ſo ſchol. der Purger geben
vier phenning wienner müntzze. dem Weinchoſter.
vnt der Gaſt niht. vnt waz der vnder chauffel dem

Purger chauft . oder verchauft . iz ſei Trait . Saltz .
oder Silber . ſo ſchol der Purger . von iedem Stukch
geben: ain phenningh . vnt der Gaſt niht . ſo ſchol der
Weinchoſter . oder die Vnderchauffel . auf dehain
Zulle niht gen . iz ge . dann ain Purger mit im . der
von dem Gaſt chauffen welle . ſwer den aufSatz priht .
den die Weinchoſter vnd die Vnderchauffel mit irm
Ayd geſwarn habent ze pehalten . demſelben iſt verpoten . ain Jar . die Stat . vnt dem Purger iſt aufgeſatzt . daz er . dem Weinchoſter . oder dem Vnderchauffel . ſchol niht mer geben dann Zehen phenning . von
iedem Dreiling weins . oder von iedem Dreiling
weins . den er . im chauft . von dem Gaſt . vier phenning . oder von iedem Stukch . iz ſei . Drait . Saltz .
oder Silber . ain phenninch . vnt niht mer . vnd ſweli-
chér Purger . Dazſelb Pot niht ſtät pehalt . daz er im
mer geit . wie daz genant iſt . dann aufgeſatzt iſt . derſelb iſt veruallen . ains phunt phenning . an die Stat .
vnt von dem ſelben phunt phenning . ſchol man geben .
Sehtzich phenning . dem Rihter . Wir haben ouch aufgeſatzt . daz ein illeich purger . mit niht . dehain wandlung ſchol haben Zwiſchen allen Geſten . ſwer daz niht
ſtät hat . der iſt veruallen . ains phunt phenning . an
die Stat . hat er . der phenning niht . ſo ſchol . in . der
Rihter in vanchnuſſe haben in einem Turn nach der
Purger rat . iz ſchol oych dehain Gaſt . niht weins inle-
gen . ſwelicher Purger . ſich darvber . vnder windet
des weins ze pehalten . dem Gaſt . ſo iſt der Purger .
veruallen Fünf phunt phenning wienner munzze . an
die Stat . Daz die red . vnt die aufSatz . ſtät vnt vn-
uerchert peleib . darvber geben wir . den offen brief ze
einem warn Gezeng . mit hern Perihtoltz Sthefoltz .
ztér zeit Stat Rihter ze Ens . Anhanguhdem Inſigel
beſtätigt . Der brief iſt geben do von Chriſti geburd .

warn ergangen . Dreyzehen Hvndert . Jar . in dem
Dreizzigſtem Jar . des Eritages . an ſanct Geori-
gen tag.

Auswärtige Kauſleute dürfen nur mit den Bürgern von Enns
handeln. Am 16. März 1379. Aus dem Original.

Wir Albrecht von gots gnaden Hertzog ze Oeſterreich . . . Bechennen vnd tun chunt offenlich mit diſem
brief. Daʒ Wir den erbern vnſern getrewen . . den Purgern gemainlich ze Ens, Darumb daʒ ſi, vnd dieſelbe
vnſer Stat ze Ens, deſter paʒ aufnemen, vnd gepeſſert
werden, die gnad getan haben, vnd tun auch, Swas
man wein oder getraid dahin pringet, daʒ das chain
gaſt, ainer dem andern nicht verkauffen ſol, nur allain
vnſern Purgern daſelbs ze Ens, Vnd ſwas auch Geſte
ſind, die von obern Landen mit gewand dahin komend,
daʒ die daſſelbe gewand auch dhainem anderm Gaſt
nicht hingeben, noch verſueyden, Sunder ſi ſullen das
verkauffen den obgenanten vnſern Purgern, an alles
gener, Mit vrchund diʒ briefs . Geben ze Wienn, an
Mittichen vor dem Suntag als man ſinget Letare ze
mittervaſten, Nach kriſts geburdt dreuʒehen hundert
Jar, darnach in dem Newn vnd Sybenʒigiſten Jare.

Ein ähnlicher Befehl für die Stadt Linz. Am 10. December 1394. Aus dem Original.

Wir Albrecht von gotes genaden Hertzog ze Oeſterreich . . Bekennen, daʒ wir vnſern getrewn lieben,
Allen vnſern Burgern ze Lynʒ von beſundern gnaden
die gnad getan haben vnd tun auch wiſſentlich mit
dem brief, daʒ Sy allerlay kauffmanſchaft auf dem
Lande kauffen vnd verkauffen mugent, wie In das
fügleich iſt, vnd daʒ auch all ander awʒer Leut, die
nicht in vnſern Steten ſiʒent , noch damit leident,
dhainerley kauffmanſchafft auf dem Lande nicht alſo

treyben noch handeln ſullent in dhainen weg, denn iu
vnſern Steten, doch vntz an vnſer widerruffen an·ge=
uerde. Dauon gepietten wir veſtiklich vnſerm gegen=
wurttigen Hauptman ob der Ens, oder wer ye vnſer
Hauptman daſelbs iſt, vnd auch allen andern vnßern
Herren, Rittern vnd knechten, Phlegern Purggrauen
Richtern, vnd andern Amptleuten Vndertanen vnd ge=
trewn, den der brief getzaigt wirdt, vnd wellen ernſt=
lich, daz Sy die egenanten vnſer Burger bey diſer
vnſer gnad veſtikleich halten vnd an Irrung vnd Hin=
dernuſſe dabey laſſen beleyben, Wan wir das ernſtlich
maynen. Mit vrkund ditz briefs. Geben ze Wels an
Phintztag vor Sand Lucien tag. Anno Domini Milleſimo Trecenteſimo Nonageſimo quarto.

Ein für alle Mahle wird hier die Bemerkung bey=
geſüget, daß man ja nicht glauben dürfe, als wären
dieſe und ähnliche Privilegien nur der genannten
Stadt Enns oder Linz verliehen worden; ſie wurden
gewöhnlich auch allen übrigen Städten ganz gleich=
lautend, nur mit Aenderung des Nahmens der Stadt,
bald im nämlichen Jahre, bald auch etwas ſpäter ver=
liehen. Dieſes war auch der Fall bey den zwey letzten
hier angeführten Urkunden ; auch Wels, Gmunden
und Freyſtadt haben ſie erhalten. Es wäre unnütz,
ſie von allen Städten abzuſchreiben ; es genüget ein
Exemplar für alle. Die Statuten des Magiſtrates
von Enns vom Jahre 1330 enthalten viele merkwür=
dige Notizen, von denen am gehörigen Orte wird Ge=
brauch gemacht werden. Hier genüge uns die Stelle,
daß Auswärtige nur mit einem Bürger von Enns
Handel treiben durften.

Beylage Nro. XVII.

H. Albrecht verbiethet den Ausländern, auch während der
Jahrmärkte Waaren zu Kleidungsstücken ellenweise zu verkaufen. Am 1. März 1426. Aus einem Linzer Codex.

Wir Albrecht von Gottes genaden Herzog zu Oesterreich .. Graf zu Mehren .. Embietten vnsern lieben getreuen, allen vnsern Haubtleuten, Herrn, Rittern vnd Knechten, Pflegern .. alles guets. Wir sein
lauter vnderweiset worden, daß der Gwandtschnitt,
vnd Gwandt mit der Ellen zu uerkhauffen, den die
Gefft etliche Zeit her auf den Jarmärkten in Stetten
vnd anderswo in vnserm Landt nach ihren Willen gethan habent, vnsern Khaufleuten vnd Inwohnern
vnsers Landts zu Oesterreich vnd ob der Ens zu grossen vnd merklichen schaden kommen sein, vnd hinfür
khomen mechten, wan damit die Gefft den Gewin, der
dauon khombt, aus dem Landt zu ihrem Nutz füren,
des die vnsern, die mit vns vnd dem Land leiden müssen, entperen. Nu haben wir denselben Gwandtschnitt
den Gefften abgenomben, vnd mainen, das sie den hinfüro nicht mehr thun sollen, doch vntz an vnser widerruffen. Dauon ist vnser mainung, vnd empfelchen euch
ernstlich vnd wellen, daß ihr allenthalben in vnsern
vnd euren Gebietten in Stetten vnd auf dem Landt
offentlich schaffet zu beruffen, das nu fürbasser khain
Gafft, der nicht heußlich wonhaft in vnserm Land ist,
Gwandt in vnserm Land zu Oesterreich vnd ob der
Ens mit der Ellen verschneide vnd verkhaufe, sondern
welcher Gafft Gwandt in das Land bringt, vnd das
da verkaufen welle, daß er das ganz vnd nicht verschnit-
ten mit der Ellen verkhaufe, wann wir mainen, daß
das nur vnser Inwohner vnd Undersässen, vnd niemandt ander im Land thun sollen. Welcher Khaufman

das aber darwider thet, den wollen wir schaffen, solch
sein Gwandt zu vnsern Handten zu nemben. Geben zu
Wien, am Freytag vor dem Suntag Oculi in der
Fasten. Anno Domini millesimo Quadringentesimo
vicesimo Sexto.

Beylage Nro. XVIII.

K. Maximilian erlaubt den Bürgern von Linz, über die
Donau eine Brücke zu bauen. Am 3. März 1497. Aus
dem Riedecker Codex.

Wir Maximilian .. Bekhennen für vns vnd vnser
Erben offentlich mit disem brieff vnd thuen khundt Al-
lermennigelich, das wir gemainem nutz zu füerderung,
vnsern vnderthanen vnd Lannde ob der Ens zu guet,
vnsern getrewen lieben N. dem Burgermaister Richter
vnd Rath zu Lynz gegennt vnd in beuolchen haben,
wissentlich mit dem brieff, das sy ober die Thuenaw
daselbs zu Lynz, wo sy am fueglichisten vnd bessten
bedunckht, ain Pruggen Pauen, die mit Polwerchen,
so dartzue Notturfftig wirdet, verforgen vnd bewahren, die Paullich vnd wessentlich halten, vnd von ainem
Jeden Menschen, vnd aller khauffmannschafft vnd
guet, so darüber gefüert, getriben oder getragen wirdt,
ain zimblich Pruggelt, dauon sy Ir außgaben vnd dar-
legen, das sy auf Pau, vnd bewahrung derselben
Bruggen thnen, widerumb aufheben, vnd die In beu-
lichen wesen behalten, nemen mügen, darfür wir, noch
vnser Erben Niemandt freyen wellen. Wir haben auch
denselben von Lynz zuegesagt, In die Jezt genannt
Prüggen in Ewig zeit nicht zu nemen, noch sonst niemandt Andern Inzuhaben, vnd zu uerwesen beuelchen,
sondern sy vnd Ire Nachkhomen dabey berueblich, vnd

ohne Irrung bleiben, der gebrauchen vnd genieſſen zu
laſſen, vnd das ſie auch alle die freyhait, vnd recht, wie
ander Pruggen In vnſerm fürſtenthumb Oſterreich
darzue haben, vnd gebrauchen ſollen, von aller menni-
gelich vnuerhindert. Mit vrkhundt des brieffs geben am
freytag vor dem Suntag Letare zu Mittfaſſten, nach
Chriſti gebuert vierzehenhundert, vnd Im Syben vnd
Neunzigiſten … Jahr.

Beylage Nro. XIX.

K. Friedrich verbiethet den Bewohnern des Dorfes Ufer,
Linz gegenüber, das Weinſchenken, Gaſthäuſer und allen
Handel. Am 17. May 1485. Aus dem Riedecker Codex.

Wir Fridrich von Gottes genaden Römiſcher Khayſer … Bekhennen, als zwiſchen vnſern getrewen lieben
N. dem Richter Rath vnd onſren Burgern gemaine-
lich zu Lynz, Ainß, vnd N. den Leuten vnd halten
(Holden) Am Vrfahr zu Scharlynz gegen Lynz ober
des Andern Thails, von weinſchenckhs vnd anderer
handlung wegen, ſo dieſelben leuth, daſelbs am Vrfahr
geuebt, vnd etwas zwitracht vnd Irrung geweſt ſeyen,
vnd vns aber dieſelben vnſer Burger In beyweſen
Etlicher derſelben leuth, von der Gemain auß vnßer
Erfordern darzue georndtnet, durch Jer Priuilegien
Freyhait, vnd Alts herkhommen, Juen von weillendt
vnſern vorfordern, fuerſſten von Oſterreich loblichiſter
gedechtnuß, gegeben, vnd durch vnß Genedigelich beſtätt, Auch mit Jren Statt vnd Mauth Puechern ge-
nuegſamblich bericht haben, das den bemelten leutten
am vrfahr, weder weinſchenckhen, Gaſtung noch andere Handlung vnd wandlung, Es ſey mit Traydt holtz
ſaltz oder andere wahr, khaine außgenommen, erlaubt

wehre, ſondern das ſolche handlung alle ledigelich bey
derſelben vnſer Statt hie ſein ſolle, vnd ob dieſelben
Leuth am Vrfahr weder brieff, khundtſchafft noch Anders, dardurch ſy ſich wider ſolch der von Lynz Freyhait vñd Altß herkhomen behelffen mechten, fuerbrach-
ten, daß wir In dazumahlen ſo weinſchenkhen, Gaſſ-
tung, Auch all ander handlung Abgethuen, vnd die
füro diſen tag nicht mehr zu gebrauchen noch zu üben
beuelchen, dem ſy dann von der ganzen gemain wegen,
daſelbs am vrfahr willigelich vnd gehorſamblich nach-
zukhommen erbotten , vnd zuegeſagt, wo aber das
nicht beſchäch, das wir denſelben von Lynz ſich bey ſolchen Iren Freyhaiten ſelbs zu handthaben vnd zu halten vergundt vnd erlaubt haben. Dauon gebieten wir
den Edlen vnſern lieben getrewen, N. allen vnſern
haubtleuthen … Geben zu Lynz am Erichtag vor dem
heiligen Pfingſttag. Nach Chriſti gebuerdt, vierzehenhundert vnd Im fümff vnd achzigiſten … Jahr.

Beylage Nro. XX.

Verordnung K. Maximilians: Der Handel mit Wein, Ge-
treide und anderen Dingen ſoll bloß in den Städten und
Märkten, keineswegs aber unter der Bauerſchaft auf dem
Lande getrieben werden. Am 13. December 1496.
Aus dem Original.

Wir Maximilian von gots gnaden Römiſcher Kunig .. Embieten vnnſerm lieben getrewn Georgen von
Loſenſtain vnnſerm Rate vnd Hawbtman ob der Enns
oder wer kunffticlich vnnſer Hawbtman daſelbs ſein
wirdet Vnnſer gnad vnd alles gut. Vns haben vnnſer
getrewn .. vnnſer Stete vnd Panmerkht Burger deſſelben vnſern Fürſtenthumbs ob der Enns anbracht.

Wiewol Sy von weilennt vnnsern vorfaren Fürsten
von Osterreich loblicher gedechtnuß loblichen gefreyt.
vnd von allter also herkomen were: Das der kaufflag
mit Wein Traid vnd annderm Gewerb allain in den
Stetten vnd Merkhten die sunst khain ännder narung
hieten sein vnd geübt werden sollt. So werde doch der=
selb Hanndl durch den Pawrsman auf dem Gew, dem
das von Recht noch aus Freyhait nicht zugehöret, so
gemainclich vnd dergestallt gebraucht das des der me=
rertail auf das Gew wuchse mit dem Sy in ganntz ver=
derben komen vnd die Stet vnd Merkht dadurch ver=
ödt wurden, daz Sy vns fürbas so statlich als Sy bis=
her getan heten nicht mer gedienen noch in Stewrn An=
slegen vnd annderm Helffen möchten. Vnd vns als
Iren Herrn vnd Lanndsfürsten vmb hilff diemuticlich
angeruffen vnd gebeten. Vnd so vns nu gebürt, vnd
gemaint ist, die vnnsern bey Iren Freyhaiten alltem
herkomen vnd Narung zu hanndthaben. Emphelhen
wir dir ernnstlich vnd wellen so ferr solher hanndl vnd
Gewerb wider der genanntten vnnser vnd ander Bur=
ger Freyhait vnd allt herkomen auf dem Gew vnzimli=
cher weise geübt wirdet. Daz du dann allennthalben
in vnnser Hawbtmanschafft deiner verwesung offennlich
beruffen vnd verbieten lassest damit füran nymannd
auf dem Gew der nicht Burger oder des sunst gefreyt
sey oder gerechtikait hab khainerlay Gewerb oder kawff=
manschafft nicht vb oder treib Sonnder die widerumb
in die Stete vnd Merkht wie von allter herkomen ist
gewenndet vnd daselbst gesucht Dadurch vns vnnser
Camergut vnd Dinstperkait nicht entzogen noch not
werde mit straffen vnd in annder weeg hir Innen zu
handeln daran tust du vnnser ernnstliche maynung.
Geben am Eritag sannd Lucien tag (am 13. Decem=
ber) Anno domini etc. LXXXXVI ...

An eben demselben Tage bestätigte Maximilian
H. Albrechts Verordnung vom Jahre 1372, über den
Handel Oberösterreichs, und wiederhohlte sie wörtlich.
Sie findet sich in der Beylage Nro. VI.

Beylage Nro. XXI.

H. Rudolph entscheidet einen Streit zwischen den Bürgern
von Neustadt und Wien wegen des Weinhandels in letze-
rer Stadt. Am 10. November 1358. Aus dem Seitenstetter Codex.

Wir Ruedolf von gotz genaden Hertzog Zw Osterreich .. Tun kund, (das) zwischen den erbern vnd weisen, vnsern lieben Getrewen, den Burgern gemainkch-
leichen Zw wienn an ainem tail, vnd den andern Burgern ze der Newnstatt an dem andern tail gewesen
sind Soleich mißhelung vnd Stözz, als hienach geschriben stett. Da ist zu merkchen, das die vorgenanten
vnser Burger von der Newnstatt aus den Hanndtue-
sten vnd briefen, die sy habent von vnsern vorvodern,
sich vnderziechen wellen Soleicher recht, das sy all ir
wein, wie offt, wie viel, vnd auch zu welicher zeitt in
dem Jare sy des Lustett, füeren solten vnd machten
(möchten) in die Stat zu wienn, vnd das sy dieselben
ir wein da nyderlegen vnd verkauffen, Vnd ir offenn
Taffern vnd lewthewser daselbs zu wienn haben solten
an alle Irrung in allen den Rechten als die Burger
selber zu wienn. Vnd zugen sich des an die egenant Jr
Hanntfest, vnd chomen für vns vnd für vnsern Ratt.
Das habent dieselben purger von wienn widersprochen
vnd gehennt (sic) all gemainkleich, Das die von der
Newnstat bey allen Iren zeitten kain offenn noch kain
gemain Nyderlegung, noch Tafern, noch lewthewser

gehabt habent noch ze recht haben sullen ; Das sy auch
kain Iren wein durch nyderlegung noch verkawffens
willen gen wienn füeru sullen, An alain zwischen Sand
Michels tag vnd Sand Merteins tag, So mügen sy.
wol ir wein füeren gen wienn auf den Hoff, Als ander.
vnser landtlewtt tunt in derselben zeitt, Vnd als es von
alter Her chomen ist vngeuerlich. Vnd zugen sich des
an dieselben von wienn. Auch an dy Hanntvest vnd
brief, die vunser voruodern bey alten zeiten geben habent den vorgenanten vnsern Burgern von der Newnstatt, vnd paten vns auch, das wir sew vor der egenanten nyderlegung zu Schirmen geruchen Genadigklei-
chen, Ob wir in vnserm Ratt erfunden, Das es Recht
wer. Vnd wann wir nach volkomenhait des gewalts
fürstleicher wirdigkait als ein vollaister des Rechttens
vnd ain guetter Mittler aller mißhelung den vorgenanten vnsern Burgern von payden Stetten, vnd all andern vnsern getrewen Schuldig vnd gepunden sein
schirmes vnd frides nach Beschaidenhaitt Vnd dem
Rechten : darumb haben wir die vorgenanten vnser
burger von der Newnstatt mit den egenanten Iren
Hantfesten Vnd briefen an ainem tail; Vnd die Burger von wienn an dem andern tail für vns vnd für vnsern Ratt gen wienn in vuser purgk berueffet vnd betagt
wissentlich auf den tag, als diser brief geben ist. Vnd
sein desselben tags nyder gesessen mit rechter wissen zu
vnsern Ratt, Dabei gewesen sein vnser lieber Ohaim,
der Hochwirdig Graue Albrecht von Hochenberg, Bischoff zu Freising ; Der Erwirdig vnser lieber freundt,
Abbt Pernhart von Reichenaw ; Dartzw vuser lieb getrewen, die Edln Reinprecht von waltssee von enns ;
Eberhartt von waltsee, vnser Haubtman ob der Enns ;
Vlreich von waltsee, vnser Hawbtman In Steyr ;
Vnd eberhartt von waltsee, Fridreich von Baltsee (sic);

des egenanten Vlreichs prueder; Graff yban von pern-
stain; Fridreich von pettaw; Ruedolf von Liechtenstain; Purgkhartt der altt von Ellerwach (sic); Her-
man von Lanberg, vnser Marschalh in Osterreich;
Ruedolf Von Stadegk; Hainreich von Hackenbergk,
vnser Hofmarscharlich; Johanns von Tuers von Rau-
chennegk; Fridreich von waltsee, vnser Camermaister;
Albrecht der Schennckh von Ried, vnser Hofmaister;
Maister Hanns von Platzhaim, vnser Cantzler, vnd
ander erber Herrn, Ritter vnd chnecht, die zu dem-
malln bey vns warn. Vnd do wir vnd dieselben vnser
Ratgeben verhorten vnd Ingenomen aigenlichen mit
gueten sitten, gar wissenlich von payden Stetten, vnd
sunderleich die egenanten brief, in die sy sich paidenthalben Zugen: Da funden wir vnder andern Stukchen
an denselben briefen Die Artigkel, damitt sich die obgenanten Burger von der Newnstatt behelffen wolten
Jrer maynung vnd der vorgeschriben Jrer fürgab.
Vnd dieselben Artigkl, die in den vorgenanten Hantfesten Latein verschriben sind, Lautent Jn Dewtsch
also: Das vnser vordern denselben vnsern Burgern
von der Newnstatt durch soleich besundre trew vnd
nemleich (sic) dienste, die sy an Jn Sunderleichen bey
alten zeitten vnd Newleich erfunden habent, Soleich
genad getan, vnd die recht vnd freyhaitt geben haben,
Das sy vnd all ir nachkomen Ewigkleich in allen vnsern Stettn vnd auf dem Lande zu Osterreich mit aller
Jrer kaufmanschatz vnd kauflichen Dingen, grossen
vnd chlainen, vnd mit allen Jren valen (feilen) guetern wanndeln sullen vnd mügen, mit allem verkawf-
fen vnd mit kawffen freyleich vnd ledigkleich an Maut
vnd an Zoll, vnd an all ander Jrrung, Vnd das sy
auch damit oben ir Recht, freyhait vnd gnad, die ander
vnser stet vnd Märkcht haben, dahin zu Wandlen an

alles geuerde in diſen vorgeſchriben punten vnd Stukchen die egenanten Artickl nach bezaihenleicher krafft
vnd beſunderr aigenſchafft der wörter der Rechtten,
als ſy in dem Rechten begriffen vnd geſetzt ſind, Haben
wir vnd die vorgenanten vnſer Ratgeben, paide phaf-
fen vnd layen, mit vleiſſiger vnd gueter vorbetrachtung
vnd beſchaidenhait erfunden vnd (nach) dem Rechten,
Das die vorgenanten vnſer Burger ze der Newnſtatt
mit allen Iren guetern, kaufmanſchafft vnd verkawfli-
chen dingen, groſſen vnd klayn, die man in gewelben
vnd in kramen gewöndlichen vail hatt , vnd die man
auch gewöndlichen vail hatt an offen Merckhten,
Straſſen vnd plätzen : Als viech, viſch vnd ander ding,
vnd mit allen andern Stukchen, die in dem wertt der
kawfmanſchafft begriffen ſind, Die ſein groß oder klain,
wanndlen ſullen vnd mügen in allen vnſern Stetten
vnd Märkchten frey vnd ledig vor aller Mawtt, vor
allem Zoll, vor aller ander Irrung, Vnd an als geuerde, Vnd ſullen auch damit in allen vnſern ſtetten
vnd Märkchten fürbas zu Ir ſelbs rechten Soleich
freihait vnd recht Haben Als ander vnſer Burger. Das
aber die von der Newnſtatt Ir offenni Tafern oder
lewthewſer, vnd ir Niderlegung mit Irn wein Zu
Wieun haben ſullen, Das kunden wir vnd dy vorgenanten vnſer Ratgeben Nach den vorgeſchriben Artikeln nicht erfinden, Sunderleich darumb, Wann
wein In vnſerm Land zu Oſterreich ein ſoleich groß,
namhafts vnd Redleich Stukch iſt, Das ſich all vnſer
Stett, vnd Sunderleich die Statt Zw Wienn aller-
maiſt betragent, vnd auch nachent Ir aller groſſiſter
paw vnd peſtew arbaitt iſt, Vnd auch in allen vnſern
Stetten von alten Zeiten her wol geſetzt vnd geordent
iſt, Wie ſy allenthalben Sunderleich mit allen Iren
wein wanndlen ſullen, Souerr das daſſelb Stukch

auch pilleich begriffen ist vnd Sunderleich mit den
namen in den briefen vnd Hantueſten, die vuſer voruodern Den egenanten Burgern von der Newnſtatt geben Habent, wer (wäre) halt ir maynung alſo geweſen.
Wann aber des nicht geſchechen iſt, vnd Sunderleichen,
wann nach gemaynem gotleichen Rechten kain groſs
namhaft noch redleich Stukch in ainer gemainſchafft
begriffen werden mag, Vnd auch kain mynners das
merer nicht beſchlewſſet, Wie das mynner begriffen
wirt; Vnd wann auch die vorgenanten Burger von
der Newnſtat weder Tafern, noch lewthewſer noch
Niderlegung Mit Irm wein in Rechter vnd geruebter
gewer, noch mit offner Noch Redleicher gewonhaitt
In der Statt Zw Wieun Nie gehabt habent:
Darumb nach erkanntnuſs vuſer ſelbs Vnd der vorgenanten vnſer Ratgeben, Vnd auch ir aller gemain
vnd ainhelligem Ratt Haben wir Vnderſchaiden-vnd
gelewtertt die vorgenanten Hanntueſt vnd brief, vnd
auch die krieg, die vmb die egenanten ſach geweſen ſind
Zwiſchen den vorgenanten vnſern purgern von paiden
Stetten, vnd ſprechen, das die vorgenanten Burger
von der Newnſtatt weder Taffern, noch lewthewſer,
noch kain Niderlegung Zw Wieun Haben ſullen, Vnd
auch kain wein durch verkawffens willen da hin füern
ſullen, An allain Zwiſchen Sand Michels tag vnd Sand
Marteinstag: Do mügen ſy wol ir wein auf vnſern
Hof füern ze wienn, Vnd den da Hin geben, verkawf-
ſen vnd verſchennkchen in der egenanten Zeitt, als
ander vuſer Landtlewt gewondlich tuent, vnd als es
von alter Her komen iſt an als geuerde. Darumb wellen wir vnd maynen gar ernſtlichen, das die vorgenanten vnſer purger von wienn fürbas ewigkleich vnbe-
kumert beleiben von den Burgern von der Newnſtatt
in der egenanten ſach. Vnd darumb ze Vrkundt geben

wir den vorgenanten Vnſern Burgern Zw Wienn diſen brief verſigelt mit Vnſerm klainem gewondlichen
Inſigel vntz auf die zeit, das vnſer groſs fürſtleich
Inſigel beraitt werd, Vnder dem ſy dann den egenanten vnſern ausſpruch vernewet nemen ſullen In
aller der maſs als vor beſchaiden iſt. Das geſchach
vnd wart diſer brief geben Zw wienn Am Sambtz-
tag nach aller Heiling tag, Nach Criſti geburt drewt-
zehenhundert Jar, Darnach in dem Acht vnd funf-
tzigiſten Jare.

Beylage Nro. XXII.

H. Albrecht entſcheidet einen Streit zwiſchen den Kaufleuten und
Krämern in Wien, und bezeichnet die Gränzen ihres Handels.
Am 23. Junius 1432. Aus dem Seitenſtetter Codex.

Wir albrecht von gots genaden Hertzog zu Oſterreich .'. Marckgraff zu merhern ... Bechennen vnd
thuen kunth offenlich mit dem brieff. Als etlich zeyt
her zwiſchen vnſern getrewen, Den kauffleutn gemai-
niglichen an ainem tail, Vnd den kramern gemainiglich vnſer Stat Zu wienn auf dem andern tail, Etwas
zwayung vnd miſshelung ſind geweſen von Jrer kauffmonſchatz, gewerbs vnd handlung wegen, So ſie zu
paiderſeit handeln, vnd die kauffleut gemein haben,
Das ſie in Jren gewelben verkauffen, vmb uil oder
vmb wenig hanndeln vnd verkauffen ſollten vnd möchten, wie Jn die fuglich wer. Da engegen als die kromer fürgeben haben, Das Jn mit ſolhen Henndeln
vnd uerkauffen, als die kaufflewt vor in hietten vnd
menig zeyt her alſo nicht geweſen ſey, Daraus Jr verderben gegangen wer, vnd noch gieng; Wann ſo die
kauffleut Jn Jren gewelben alle elaine ding verkauff-
ten, Die vormaln die wenndkromer vnd die am lichten

steg, hieten verkaufft vnd gehandelt, So möchten sie
sich nicht betragen noch generen, Vnd wurden Wir,
nachdem vnd Ir hie uil gesessen sind, an vnsern stewern
vnd rentten mercklich abgangk haben gehabt, Als sich
des in Warhait woll ervinden mocht. Vnd wann wir
die vnd ander meniger zweiung, die sie vns zu peider
seyten haben erzelt, lauter vnd aigentlich haben ver=
numen: Haben wir wolbedechtlich vber die sach gesef=
sen, vnd nach vnserm Rat vnd etlicher ander vnser vnt=
tertan rat ein soliche ordenung zwischen in gemacht,
Setzen vnd machen auch die mit dem brieff, als her=
nach geschriben stet. Des ersten, das all Kaufflewt,
die in der egenanten vnßer Stat zu wienn gesessen sind,
all Ir kauffmonschatz in kainer myndern Sum nicht
verkauffen sullen, weder uil noch wenig in Iren ge=
welben, noch auswendig Irer gewelb, Dann als in
vnsern besigeltten Register, der wir In ains, vnd den
kromern zu gleicher weis ains haben geanttwurt, be=
griffen ist; aber hinüber über dieselben Sum, als in
dem Register ist begriffen, mugen sie verkauffen aller=
lay kauffmonschatz, wie hoch, wie tewer, wie uil sie
wellend oder mugen. Was aber ander phenwert sein,
Die in demselben Register nicht begriffen sein, Damit
sol gehandelt werden mit der wag, mas vnd ellen,
vnd nach Irem wert, als andre solche phenhert, die
in dem vorgenanten Register begriffen sind, angeschla=
gen werden, vngeuärlich. Item so setzen wir, das we=
der kauffleut noch kramer noch yemand ander Hie gos=
sen wachs chauffen noch verkauffen sollen, Dann allain
die Wachsgiesser sollen damit handeln, vnd mit (da=
mit) chauffen vnd verkauffen, wie das nach gelegen=
hait dieser war fugsam ist, vngeuärlich. Item Samat
vnd Tamasch mogen die kauffleut, der die kromer mit
oder pey der ellen hingeben, chauffen oder verkauffen,

wÿ ſie des ſtat vinden. Item es ſollen auch die kauff=
leut chain connfect von venedig nicht herbringen, vnd
ſie, noch die kramer das hie nicht vailhaben noch ver=
kauffen, aufgenumen wes ſie des In Iren hewſern
ſelber bedurffen, Das mugen ſie ſelber darInnen nu=
tzen, vnd nyemand andern verkauffen, Sunder die
appotecker, hie geſeſſen, ſullen ſolch connfect machen
vnd damit handeln, als in zugepürt. Es ſullen auch
die kauffleut noch die kramer Alle Robe leinbat, es
ſey zwilich, ruphen oder ander Robe leinbat, Stuck=
weiß oder ellenweis nicht verkauffen noch kauffen,
Sunder die leinwater ſullen damit handeln vnd Ir ge=
werb damit treiben, als Irem handel zugepurd, an
gener. Da entgegen ſollen die leinwater chain geuerbte
noch plaichte leinbat ſtuckweis, noch mit der ellen nicht
vailhaben noch die verkauffen. Item ſo mugen die kro=
mer hinder ſatzung, dapey vnd hinüber, als in vn=
ſerm egenanten regiſter begriffen iſt, gantze ſtuck, vil
oder wenig verkauffen mit der wag, mit der maß vnd
mit der ellen, wie ſie geluſt. Item es ſullen auch die
kromer nicht gen venedig varen, reitten noch ſchicken
nach kauffmonſchatz, die mon daſelbs kaufft, Sunder
nur ſolhe vorgeſchribne pfennwert, was ſie der bedurf=
fen, Hie zu wienn kauffen, Vnd von den kauffleuten,
die hie Recht habend hin zu geben, vnd ſie verrer nicht
dringen noch beſwern, vngeuerlich. Item Welcher
krämer gen venedig faren wolt vmb kauffmonſchatz,
der ſey ein kauffmon vnd nicht ein kromer, der ſol
kein kramerey treyben. Zu gleicher weis, welcher kauff=
mon gen venedig vmb kauffmonſchatz nicht varn wolt,
vnd wolt kramerey treiben, Der ſey ein kromer vnd
nicht ein kauffmon. Vnd das wächßhaus *) ſol gehalt=

---

*) Wachshaus; es muß ohne allen Zweifel Wagehaus geleſen
werden, welche Leſeart durch mehrere andere Urkunden

26.*

ten werden als von alter her komen ist, Doch also,
das die kauffleut vnd die kromer das Innhaben, Vnd
darzu vier Weger vnd vnnderkeuffel ainhelliglichen se=
tzen vnd erwelen, Vnd die für den Rat pringen, vnd
daselbs Ir gerechtigkait thun sullen, vnd von dem
Rat aufgenumen vnd bestett werden als ander vnser
egenanten Stat gesetz, ordnung (vnd) gewonhait
ist. Vnd was nutz zu dem Wachßhaus geuallen, Die
sullen der stat zu gemeinem nutz geuallen vnd geraicht
werden, Es sey fel, meut oder wag, wie sich das al=
les begeyt. Auch meinen vnd setzen wir: was die
kaufflewt vnd auch kromer brieff vntz her gehabt ha=
ben, die Ir freyhait vnd kauffmonschatz berürent, wie
die genant sein: Dieselben brieff alle Sullen sie in das
rathaus legen zu Irer paider tail handen In solcher
maß, welcher taill der bedurffen wurde, Wenn vnd
wie offt des not geschicht, Das den die geantwurdt
werden, Vnd darnach wider dahin gelegt werden. Als
vor zeit aufgesetzt ist vnd gepoten, das chain sambnung
nyndert in der stat sein sull dann in dem rathans, Da=
pey einer oder zween des rats sein: also Meinen vnd
setzen Wir, Das die kauffleut vnd kromer kainerley
samung haben weder in waghaus (sic) noch anderswo,

---

bekräftiget wird. Und selbst in dieser Urkunde geschieht wie=
der Meldung von den Einkünften, welche von Strafgel=
dern, von den Mauthen und von der Wage der Stadt an=
heim fielen; und zugleich werden Versammlungen auf dem
Wagehaus verbothen. Uiberhaupt band sich der Schreiber
des Codex an gar keine feste Rechtschreibung; kromer und
kramer, kaufmon und kauffmann, u. s. w. wechseln beynahe
auf jeder Zeile. Cf. Rauch, T. III. p. 124. H. Friedrich
sagt 1312: Es ist vnser satze vnd gebot, daz die Vron wa=
ge ze Wienne die di vorgenanten chaufleute vnd Chramer
mit alter gewonhait her bracht habent auch fürbaz in ir ge=
walt beleibe.

In werde dann einer oder zwenn des Rats zugeschafft, Die des Handels nicht sein, an geuerd. Wer aber da wider thät, vnd die egenante ordenung vnd (gesaß) nicht stet hielt vnd vberfur, es wer in ainem oder meniger stucken, Das wissentlich gemacht wurd, an geuerd; Es wern kauffleut oder kromer oder yemand ander: Den oder die woltten wir schwerlich darumb straffen vnd pessern an leib vnd an gut an genads Vnd des zu vrkund geben wir In disen brieff besigelt mit vnserm fürstlichen grossen anhangunden Insigel, Der geben ist zu wienn an Sand Johanns abent zu Sunwenden, nach cristi gepurd vierzehenhundert vnd darnach in dem zwayunddreyssigisten Jare.

〰〰〰〰〰〰〰〰〰〰〰〰〰

Beylage Nro. XXIII.

H. Albrechts verbesserte Handelsordnung für Kaufleute und Krämer. Am eilften Julius 1435. Seitenst. Codex.

Die Aufschrift von außen lautete: „Den Erbern weysen getrewn Lieben, Dem Burgermaister Dem Richtter vnd dem Rat Zu Wienn."

Erbern, weysen lieben Hern, getrewn. Als ew wissentlich ist vmb die saßung, So wir zwischen vnsern kauffleuten vnd kromern Zu wienn mit vnsern brieffen vnd besigilten Registern gemacht haben, Hat vns nachmalen ettwo uil angelangt, Wi die selb Saßung an etlichen stucken zu hoch, vnd an etlichen zu nyder fürgenumen vnd gemacht sey, Dadurch gest vnd Inwoner Ir Händel nicht mugen notdurfftiglich vben noch treyben. Nun haben wir für vns genumen, solich geprechen zu wenden, Doch mit solicher ordnung vnd vnderschaid, das kauffleut vnd kromer wissen, wes sie sich zu peder seyt haltten sollen, Vnd sein der hernach

geſchriben ſatzung ainig worn, Vnd meinen vnd wellen, Das ſich kaufflewt vnd kramer der alſo halltten,
Vntz das wir ditz vnſers geuertz (Heerfahrt) widerumb
gein wienn kumen, Damit Ir arbeit (Handel) zu paiderſeit mit geſten vnd mit Inwonern deſterpas müg getriben vnd geübet werden. Vnd ſo wir gein wienn chomen, ſo wellen wir vns verrer in den ſachen eruarn.
Wurd dann verſtanden etwas notdurfftiglich darInn
(zu) enbern, darzu oder daruon Zu ſetzen: das wellen
wir thun, Vnd das dann da mit vnſern brieffen be-
ſtäten, Damit das ein fürgangkh hab vnd beleiblich
ſey. Emphelhen wir euch vnd wellen ernſtlich, Das
Ir die egemelten vnſer kauffleut vnd kromer an uer-
ziehen für euch vordert, vnd von vnſern wegen ernſtlich
mit In ſchafft, Das ſie die gegenburttig vnſer Satzung alſo halltten Vnd daraus nicht treten, noch dawider thun in chain weg, Wann welich das vberfurn,
vnd dy gegenburttig ſatzung nicht hieltten, Die woltten wir ſchwerlich darumb peſſern an leib vnd an guet.
auch Iſt vnſer mainung, das Ir der (von dieſer) ordnung kauffleuten vnd kramern abgeſchriefft gebt, Das
ſie ſich zu paiderſeit darnach wiſſen zu richten. Vnd iſt
das die egemelt Satzung: Die kauffleut zu wienn ſullen vnd mugen alle gewegne phenbert, ſchwer oder
Ringe, verkauffen mit dem phund oder hinüber; Aber
dahinder dem phunde nicht. Sie ſullen auch alle ge-
meſſne phenbert verkauffen ſtucksweyſe, vnd nicht mit
der ellen, Außgenumen guldine vnd ſilbrine tücher,
Sammat, Tamaſch, attlas, vorſtat, vnd alle ſey-
dine tücher: die ſullen ſie mit der Ellen vnd hinüber
verkauffen vnd nicht dahinder. Sie ſullen auch goltz-
ſpulen gantz ſpulenweis verkauffen vnd hinüber, wieuil ſie wellen; aber hinder einer ſpulen ſullen ſie nicht
hingeben. Es ſullen auch die kauffleut öl vnd wachs

verkauffen mit einem viertel ains centtners. Da ent=
gegen mögen (sic) die kromer auch gen venedig varn
oder sennden, vnd auch alle gewegne phenwert ver=
kauffen vnd hingeben pey clain vnd pey gros, wy sy
die stat vindent." Vnd welcher kromer ein aigen Haus
hat: Der sol freye wal haben, in demselben sein haus
ein krom zu machen vnd zehaben, vnd sein Handel
darInn zu treyben, als dann ein kramer zugepürt.
Vmb das wagßhaws (sic), Auch vmb die eingriff, die
den kromern von etlichen in Jrer Handlung besche=
hendt, als wir vernemen, Wellen wir nach dem, vnd
wir vnsers geuertz gein wienn kumen, auffundig ma=
chen, pey wem es dann fürpas Darumb besteen sull.
Geben zu brun, an montag vor Sand margrethen
tag, anno Domini etc. Tricesimo quinto."

Unmittelbar nach dieser Verordnung steht im
Coder Folgendes: „Es sol kain kauffmon öl verkauf=
fen, dann mit dem pannt, Wie das öl genannt ist.
Es sol nyemant öl anstreichen, Dann die öler,
Schmerber, kertznmacher, als das Jr fürstlich Brieff
ausweist."

„Anno domini MCCCCXX primo, Sub tempore
Rudolffi angeruelder Magistro ciuium in Wienna Jst
aufgesatzt vnd gepoten vnd gruefft von meinem Herrn
dem Hertzogen vnd dem Rat der stat zu wienn, das
kain purger, kaufleut oder hantwercher, was wesens
sie in der Stat sein, kain samung hinfür nicht mer
haben sullen, noch zusamen kumen sullen, dann al=
lain in dem Rathaus zu wienn, Da mögen sie einku=
men, Vnd daselbs purger, kauffleut vnd hantwercker
Jrer sach ainig werden, Doch also, das ye zu den
zeiten von einem purgermaister (oder) von einem Rat
aus dem Rath ainer oder Zwen Darzu geschafft wer=
den vnd geben. Wer dawider thet, der ist gen vnsern

geneding Hern vngenad veruallen als ein vngehor=
samer.

***

Beylage Nro. XXIV.

In Linz dürfen nur die behauseten Bürger mit Wein und Salz,
die bürgerlichen Handwerker aber nur mit ihren Erzeugnissen
handeln. Am 16. Junius 1390. Aus dem Original.

Wir Albrecht von gotes gnaden Hertzog ze Oester=
reich... Bechennen, daz wir den erbern, vnsern ge=
trewn, dem Richter, dem Rate vnd den burgern ge=
mainleich ze Lintz, durch derselben vnser Statt gemai=
nes nutzes vnd frumes willen, die genade getan haben,
vnd tun auch wissentleich mit dem brief, daz nu fürbaz
kain vnser burger, noch nymand anders daselbs ze
Lintz, wer der ist, weder mit wein, noch mit Saltz,
nicht aribaiten sol noch muge in dhainer weis, er hab
dann daselbs ain aigen Haus, Aber all Hantwerkleut
daselbs, wie die genant sind, mügen ir negleicher all
kaufmanschaft vnd Handlung, die ir Hantwerch anrü=
rent, wol treiben vnd handeln nach irr notdurfft an all
irrung. Dauon emphelhen wir vnserm lieben getrewn
Reinprechten von Walsse, oder wer ye dann zu den
zeiten vnser Haubtman daselbs ze Linz ist, vnd wellen
ernstleich, daz er die egenanten vnser Burger daselbs,
Arm vnd Reich, bey diser vnser genad halte vnd schir=
me von vnsern wegen, Doch vntz an vnser, oder vn=
ser erben widerruffen. Mit vrch vnd ditz briefs. Geben
ze Wells an Phintztag nach Sand Veyts tag. Nach
kristi gepurd Dreutzehenhundert Jare, darnach in dem
Newntzigistem Jare.

Beylage Nro. XXV.

K. Albrecht entscheidet den Streit wegen des Handels zwischen den Bürgern und Handwerkern in Linz. Am 30. März 1438.
Aus dem Linzer Codex.

Wir Albrecht von Gottes Genaden König zu Hungern, Dalmatien vnd Croatien, erwehlter König zu Beheimb, Herzog zu Oesterreich ... Bekennen mit dem Brief. Als vnser Getreuen, die Handwerker gemainiglich zu Linz in der Statt vnd vor der Statt gesessen vnd wohnhaftig, stößig gewesen sind mit vnsern getreuen N. dem Rat vnd den Burgern daselbs von den nachgeschrieben Stuck vnd Artikel wegen, die sie Vns haben Klagweis fürbracht, vnd darauf die Burger ihr Antwort haben gethan. Dieselben Sachen all, vnd etlich ander Zwiträcht, die zwischen ihnen waren, sie zu baiderseits nach ihrem Fürbringen, Red vnd Widerreb, gänzlich zu vnsern Genaden gesetzt, vnd vns angeruft haben, sie darumben zu entscheiden, daß sie wissen, was sich jedweder Thail hinfür soll halten: daß wir wohlbedächtlich vnd nach Rath vnserer Räthe durch vnser Stadt vnd ihr Aller Nutz, Frummen vnd Aufnehmens willen ain solche Ordnung zwischen ihnen gesetzt vnd gemacht haben; setzen vnd machen auch mit rechtem Wissen vnd Kraft ditz Briefs, als hienach begriffen ist. Des Ersten: als die Handwerker begehrt haben ihnen zu gönnen der gemainen Arbeit mit Wein, Traid vnd Salz, vnd auch ander Gewerbung vnd Handlung zu treiben, die ihre Vorvodern zu Linz vnd sie vom Anfang der Stadt gehabt haben; dawider aber vnser Burger vorgaben, wie die Handwerker solcher Arbait vnd Handlung nicht Recht hätten, wann das wider der hochgeboren Fürsten loblicher Gedächtnuß, Herzog Albrechts vnsers lieben

Ennen, vnd Herzog Albrechts vnsers lieben Herrn vnd
Vaters Gnadenbrief vnd Geschäftbrief wär, damit
sie die Stadt Linz fürgesehen vnd begnadt haben; die=
selben Brief vnd anber Brief sie dazumal fürbracht,
die wir auch gehört, vnd darauf gesaßt vnd geordnet
haben, also, was dieselben vnsers Ennen vnd vnsers
Vaters Brief inhalten, daß sich beyde Thail dessen
halten vnd dawider nicht thun sollen in keine Weis un=
gefährlich, doch mit solcher Unterschaid, daß vnsre
Handwerker zu Linz in der Stadt vnd vor der Stadt
gesessen vnd wohnhaft, kainerlay Kaufmannschaft oder
Handlung mit Wein vnd Salz nicht treiben sollen,
ausgenommen was ihrer jeder Wein vnd Salz in seine
selbst Behausung zu Speisung sein selbst vnd seines
Gesinds, vnd nicht ferner zu verthun bedarf, das
mag er kaufen vnd zuwege bringen um sein Pfenn=
werth oder um Geld von Burgern oder Gästen, wie
er des stattgehaben mag ungefährlich, und sollen ihm
unsere Burger zu Linz kaine Irrung daran thun. Es
mögen auch alle Handwerker daselbs, wie die genannt
sind, und ihrer jeglicher alle Kaufmannschaft und
Handlung, die ihre Handwerke anrühren, treiben
und handeln nach ihrer Nothdurft ohne alle Irrung.
Item dieselben unser Handwerker mügen in den offnen
Jahrmärkten zu Linz, so lang diese währen, in ihren
eigenen Häusern wohl feilen Wein schenken, oder an=
dern gesessenen Leuten zu Linz gunnen, feilen Wein
darinnen zu schenken, doch nur solche Wein, die von
unsern Burgern zu Linz, und nicht von Gästen gehebt
werden, ohne Gefährde. Desgleichen mügen auch die=
selben unser Handwerker andern Leuten gunnen, sie
seyen Burger oder Gäste, daß sie in der Handwerker
eigenen Häusern ihre Waare und Kaufmannschaft in
den öffnen Jahrmärkten ablegen und verthun, als

des unser Burger zu Linz in ihren Häusern Recht haben, ungefährlich. Wann auch unsre Burger zu Linz Steur und andre Forderung anlangend Raittung thun oder aufnehmen, oder andre gemaine Sachen, welche den Rath und Gemain berühren, vorhanden haben: so sollen sie allweg drey oder vier aus den Handwerkern, die dazu nutz sind, zu ihnen fordern, die solche Sachen sammt ihnen haudeln nach Nothdurften, darinnen dann die Handwerker auch sollen ohne Widerred gehorsam seyn, ohne Gefährde. Auch sollen die Handwerker, die dazu vernünftig sind, wenn man die gehaben mag, an die Schranne gesetzt werden, wie die Burger daselbs. Es sollen auch die Handwerker, noch jemand ander keine besondere Besammung oder Bindnuß unter ihnen selbst haben, machen oder thun, ohne des Richters und des Raths Wissen und Willen; und ob sie icht Gebrechen hätten, die sollen sie gütlich an den Richter und Rath bringen; damit ihnen dieselben gewendet werden, als fer das rechtlich ist. Würden ihnen aber dieselben nicht gewendet, so mügen sie die an uns oder unsern Anwald bringen, wann wir mainen, daß die gegenwärtige unsre Ordnung hinfür werde gehalten, und daß auch aller Unwill, wie sich der bis auf diesen heutigen Tag zwischen den Burgern und Handwerkern zugetragen und verloffen hat, gänzlich verricht und hingelegt seyn soll. Getreulich und ohne Gefährde. Wer auch dawider thäte in ainem oder menigen Stücken, das wissentlich gemacht würde ungefährlich, den wollten wir darum schaffen zu bessern an Leib und Gut. Und des zu Urkund geben wir jedem Thail unseren Brief gleiches Lauts, versigelt mit unserem Insigel. Geben am Sonntag Judica in der Fasten, nach Christi Geburt 1438, Unsers Reichs zu Hungern in dem ersten."

Ich hielt es für unnütz, die Abschrift des Codex buchstäblich beyzubehalten, da er das Original zwar wörtlich getreu liefert, aber die Orthographie desselben in die jüngere seiner eigenen Zeit verändert darstellt. Die Worte habe auch ich möglichst in ihrer alten Form beybehalten, aber zur Erleichterung des Lesers, des Schriftsetzers und auch des eigenen Abschreibens bin ich der besseren Orthographie näher gerückt, was unter gleichen Umständen noch öfter geschehen wird.

Beylage Nro. XXVI.

K. Friedrichs neue verbesserte Bürgerordnung für Linz. Am siebenten October 1491. Aus dem Riedecker Codex.

Wir Friderich von Gottes Genaden Römischer Kaiser.. Bekennen, daß wir um Aufnehmens willen dieser unser Stadt Linz, damit die mit Wein, Traid, und andern Nothdurften dester bas fürgesehen, und daran nicht Mängel werde, ain Ordnung und Satzung gemacht haben wissentlich mit dem Brief. Also, daß füran die Handwerker, so unser Burger hie seyn, Wein vom Zapfen zu schenken, und ander Händel von ihrem aigen Guet, und daß sie niemands damit zu Hilf nehmen, zu treiben, als die andern unser Burger des Raths und Handelleut, Burger daselbs, zu thun; desgleichen dieselben vom Rath und Kaufleut wiederum all Recht, Uibung und Gerechtigkait, so die obbemeldten Handwerker gebrauchen, haben und genießen sollen. Und ob sich derselben Burger oder ihrer Kinder ains oder mehr zu ainer Wittiben oder Tochter der bestimmten Handwerk mit Heirath kehret: so soll als oft denselben die Recht, so dasselb Handwerk hat, zu gebrauchen zustehn und verfolgen. Desglei=

chen, so die bemeldten Handwerker oder ihr Kinder zu
den vorgemeldten unsern Burgern des Raths oder andern Kaufleuten daselbs heirathen: daß dieselben ihr
Recht zu hantiren auch haben sollen. Wär aber, daß
ain Handwerker Burgerrecht zu haben an Burgermaister, Richter und Rath hie begehren wurde, das sollen
sie ihm nicht verzeihen (verweigern), sondern dazu
kommen lassen, der sich gegen ihnen als ander unser
Burger daselbs gehorsamlich halten soll. Es sollen auch
kain unser Burger noch Inwohner hie zu Linz, den
vom Adel, Häuser noch ander Gründ in dem Burgfried hie gelegen nicht verkaufen, noch in ander Weg
in ihr Händ kommen, sondern ihren Genossen daselbs
die wiederfahren lassen, darauf die obgenannten Handwerker dem bemeldten Burgermaister, Richter und
Rath hie von unsertwegen gehorsam und gewärtig
seyn, und kain Besammung noch Aufruhr wider sie
machen, da entgegen sie dieselben Handwerker gütlich
halten, und in unbillig Weg nicht dringen sollen.
Welcher Thail aber diesen unsern Entschaid nicht halten und dawider handeln wurde, der soll zwainzig
Mark löthigs Golds, halb uns als Herrn und Landsfürsten in unser fürstliche Camer, und den andern halben Thail der gehorsamen Parthey verfallen seyn.
Zu Urkund hat jeder Thail ain solchen Brief in gleicher Laut mit unserm anhangenden Insiegl besiegelt.
Geben zu Linz, am Freytag nach sant Franciscen
Tag, nach Christi Geburt vierzehnhundert und im
ain und neunzigisten..Jaren."

K. Maximilian hat dieses Privilegium wörtlich
bestätiget. — "Geben Zu Cöllen, am Montag nach
sannt Peter vnd Pauls der heilligen zwelf Potten tag
(am 30. Junius) 1494.

Beylage Nro. XXVII.

K. Maximilians Bürgerordnung für Linz. Am 29. December 1498. Aus dem Riedecker Codex.

Wir Maximilian von Gottes Genaden Römischer Künig .. Bekennen, als sich zwischen unsern getreuen Lieben, unsern Burgern zu Linz an ainem, und den Handwerksleuten daselbs andern Thails Irrung und Spänn halten, und aber dieselben gütlich hingelegt, auch ferrer Müh, Kost und Schaden, so daraus erwachsen möchte, verhüt werden, haben wir aus Obrigkait als regierender Herr und Landsfürst der Billichkait nach ain Ordnung fürgenommen, die baid Thail annehmen, und hinfür ohn alle Waigerung und Aufzug halten sollen, wie hernach folgt. Des Ersten, das bayd Partheyen, Burger und Handwerker, Macht haben sollen, nach ihrem Gefallen mit Kaufen und Verkaufen des Traids zu handeln; auch das Salz abzulegen, wie vormahls die Burger gethan haben, darin kain Parthey die ander irren noch verhindern soll. Item des Weinschenkens halb wellen wir, daß unser Burger zu Linz laut ihrer Freyhait der Handwerker halb unverhindert schenken mügen; doch soll den Handwerkern zugelassen seyn, zu baiden Jahrmärkten von Anfang bis zu End; desgleichen zu den Zeiten, so ain Landsfürst zu Linz ist, und darzue des Jahrs von dem Christtag anzufahen bis auf den Sonntag Invocavit, an demselben aufzuhören, zu schenken in aller Maß, wie die Burger schenken, der Burger halben ungeirrt. Es sollen auch die Handwerker Macht haben, in den jetz gemeldten Zeiten Wein nach ihrem Gefallen, wo es ihnen füglich seyn will, nicht allain von den Burgern, sondern auch von den Gästen zu kaufen; doch sollen die obbemeldten Artikl und Stuck allain den Handwerkern, so in der Stadt Linz behaust seyn, und also häuslich in der Stadt si= tzen, zugelassen seyn, und sonst niemands außerhalb. Item so jährlich die Stadtsteur zu Linz angelegt wur= de, daß dann solches mit der Raittung und Anlegung beschehe Inhalt ihrer Freyhait von Künig Albrecht ausgangen, wie dann solches von Alter her gebraucht ist also; daß die Burger drey oder vier zu solchen ob= gemeldten Handeln aus den Handwerkern, so dazu täuglich seyn, erfordern sollen; und welche also er= fordert werden, die sollen das Jahr aus also für und für bey solchen Handeln bleiben. Alles treulich und un= gefährlich. Mit Urkund dieß Briefs. Geben zu In= spruck am Samstag nach dem heiligen Christtag, nach Christi Gebnrt Vierzehenhundert und im acht und neunzigisten; Unserer Reiche des Römischen im zwölf= ten, und des Hungerischen im achten Jahre.

Per Regem. Comißio domini regis in conßilio. Stuerzl, Cannzler. Im Jahre 1521 bestätigte Fer= dinand wörtlich dieses Privilegium. „Geben in vnn= ser Stat Graz, am 28. tag des Monats Octobris, nach Christi geburt 1521.

Per Principem. Ad mandatum Serenißimi do= mini principis Archiducis in conßilio. Threit Saur= wein.

<hr>

Beylage Nro. XXVIII.

H. Albrechts Verordnung über die Handelsgerechtigkeit der bürgerlichen Häuser, welche unmündigen Kindern gehören. Am 14. October 1414. Aus dem Linzer Codex.

Wir Albrecht von Gottes Genáden Herzog zu Oe= sterreich.. Bekennen, als wir nach Bitte unser Bür=

ger zu Linz vor Zeiten aufgeſetzt hätten, daß mit Salz, Wein und ander Kaufmannſchaft in derſelben unſer Stadt niemand arbaiten ſollte, er hätt denn ain aigen Haus. Iſt ſeitemalen an uns bracht, daß derſelb Aufſatz den Burgerkindern, die nicht vogtbar ſeind und aigne Häuſer habent, ſchädlich wäre. Davon haben wir ihnen die Gnad gethan, und thun auch wiſſentlich mit dem Brief: Was Burgerkinder ſeind, die nicht vogtbar ſeind, und die aigne Häuſer in der vorgenannten unſer Stadt habent, daß die, den ſie dieſelben ihre Häuſer hinlaſſen oder empfehlent, in denſelben Häuſern ihre Arbait mit Salz, Wein und anderen Kaufmannſchaft getreiben mügen als ander Burger daſelbs thun, als lang, untz daß dieſelben Kinder zu vogtbaren Jahren kommen, und dieſelben ihre Häuſer ſelber inhaben und verweſen. Auch wellen wir, welcher Burger unter ihnen zwey Häuſer hat, daß er das ain Haus, darinnen er nicht wohnhaft iſt, einem andern empfehlen und hinlaſſen müge, und daß der, dem er es hinlaſſet oder empfilchet, darin mit aller obgenannten Kaufmannſchaft gearbaiten, und ſein Gewerb getreiben müge, als ander unſer Burger daſelbs Recht habent; doch untz an unſer Widerrufen ohn Gefährde. Mit Urkund dieß Briefs. Geben zu Linz, am Sonntag nach St. Colmanns Tag. Anno Domini Quadringenteſimo decimo quarto.

Beylage Nro. XXIX.

H. Albrecht erlaubt den Handwerkern in Oeſterreich, ſich in Enns niederzulaſſen, und dort ihre Arbeit zu treiben: Am ſiebenten May 1377. Aus dem Original.

Wir Albrecht von gotes gnaden Hertzog ze Oeſterreich, ze Steyr, ze Kernden, vnd ze Krain, Graf ze

Tyrol. Tun chunt; Daz wir vnſern getrewn .. den Pur=
gern gemainlich vnſerr Stat ze Ens die gnad getan
haben, vnd tun auch, Swelicherlay aribaitter ſich auʒ
andern Stetten, Merkten, oder Dörffern in die vor=
genant vnſer Stat. gen Ens ziehen, vnd daſelbes wo=
nen wellent, es ſein ledrer, fleiſchhakcher, Schuſter,
oder ſwie ſi genant ſein, daʒ die freilichen in derſelben
vnſerr Stat ir aribait treiben.vnd vben mügen, vnd
ſullen, an vnſer, vnd meniſchliches irrung, vnd hinder=
nuſſe, in aller der mazze, alʒ die andern, die vormalʒ
darinne geſezzen ſind, Eʒ ſey danne, daʒ dieſelben, die
vor da geweſen ſind, von vnſern vordern, oder von vns
ſölich brief, vnd vrchund haben, der Si in der ſache.ge=
niezzen wellen, die ſullen ſi fürbringen, vnd vns die zai=
gen, wes ſi dann recht habent, dabey wellen wir ſi gerne
halten, vnd ſchirmen, alʒ das pillich iſt. Mit vrchund
diʒ briefs. Geben ze wienn an dem heiligen Auffart
tag. Nach kriſtes gepurd Dreutzehenhundert iar, dar=
nach in dem Siben vnd Sibentzigiſten Jare.

Beylage Nro. XXX.

Nur die Hausbeſitzer, die kein Handwerk treiben, dürfen in
Enns mit Wein handeln und ihn ausſchenken. Am 30.
May 1413. Aus dem Original.

Wir Albrecht von götes gnaden Hertzog ze Oeſter=
reich .. Bechennen. Wan wir aigenleich Vnderweiſet
ſein, daʒ vnſer Stat ze Enns von ſolher geprechen
wegen, die Sy vntz her manigualticleich gehebt (ſic)
hat in grozʒ abnemen kömen iſt, Vnd menigere nam=
haffte Hewſer da vngeſtifft vnd öde ligent. Haben wir
durch aufnemens willen, derſelben vnſer Stat, Vnd
von ſundern gnaden, vnſern getrewn .. den Burgern

27

gemaincleich daselbs, die gnad getan, Vnd tun auch
wissentleich mit dem brieue daz nu fürbazzer dhain
Inwoner, der nicht aigen Haus da hat, noch dhain
Hantwericher der sein Hantwerich treibet, oder ar-
baittet, mit Weinkauffen, wein verschenkchen, oder in
ander weg ze vertun, Da nicht arbaitten sol in dhainen
weg, Sunder daz die, die also mit Wein da arbaitten
wellen aigne Hewser kauffen vnd darinn damit iren
gewerib treyben, als ander Burger in iren aiguen
Hewsern gesezzen tunt. Vnd daz auch die Hantwericher
ir Hantwerich arbaitten vnd sich der betragen angeuer.
Doch vntz an vnser widerruffen. Mit vrchunt ditz
briefs. Geben ze Wienn an Eritag vor dem heiligen
Auffarttag Nach kristi gepurde Viertzehen Hundert
Jar, Darnach in dem dreyzehenden Jare.

~~~~~~~~~~~~~~~~~~~~~~~~~

Beylage Nro. XXXI.

H. Albrecht verspricht, künftig von der Stadt Enns eine
geringere Steuer zu fordern, weil dort mehrere Häuser öde
liegen. Am 25. Junius 1413. Aus dem Original.

Wir Albrecht... Bekennen, vnd tun kunt offenleich
mit dem Brief. Wan wir aigenleich vnderweiset sein,
daz vnser Stat zu Enns, ettleich zeit her, vast abgenomen hat, Also, daz menigere Hewser darInn gelegen öd vnd abkomen sind, dadurch vnser Burger gemaincleich daselbs, die Summ der gewönleichen Lant-
stewr, als die vor zeiten auf Si gelegt ist, hinenthin
(sic) nicht vermügen, als vormalen ist her komen. Haben wir In, die gnad getan, vnd tun auch mit dem
Briene, wenn sich gepüret, daz wir hinfür ein gemaine
Lant Stewr, auf vnser Land legen werden, daz wir In
denn nicht die Summ, als Sy vor gestewret habent,

auflegen wellen; Sunder ein föliche Summ, die Sy
vermügen, vnd als wir andern onfern Stetten ob der
Enns auflegen an geuerd. Doch vntz an onfer widerruffen. Mit orkunt ditz briefs. Geben ze Wienn an
Suntag nach Sant Johanns tag zü Sunewenden.
Nách kristi gepurd, Viertzehenhundert Jar, Darnach
in dem Dreytzehenten Jar.

Beylage Nro. XXXII.

K. Maximilians verbefferte Bürgerordnung für Enns. Am
zehnten December 1518. Aus dem Original.

Wir Maximilian von gots gnaden Erwelter Römi-
fcher Kaifer zu allen zeitten merer des Reichs ... Bekhennen für onns vnd onnfer Erben vnd nachkomen
offennlich mit difem brieff, Wiewol hieuor verschinen,
onnfer lieben getrewen Wolffgang Jörger onnfer
Lanndshauptman, vnd onnfer Hauß Rete onfers Für-
ftenthumb Ofterreich ob der Enns, Vnd wir nachmals
durch onnfer Hoff Rete, in den Irrungen, Spennen,
vnd widerwillen, so sich zwifchen onnfern getrewen
lieben .. onnfern Burgern zu Enns an ainem, Vnd
dann aber onnfern Burgern, so Hanndtwerckher fein,
vnd diefelben Ire Hanndtwerckh treiben, am anndern
teil, ein lannge zeit her gehallten, ettlich Entfchid,
Ordnung vnd Lewtterung getan, vnd gegeben haben,
Wie es hinfür zwifchen Inen Irer Handthierung halben gehallten, auch fonft diefelb onnfer Statt Enns
mit gueter Ordnung vnd Regiment fürfehen werden
foll. Vnd aber zwifchen den vorgemelten onnfern Burgern, wie obfteet, allein der Burger Henndel betragen,
vnd dann der anndern onnfern Burgern dafelbft, die

27 *

Hanndtwerckher daneben sein, seidther weiter Irrung
vnd widerwertigkeit dermassen eingefallen, Wa wir
der pillichheit nach nit darein sehen, das in kunfftig
zeit nichtz annderst, dann mercklich abfall vnd verderben derselben vnnser Statt daraus erwachssen möcht,
Solhs zu uerchuetten, vnd damit Sy zu baiden Partheyen zu gueter Rue, Frid, vnd einigkeit komen, auch
nu hinfür in derselben vnnser Statt Enns ein gut ordenlich Regiment vnd Pollicey gehalten werde; So
setzen, erkleren vnd Ordnen Wir, als Regierender
Herr vnd Landsfürst in Osterreich wissentlich in krafft
diß briefs, Wie hernach volgt.

Vnd nemlichen zum Erssten, Als vnnser Burger
zu Enns bisher in gebrauch gewesst, vnd noch sein, das
Sy allwegen vber zway Jar, vngeuerlichen vmb
Sandt Jörgen tag die Ratserwelung thun, mit Fünff
von Burgern, vnd vier Hanndtwerckhern, darInn der
StattRichter begriffen sein soll, Das Sy nu hinfür
allwegen einen aus dem Rat vnd den Genannten, der
ein Burger, vnd kein Hanndtwerckher ist, zu Richter
erwelen, Vnd zu solher Wal eines yeden Richters,
auch der Antzal der Vier von Burgern, Vnd dann der
Vier von Hanndtwerckhern, Ratsgenossen, auch
Mautner, vnd annder der Statt Enns Ambtleutten,
sament vnd sonderlichen, wie sich das zutregt; sollen
alltzeit allein, die Inn oder vor der Statt im Burckfrid
Enns aigen Hewser haben, erfordert, Ir Stym geben,
vnd von Inen aufgenomen werden, Vnd weiter hinfür
keiner mer, Er were von Burgern, Genannten, oder
Hanndtwerckhern, macht haben, ein ander person, Im
gefellig, so Er aus dem Rat absteet, an seiner statt, wie
bisher ein mißgebrauch geweft sein mag, in Rat zu erwelen, sonnder die welung in disem fall, wie obsteet,
vnd sonst nit annderst beschehen.

„Item es sollen auch Vierzehen. aus den Burgern vnd. zehen aus den Hanndtwerckhern. zu Genannten erwellt, vnd wie von allter her gesetzt werden.

Item so auch einer oder mer aus dem Rat, oder Genannten abſterben, ſollen Sy nach derſelben abgang, nach vier Wochen ungeuerlich, Ein, oder mer, wie es ſich begibt, in Rat, oder zu Genannten, wie uor anzeigt iſt, erwelen, vnd von Inen allen, vnd Ir yedem, wie von altem herkomen, Ratspflicht aufgenomen werden.

Vnſer maynung iſt auch, das die Ihenen (ſic) ſo Burgerſchafft zu Enns begeren, anzunemen, hinfür nit allein durch ein Richter, ſonnder durch Richter vnd Rat angenomen werden ſollen.

Ferner vnd dieweil ſich die Burger, ſo Hanndtwercker ſein, Ires Hanndtwercks allein nit wol betragen, vnd dauon erneren mögen, Dergleichen auch die, ſo Burger ſein, vnd kein Hanndtwerckh kunden, ſich mit Iren Henndeln vnd Hanndtierungen auch nit wol enthallten (ſic) kunden, ordnen vnd ſetzen wir, daß hinfür von dato diß briefs anzuraytten, die nachfolgende vnderſchid zwiſchen Inen gehallten werden ſoll, Nemlichen, ſo wellen wir, das vnnſer Burger zu Enns, die kein Hanndtwerckh treiben, hinfür alle kaufmanſhenndel, Venedigiſche Waar, Tuchſchnit, Leynwat, Trait, Salltz, vnd den Ochſſenhanndel haben, vnd ſich des mit kauffen vnd verkauffen gebrauchen, Vnd dann vnnſere Burger die Hanndtwerckher, ſollen ſich ſolher kaufmanſhanndtierung in obangezeigten Sechß Stucken gar entſlagen, vnd weiter nit gebrauchen, ſonnder allein die Burgerlichen Henndl vnd Hanndtierung, ſo hieuor nit anzeigt noch begriffen ſein, neben den Burgern treiben.

Dann von wegen Jrer Jrrthumben, so Sy des
Weinschenckens halben bisher gegen einander gehabt,
Setzen vnd Ordnen wir (dieweil die Freyheiten, der
sich vnnser Bürger zu Enns von weilendt vnnsern vor-
farn kunig Albrechten, vnd kunig laßlawen berüemen,
die da vermögen, das Sy allein, vnd keiner vnnser
Burger daselbst, der ein Hanndtwerckh kan, Wein
schenken, sonnder Sy Jrer Hanndtwerckh betragen
sollen, aus der Vrsach, das Sy derselben Freyheit bisher nit in völligem gebrauch gewesst, bescript (sic) vnd
verweylt genannt werden mögen) das hinfür, doch nur
bis auf vnnser vnd vnnser Erben wolgefallen; vnnser
Burger zu Enns, so nit Hanndtwerckher sein, durch
das gantz Jar mit dem Wein vnd pier handeln, Wein
vnd pier aufschenken, vnd vunder den rayffen kauffen
vnd verkauffen, Vnd dann vnnser Burger, so hanndtwerckh können, vnd dieselben prauchen, allein das halb
Jar, vnd nemlichen allwegen vierzehen tag nach dem
heiligen Osstertag anzufahen, vnd Sechsundzwaintzig
Wochen nacheinander mit dem Wein hanndeln, vnnder
den Rayffen kauffen vnd verkauffen, vertreiben vnd
aufschenken, Vnd denselben Wein im Herbst; vnd bis
auf die Zeit, so wir Jnen, wie vorsteet, zu schenken
zugelassen haben, wann Jnen das am gelegnisten ist,
kauffen, füeren, vnd einlegen, Doch in der gestallt,
Welher dieselben Wein gen Enns bringet, der soll
solhs vnnserm Phleger vnd verweser vnnsers Vnn-
gellts gegenwurtigen vnd einem yeden künfftigen vnnserm Vngellter, auch StattRichter daselbst ansagen,
Derselb verweser vnnsers Vngellts vnd ein Burger
von Rat, den der StattRichter dartzu verordnet, sollen alsdann dieselben Wein aigentlichen aufschreiben,
vnd so die zeit kumbt, das Sy nach Jnnhalt obbe-
stimpts vnnsers Entschids schenken mögen, Alsdann

folh eingelegte Wein widerumb besichtigen, damit
mitler zeit nicht dauon verkaufft noch aufgetrunken
werde, das vnns zu abpruch vnnsers Camerguts vnd
Vngellt raichen möcht, Es sollen auch die gedachten
Hanndtwerckher, die Mertzenpier zu aufschenken kauffen,
mit ansagen vnd aufschreiben derselben, wie mit
den Weinen gehallten werden; Wes auch yeder
Handtwerckher für Wein einlegt, dem soll durch obbe=
melten Verweser vnnsers Vngellts, vnd den, so von
Richter dartzu verordnet wirdet, die füll zu den Wey=
nen; wes Er der bis auf die zeit, so Im zu schencken
erlaubt ist, vngefarlich bedarf, gemessigt, aufgeschri=
ben, vnd an der Summa abgetzogen werden, Doch hin=
widerumb vergönnen, vnd erlauben wir den gedachten
vnnsern Burgern, so hanndtwerckher sein, vnd Burger=
Recht zu Enns haben, Wa einer oder mer derselben,
Jrer Hanndtwerckh absteen, vnd nit arbeiten wellen,
so sollen Sy solhs einem Rat zu Enns antzeigen, vnd
mit wissen derselben nachmaln mit dem Wein vnd pier
handeln, aufschenken, vnd sunst alle annder kaufmans=
handtirung vnd burgerliche Handlung, wie annder
vnnser Burger zu Ennß gleicherweise treiben vnd
prauchen.

Zum letzten, nachdem vorgemelt vnnser Burger
zu Enns, in obangezeigter sachen gegen vnd wider Jre
Burger, so hanndtwercker sein, sonnder Pündtnus vnd
verainigung vnnder Jren Pettschafften aufgericht ha=
ben sollen, Soferr dann solhem also ist, Wellen wir
ernstlichen, das yetzo alsdann, vnd dann als yetzo, all
solh pündtnuß vnd verainigung, deßgleichen alle vn=
ainigkeit vnd Zwitracht, so Sy bisher zu vnd wider
einander geübt vnd gehandelt haben, gantz aufgehebt,
abgetan, vnd tod sein, Vnd keiner den anndern ferrer
vnuerschulter sachen verachten, Sonnder Sy sollen

hinfür in guetem willen miteinander leben, Vunser
Statt Enns in gueter Ordnung, Regiment, vnd Pollicey
enthallten, vnd allzeit Ir Aid vnd phlicht, damit Sy
vnns als Irem Rechten Erbherren vnd Landsfürsten
verwandt sein, betrachten, dardurch weiter Pündtnuß,
Conspiracion, vnd vnainigkeit zwischen Inen zu baiden
teiln verhüet beleiben, als lieb Inen allen, vnd Ir
yedem sey, vnnser swer vngnad, vnd straff zu uermei-
den. Wer aber sach, das sich ye zu Zeitten ausserhalben
obbegriffner Ordnung vnd satzung etwas frembder
Irrungen vnd beswerungen zwischen vnnsern Burgern
vnd Handtwerckern zutragen wurden, vnd anfielen,
Dieselben sollen, für einen Statt Richter vnd ein gantzen versamelten Rat vnnser Statt Enns fürgefordert,
vnd durch Sy fleiss fürgewendt werden, solh Irrungen
guetlich hinzulegen vnd zu uertragen, Wa Sy aber ein
Rat derhalben ye nit vergleichen möcht, vnd solhs bey
den Partheyen nit statt haben wollt, So sollen Sy die
von Rat das allzeit an Ir Ordenlich Gericht gelangen
lassen, daselbst zu Hinlegung derselben Irer Irrthum-
ben gehandelt werden soll, was pillichen vnd Recht ist.
Vnd gebieten darauf obberürten vnd ainem yeden
kunfftigen vnnserm Lanndshauptman, vnd Hausreten
vnnsers Fürstenthumb Osterreich ob der Enns, vnd
dartzu einem yeden vnnserm Phleger in bemelter vnnser Statt Enns ernstlich mit disem brief, vnd wellen,
das Sy von vnnsern wegen ernstlich darob vnd daran
seyen, damit solhem vnnsern gegeben Entschid vnd
Ordnung von baiden tailn vnnser Burger gehorsamlichen gelebt, vnd ferrer in ainen oder merern Artigkeln
hiewider weiter nit gehandelt werde, Alles bey vorbe-
rürter vnnser sweren vngnad vnd straff, Das mainen
wir ernstlichen, Des zu vrkhundt haben wir disen Entschid, zwen in gleicher laut, vnnder vnnserm anhangen-

den Innſigel verfertigen, vnd yedem teil ainen vberant-
wurten laſſen, Geben in vnnſer Statt Wells am ze-
henden tag des Monats Decembris, Nach Criſti vnn-
ſers lieben herren geburdt, Fünffzehenhundert vnd im
Achtzehenden, Vnnſer Reiche des Römiſchen im
Dreyunddreiſſigiſten, Vnd des Hungeriſchen im
Newnundzwainßigiſten Jaren.

per Ceſarem.

Dieſe Unterſchrift ſcheinet Maximilians eigene Hand-
ſchrift zu ſeyn.

Beylage Nro. XXXIII.

Vertrag zwiſchen den Herzogen von Oeſterreich und von
Bayern zur Sicherheit der Straſſen und Flüſſe. Das Recht
der Grundruhr wird abgeſchafft. Am dreißigſten April
1375. Aus dem Original *);

Wir Stephan der Elter, wir Albrecht ſein Bruder
ze Holland, wir Stephan der Jong wir Fridreich vnd
wir Johanns geprüder, deß egenanten, Herczog Ste-
phans Sün von Gotes genaden, all Pfallenczgrafen
bej Rein vnd Herczogen in Bayrn bechennen vnd veriehen offenlich mit dem brif, wann grozz gepreſten vnd
mankchveltig beſwärung, in vnſern Landen ze bayern,
vnd in der Hochgeporen fürſten, vnſerr lieben Oehaym
Herczog Albrechts vnd herczog Leuppolz geprüder von
Oſterreich, irr land vnd läut ze Oeſterreich anligent,
von den Strazzen, di durch vnſerew vnd irew land gen
ſullen di lang zeit Irrung heten ettwivil öd vnd vngear-
bait, von ſumleichs vnfrides wegen gelegen ſind auf

---

*) Dieſe Urkunde findet man auch in Hormayr's Archiv
für Süddeutſchland, Th. I. S. 246.

wazzer vnd auf Land. So. daz di chaufläut vnd ander
arbaitter, die darin vnd daraus geraist, vnd gewandelt
sind, an leib vnd an Gut schaden namen bechumbert gelaidigt vnd beschedigt wurden, mit gewallt an recht, des
wir vnd di vnsern auch vast. engolten haben. Darumb
sein wir aynmutichleich mit den oben genanten vnsern
lieben Oehaimen den herczogen von Oesterreich vberain chömen, bedächtichlich vnd vnuerschaidenlich, vnd
haben vns nach vnsers Racz Rat, vnd mit anweisung
anderr vnserr herren, vnd Steten in vnsern Landen
verpflicht, vnd hinfur des verpunden, fur vns vnd fur
vnser nachkomen: vnd gehaizzen bei vnsern furstleichen
trewn, vnd bei der heiligen waren gerechtichait. bei
dem erſten, wenn, oder als offt, daz geschiht, daz
Chaufläut oder ander arbaitter ainer oder menigere in
vnsern landen ze Bayern, an ir leib, oder an ir Gut auf
wazzer oder auf land, angevallen beschedigt oder be-
swärt werdent, daz wir zehannt vnd vns daz chund getan wirt, darczu vnuerczogenlich gegen denselben Tä-
tern, vnd gein allen den di sew darczu behausent hellf-
sent oder haiment, tun wellen vnd schullen, in der mazz
daz in widerchört vnd si vnchlaghaft gemacht werden:
dauon gepieten vnd emphelhen wir ernstleich allen
vnsern Ambtläuten, Vicztumen pflegern Richtern vnd
allen andern, di wir in vnsern landen ye zu der zeit
haben vestichlich bei vnsern genaden vnd hulden. daz si
di Strazzen vberal also beschirmen vnd sichern. wider aller manichlich niemt ausgenomen, vnd niemand
gestatten vnd vndernuaren, daz die Chaufläut oder arbaitter. wer, oder von wann di seinn yndert gewalt
oder vnrecht gescheh, vnd welher darezn so er des gewar
wurd vngeuärlich an aufschuf (sic) nicht tät, als verr
in leib vnd gut wert, in der mainung als oben begriffen
ist den wolten wir darumb pezzern baidew an leib vnd

añ·gut: gar ſwärlich: dannoch mainten vnd wolſen
wir als wir daz verſprochen haben, den ſelben kaufläu-
ten oder arbaitern di verloren hieten: nach der fluſt
(ſic) vnd in wideruaren wär in den nachſten kunftigen
zwain Moneiden ſelb widechern, vnd ſew vnchlaghaft
machen: daz ſullen ſi haben daez vnſern furſtlichen
genaden vnd trewn. Täten wir das nicht So habent
vnſer vorgenanten Oehaym di herczogen von Oeſterreich: oder ir ainer der di weil waltig iſt: vns oder
vnſerr ainen der diſelben zeit ze bayern waltig iſt darumb zu ze ſprechen vnd monen ze laiſten von der läut
wegen di in vnſern landen. auf der Strazzen beſchedigt
oder beſwärt wären vnd nach irr monung vnuerczogenlich an allew waigerung ſullen wir zehen erber diener
mit zwainczk pfärſten (ſic) gein wels in ir Stat in
legen vnd da laiſten, alſo in legens, vnd laiſtens recht
iſt: vnd nicht aus bechomen, vncz den flüſtigen läuten
alles daz geendet vnd volrecht wirt, daz oben an dem
brief geſchriben ſtet ze geleicher weis ſind vns vnſer vorgenanten öhaym di herczogen ze Oeſterreich aller der
pünd vnd artikel ſchuldig ze volfüren ob ez in irem
Lande öſterreich geſcheh, So ſullen ſi vns laiſten in
der ſelben maſſ gein Prawnaw in vnſer Stat Auch ſein
wir namleich vber ain komen. daz wir nyemand dhainer newung vnd gelaittes noch dhainer lai daz wider
dew ſicherhait der arbait vnd kaufmanſchaft wär: nindert geſtaten wellen. furbaz nach dew vnd der brif
geben iſt, Sunder verſprechen wir auch mit vnſern
trewn vngeuärlich: ob ſich yemand ſazt oder ſtalt añ
vnſern gemerkchten der do wider tät daz der gegenwur-
tig brief ſagt, So ſullen wir, vnd vnſer lieb Oehaym
von öſterreich getrewlich an ein ander gehollffen ſein
vncz wir di darczu bringen: vnd benötten daz ſi do
bej beleiben ſo di brief lauttent. di wir darumb an ein

ander geben haben, in ainer maintwng an geuär.; Auch
werin (ſic) wir. vnd ſein baidenthalben vber ain komen
Daʒ wir allew Gruntrecht abgenomen haben. wann
wir verſten: vnd wol emphunden haben, daʒ ſi der
arbait auf dem wazzer ſchedleich geweſen ſind, vnd,
wellen, daʒ furbaʒ niemand darumb. an gevodert. noch
nindert beſwärt. werd an leib noch an gut: vnd in wel-
hem Land eʒ geſcheh, do ſol eʒ diſelb. herſchaft vnder
ſchaffen: wär aber daʒ wir, oder di vnſern chünftichlich
gegen ein ander ſtözzig oder ʒe chrig werden; wenn,
oder vmb wew daʒ geſchäh des Got vor ſei. So mainen vnd wellen wir doch, daʒ vnſer Strazz ʒe beden
ſeiten auf Land vnd auf wazzer ʒu der arbait vnd kaufmanſchaft bei der ſicherhait vnd dem Schorm (ſic) fur
ſich berubleichen beleiben, in der maſſ als oben an dem
brief begriffen vnd verſchriben iſt Mit vrchund des
briefs. der beſigelt iſt. mit vnſer fümfer der egenanten
Herczogen von Bayern grozzen anhangunden Inſigeln darunder wir vns mit vnſern trewn: an aides
ſtat verpinden für vns: fur vnſer eriben. vnd fur all
vnſer nachkomen ſtätichleich an allew geuär, Vnd ʒu
einer geczewgnuſſ veſtigung vnd merern bedächtichait
mit des Edln wolgeporen Johannſen lanntgraf ʒe dem
Lewtenberg vnſers pfleger in Nidernbayern: vnd mit
der erſamen vnſerr liben getrewen Görgen des wald-
ekker vnſers vicztumbs in Nidernbayern: Görgen des
Ahaymer vnſers pfleger ʒe Ried, Scieczen Törringer,
wilhalm des Maſſenhauſer Marſchalich in obern
baiern Inſigeln verſigelten: Geben an ſand phillipps.
vnd Jacobs abent Nach Chriſti gepurd dreuczehen-
hundert Jar vnd in dem fümf vnd Sibenczgiſtem Jar.

Beylage Nro. XXXIV.

Der Markt Grein wird von den Herzogen Wilhelm und Albrecht von dem Rechte der Grundruhr befreyet. 1400.

Wir Wilhalm vnd Albrecht Vettern, von Gottes genaden Herzogen zu Oesterreich .. bekhennen. Alß dann vnser Vorfordern Fürsten von Oesterreich löblicher Gedechtnuß vnser Burger zu Grein gefreit, vnd mit gnaden fürgesehen haben, daß sy vor andern Schiffungen vnd Arbait auf der Thuenau Gerechtigkeit haben, vnd sich der gebrauchen mügen, seyn Wir mit demüthiger Bitte von In angelangt, In solche ihr Priuilegy vnd Freyhait, auch ander Ire guet Gewonhait, so sy bey vnsern Vorfordern löblich herbracht haben, zu bestetten, des Wir auch also gethan." — Nun folgt die Bestätigung ihrer Privilegien überhaupt, ohne eines nahmentlich anzugeben. Dann heißt es weiter: — „Wir thun In auch die sondere Gnad, daß sy, ihr Erben vnd Nachkhomben mit Irer Lastatt, so sy haben, von dem Geschloß Werfenstain vntzt gen Behaimb in Perger Lastatt, was sy darauf füeren, in vnser Fürstenthum Oesterreich abwärts auf der Thonau, vnd wiber das wasser, es sey mit Flößen oder Schiffung, wie die genant seyn oder genennt mügen werden, der khainerlai ausgenomben, als ob sich begäb, daß ainer oder mehr der bemelten vnser Burger zu Grein nu hinfüro künftiglich abwärts, oder wiber das Wasser scheitert oder auffuhr, es wäre auf Haufen, Grießstöck oder Stain, daß alsdann derselb Grundrechtfrey sey vnd seyn soll, von meniglich vngehindert. Es mag auch derselb Schiffzillen zu seim Guet nemben, wo ihm die am bösten füegen, vnd er der mit dem geringisten bekommen mag,

darin ihn auch niemands irren noch nachkomben soll.
Wir begnaden sie noch mehr, daß sie sich Irer Visch=
waid, so sie haben, von dem bemelten Schloß Werfen=
stain enhalb und dißhalb der Thonau onzt gen Dor=
nach sich der üben und gebrauchen sollen und wügen,
und anders niemands, auch von meniglich unvergriffen
und ungehindert. Davon empieten Wir den edlen un=
fern lieben getreuen N., allen Landherrn, Rittern :....
Geben zu Wien am Freytag vor St. Antonien Tag.
Anno Domini Millesimo quadringentesimo.''

Im Archiv zu Clam findet sich eine sogenannte
Pancharta K. Rudolphs des Zweyten, vom sechzehn=
ten August 1581, welche er der Stadt Grein verlie=
hen hat. Die alten Privilegien, die in derselben wört=
lich enthalten sind, sagen nichts Merkwürdiges aus;
nur eines derselben verdient in einem Auszug bekannt
gemacht zu werden. Im Jahre 1491 machte K. Frie=
drich bekannt, — ,,daß für Uns kommen seyn die Ed=
len onser lieben getreuen, Siegmund Prueschenkh,
Obrister Schenk in Oesterreich, auch Truchseß in
Steyr, onser Hofmarschalkh ond Camerer; ond Hain=
rich Prueschenkh, Gebrüder, Freyherrn zu Stetten=
berg, onser Rath ond Pfleger zum Sarmingstain; ond
haben ons zu erkennen geben, wie ihre Burger zu
Grein, so von Uns in Auswechselweis an sie khumben
seyn; und Wir jetzt zu ainer Stadt erhebt, menig Pri=
vilegi und Freyhait von Uns und Unsern Vorvordern
Fürsten von Oesterreich gehabt, der sie Uns ains
Thails fürbracht haben, und die andern in der Besa=
zung daselbs zu Grein vor etwas Zeiten von den Be=
haimbischen beschechen, im Abbrennen von Grein, als
es ein Markt gewesen, verdorben wären; und haben
Uns demüthiglich gebethen, daß wir denselben ihren
Burgern die bemelten ihre Privilegi und Freyhait und

löblich gut: Gewohnhait zu erneuern, zu confirmiren
undzu beftäten, befonder diefelben Freyhait, die noch
vorhanden, von Wort zu Wort darin begreifen zu
laffen geruhten." — Nun folgt die gleich vorhergehen=
de Urkunde von 1400. Das Datum der Beftätigung
Friedrichs lautet fo: „Geben zu Lynz am Freytag
nach St. Bartholomes tag des heiligen Zwelfpoten
(am 26. Auguft) nach Chrifti Geburt vierzehenhun=
dert vnd im ain vnd neunzigiften."

'Das Jahr, in welchem die Böhmen den Markt
Grein durch Feuer verwüftet haben, läßt fich nicht be=
ftimmt angeben: Der Ausdruck: Vor etwas Zeiten,
fcheinet doch einen Zeitraum von mehreren Jahren
anzudeuten. Weil Friedrich nicht, wie es fonft feine
Sitte war, die Huffiten nennt, welche die beyden
Mühlviertel zu verfchiedenen Mahlen fchrecklich ver=
heeret haben, fo ift es wahrfcheinlich, daß diefes Un=
glück den Markt Grein während des Krieges mit dem
Böhmenkönig Georg getroffen habe: vielleicht bey
dem Einfall des königlichen Prinzen Victorin *), oder
bey dem Gefecht, in welchem der Oefterreichifche Adel
den Böhmifchen bey Grein im Jahre 1476 überwun=
den hat **): Den Markt Grein hat K. Friedrich am
27. Auguft 1491 zu einer Stadt erhoben, und derfel=
ben nebft dem fchon beftandenen Jahrmarkt einen zwey=
ten, und auch einen Wochenmarkt verliehen. Geben zu
Linz, am Samftag nach St. Bartholomes Tag.

Die echten Huffiten haben den alten Markt Clam
im Jahre 1422 ganz zerftöret, das Schloß aber ver=
geblich belagert. Oftmahlige Feuersbrünfte verödeten
fpäterhin den Markt fo fehr, daß nur ein elendes Dorf

---

*) Oeft. unter K. Friedrich dem Vierten. Th. II. S. 93
  und 94.
**) A. a. O. S. 121.

übrig blieb, welches K. Ferdinand der Dritte neuerdings wieder auf die Bitte Gottfrids von Clam zu einem Markte erhob. Der alte Markt hatte Privilegien von 1384 bis 1564 aufzuweisen, von welchen sich Abschriften erhalten haben.

Das Unglück, von den Hussiten zerstöret zu werden, hat auch Wartberg und Pregarten getroffen, was durch folgenden Ablaßbrief bezeuget wird: Alexander, divina miseratione S. Laurentii in Damaso S. Romanae ecclesiae presbyter Cardinalis, Patriarcha Aquilegiensis vulgariter nuncupatus ... Cupientes igitur, ut parochialis ecclesia S. Mariae Virginis gloriosae supra Warttberg prope Freinstatt, et S. Wenceslai, et S. Annae in Pregarten, ejusdem ecclesiae filiae, Pataviensis Dioecesis, quae quondam per Hufsitas ignis voragine combustae ac devastatae fuerunt, congruis frequententur honoribus et etiam conserventur, ac ut Christi fideles eo libentius devotionis causa confluant ad easdem, et ad conservationem ac structuram ipsarum manus promptius porrigant adjutrices .. omnibus vere poenitentibus ., duos annos indulgentiarum .. relaxamus. Datum Viennae Pataviensis dioecesis .. die duodecima Mensis Decembris. Anno Domini Millesimo quadringentesimo quadragesimo tertio, Sacrosancta Synodo Basileensi durante.

━━━━━━━━━━━━━━━━━━━━━━━━━━━━

Beylage Nro. XXXV.

K. Rudolph schafft das Recht der Grundruhr ab. Am 1. September 1589 *).

Wir Rudolph der Ander von Gottes Genaden erwählter Römischer Kaiser ... Entbiethen N. allen

*) Guarient, Th. II. S. 282.

und jeden, geiſtlichen und weltlichen, was Würden, Stands und Weſens die ſeyn, ſonderlich denen Land= gerichts= und Grundobrigkeiten in unſerm Erzherzog= thum Oeſterreich ob der Enns unſer Gnad und alles Guets, und geben euch gnädigelich zu vernehmen, daß uns durch unſer Städt berührts Erzherzogthums Oeſterreich ob der Enns mit ſonder Beſchwer fürkom= men: Obwohl hievor zu mehrmahlen, inſonders aber durch weiland Kaiſer Maximilian des Andern, unſers geliebten Herrn Vatern hochlöblichiſter und ſeliger Ge= dächtnuß, gegebnen Reſolution wegen der geſcheiter= ten, und auf der Obrigkeiten Gründen aufrinnenden Gütern fürgeſehen vnd verordnet worden, daß näm= lich dieſelb ertränkte und aufgefangene Güter, in was Landgericht ſolches beſchieht, durch den Auffacher dem Landgericht angezaigt, drey Wochen nach ein= ander mit Nahmen offentlich verruft und auf den Kanzlen verkündt, folgunds demjenigen, ſo ſie zuge= hörig und ihme glaubwürdig beſcheint wirdet, gegen Darraichung ainer Verehrung deme, ſo die Mühe ge= habt und die Güter aufgefangen, wiederumben zuge= ſtellt werden ſollen; Daß doch zuwider ſolcher Reſo= lution und Verordnung, ungeacht daß etliche Städt in denen Fällen, wann ſie mit ihren Gütern auf der Enns, Donau oder andern ſchiffreichen Waſſern in oder außer Gußzeiten und über Gewaſſern oder an= dern Unfällen an Mühlen, Fiſchörhern (Fiſcharchen), Bruck oder ſonſt ſcheitern und auf= oder anfahren, oder ihnen ihre Güter und Holz in ander Weg ver= rinnen, inſonderheit befreyt ſeyn, berührte unſre Städt, wie auch andere Perſonen, da ſich derglei= chen Fäll zutragen, ain als den andern Weg dermaſ= ſen beſchwert und benachthailt werden ſollen, daß diejenigen, denen die Gründ, darauf ſolche Güter

28

zurinnen, oder die Mühlarch und Brucken, daran
die Bescheiterung beschehen, zugehörig, diese gescheiterte oder sonsten in Gußzeiten verrinnete Güter für
völlig einziehen wöllen, oder sich hierumben mit ihnen zu vergleichen begehren, auch dieselben gescheiterte
und verrinnte Güter desthalben ihnen vorzuhalten ver-
meinen, welches unsern Städten und Andern zum
höchsten beschwerlich. Wann uns dann als Herrn
und Landsfürsten solche Beschwerungen keineswegs
zuzusehen gemaint, sondern handzuhaben obberührte
hievor desstwegen ergangene Resolution, und hierinnen billiches Einsehen zu thun gebühren will: Demnach so wollen wir mehrgemeldte ergangene Resolution hiemit wiederumben verneuert, und euch, Land-
gerichts- und Grundobrigkeiten allen und jeden, alles
Ernsts befohlen haben, daß ihr derselben künftig und
hinfüro in allen Punkten und Artikeln endliche und
gewisse Vollziehung laistet, wider solche ergangene
Resolution in kainerley Weis noch Weg beschweret,
noch jemand zu thun gestattet. Daran vollzeucht ihr
unsern ernstlichen Willen und Mainung. Geben in
unser Stadt Wien, den ersten Tag Septembris,
Anno rc. im neun und achtzigisten.

, Seyfridt Breyner Freyherr, Stathalter.
· Sigmundt von ödt, Canzler. Helbmhardt Jörger
Freyherr.

~~~~~~~~~~~~~~~~~~~~~~~~~~~~~~~~~

Beylage Nro. XXXVI.

Privilegium H. Rudolphs: Wegen Geldschulden haben die
Linzer das Pfändungsrecht; und innerhalb einer Meile darf
kein Schenkhaus seyn. Am letzten Februar 1362.

Wir Rudolff der Vierdt von Gottes Genaden Erzherzog ze Osterreich . .·. thun kund für uns und die

hochgeborn Fürsten, Friederichen, Albrechten und
Leopolden, Herzogen und Herrn mitsammt uns der
egenannten Lande und Herrschaften unser lieb Brüder, der aller als der ältist unter ihnen wir vollen
und ganzen Gwalt haben, und für unser Erben, daß
wir unsern getreuen, den Burgern zu Linz, durch ihr
Nothdurft willen, und zu Besserung ihrer Stadt die
Gnad gethan haben, und thun auch wissentlich mit
diesem Brief: was rechte Wandelung um dhainerley
Geldschuld geschieht in der vorgenannten Stadt zu Linz,
daß sie wohl darum in derselben Stadt mügen gepfän-
den und aufheben, und soll sie niemands daran irren.
Auch haben wir gesatzt und setzen mit diesem Brief,
daß niemands um Linz inwendig einer ganzen Meil
Wegs dhain Schenkhaus hab. Davon wellen wir
ernstlich, daß all unser Hauptleut, Landherrn, Ritter und Knecht, all Burggrafen, Amtleut und ander
unser Unterthan die egenannten unser Burger von
Linz bey den vorgenannten unsern Gnaden und Gesetz-
ten ewigelich beleiben lassen ohn alle Irrung. Mit
Urkund dieß Briefs. Geben ze Wien, am Pfingsttag
vor Judica in der Fasten. Nach Christi Geburt dreyzehnhundert Jahr, darnach in dem zwey und sechzigisten Jahr, unsers Alters in dem drey und zwanzigi-
sten, und unsers gewalts in dem vierten Jahr.

Wir der vorgenannt Herzog Ruedolff sterkhen disen brief mit dir vnderschrifft vnser selbs handt.

─────────────

28 *

Beylage Nro. XXXVII.

Rescript des Kaisers Ferdinand des Ersten an den Magistrat in Linz, in welchem das Pfändungsrecht der dortigen Stadt gutgeheißen wird. Am fünften April 1549.

Ferdinand, von Gottes Genaden Römischer Kaiser, in Hungern und Böheim König. Getreue und Liebe. Uns hat der edel unser getreuer lieber Balthasar von Prösing, Freyherr zum Stain, unser Rath und Landshauptmann in Oesterreich ob der Enns, euren Bericht, Lorenzen Feihel, Burger zu Eger betreffend, neben Abschriften eurer Privilegien in Unterthänigkeit übersendet, die wir auch mit Gnaden angehört und erwogen haben. Und wiewohl wir befunden, daß die Handelsleut der Contracte und Handlung halben; so sie bey euch üben und treiben, einander zu helfen und aufzuhalten Fug haben; und damit aber die Handlung zwischen dem Eisenvogt von Nurmberg und dem Feihel bey euch zu Linz, da die ergangen und anhängig worden, wie Marktsgebrauch ist, zu End gehandelt und erörtert werde: haben wir denen von Eger mit Ernst auferlegt und befohlen, den Feihel wiederum gen Linz in das Verboth, aus welchem er über sein Gelübd gewichen, zu stellen, daselbst die angefangene Handlung, wie sich gebührt, auszutragen, oder wo er Leibsschwachheit oder anderer ehehaften Ursachen halben je nicht erscheinen möchte, doch seinen vollmächtigen Gewalttrager gen Linz zu Erörterung der Handlung zu schicken, damit daselbst dasjenig, so sich gebührt und recht ist, gehandelt werden möge; daß sie sich auch mit des Feihel Person dermaßen versichern, auf daß seines Nichterscheinens, Entweichens oder Ungehorsams halber der Gegentheil nicht zu Schaden komme, und sich wider sie mit Fug nicht zu beklagen

habe. Das wir euch zu Erinnerung unsers gnädigen
Gemüths und gnädiger Mainung nicht verhalten wollen. Und ihr thut daran unsern ernstlichen Willen
und Mainung. Geben auf unserm königlichen Schloß
Prag, den fünften Aprilis, im 49 Jahr.

Beylage Nro. XXXVIII.

H. Albrecht befreyet die Bürger von Enns und ihre Güter von
dem Pfändungsrecht. Am 7. März 1369. Aus dem Original.

Wir Albrecht .. enbieten vnsern getrewn, allen
Richttern vnd Mawttern vnd allen andern vnsern
Amptlewten vnd vndertanen, den diser brieff gezaigt
wirt, vnser gnad vnd alles gut. Wir gepieten ew gar
ernstleich vnd wellen vnd maynen auch, daz ir vnser
Puriger von Enns, weder si selb noch ir hab nicht ver-
pietet noch hefftet weder auf wasser noch auf land. Hat
yemant aber icht ze sprechen, der tu daz an den rechten mäwtsteten ze lynncz, ze Ybs, oder ze Stain,
da man daz recht erchennen oder erfinden sol, als daz
von Alter herchomen ist. Geben ze wienn am Mitichen vor dem Suntag, als man singet Letare (am
7. März) ze mitter vasten anno domini MCCCLX
Nono.

Hieher gehören auch folgende Urkunden, wovon
die Originale ebenfalls noch vorhanden sind.

H. Albrecht befiehlt, daß kein Burger von Enns dem Richter
eine Strafe bezahlen soll, wenn er nicht im öffentlichen Gerichte
dazu verurtheilet wird. Am 22. May 1341.

Wir Albrecht von gots gnaden Hertzog ze Osterreich ze Styr (sic) vnd ze kerndn. Tun chunt mit disem brif. Daz wir vnsern Purgern ze Ens di gnad

getan haben. Daz der Purger chainer dhaines wan-
dels dem Richter veruallen sein sol. ez sei denne daz
dem Richtter daz wandel in der Schranne mit vrag
vnd mit vrtail verualle. Darzu gebieten wir gar ernstlichen vnd wellen auch. daz man vnsern Rat ze Ens
in eren hab alz pilleich vnd recht ist. Wer in darvber
ichtes tet daz vnpillich wer mit warten oder mit we-
richen . den wellen wir swerlichen darvmb pezzern.
Der brif ist geben . ze wienn an Montag vor dem
Auffarttag Anno domini Millesimo. CCC. Quadragesimo primo.

H. Rudolph bestätigte dieß, und erlaubte zugleich den Fremden
gegen Fremde in Enns das Pfändungsrecht. Am zweyten
November 1358.

Wir Rudolf von Gottes gnaden Hertzog ze Osterreich ze Steyr vnd ze kernden. Embieten vnsern getrewen.. dem Richter.. dem Rat... vnd den Purgern gemainlich ze Ens vnser gnad vnd allz gut. Als
vnsers lieben Herren vnd vatters seligen, Hertzog Albrecht von Osterreich mainung vnd will ist gewesen,
Also mainen vnd wellen ouch wir ernstlich, Swaz in
der vorgenanten vnser Stat geschiecht, welcherlay
das ist, daz das daselbs in der Stat ze Ens gericht
werde, Swelich gast ouch einem andern gaste gelten
sol, der mag in darumb in der egenanten Stat ze
Ens wol verpieten vnd aufgehaben, auf ein recht. Geben ze Wienn an freytag nach aller Hailigen tag.
Anno domini Millesimo. CCC. L. Octauo.

Dieses Privilegium hat der H. Albrecht wörtlich
bestätiget." Geben ze Lintz an Suntag vor Pangracii
(am achten May) Anno domini M. CCC. LXXXIIII.

Der Seltenheit wegen erwähnen wir einer Gerichtsurkunde, welche der Landeshauptmann Bal-

thafar Freyherr von Prefing am zwanzigften Jänner
1557 an den Magiftrat von Enns ausfertigen ließ.
Da sie viel zu weitläufig ift, um ihrem ganzen Inhalte nach hergefetzt zu werden, so genüge ein treuer
Auszug.

Der Freyherr Wilhelm von Volkensdorf schritt
nach dem Tode seiner erften Gemahlin im Jahre 1555
zur zweyten Ehe*). Als Bräutigam erschien er auf
dem Landtag, der in demselben Jahre zu Linz gehál-
ten wurde. Dort waren auch als Abgesandte von
Enns anwesend: Johann Winter, ein Rathsfreund,
und Wilbold Schöll, Stadtschreiber. Diese Zwey
bathen den Herrn Wilhelm von Volkensdorf als ihren nächften Nachbar **), daß er der Stadt Enns
die Ehre erweisen und seine Vermählung dort feyern
möchte; es würde gewiß alles aufgebothen werden,
um dem geehrten Nachbar den guten Willen der Bürger darzuthun. Volkensdorf nahm den Antrag freundlich auf, gab aber dennoch seine Einwilligung nicht,
sondern wollte auch versichert seyn — „vom Consens,
Verwilligen, Zusehen und Gedulden‟ des Magistrates von Enns. Der Richter und Rath sandten
deswegen den Wolf Widmayr und Ulrich Wipfinger
zum Herrn von Volkensdorf, um ihn einzuladen, seine
Hochzeit in Enns zu halten; letztere erbothen sich auch,
für den Einkauf der nöthigen Dinge zu sorgen. Volkensdorf übergab ihnen hundert Pfund Pfennige zu
diesem Behuf, und vertraute ihnen Wein, Silberge-

---

*) Hoheneck, Genealog. und hiftorische Beschreibung der Her-
ren Stände in Oest. ob der Enns. Th. III. S. 786.
**) Die Burg Volkensdorf stand auf einem Hügel in kleiner
Entfernung von dem Platz, auf welchem Tillysburg er-
bauet wurde. Oesterreich unter den Königen Ottokar und
Albrecht. Th. I. S. 80, u. f.

schirr und andere in einer Truhe verwahrte Dinge. Erst
jetzt sandte Volkensdorf seine Bothen mit den Einla=
dungsschreiben an seine Freunde aus, deren mehrere
sich sogar im Ausland aufhielten, bestimmte ihnen den
Hochzeitstag und bath sie, nach Enns zu kommen.

Als der Tag der Vermählung schon nahe war,
kam Widmayr ganz unerwartet nach Volkensdorf, und
entboth dem Herrn Wilhelm im Nahmen des Stadt=
rathes von Enns: Wenn er einen Bauer, der ein
Unterthan des Spitals zu Enns ist, und schon seit
längerer Zeit in seinem Gefängniß sitzt, nicht sogleich
in Freyheit setzt; so wird ihm nicht gestattet, seine
Vermählungsfeyer in Enns zu begehen. Aeußerst be=
troffen erwiderte Wilhelm: Er habe den Bauer kei=
neswegs unschuldig, sondern eines Verbrechens hal=
ber auf eine Klage des kaiserlichen Forstmeisters und
auf Befehl des Landeshauptmanns verhaften lassen;
vergeblich führte er ihnen zu Gemüthe, daß allen Ade=
ligen nach alter Sitte die volle Freyheit zukomme, an
einem ihnen beliebigen Orte gegen bare Bezahlung
ein Gastmahl zu halten: er bekam zur Antwort, daß
es dem Widmayr und Wipfinger von dem Magistrate
sey verbothen worden, dem Herrn von Volkensdorf
in dieser Angelegenheit noch länger zu dienen.

Der Hochzeitstag war schon so nahe, daß keine
Zeit mehr übrigte, die weit entfernten Gäste zu be=
nachrichtigen, daß sie sich nicht in Enns, sondern an
einem andern Orte einfinden möchten. Um dem Schim=
pfe zu entgehen, daß man sie in Enns nicht fortschaf=
fe, entschloß sich Wilhelm von Volkensdorf zu einem
für ihn gewiß sehr peinvollen Schritte. — „Des an=
dern Tags, am letzten April, hat er auf gehörte ihre
Abschlagung sie (die Ennser) durch die wohlgebornen
Herren: Herrn Hannsen von Prag, Freyherrn zu

Windhag; Herrn Casimirn Freyherrn von Polhaim und Wartenburg; Herrn Hans Casparn Herrn von Volkenstorf; und auch den edlen vesten Hilipranten Jörger zu Brandeck und Ottensheim Beschicksweise ersuchen lassen, daß sie ihm ihr vorgehörtes Bewilligen, Zusehen und Gedulden nicht hindern, sondern das angefangene christliche Werk bey ihnen, darauf er inner und außer Lands den Tag schon ausgeschrieben, und in solcher Kürze zeitlich nicht mehr abkünden möchte, verbringen lassen wollten. Hätten sie alsdann des gefangenen Bauern halber Sprüche zu ihm: die sollen sie in ander gebührlich Wege ersuchen". — Auch diese wohl gegründeten Vorstellungen blieben ohne Erfolg, und der Richter und Rath verharrten darauf: Entweder müsse der Bauer gleich losgelassen werden, oder der Herr von Volkensdorf dürfe in Enns seine Hochzeit nicht halten. Letzterer sah sich also genöthiget, mit neuen, ganz unnöthigen Kosten Eilbothen an die geladenen näheren Gäste auszuschicken, und in Linz Anstalten zur Hochzeitsfeyer zu treffen. Dadurch war die Rachgierde der Ennser, wahrscheinlich wegen anderer frühern Beleidigungen des Wilhelm von Volkensdorf, noch nicht ersättiget; sie bedienten sich über dieß noch des Pfändungsrechtes, — „so daß er auch sein Silbergeschirr, Wein und anders, so ihren darzu verordneten Mitbürgern durch ihne geben worden, hier in Linz zum höchsten Schaden und Verkleinerung, Schimpf, Schand und Spott entbehren mußte, also daß er neben dem darauf gewendten Unkosten und Schaden, so er hierdurch erlitten, noch dazu lieber dreytausend Ungerische Gulden gerathe (entbehren), als solchen Unkosten, Schaden, Schimpf, Schand und Spott, den sie ihm hierdurch zugefügt haben, gedulden wollte."

In der hierüber ausgestellten Gerichtsurkunde des Landeshauptmanns heißt es weiter, daß der Herr von Volkensdorf auf eine gütliche Weise von den Ennsern Genugthuung verlangt, aber keine erhalten habe; nicht einmahl seine ihm vorenthaltenen Sachen habe man ihm ausgeliefert. Deswegen habe er sich mit einer förmlichen Klage an den Landeshauptmann gewendet, und um einen gerichtlichen Ausspruch gebethen. Die Ennser wurden zur Verantwortung nach Linz gefordert, sind dort erschienen, — „haben aber zu Ablainung solch sein, des Herrn von Volkenstorf, Ladung und Klag Exceptionsweis fürbracht, daß sie inhalt. ihrer Freyheiten vor diesem Gericht im Rechten zu antworten nicht schuldig seyn.... Darauf ich sammt den Beysitzern des Landrechtens zu Recht erkennt: Die von Enns seyn auf ihre fürbrachten Freyheiten von des von Volkenstorf Rechtsklag vor diesem Gericht ledig und müßig. Will aber der Herr von Volkenstorf die von Enns ferrer Spruch nicht erlassen, so steht ihme an den Orten als sich gebührt, zu ersuchen bevor. Nach Verlesung solches Urtels hat gedachter von Volkenstorf sich beschwert, und dasselb für königlicher Majestät Regierung der Niederösterreichischen Lande appellirt und gedingt, aber solche Appellation wiederum fallen lassen, und mich demnach angerufen und gebethen, ihme deß Gerichtsurkund mitzutheilen, des ihme also mit Recht erkennt, und ich ihme hie mit meinem anhangenden Amtssecret verfertigt gib. Actum Linz, den zwanzigsten Tag January, Anno im sieben und fünfzigsten„

Das Ende dieses Streites ist mir unbekannt.

Beylage Nro. XXXIX.

K. Friedrich verlegt den Wochenmarkt zu Wels vom Samstag auf den Mittwoch. Am 22. Jänner 1328.

Wir Friedrich von Gottes Genaden Römischer Kunig, alle Zeit ain Mehrer des Reichs. Thun kund offentlich mit diesem Brief, daß wir unsern getreuen lieben N., den Burgern von Wels die Gnad gethan haben, und thun auch mit diesem Brief, daß sie fürbas ihren Markttag zu Wels haben sollen an dem Mittichen in aller der Weis und in allen den Rechten, als sie ihn vor an dem Samstag gehabt haben. Und davon gebiethen wir allermänniglich und wellen, daß man denselben Markt fürbas suche auf den Mittichen und nicht auf den Samstag. Und des zu ainem Urkund geben wir ihnen diesen Brief versiegelt mit unserm königlichen Insiegel. Der ist geben zu Wels am Freytag vor Sanct Agnesen Tag, da man zählt von Christes Geburt dreyzehnhundert Jahr, und darnach in dem acht und zwainzigsten Jahr, in dem vierzehnten Jahr unsers Reiches."

Diese und die folgenden Urkunden von Wels sind alle in der Pancharta K. Rudolphs wörtlich enthalten, die er am 27. März 1582 den dortigen Bürgern verliehen hat. Die ersten Originale davon sind verloren gegangen.

H. Albrecht verleihet den Welsern einen zweyten Wochenmarkt. Am 25. Februar 1412.

Wir Albrecht von Gottes Genaden Herzog zu Osterreich, zu Steyr, zu Kärnthen und zu Krain, Graf zu Tyrol. Bekennen, daß Wir unsern getreuen lieben N. den Burgern und der ganzen Gemain unserer Stadt zu Wels durch Frummen, Nutz und Aufneh-

men ihr selbs, und derselben unser Stadt die Genad
gethan haben, und thun auch wissentlich mit dem
Brief, daß sie nun hinfür baser alle Wochen an dem
Eritag ainen Wochenmarkt in derselben unser Stadt
haben sollen und mügen zu dem Wochenmarkt, den
Sie am Samstag da haben, in solcher Maße, daß
jedermann ab (sic) dem Lande, wem das gefället,
Fleisch, Brod, und alle Speise und Gewerb an demselben Eritag dahin bringen oder führen mag in aller
Maße, als an dem Samstag mit Alter herkommen
ist. Es sollen und mügen auch all Fleischhacker und
Bäcken, die ab dem Lande mit Fleisch und Brod in
die Stadt fahren, und an demselben Eritag und auch
an dem Samstag über und über stehen, und Fleisch
einschroten und Brod hingeben von Handen, ohne
Irrung, als ihnen das weiland unser lieber Vetter
Herzog Wilhelm seliger, mit seinem Brief auch erlaubt hat; doch unz (bis) an unser oder unser Erben
Widerrufen, ungefährlich. Mit Urkund dieß Briefs,
geben zu Wien am Sanct Mathias Tag des Zwölf-
bothen, nach Christi Geburt vierzehenhundert Jahr
und darnach in dem zwölften Jahr.

Beylage Nro. XL.

H. Albrecht verleget den Philippi Jahrmarkt, welchen K. Friedrich der Schöne den Welsern verliehen hat, auf Mariä Geburt.
Am 20. März 1417.

Wir Albrecht.. Bekennen, als weiland der durch-
läuchtig Fürst Friedrich von Rom, unser Vorvorder
löblicher Gedächtnuß, unser Stadt zu Wels begnadet
hat *), daß sie jährlich am St. Philipps Tag ein Jahr-

*) Die Jahrmarktsurkunde K. Friedrichs hat sich nicht vorge-
funden.

märkt da haben sollt; sind vor Unser gewesen die
Burger derselben unser Stadt, und haben uns flei-
ßiglich gebethen, denselben Jahrmarkt zu verändern
und zu legen auf unser Frauen Tag zu der Geburt,
wann der ihnen und derselben unser Stadt auf dem
vorgenannten Sanct Philipps Tag nicht nutzlich noch
füglich wär. Nu haben Wir angesehen Bethe, und
haben dadurch, und auch durch Nutz und Frummen
und Aufnehmens willen der egenannten Stadt den
obgenannten Burgern zu Wels und allen ihren Nachkommen denselben Jahrmarkt auf den egenannten unser Frauen Tag zu der Geburt, acht Tag vor und
acht Tag hinach, gelegt wissentlich mit Kraft dieß
Briefs also, daß sie den nun fürbaser jährlich auf
dieselb Zeit da haben sollen und mügen mit allen den
Rechten, Freyheiten und Gnaden, als sie den auf dem
vorgenannten St. Philipps Tag haben gehabt, und
als ander unser Städt auf ihren Jahrmärkten haben;
ohn Gefähr. Davon gebiethen Wir festiglich allen unsern Unterthänen und Getreuen, edlen und unedlen,
wie die genannt seyn, den dieser Brief gezaigt wirdet,
und wollen ernstlich, daß sie die obgeschrieben unser
Burger bey dieser unser Gnad lassen beleiben, und
ihnen die nicht brechen noch dawider thun in dhain
Weis. Wann wer das überführe, das wär schwerlich wider uns. Und des zu Urkund hießen Wir diesen
Brief bewähren mit Unserm größeren fürstlichen Insiegl, der geben ist zu Wien, am Samstag vor Letare
in Mitterfasten, nach Christi Geburt vierzehnhundert Jahr; darnach in dem siebenzehnten Jahr.

K. Friedrich verlegt diesen Jahrmarkt auf den Sonntag nach
Mariä Geburt. Am siebenten September 1480.

Friederich, von Gottes Genaden Römischer Kaiser. Getreuen Lieben. Als ihr durch eur Bothschaft,

so ihr jetzt bey uns gehabt, an uns begehren und bitten habt lassen, euch zu vergunnen, den Jahrmarkt, so vormahls am unser lieben Frauen Tag Nativitatis zu Wels gewesen ist, des Sonntags darnach zu halten, haben wir vernommen, und vergunnen das. Empfehlen euch auch ernstlich und wellen, daß ihr nun füran denselben Jahrmarkt ains jeden Jahrs auf den bemeldten Sonntag haltet, inmassen ihr den vormahls am unser lieben Frauentag darvor gehalten habt; das auch bey euch offenlich berufen lasset. Geben zu Wien am Pfingsttag unser lieben Frauen Abend Nativitatis. Anno Domini LXXX. Unsers Kaiserthums im neun und zwanzigsten Jahre.

Die äußere Aufschrift lautet so: "Vnnsern getreuen Lieben N. dem Richter vnnd Rathe Ze Wellß."

Beylage Nro. XLI.

H. Albrecht verleihet der Stadt Linz das Privilegium des Bartholomäi Jahrmarktes. Am 17. September 1382. Aus dem Original.

Wir Albrecht von gots gnaden Hertzog ze Oesterreich ze Steyr.... Bekennen vnd tun chunt offenlich mit Disem brief. Wan wir angesehen haben die gebresten die vnser Stät ze Lyntz, von chrieges vnd anðer namlichen sachen wegn, netz lang zeit angelegen ist. Vnd haben vnsern Purgern daselbs ze Lyntz, zu ergetzung der egenanten scheden, vnd ouch durch nutzes, aufnemen, vnd besunders frumes willn der vorgenantn vnser Stat ze Lyntz, ainen ewigen Jarmarkt geben, vnd in die genad getan, vnd tun ouch wizzentlich mit Disem brief. Daz si auf sand Bartolomés tag alle iare, ainen Jarmarkt daselbs ze Lyntz haben, vnd

den da ſuchen lazzen ſulln, nach gewonhait des Landes
in Oeſterreich. Vnd ſol ouch da menichleich, wer dahin auf denſelben Jarmarkt chumpt, gewonlich freyung, als auf andern vnſern Jarmerkten in Oeſterreich
vmb all erber ſachen, viertzehen tag vor ſand Bartolo-
mes tag, vnd viertzehen tag hinnach, haben vnd niezzen, vngeuerlich. Darumbe gebieten wir vnſerm Haubtman ob der Ens, wer der ye zu den zeiten da iſt, allen vnſern Heren Rittern vnd knechten, purggrafen,
phlegern amptleuten, Richtern Mauttern, Purgern
vnd allen andern Vnſern Vndertänen, oberhalb vnd
niderhalb der Ens, enhalb vnd hiediſhalb der Tunaw,
vnd wellen gar ernſtlich. Swer auf den genanten Jarmarkt oder von dannen, mit ſeiner choufmanſchaft
oder ſuſt, zeuhet, Daz ir den ſicher leibs vnd guts
ziehen lazzet, vnd belaittet wo der des bedurffe, vnd
bey den gnaden vnd freyungen die vorgenant zeit be-
haltet vnd beleiben lazzet, vnd dawider nicht tut in
dhain weg. Wer aber dawider tet, Das wer gentzlich
wider vns, vnd wolten ouch den ſwerlich darumb pezzern. Vnd des zu vrchund ſicherhait vnd ewiger ge-
zeugnuzz hiezzen wir vnſer grozz fürſtlich anhangen-
des Inſigel henken an diſen brief. Der geben iſt ze
Wienn an ſand Lamprechts tag Nach chriſts geburd
dreutzehenhundert iar, Darnach in dem zwain vnd
achtzigiſten iare.

Beylage Nro. XLII.

K. Rudolph der Zweyte beſtätiget den Freyſtädtern ihre zwey
Wochenmärkte. Am zwölften März 1582.

Wir Rudolph der Ander. bekennen offentlich mit
dieſem Brief und thun kund allermänniglich, daß uns

unsere getreue liebe N. Burgermaister Richter und
Rath unserer Stadt Freystadt gehorsamlichen anbracht, wie sie von Alters hero zwayer ordentlicher
Wochen = Traid = und Weinmärkt, am Montag und
Freytag, zu halten im Gebrauch, aber durch einge-
fallne Brunst, sonderlichen zu der Zeit Künig Ladis-
laen, im vierzehnhundert zwey und fünfzigisten Jahr
entstandener Kriegsgefährden, solcher ihrer Freyhaiten in Verlust uud Verderben gerathen, doch nichts
desto weniger dieselben in stetem ruebigen Gebrauch
erhalten. Weil dann solche Wochenmärkt zu Handhabung und Vollziehung der hievor ausgangenen General und Fürkaufsordnungen dienstlich und darinnen fürsehen, daß auf dem Gäu nicht burgerliche Gewerb und Hantirung getrieben, auch die Baurschaft
bey ihren Häusern außer den Bäcken Burgern und
andern in der Fürkaufsordnung benennten Personen
ihre Getreid und andere Victualien nicht verkaufen,
sondern solches alles zu failem Kauf an die Wochenmärkt führen sollen; Gleichfalls auch daß die Bauern
und andere oberländische Kaufleut das Wald = und
Landvieh, Hopfen und andere Nothdurften nindert
anderst wo als auf freyen Wochen = und Viehmärkten
gegen Bezahlung der Zöll und Mäuth aufkaufen sollen. So haben sie uns demuthiglich gebethen, von
landsfürstlicher Macht und Vollkommenheit wegen
solche ihre Wochen = Traid = und Weinmärkt zu ver-
neuern und zu bestäten, ihnen auch zu denselben von
neuem zween wochentliche Viehmärkt, alle Montag
und Freytag, in gemain zu halten, und dieselben mit
allerlay Waaren, Traid, Wein und Viehmarkts-
Pfennwerthen zu besuchen, und sonderlich Freystadt
für das Ort zu benennen, allda durch die Ausländer
das Vieh der Ende, so aus dem Land gehen will,

die rechte, von Alters befreyte Straßen auf Freystadt
zu treiben oder zu führen; daselbst als an der Gra-
nitzniederlag zu erkaufen oder verkaufen, und gegen
ihren landsfürstlichen Glaitsbrief, so wir ihnen desthalben mittheilen wellen, aus dem Land passiren zu
lassen. Welches alles und jedes wir in Ansehung der
getreuen Diensten, die sie uns und unsern Vorvordern
geleistet und damit berühmt werden, nach genugsa-
men eingezogenen Bericht und Erkundigung ihnen
mit Gnaden gewilligt, und darauf anfangs die zween
alten Wochenmärkt, Montags und Freytags, dazu
auch Wein und Getraid, auch Hopfen, Gersten, und
gemainiglich alle andere Hausnothdurften und Wo-
chenmarkts-Pfennwerthen feil zu bringen und zu halten bestätt, und daneben von neuem allda in der Freystadt, als unser alten Niederlag und Mauthstatt, die
an der Waldmarch gelegen, und ein Confin gegen der
Passauerischen Abtey, Behaim, Mähren und Oesterreich unter der Enns ist, wochentlich von berührten
beden Tagen ihnen und gemainer Stadt Freystadt
freye Viehmärkt, und allerlay Wald- und Landvieh,
es sey gleich von Roßen, Ochsen, Küh, Schafen,
Schweinen oder anderm Vieh, zu halten, gnädigist
vergunnt und zugegeben haben. Thun das auch hiemit
wissentlich und in Kraft dieß Briefs also, daß hinfüro
allerley Fürkauf, so um den Gezirk Freystadt getrieben
wirdet, auch alles Hantiren am Gäu, vermüg unserer
ausgangenen Kaufsordnung und General verbothen,
und dagegen zween wochentliche Traid- Wein- und
Viehmärkt, nämlichen Montags und Freytags, zu
halten, und darauf allerley Victualien und Wochen-
marktssachen von Schmalz, Eyer, Hopfen, Malz,
Haar, Garn, Leinwand, Holz, auch Vieh, und dergleichen mehr Nothdurften gebracht und failgehalten wer-

den sollen, und sonsten an kainem andern Ort, so dessen
nicht befreyet, und neben der Befreyung in ruebigem
Gebrauch, Posseß und Inhaben seyn. Sonderlichen
aber wellen und ordnen wir hiemit, daß alle die Ausländer, so Vieh in diesem Gezirk einkaufen, und daraus
ferner aus dem Land treiben wellen, solches allein in
der Freystadt, als an einem mit der Niederlag und einer kaiserlichen Mauth fürgesehenen, auch vor andern
Flecken befreyten Ort erkaufen; denselben sollen und
mögen alsdann die von der Freystadt, daß solche Käuf
bey ihnen beschehen, ordentliche Schein fertigen, darauf dann erst solches Vieh vermauth, veräufschlagt,
und aus dem Land getrieben und gelassen werden mag.
Es sollen auch die von der Freystadt sich mit Aussteckung ihrer Wochenmarktfahnen, unter welchen die
Burger, Hausgesessenen, Mit- und Inwohner allda
vor Andern den Vorkauf haben sollen, eine richtige
gleiche Ordnung halten, wie dann anderer Orten glei-
chermaßen gebräuchig; und nach Abziehung des Fah-
nems die andern Inländer eine Stund darnach, und
dann folgends die Ausländer zu kaufen befugt seyn.
Desgleichen die In- und Ausländer an solchen zweyen
Wochen- Traid- Wein- Viehmarkttagen sich zu verhalten schuldig seyn, wie Wochen- und Viehmarkts
Gebrauch ist; Uns auch von solchen Waaren und Vieh
unser ordentliche Mauth reichen, und zu Hand unsers
Mauthners oder Bestandinhabers dieselben unweiger-
lichen entrichten, und sonsten mit diesen Wochen- und
Viehmärkten allermaßen gehalten werden, dieselben
auch alle Recht, Freyheit, Gerechtigkeit und Vörthel
haben, so andere dergleichen Wochen- und Viehmärkt
haben, von Recht oder Gewohnheit wegen, und niemand ichtes dawider außer sonderer unserer Befreyung
zu thun gestatt werden. Und gebiethen darauf allen

undt seden unsern Prälaten, Grafen, Freyen, Herrn, Rittern, Knechten, u. s. w. Geben in unsrer Stadt Wien, den zwölften Tag des Monaths Martii, nach Christi Geburt fünfzehenhundert und im zwey und achtzigisten.. Jahr.

~~~~~~~~~~~~~~~~~~~~~~~~~~

Beylage Nro. XLIII.

Christoph von Lichtenstein bittet den K. Friedrich um einen Jahrmarkt für Leonfelden. Am 17. Jänner 1485.

Allerdurchleuchtigister kaiser. Sich fügen hiemit zü ewern kayserlichen gnaden die von lanfelden, Ewer kaiserlichen gnäden vnndertan vnd kamerguet. In Maynung sy mit einem Jarmarkt daselbs zu begnaden. vnd ewer k. M. In Irem anbringen vernemen werdet. Bitte ich ewer kaiserlich genad vonn mein vnnd meines bruder wegen in vnndertanigkeit mit diemütigen Fleiss. Ewer kayserlich Mayestat geruech den von lanfeldn So genädig zu sein Sy In Irem anbringen genädigklich zü hörn vnnd Irer bete genädigklich zü begnaden. Angesehen was In ewer kaiserlich Mayestat genädn beweiset. das tuet in ewer gnad Als ewer kaiserlichen genaden kamerguet vnnd vnndertan. das auch mein brueder vnnd ich vmb Ewer kayserlichen genade Inn vnnderteniger gehorsam willigklich vnnd gernn wollen Verdienen. Geben zu Steyregk an Sannd Anthoni tag Anno rc. LXXXV.

Bittschrift der Leonfeldner an den Kaiser. Am 20. Jänner.

Allerdurchleuchtigister kaiser vnnd Allergenädigister her. Ewer kaiserlichen Mayestat gehorsam vnndertan vnd erblich hindersassen. Richter Bürger vnnd die gannz gemain des Marckts Lanfelden Enpewtn Ewer

kaiserlichen Mayeſtat Jr Willig vnd ſchuldig dinſt in
gantzen trewn beuor. Allergenedigſter Herr. Herr Cri=
ſtof von liechtenſtein. dem wir ditzmals geſworn ſein
vnnd zuuerſprechen ſteen. hat ewrn kaiſerlichen gena=
den von vnnſern wegen geſchriben. vnd ewer kaiſerlich
genad gepettn. den Markt lanfelden als ewer gnaden
vndertan vnd kamerguet von ſein vnd ſeins pruder we=
gen mit einem Jarmargkht zu begnaden. Allergnädigi=
ſter herr. Der Marckt lanfelden ligt auf der grannitz
zu nagſt Behmlannd. vnd iſt in den kriegſ Jaren mit
mawr vmbfangen vnd zu der weer zugericht. zu-nutz
vnd frumen dem gantzen land. dadurch wir denſelben
Märckht Swerlich behüten müeſſen.

Nachdem wir Arm vnd äinfeltig lewt. Aber zu
ſolher behutung nicht gwerb noch hanndel haben. ſeyn
wir notturftig eines Jarmarckts oder zwair. dadurch
der Marckt zu hanndel kom deſterpas furpracht vnd
behüt müg werden. Bitten wir arm vnd ainfaltig lewt
Ewer kaiſerlich gnad Innigklich durch gotz willen.
Ewer kaiſerlich gnad wolle auſs Fürſtlicher Mildigkait
den Marckt lanfelden Mit einem Jarmargkht oder
zwaien begnadn. Angeſehen das der Herſchaft Wachsn=
berg Ewer kaiſerlich Mayeſtat zuegehöruntt In maut
vnd zueſtanden von Behm vnd Marhern deſter mer
nutz vnd rännt gefallen mag. Item es dienten auch
ſolch Jarmarckt nach gelegenheit der lannd aus Behm
vnd marhern. vnd mochten den Steten vnd anndern
Jarmärckhten des lanndes ob der enns keinen mangel
noch ſchadn pringen. Item annder Marckt vnd etliche
dorffer Jm lannd ſein mit Jarmarckhten begabt. Aber
lanfelden nicht. Yedoch ſo iſt von alter zu Lanfelden
ein Jarmarckt geweſen. Aber in der Huſſerey Als der
Marckht vnd die kirchen aufgeprennt iſt worden. Iſt
man deſſelben Jar Marckts auſs der gewonheit komen.

In Hofnung ewer kaiserlich gnad wolle solchs alles. Auch vnnser Ainfalt vnd armut ansehen. vnd vnnsern herren herren Cristoffen von liechtenstain vnd vnns ewer kaiserlichen Mayestat Erblich hindersässen vnnser gepet nit verzeihen. Was wir dann ewern kaiserlichen gnaden zu erung thuen sullen nach vnnserm vermügen seyn wir willig. Wollen auch das vnndertanigklich vnd in aller gehorsam vnd diemutigkeit mit vnnsern willigen vnd schuldigen diensten vmb Ewer kaiserlich Mayestat verdienen. Dieselb ewer kaiserlich Großmachtigkeit der Allmechtig got In sundterm wesen lannge zeit gelucklich geruech zu behalten.

Actum an sannd Sebastian tag Anno LXXXV.

Am fünften Februar wurde hierauf das kaiserliche Privilegium ausgefertiget, in welchem ihnen K. Friedrich zwey Jahrmärkte verliehen hat: — „ain Am achten gotzleichnam tage, vnd den anndern an sannd Symon vnd Judas tag, yeden mit fürstlicher Freyung viertzehen tag vor vnd viertzehen tag darnach vnd sunst mit allen Anndern eren rechten vnd gueten gewonheiten, als die In vnnsern Steten daselbs zu Osterreich gehalten werden .... Geben zu Lyntz an Sambstag Nach vnser liben Frawen tag der liechtmeß nach Christi gepurt viertzehenhundert vnd Im funf vnd achtzigisten'...“

Unmittelbar darauf folgt: „Ausgeben auf die Jarmarckt, wieuil vnd was sie gestanden sein. Item vnnserm Herren dem kaiser viertzigkh vngrisch gulden. Item dem Matschacher procuratori Sibentzehen Reinisch gulden. Item Maister Bernhartten kanntzler acht vngrisch gulden. Item in die kronifen eintzeschreiben ein Reinischen gulden. Item gen grätz, gen Nicolspurgk, vnd zu Lynntz auf zerung vnd verert, wol zwey

vnd dreiſſigk phund phening. Item das man die Jar=
merckht zu euerding gerüeſt (ſic) hat, iſt geſtanden ein
phund phening. Item zu lynntz Newn ſchilling phe=
ning. Suma: hundert vnd XXXVI Pfund XXX phe=
ning.“

* * *

Beylage Nro. XLIV.

H. Albrecht erneuert den Bürgern in Rohrbach den alten
Wochenmarkt. Am 17. Jänner 1459. Aus dem Original
der Pancharta K. Ferdinands III. im Archiv des
Marktes Rohrbach.

Wir Albrecht von Gottes gnaden Erzherzog zu
Oeſterreich ... Bekhennen, daß Vnß Vnſer Getreue,
die Burger vnd Leütt gemainclich Vnſers Markhts zu
Rorbach, haben durch Ir Erbar Potſchafft laſſen für=
bringen, wie Sy durch weyland Vnſer Vorder Für=
ſten zu Oeſterreich mit ainem Wochenmarkht begabt,
vnd aber die fürſtlichen Brieff Ihn durch die Huſſen
in Irem freventlichen gewalt vor Jahren verbrennet
ſein, demüttigclich bittent, Sy mit ainem Wochen=
markht gnedigclich widerumb zu uerſehen. Indem Wir
bedenkhen Iren Kummer vnd Verwüeſtung, ſo Sy
von den ehegemelten Feinden erliten haben, vnd auch
Ir treue beſtendigkhait, darin Sy an Vnſern Vordern
vnd Vnß an den gemerckhen daſelbſt Redlich erfunden
ſein : dauon haben Wir alß Herr vnd Landtsfürſt den=
ſelben Vnſern Burgern vnd Leütten zu Rorbach ge=
mainigclich vnd Iren Nachkhomen in demſelben Vnſern
Markht ainen Ewigen Wochenmarkht, den all Mon=
tag da zu halten, von neüem gegeben, vnd geben wiſ=
ſentlich mit dem Brieff, u. ſ. w.“ — Alles, was nun
darauf folgt, iſt alter Kanzleyſtyl. — „Geben zu Linz

an St. Antonien Tag Nach Chriſti Geburt Vierzehen=
hundert, vnd in dem Neün vnd fünfzigiſten Jahr."

An eben demſelben Tage ertheilte ihnen der Erz=
herzog ein zweytes Privilegium wegen der Jahrmärk=
te:—„Wir Albrecht...Bekhennen, daß Vnß Vnſer
Getreüe, die Burger vnd Leütt gemainiglich Vnſers
Markhts zu Norbach haben durch Ir Erbar Potſchafft
laſſen fürbringen, wie Sy durch weyland Vnſerer
Vordern Fürſten zu Oeſterreich mit zwayen Jar=
märkhten begabt, vnd aber Jhr fürſtlich Brieff darüber
erlangt, Jhn durch die Huſſen in Jhrem frevenlichen
gewalt Vor Jaren verbrennet ſein, demüttigelich bit=
tent, Sy mit zwayen Jarmärkhten gnediglich wider=
umb zu uerſehen, Jndem Wir bedenkhen Jren Kum=
mer vnd Verwüſtung, ſo Sy von den ehegemelten
Feinden erlitten haben, u. ſ. w." Das Folgende iſt,
ſo wie auch das Datum, mit der gleich vorhergehenden
Urkunde wörtlich gleichlautend.

Beylage Nro. XLV.

Der Wochenmarkt in Gmunden wird von dem Zoll des
Nachrichters befreyet. Am 16. November 1379.

Wir Albrecht von Gottes Gnaden Herzog zu Oeſter=
reich.. bekennen und thun kund offentlich mit dieſem
Brief. Wann wir von unſern getreuen, N. den Bur=
gern gemainiglich zu Gmunden aigentlich mit guter
Kundſchaft unterweiſet ſeyn, daß der Zoll, den ein
Nachrichter daſelbs unzher genomben hat, ihrem Wo=
chenmarkt in der Maß unfüglich ſey, daß unſer Stadt
und alle die Unſern daſelbs merklichs ihres Frummen
und Nutzes davon geirret werden. Davon nach ihr flei=
ſigen und demüthigen Bette, durch Frummen und

Beſſerung willen derſelben unſer Stadt, haben wir mit
guter Vorbetrachtung und nach Rath unſers Raths
denſelben Zoll abgenommen, und den egenannten Wochenmarkt von ſundern Gnaden davon gefreyet mit
fürſtlicher Macht, und freyen auch wiſſentlich mit
Kraft dieſes Briefs. Ausgenommen doch den Zoll,
der uns in unſer Büchſen daſelbs in unſerm Mauthhaus gefallet, der uns bleiben ſoll, als es von Alter
herkommen iſt. Mit Urkund dieß Briefs, geben zu
Wien am St. Leonhards Tag, nach Chriſti Gebürt
dreyzehenhundert Jahr, und darnach in dem neun und
ſiebenzigiſten Jahr.

Beylage Nro. XLV. A.

K. Carl ertheilet den Oeſterreichiſchen Kaufleuten die Freyheit, ihre Weine durch Mähren nach Böhmen und Pohlen
verführen zu dürfen; dagegen ſoll es den Kaufleuten der
genannten Länder erlaubt ſeyn, ihr Getreide nach Oeſterreich zu bringen. Am 13. April 1368. - Aus dem
Original.

Wir karl von gottes genaden Römiſcher kaiſer zu
allen zeitten merer des Reichs vnd Kunig zu Beháim.
Bekhennen vnd thun kunt offennlich mit diſem briefe
allen den die Ine ſehen oder hören leſen, daz wir mit
wolbedachtem muete mit Rate vnnſer getrewen vnd
mit Rechter wiſſen das beſtellet geboten vnd gemacht
haben vnd wellen auch daz alle Kauffleute von Oeſterreich dem Hertzogthumb vnd der Herrſchafft mit Iren
Weinen durch Merhern gen Behaim vnd gen Polan
faren mügen on alle Hynndernuſſe, Alſo daz vnnſer
Käufflewte von Behaim, von Merhern, vnd von Polan auch Ir getraid allerlay wie man das genennen

mag gen Oefterreich gefüren mugen Auch mainen wir
ob die Kaufflewte von Oefterreich Jren wein zu Mer=
hern nach Jrem nuße verkauffen vnd ablegen möchten
vnd wolten daz Sy den Fürtail albeg haben, daz Sy
denfelben Jren wein zu Merhern ablegen oder Jne gen
Pehaim vnd gen Polan fueren mugen, nach Jrer wille=
kür wie Sy des zu Rate werden Das gebieten wir
allen Fürften Geiftlichen vnd weltlichen vnd allen
Ambtlewten vnnfers Künigreichs zu Behaim daz Sy
fölhes vnnfer gebot vnd ordnung als dauor gefchriben
fteet, ganntz vnd fteet haben vnd halten fullen bey
vnnfern Hulden vnd on alles widerfprechen vnd ift
vnnfer fonnderliche maynung daz difer brief Krafft
vnd macht haben fulle, vnntz an die zeit daz wir Jnen
kuntlich widerruffen. Mit vrkunt des briefs verfiglt
mit vnnfer Kayferlichen Mayeftat anhangenden Jnn=
figill der geben ift zu wienn Nach Crifti geburde drey=
zehen hunndert Jar darnach in dem acht vnd fechzigi=
ften Jar an dem nagften Donerftage nach dem Heyli=
gen Oftertage Vnnfers Reichs in dem zway vnd zwain=
tzigiften vnd des Kayferthumbs in dem viertzehenden
Jare.

Beylage Nro. XLVI.

Die Grafen Meinhard und Heinrich von Görz verheißen
allen Kaufleuten der Oefterreichifchen Provinzen Schutz und
ficheres Geleit. Am eilften May 1351. Aus dem
Seitenftetter Codex.

Wir Meinhart Graff von Görtz vnd zu Tyrol, vogt
der gotßhewfer zu Agla vnd zu Triennt vnd zu Brix=
ffen, Verjehen mit difem brieffe offennlich für vns vnd
vnfern Lieben Bruder Hainrichen dafelbs, Das wir

durch pit vnd Lieb willen Vnsers genedigen Hern Hertzog Albrecht zu Osterreich, zu Steyer vnd zu kernden,
vns selber zu Eren; Vnd allen den, die dise nachgeschri-
ben sach antrifft, Zu fride vnd zu einer pessern gewonhait Verheyssen haben, vnd verheissen mit getrewen
an all argelist oder geuerde All kawfflewt, Si sein arm
oder Reich, Die dem vorgenanten vnsern genedigen
hern zugehoren, Vnd die in seinen lannden vnd steten
gesessen sind, wo das sey, Zu schiermen vnd zu sichern,
In vnser glait zu nemen, Sie auch darinn in all vnser
gepiet, Stet vnd vesten, vnd für all die vnsern, wo die
gelegen oder gesessen sind, wie dy genant sind, mit aller
Irer kauffmonschatz, an wen die leyt, Hab, leyb vnd
gut, Sie vnd Ir fürer, Dauon vnd darzu zu uaren,
Zu reyten vnd zu geen, Die Stras gen Porth Losan,
di weyl sie die varen, Vnd wer da dy vorgenantten
kaufflewt, die vnserm vorgenanten herrn zugehorent,
als uor geschriben ist, oder Ir kayner von vns oder von
den vnsern Ires guts beraubt oder in ander weis beschedigt, geirret oder aufgehabt wurden (sic) an Recht:
So seyn Wir In gepunden, aber mit gutem willen
an geuärde, zu heissen, Das In das gantzlich wider-
gethan vnd widerlegt werde. Wir verheyssen auch für
vns vnd für vnsern vorgenanten bruder vnd die vnsern,
Das wir kain zol oder maut meren sullen auf kainer
kauffmonschatz, Sunder das vns die maut vnd der zol
zu partlannsen (sic), Die mit altter gewonhait da vnd
herkommen ist vnd vor genomen sind, benugen sol, Vnd
dauon nicht mer nemen sollen oder nemen, Dieselb
maut vnd zol sollen die vorgenanten kaufflewt bezalen
vnd geben an alle widerred vnd abgang. Mit vrkund
dits brieffs versigilten mit vnserm anhangunden Insigel, Das wir für vns vnd vnsern vorgenanten bruder
daran gelegt haben. Geben Zu wienn, Do mon zalt

nach Cristi gepurt dreyzehenhundert Jar vnd darnach
in dem ains vnd funfftzigisten Jare, Des nachsten mit*
tichs vor Sand Pangratzen tag."

Zweyte Urkunde des Grafen Meinhard von Görz für die Wiener. Am 31. May 1369.

Wir Meinhart, phaltzgraue zu kernden, Graff zu
Görtz vnd zu Tyrol, Vogt der gotßhewser zu agla, zu
Tryent vnd zu brixssen, Veriechen vnd thun khund Of*
fennlich mit dem brieff für vns vnd all vnsre erben,
Vnd thun chund allen den, dy disen brieff lesen, Das
wir durch besunder gunst vnd lieb, So wir haben hintz
allen kawfflewtten, die den hertzogen zu Osterreich zu*
gehoren, Vnd die in Iren lannden vnd steten gesessen
sind, wo das sey, vnd besunderlich durch meniger gunst
vnd eren willen, So vns die erbern kawfflewt von
wienn gethon haben, Vns selber zu eren, Vnsern leut*
ten, die In vnsern gepiet sitzend, Zu nutz vnd zu fru*
men, Vnd allen den, dy dise hernach geschriben sachen
antrifft, Zu fride vnd zu pesser warhait verheyssen ha*
ben, vnd verheyssen auch mit guten trewen an arge List
vnd geuerde, Die vorgenanten kauffleut all, arm vnd
reich, Die der egenanten Herschafft von Osterreich zu*
gehorend, zu beschirmen, vnd zu scherm Vnd In vnser
glait zu nemen. Vnd nemen sie auch darein Durch all
vnser gepiet, stet vnd vesten, Wo die gelegen sind, Vnd
für all die vnsern, wy die genant vnd wo die gesessen
sind, mit aller Irer kauffmonschatz, an wen die leyt,
hab, leib vnd guet, Si vnd Ire fürer zu fürn dauon
vnd darzu zu farn, zu reytten oder zu geen Die strassen
gen partlannsen, Oder die ober stras für lüentz, Die*
weil sie da varend. Vnd wer das, das die vorgenanten
kaufflewt, die der vorgenanten herschafft von osterreich
zugehorend, oder Ir kainer von vns oder von den vn*

fern Jres guts beraubet, oder anders beschedigt, geirret oder aufgehabt wurden, So sein wir In gepunden, aber mit guten trewen, an geuerde, zu helffen, Das in das gentzlich widertan vnd abgelegt werd. Wann aber das were, das wir vns des versahen, das wir die obgenanten kauffleut alle Leibs vnd guts nicht wol beschirmen noch befristen mochtten in der weis, als dauor geschriben ist: Das sollen wir den mit vnsern brieffen zu wissen thuen in den Rat zu wienn Sechs wochen an geuärde vor, vnd sullen wir dennoch die vorgenanten Kaufflewt alle dieselben Sechs wochen beschirmen vnd belaitten, Jr hab, leyb vnd guet Durch all vnser gepiet, stet vnd vesten für vns vnd für die vnsern, Also das sie mit Leib vnd mit gut vnbeschedigt vnd vngeirret dannen wol kumen mugen an alles geuerde. Wir verhaissen auch für vns vnd vnser erben vnd all die vnsern, das wir chain Zol oder maut meren sullen auff chain kauffmonschatz, Sunder das vns der Zol vnd maut zu portlannsen, die mit altter gewonhait dar vnd herkomen vnd uor genomen sind, genügen sol, Vnd dauon nicht mer nemen sullen" — u. s. w. wie oben. — „Geben zu wienn, ann vnsers Hern gotßleichnambstag, nach Cristi gepurt Dreytzehenhundert Vnd darnach in dem Newnundsechtzigisten Jare."

Beylage Nro. XLVII.

Vertrag zwischen den Städten Wien und Venzone zur Sicherung ihres Handels. Am 13. October 1343. Aus dem Seitenstetter Codex.

Das ist ein abgschriefft zu Tewtsch des Lateinischen brieffs, den die von wien von den von pewscheldorff haben vmb die peen Hundert marck Silbers.

Chunt sey allen den dy da Gegenwurttig seyn oder
funfftig disen brieff ansehen, Das wir Burgermaister
Vnd der Rat vnd die gemein des erttrichs (terrae) zu
peuscheldorff genßlich vnd gar ablassen all vngerechttig=
kait, Alle laidigung, all aufhalttung, all krieg, die da
gescheen sind in vnsern gutern oder In vnsern person
vns von dem purgermaister von wienn, oder von dem
Richtter, oder von der gemain Wider die gelübd, die
wir vnd sy ettwan mit einander gethon haben. Vnd das
sol sein an all hinderlist, Wann wir mercken daran
guten frid vnd kunfftigen nuß. Ob ynndert ainer von
der Stat von wienn durch der glüb (sic) willen, oder
vngerechttigkait, oder laidigung, oder aufhalten, oder
chrieg in ein pen veruallen, Die vergeben wir In genß=
lich, vnd werden Ir freind. Darnach, des got nicht
geb, Ob wir oder vnsern ainer oder die vnsern in Oster=
reich oder in Steir, oder in kernden, oder anderßwo,
do der fürst von Osterreich herscht, oder wo es wer,
Das wir gelaidigt wurn (sic) an leib oder an gut von
den fürsten oder von den seinen Indert kainem: Dar=
umb sollen wir kainen widerspruch nicht haben gen
dem Burgermaister oder gegen dem Rat, oder gegen
der gemain, oder gegen den kauffleuten der Stat von
wienn, Noch sullen (wir) In Ire gutter, noch Irent
kauffschaz darumb nicht auffhalten noch hindern. Wir
sullen auch vnsern willen darzu nicht geben, Das sie
auffgehalttne wurden. Ob aber wir oder die vnsern in
ettwe wider die egenanten teten, so sullen wir veruallen
sein hundert marckh silbers wienner wag, als offt das
geschicht. Vnd verpinden vns Zu der peen mit disem
Gegenburtigen brieff; vnd halben tail der peen, das ist
funfftzig marck sullen geben werden dem fürsten von
Osterreich; Den andern halben tail sullen wir geben
dem, der verlorn hat. Vnd die Summa, die da ist hun=

bert marckh verhaiſſen wir Jn guten trewen vergelten
Jn ain monat von der Zeit, Do mon ſie vordert von
vns. Wir verpinden vns auch, das wir die Summa
geben wellen, Vnd (auch) wider geben wellen das do
genumen iſt, vnd genug thun vmb den ſchaden, Als der,
der da verlorn hat, bewern mag, vnd Darumb wellen
wir chain ander Recht vorſchen. Vnd das die obgenanten geſchriben (Artikel) alle ſambt Stet vnd vnzepro-
chen peleiben, vnd von vns Ewiglich werden gehalten,
So verpinden wir all vnſer gut, gegenburttigs vnd
kunfftigs, Vnd vns mit dem gegenburttigen brieff
Dem Burgermaiſter, Richter vnd der gemain vnd den
kaufflewtten der Stat zu wienn, vnd verleihen Jn den
Gegenburttigen Brieff Verſigelt mit vnſerm Jnſigel.
Geben zu pewſchldorff, an der Zal der Jar vnſers
Hern Jeſu Criſti dreyzehenhundert Jar Vnd drew-
unduiertzig Jar, am dreyzehenden tag des monets october."

Das Lateiniſche Original liefert der Codex nicht.

Der Patriarch von Aquileja beſtätigte obigen Vertrag am
14. October 1343.

Sancte Legis (Sedis) aquilegenſis Dei gracia nos
patriarcha Berntrandus de conſenſu capituli noſtri
aquilegenſis tenore preſencium notum fore volumus
Vniuerſis preſentibus et futuris, quod omnia et ſingu-
la inita et facta (fors legendum : ſancita) per diſcretum
virum matheum notarium et familiarem noſtrum
inter prudentes et circumſpectos virum, Magiſtrum
ciuium, Conſilium et ciues terre noſtre vencom (ven-
zonenſis) ex altera — hier mangelt offenbar etwas —
approbamus, confirmamus et Ratificamus Ita, quod
ſi predicti noſtri de ventzone contra ipſa pacta face-
rent uel venirent, et centum penam videlicet Marcha-

rum argenti Juxta tenorem fuarum litterarum Aliquo-
modo Maurent (fic), Et ad hoc nos predictos Magi-
ftrum ciuium, confilium et ciues Ciuitatis Wiennenfis
vel eiufdem Ciuitatis mercatores aut aliquem eorum
racionaliter fint onerofum et infinuatum, ipfos de
Venzono ad reftitucionem rerum ablatarum cum
dampnis et Intereffe, et ad folucionem huiusmodi et
plenam fatisfactionem pene tociens quociens contra
factum fuerit, conftringere promittimus noftro et
dicte noftre ecclefie nomine ad hec bona noftra et
eiufdem ecclefie fpecialiter obligantes. In cuius rei
teftimonium prefentes exinde litteras fieri iuffimus,
noftri Sigilli appenfione munitas. Datum in noftra
patriarchali ciuitate auftria, die XIIII. menfis Octobris, anno natiuitatis dominice MCCC quadragefimo
tercio, Indiccione undecima.

Daß der alte Abschreiber kein Latein verstand,
verräth die viel schlechtere Schrift — Deutsch schrieb
er zierlich —, und manche Stelle seiner Abschrift ist
ganz unverständlich, weil er das Original nicht lesen
konnte. Auf diese Lateinische Urkunde folgt im Codex
eine elende Deutsche Uiberseßung derselben, die noch
dazu manche Stellen des Originals gar nicht enthält.
Das Capitel von Aquileja bestätigte die Urkunde des
Patriarchen. Dasselbe thaten auch „der Richter, Rath
und das Volk und die Gemeine der Stadt Aquileja."

Beylage Nro. XLVIII:

Eidesformel für den Hansgrafen beym Antritt seines Amtes. 1488. Aus dem Seitenstetter Codex.

Des Hansgrafen aid in osterreich, Bescheen durch kasparn Rigel, vnnserm allergenedigsten Herrn dem konig, anno 88 *).

Ir werdet schwern, vnnserm allergenedigsten Hern dem konig getrew zu sein, Das hanßgräffambt, So ew itzt beuolhen wirt, mit allem sein rechten vnd frayhaiten hie in der stat vnd auf dem lannd getrewlich Zu hanndln, Vnd dawider weder kauffleuten, purgern, gesten, noch nyemants anndern chains frembden hanndels noch frembde straßen nicht zu uerhelffen, noch die zu erlauben; Auch wider recht nyemant zu beschwern, Sunder die gerechttigkait wie von alter ist Herkomen, vnd nit mer von einem yden zu nemen. Das Ir auch darob seyt, Das die gest, sopald sie das lannd osterreich begreuffen mit Irer kauffmonschatz (sic), Solhe Ir kauffmonschatz nyndert annderswo nyderlegen noch aufpinden von verkauffens wegen, Dann hie zu wienn, da die recht nyderlag ist. Vnd ob Ir ergreifft, die wider das Hannßgrafambt (deest: sich vergehen) mit welcheriay war das wer in der Stat oder auf dem lande: Das Ir dann solchs, Als offt sich das begibt, anbringt, vnd alles gut, So sich also verfellet, zu hannden seiner kon. Mjt., oder wem das zu nemen von seiner kon. gnad beuolhen ist; Auch der Stat hie vnd ew selbs, wie von alter herkomen ist, volgen lasset vnd nicht versweiget, vnd In dem allen nicht ansehet weder mit gab, freunt=

---

*) Unter dem allergnädigsten Herrn, dem König, ist Mathias Corvinus zu verstehen, der damahls in der eroberten Stadt Wien residirte.

ſchäfft, veintſchafft, noch kainerlay annder ſachen, getrewlich vnd ongeuerlich.

Beylage Nro. XLIX.

Eidesformel für einen Zimenter beym Antritt ſeines Amtes.

Da ſie unmittelbar auf die gleich vorhergehende
Eidesformel des Hansgrafen in dem Seitenſtetter
Coder folgt, ſo gehört auch ſie zum Jahre 1488.

„Des Zymenter aid in preſencia Regie Maieſtatis
Gregori Holnbrunner, des Rats der ſtat.

Ir werdet ſchwern, vnnſerm allergenedigiſten Hern
dem konig getrew zu ſein, Das Zymentambt Im Land
Oſterreich rechtlich zu hanndeln, Die Gewicht nach
dem Rechten vater (ſic) abteyhen, ainem yeden, der
das begert, zugebn mit dem aufflahen der zaichen, So
darauff gehorn. So Ir auch die gewicht ye zu zeiten
aufheben (vnd) Ellen vnd maß beſehen wellet: Das tut
mit wiſſen ains Burgermaiſters vnd raths hie, Deßgleichen in annern ſteten Im lannd. Vnd was Ir
penuell findet: Die anſagt, als offt ſich das begibt,
Domit ſeiner kon. genad daran nit entzogen werde,
Sunder des halben ſein genad vnd anndern, wie von
alter herkomen, beſcheche. Auch den germitl: (ſic) lon
von den gewichten, ſo Ir abteilet, von ainen yden nemet, Vnd dawider nyemants beſweret, Sunder es
damit haldet auch, wie von altter iſt herkomen, treulich
vnd vngeuarlich. Eodem modo hic adhibita eſt forma
conſueta.“

Beylage Nro. L.

Auszug aus dem Seitenstetter Codex zur Kenntniß verschiedener Gewichte.

„Es sind zu Venedig zwo gros wag, die heyssent zu latein Statera. In der ain wigt mon alle grosse vnd schwere kauffmonschatz, als kuppher, Zyn, pley, eisen, stahel, veigen, schwebffel, schmer. Auff der andern wigt mon cluge (sic) kauffmonschatz, als pfeffer, Saffran, Specerei, Rob, Seidn, weinper, kuml, Saiffen.

Es ist zu venedig Ein schlagh wag, Vnd haist zu latein Wilance. Da wigt man auf (darauf) claine kauffmonschatz, dy mon pei dem phund hingeit, Es sey pfeffer, Saffran, Seydn. Man wigkt auch auff derselben wag, was mon pey dem Marckh hingeyt: als golt, silber vnd perlein.

Item merckh : ·M ℔ machet 1 meiler. Item hundert ℔ macht 1 centner. Zehen ℔ machen 1 zehener. Zwelff vntz machen 1 ℔. Item acht vntz machen 1 marckh. Item vier quatir machen 1 vntz. Item Sagy ist ein sechstail einer vntz. Item XXIIII karat machend 1 Sagy. Sechs und dreyssig karat machen ein quatir. Item Hundert vnd XLIIII karat machend ein vntz. Item ailffhundert Carat machent ein marckh.

Item Merckh, das XVII karat wegen 1 fl. Da Richt dich nach, wann ein Gulden zu gering ist.

Du solt auch wissen, das zweyerlai karat sind, Die ein karat nach dem gewicht, da ret Ir Hie von die ander an dem strich Da Reth er an der goltraittung von (sic)...

Hie soltu wissen, das IIᶜ (zweyhundert) LX ℔ rings gewichts mach 1 Ster veigen.

. Hie foltu wiffen, das XXV ℔ machen 1 Meder.
Item XL meder machend 1 meiler.

Item Regula von weinper wag; zal vnd mas. Zu
Wienn find zwo wag. Aine haiſt preterwag oder ſtang
wag. Damit wigt mon' alle groſſe vnd ſchwere Hab
vnd kauffmonſchatz, als iſt: kuppfer, Zin, Sayff.
Die annder wag haiſt Schall wag. Da wigt mon
auff, was mon mit dem pfund verkaufft, es ſey pfef=
fer, Saffran, negl, Ingwer. Auch wigt mon dar=
auff, was mon pey der marckh verkaufft, Es ſey ſil=
ber, golt oder perlein.

Item Regula von dem goltt. Item hundert ℔
macht 1 centner. Item XXV ℔ macht 1 viertl. Item
1 ℔ macht XII vntz. Item j ℔ (ein halbes Pfund)
macht 1 marckh. Item III lot macht 1 vierding. Item
IIII quinttat macht 1 lot. Item IIII A. gewicht macht
1 quinttat. Item VI ſeittn macht 1 latth (ſic). Item
II j vnd 1 ſeith macht 1 vntz. Item dritthalb quinttat
macht 1 viertl. Item j quintat vnd 1 Helbingewicht
macht 1 achteil.

Hie wis, das ein karg macht IIᶜ XX ℔.
Item ein Ringer Zenttner zu venedig macht zu
wienn LIIII ℔.
Item ein Rings ℔ zu venedig macht zu wienn
j ℔ j vntz.
Item ein ſchwerer centner zu venedig macht zu
wienn LXXXIIII ℔ I j ſter.
Item 1 Swer ℔ zu venedig macht zu wienn III
ſter i j quintet.
Item VII jᶜ (achthalb hundert) ſwers gewicht zu
venedig macht zu wienn VI jᶜ (ſechs vnd einen
halben Centner).
Item VIII vntz vnd XVI karat zu venedig macht zu
wienn ein marckh.

Item 1 Ster weinper zu venedig macht zu wienn 1CXL ℔ (140 Pfund).

Item 1 Ster veigen zu venedig macht zu wienn VCXL (540) ℔.

Item 1 Meiler Oel macht zu wienn XI^C (1100) ℔.

Item 1 ampher wein macht zu wienn XI emer.

Item 1 emer zu venedig macht zu wienn III quart, ein wenig mer.

Item 1 trester vrn macht zu wienn 1 emer vnd mer.

Item 1C Schmer zu prag macht zu wienn 1C II ℔.

Item 1 prager marckh macht zu wienn III j ster 1 quintet.

Item 1 prager Ellen macht zu wienn drew viertel.

Item 1 schwerer Zenttner zu offn macht zu wienn 1C XII j ℔.

Item 1 Centtner zu krackaw macht zu wienn 1C V ℔.

Item 1 Stain zu krackaw macht zu wienn XVIIII ℔.

Item zu Nurmberg, zu Augsburg, Frankfurt vnd in andern Steten an dem Rein 1C macht zu wienn 1C V ℔.

Beylage Nro. LI.

Die landesfürstlichen Städte und Märkte hatten das Monopolium des Salzes.

Die Linzer streiten mit den Freystädtern wegen des Salzes und Judenfleisches. Am 22. Junius 1378. Aus dem Original.

Wir Alber von gots gnaden Hertzog ze Oesterr... Embieten vnsern getrewen.. dem Richter dem Rat vnd

den Purgern gemainlich ze Lyntz vnser gnad vnd allez
gut. Als ir vns gefchriben vnd bei zwain ewren mit=
purgern emboten habt, Vmb die greften, die ir
habt von den Freynftetern von des klainen Saltzes we=
gen, vnd auch vmb das Judenfleifch, Da befchaiden
wir euch ainen tag für vns auf den nechften fand Ja=
cobstag, als wir das den Freynftetern auch getan ha=
ben, vnd emphelchen ew ernftlich, daz ir zwen auz
ewrem Rat her fchiket auf denfelben tag, fo wellen
wir euch gen einander verhören vnd fehen, wie wir
euch um daffelb Saltz gen den egenanten Freynftetern
auzrichten, vnd auch vmb das Judenfleifch. Geben ze
Wienn an Eritag vor Johannis bapte. Anno etc.
LXXVIII.

Es ift mir unbekannt, worin das Judenfleifch be=
ftanden habe.

Privilegium der Linzer wegen des Wagenfalzes. Am 31. August 1390. Aus dem Original.

Wir Albrecht von gotes gnaden Hertzog ze Oeft.
ze Steyr... Bechennen, Daz wir vnfern getrewn
lieben, dem Richter, dem Rat vnd gemaincleichen vn=
fern Purgern ze Lintz, durch irr fleiffiger pett, vnd
irs gemainen nutz willen, die genad getan haben, daz
wir in nach der ordenung, die Si vnder in felber ge=
fetzet, vnd gemachet habent, günnet vnd erlaubet ha=
ben, günnen vnd erlauben in auch wiffentleich, daz
Si das wagenfaltz, fo zu in gefürt wirdt, nach der
tzirkell der Heufer, da man es ze recht abfetzen fol,
mügen füren vnd abfetzen, Alfo daz in ygleichs Haus,
wann das nach der tzirkell vnd ordenung an es chumpt,
auf ainen tag nur ain wagenfaltz gefüret, vnd abge=
fetzet, werd vnd nicht mer an geuerd. Wir wellen vnd
mainen auch ernftleich, daz Si die vorgefchriben vnfer

genad haben sullen an menicleich irrung, vntz an vnser oder vnserr erben widerruffen. Mit vrchund ditz
briefs. Geben ze Steyr, an Mittichen vor Sand
Gilgen tag. Nach krists gepurt, Dreutzzehen hundert
Jar, Darnach in dem Neuntzigisten Jare."

Dieses Privilegium erneuerten wörtlich — "Wir
Wilhalm vnd Albrecht geuettern... Geben ze Wienn,
an Sant Anthonien tag 1396.

**Das Salz, welches von Gmunden auf der Traun herabge-
führet wird, muß nach Reinthal bey Enns gebracht werden.
Am 19. April 1335.**

Wir Albrecht vnd Ott von gotes genaden Herczog
ze Osterreich... verjehen offenleich vnd tun chund mit
disem brieff, daz ein chrieg vnd ein stoss aufgestanden
was zwischen vnssern burigern von Enns an aim tail,
vnd zwischen Gmundnern vnd andern vertigern am
Andern tail vmb daz Gmundisch Salcz, daz dy Trawn
abget, daz di Gmundner sprachen, daz daz Salcz für
sich abgen solt auf der Tunnaw, vnd nicht gen Enns.
Vber denselben chrieg haben wir wesant vnsser Stet
von wels, von Steir, von lyncz, von der vreinstat,
vnd auch von Mathawssen, daraus die eltisten vnd
die pessten vnd ander läwt, Herren dinstman vnd lunt-
läwt, vnd haben vns an den erfaren, vnd habent di
auch gesait bei irn trewn, daz von alter gwonhait,
vnd auch ir voruodern gehort haben, daz dasselb
Gmundischs Salcz, daz die Trawn abget, gefürt sol
werden zu der Stat ze Enns in daz Reintal, vnd
sullen es da wandeln verchauffen oder ablegen in
die chasten, ob si es verchawffen nicht mochten, vnd
daraus verwandeln, wie sew wellent. Wer aber, daz
sy dasselb salcz zu hant wolten abfürn vnd nicht ablegen noch verchawffen, so schullen si dasselb Salcz

auf ein andern Podn vberſeczen, er ſei ir oder wes
er ſey, daʒ mugen ſew wol getun, vnd ſol ſew daran
nymant irren. Es ſchullen auch di Enſſer mit in gut=
leich vnd vrewntleich leben mit chawffen, vnd mit ver=
chawffen, vnd auch wandeln, als zeitleich vnd pilleich
iſt. Vnd daʒ diſew ſach furbas Alſo Stet, vnd vnceʒe=
brochen beleib, geben wir vnſſern Purigern ʒe Enns
zu einem offen vrchund diſen preſſ weſigllten mit vnſ=
ſern Inſigeln. Geben ʒe Enns am Mitiꝑen in der
Oſterwochen (den 19. April), da nach chriſtes ge=
purde ergangen warn drewcʒehen hundert Jar vnd
darnach in dem funff vnd dreiſſkiſten Jar.

H. Albrecht hebt den Zwang, das Salz von Gmunden nach
Enns zu führen, wieder auf, entſchädiget aber letztere Stadt
mit einer Mauthfreyheit. Am 7. May 1340.

Wir Albrecht... tun chund offenleich mit diſem
preſſ vmb di invart mit dem Gmundiſchen ſalcʒe in
die Enns, darvmb vnſer puriger von gmunden vnd
auch von Enns ſtoſſig gweſen ſind, daʒ wir diſelben
invart genczleich abgenomen haben, vnd nemen ſi auch
ab mit diſem preſſ. Vnd wan vnſern purigern ʒe Enns
davon irs geweribes vnd irr aribeit vil abget, ſo ha=
ben wir denſelben purigern ʒe Enns dafür di gnad ge=
tan zu einer ergeczung der egenanten invart, daʒ ſi
vrei ledig varen ſchullen mit wein, mit getraid, mit
wollein vnd mit leinem tuch auf dem waſſer auf vnd
ab zwiſchen Enns vnd wienn vor allen mawtten, an ʒu
wienn, da ſi di mawt richten ſchullen, vnd ʒu Ybs,
da ſy ir gwondleich recht geben ſchullen, vnd auch ʒu
Emerſtorff, da ſchullen ſi auch mawt geben als ander
vnſer lämt vnd puriger, dieweil vnſer liebew Sweſter
vraw Agnes weilent chunigin ʒe vngern lebt, vnd di=
ſelben mawt zu Emerſtorff inne hat, vnd darnach nicht
mer. Vnd dafür, diweil ſy diſelben vnſer mawt ʒu

Emerstorff gebent vnser egenanten swester zu irn leb-
tagen, haben wir in sunderleich di gnad getan, daß sy
in vnser Stat zu Steir diselben vrist vnd vnser Swester lebt, chain mawt geben schullen von ale dem öle,
daz si da durch füerent, daz in zugehöret. Wer aber,
daz si an den vorbenantn mawtten anderr läwt gutt
verfürten, vnd davon nicht mawt gäben, wer des
vberfarn würd, der wer vns leibs vnd gutz verfallen.
Was si auch oberhalb der Enns auf oder ab füerent,
da schullen si von Mawt geben als ander vnser läwt
vnd puriger von andern vnsern Steten. Darumb wellen wir vnd gepieten ernstleich, daz in von der mawt
wegn nyemant chain irrung tu an der vreyung, als
vor geschriben ist, es wer dann daz wir solichen schadn
an vnsern Mawtten nämen, daz wir sein fürbas nicht
leidn mochten noch woltten, So wellen wir vnd schullen doch di vorbenanten vnser puriger von Enns der-
selbn gnadn mit Andern sachen ergeczen, daz si davon
vnuerdariben pleiben. Des geben wir zu vrchund disen
preff wesigelten mit vnserm Insigl, der geben ist zu
wienn, da man zalt von Christi gepurd drewczehen
hundert Jar darnach in dem virczkisten Jar des Sun-
tags nach des Heiligen chreucz tag als es funden ward.

Der H. Rudolph erneuerte dieses Privilegium
1363 wörtlich, nur weicht folgende Stelle von der
Urkunde seines Vaters ab:

„Vnd sullen ouch die egenanten Purger von Ens
dieselben ir Weyn bestetten, mit ir Ayde, daz die ir
sein, vnd nicht ander Leut So beschaidenlich swas
dieselben Purger von Ens des Gmundischen Saltzes
fürent, daz si damit varen an den Stetten, alz ez
von alter gewonhait herchomen ist. Welcher aber vnder in des nicht tet vnd vberuaren wurde, der sol das
Saltz gentzlich verlorn haben, an all gnad vnd sullen

auch wir denselben dartzů pezzern nach vnsern gnaden. Vnd des ze Vrchund, geben wir in disen brief... Wienn, an Eritag in den Phingst Beyrtagen (den 23. May). Nach kristes gepurd Dreutzehen hundert iar, Darnach in dem drew vnd Sechtzigisten iare. Vnsers alters in dem vier vnd zwaintzigisten, Vnd vnsers Gewaltes in dem fumften Jare.

† Wir . der . vor . genant . Herzog . Ruodolf . sterken .

disen . prief . mit dirr . vnderschrift . vnser . selbs .

hant. †

Von dieser Urkunde ist noch das Original vorhanden.

Auch die Bürger des Marktes Berg im unteren Mühlviertel und die Bürger von Mauthausen hatten das Recht, einen bestimmten Bezirk mit Salz zu versehen und die Bewohner desselben zu nöthigen, ihnen das Salz abzukaufen. Dagegen traten die Ennser mit Klagen auf und verlangten, daß die Märkte Berg und Mauthausen das Salz in Enns kaufen sollten, was zu langwierigem Streite Anlaß gab. Im Jahre 1443 sandten die Bürger von Berg zwey Bevollmächtigte ab, welche mit den Ennsern unterhandeln sollten — „von des Salcz geykaufs vnd ander geprechen wegen, die vns wider vnsers marckts rechten vnd freihait widergent." — Beyde Theile beriefen sich auf Privilegien, die sich aber widersprachen; am Ende trugen gewöhnlich die Städte den Sieg über die Marktflecken davon. Die vorzüglicheren Urkunden, die hieher gehören, sind folgende:

H. Albrecht bestätiget den Ennsern das alte Vorrecht, Salz ins Machland zu verführen und dort zu verkaufen. Am 9. May 1395.

Wir Albrecht... wechennen, daz wir vnsern getrewn lieben, den Burigern vnd Stat ze Enns di gnade

getan haben vnd tun auch wiſſentleich mit dem brieff,
daz ſi ir ſaltz mügen in daz Machland füeren vnd da
verchawſſen vnd vertreiben, als daz von alter herchomen iſt, vnd ſuſt nyemand ander. Darumb gepieten
wir veſtichleich allen vnſern Hawbtläwten herrn Rittern vnd chnechten, Phlegern, Purcgraffen Richtern
vnd allen andern vnſern Amptläwten vnd vndertanen,
den der brieff gezaigt wirt, daz ſy di egenantn vnſer puriger vnd Stat dapei laſſen weleiben an alle irrung
vnd hindernuſſ, vnd dawider nicht entun noch geſtatten
ze tun in dhainer weiſſ, das iſt gänczleich vnſer maynung. Geben zu Lyntz am Suntag vor ſand Pangracii
tag nach Chriſtes gepurde drewczehen hundert Jar
vnd darnach in dem fümff vnd Newnkiſten Jar.

H. Wilhelm erlaubt den Bürgern von Mauthauſen, Salz
in Gmunden zu kaufen, und damit auf dem Lande Handel
zu treiben. Am 22. März 1406. Aus dem Original.

Wir Wilhalm von gottes Gnadn Herczog ze Oeſterreich ... bekennen, daz wir vnſern getrewn . den
burgern ze Methauſen (ſic) erlaubet habn das Sy
alles Salcz, daz Sy von vnſerm Ambtman ze Gmunden Nement vnd kauffend vertun vnd verchauffen mügen, auf dem Lande wo In das aller fugleichiſt iſt.
Doch vncz an Vns (das iſt: Bis zu Unſerem Widder-
ruf). Dauon gebieten wir vnſern getrewn lieben allen
vnſern Ambtleutten, Vndertanen vnd getrewn den der
brief wirdt geczaigt, vnd wellen ernſtleichen, daz Sy
In dawider kain Jnuel noch Jrrung tun, noch yemand
anderm geſtatten ze tun in dhainen weg. Wan wir das
ernſtleichen mainen. Mit Vrchund ditz brieues. Geben ze Wienn an Mentag (ſic) nach dem Suntag So
man ſinget Letare ze Mitteruaſten. Anno domini 2c.
CCCC Sexto.

·· Dieſes Privilegiums bedienten ſich die Mauthau=
ſer bis zum Jahre 1459; aber dann widerſetzten ſich
ihnen die Bürger von Enns, welche vorgaben, daß
auch ſie Privilegien beſäßen, die ihnen den ausſchließ=
lichen Handel mit Salz zuſprächen. Da beyde Theile
ſich auf wirkliche Privilegien beriefen, ſo ſchien es den
Mauthauſern räthlich, den Beweis zu führen, daß ſie
ſeit langer Zeit das Vorrecht, in Machland mit Salz
zu handeln, wirklich ausgeübt haben. Sie wendeten
ſich deshalb an die Magiſtrate der Märkte Berg,
Pregarten, Zell und Schwertberg mit dem Geſuch,
ihnen Zeugniſſe auszuſtellen, was ihnen von dem
Salzhandel der Mauthauſer bekannt wäre. Ihre
Bitte wurde erfüllet. Das Zeugniß des Marktes
Berg lautete ſo:

Ich Berthold Klaindienſt, Richter zu Perg, und
Wir, der Rath und die ganz Gmain daſelbſt, bekennen
mit dem Brief, daß uns die Ehrbaren und Weiſen:
Richter, Rath und Gmain des Markts Mauthauſen
durch Andre den Sailer und Kainrad Pachanders ge=
bethen haben, ihnen unſer Kundſchaft zu geben von
wegen des Salzes. Sprechen wir obgenannt Richter,
Rath und Gmain, daß uns kund und wiſſentlich iſt,
daß ſie das Salz von den zu Gmunden, auch von an=
dern, die das Salz von unſers gnädigſten Herrn und
Landsfürſten Statt der Hallſtatt führent, gekauft ha=
bent, und habent das von Alter alſo hergebracht. Daß
dem alſo ſey, ſprechen Wir obgenannt Richter, Rath
und Gmain bey unſern Treuen und Wahrheiten, als
wir das zu Recht ſollten. Des zu Urkund geben wir
dem vermeldten Richter, Rath und Gmain des
Markts zu Mauthauſen unſer offene Kundſchaft, be=
ſiegelt und bewahrt mit unſers obgenannten Richters
aufgedrucktem Inſiegel, doch ihm und uns ohn Scha=

ben. Geben zu Perg am St. Georgen Tag des h.
Martyrers. Im neun und fünfzigsten Jahr.

Zeugniß des Marktes Pregarten.

Wir, die Geschwornen des Raths und Burger zu
Pregarten, bekennen, daß für uns kommen seynd die
ehrbaren: Andre Sailler und Georg Hauchlhamber,
Burger zu Mäuthausen, und brachten uns für anstatt
des Richters und Raths und der ganzen Gmain des
Markts zu Mauthausen, wie sie, die von Mauthausen, mit den von Enns von wegen des Salz in Irrung
stunden also, daß die von Enns mainten, daß die von
Mauthausen ihr Salz in dem Machland, noch auch
Riedmarch nicht verkaufen sollten; und bathen uns
darauf mit Fleiß, ihnen zu sagen, was wir des bey
unsern Zeiten gedächtig wären, und daß wir das Salz
in dem Markt hier von ihnen kauft hietten, und ihnen
das in unser Kundschaft zu geben. Also sprechen wir
bey unsern Treuen an Ayds statt, als wir das vor
Recht thun sollten, daß die von Mauthausen ihr Salz
bey unsrer Gedächtnuß allweg und je bisher, so oft sie
des verlustet hat, her in den Markt geführt haben ohn
alle Irrung. Und daß dem also sey, geben wir ihnen
diese offne unsre Kundschaft, besiegelt mit der ehrbaren
weisen, Gleichenpeckh, Petern Schneider, und Petern
des Thraunschuester, aller dreyer aufgedruckten Pett=
schaft, das wir auf unser Aller Rath auf die Kundschaft
gedruckt haben; doch uns Allen, unsern Erben und
Nachkommen ohn Schaden. Geben zu Pregarten am
Pfingstag vor St. Georgen Tag (am 26. April),
Anno etc. Quinquagesimo nono.

Die Zeugnisse von Zell und Schwertberg sagen
aus, daß die dortigen Bürger ihr Salz entweder in
Mauthausen, oder auch in ihren eigenen Häusern ge=

kauft haben. Im letztern Falle haben ihnen die Maut=
hauser das Salz selbst zugeführt und feil gebothen.

Deſſen ungeachtet erfolgte ein den Ennſern gün=
ſtiges kaiſerliches Endurtheil.

**K. Friedrich legt den Streit zwiſchen der Stadt Enns und
dem Markte Mauthauſen wegen des Salzhandels im
Machland bey. Am 15. November 1464.**

Wir Fridreich... Bekennen, als zwiſchen onſern
getrewn lieben N. dem Richter Rat ond onſern Bur=
gern gemainclich zu Enns ains, ond onſers Richter
ond Burgern gemainclich zu Methawſen (ſic) des ann=
dern tails von kauffung ond vertreibung wegen des
Gmundiſchen Saltz in das Machlannd, ſo bed tail
mainen ſich gefreit ʒe ſein von onſern voruodern für=
ſten von Oeſterreich, auch von des Saltzkaſtens, ſo
dieſelben von Enns mainen daſelbs zu Methauſen ʒu
vertreibung der Saltz auch von gerechtikait wegen ʒe
haben, Zwitrecht ond Irrung (entſtanden), Darumb
Sy durch onſer Rett nach onſerm beuelhen gehört
worden ſein. Wann aber wir ſolh Irrung onſerr on=
dertanen nicht gern ſehen ond albeg lieber wolten, das
Sy ſich miteinander nerten ond in aufnemen khemen.
Vnd haben darumb dieſelben onſer Ret auf ſolh onſer
beuelhen, auch mit beder obgenanter tail potſchafft, ſo
deſhalben für ons geſanndt warn, wiſſen ond willen,
zu mittler zwiſchen In fürgenomen geordent ond ge=
ſprochen, Das nu hinfür die obgenannten onſer Rich=
ter ond Burger zu Methauſen alles Saltz, ſo ſy in
das Machlannd ond in die Riedmarch fürn wellen, von
den benannten Richter, Rat, ond Burgern von Enns,
ond nyemands andern kauffen, ond dieſelben von Enns
ſullen In ain yedes phunt kuffl deſſelben Saltz omb
zwen ond dreiſſig pfenning ringer ond nechner (ſic)

geben, dann Sy däs andern in das Machlanñd vnd
Riedmarch gemainclich verkauffen, vnd dieselben von
Methausen damit hanndln lassen, inmassen Sy vor
tan vnd herpracht haben. Dann des obberirten Saltz=
kastens halben sullen Sy es nu hinfür bederseit halten,
Inmassen vnd Sy bisher getan haben vnd von alter ist
herkomen, vnd ain tail den andern dawider nicht irren,
dringen noch beswern in dhain weis. Mit vrkund des
briefs, der wir yeder obberürten tail ain in gleicher
lautt ze geben geschaffen haben. Geben zu der Newn=
stät an Phincztag nach sannd Mertten tag Nach Cristi
geburde im Viertzehen hundert vnd vier vnd sechtzigi=
sten Vnsers kaisertumbs im Dreytzehenden, Vnserr
Reich des Römischen im fünf vnd tzwaintzigisten vnd
des Hungrischen im Sechsten Jaren.''

Die Mauthauser mußten dießmahl der Gewalt
weichen; aber unter K. Friedrichs Nachfolgern fin=
gen sie wieder an, mit Salz zu handeln, und beriefen
sich auf das Privilegium H. Wilhelms und die Be=
stätigungen späterer Fürsten. Die Ennser, aufgebracht
über die Verletzung ihres Monopoliums, ließen den
Mauthausern alles Salz wegnehmen und behaupte=
ten, der Salzhandel in Machland gebühre nur ihnen
allein. Es entspann sich ein Proceß, der von 1678 bis
1680 dauerte. Endlich erfolgte das Endurtheil des
Landeshauptmanns, Helmhard Christoph Grafen von
Weißenwolf, welches den Ennsern verboth, den Salz=
handel der Mauthauser zu irren, weil diese ein Privi=
legium haben, und sich im ruhigen Besitz dieses Han=
dels befinden.

Zu Ende des vierzehnten Jahrhunderts wurde
zwischen Oesterreich und Salzburg ein Vertrag errich=
tet, in welchem dem Halleiner und Schellenberger
Salze die freye Ein= und Durchfuhr auf der Donau

über Linz bis Korneuburg auf dem linken Donauufer
zugestanden wurde; auf der Südseite der Donau sollte nur Oesterreichisches Salz verkauft werden. Im
fünfzehnten Jahrhundert war schon ein Verboth der
Einfuhr ausländischen Salzes vorhanden, welches K.
Friedrich erneuerte.

Schreiben K. Friedrichs an den Landeshauptmann in Ober-
öfterreich, Herrn Gotthard von Starhemberg, über die Einfuhr des fremden verbothenen Salzes zu wachen. Am 27.
April 1487. Aus dem Original.

Friderich... Lieber getrewr. Wir werden bericht,
wie das frömbd vnd verbotten Saltz in vnserm Fürstentumb Oesterreich ob der Enns vasst gefürt, vnd
darin verkaufft wird, das vns, nachdem vnser Gmundisch Saltz dadurch nicht verfürt mag werden, vnd
wir an vnnserm Camergut abganng haben, nicht geuellt. Wann aber vormals annder vnser Haubtlewt
ob der Enns von Ambts wegen solhs gewertt vnd vn-
derkömen haben, Begern wir an dich mit vleis, emphelhen dir auch ernnstlich, daz du dasselb frömbd Saltz in
das bemellt vnser Lannd ze fürn von vnnsern wegen
verbiettest, Wo du aber, oder vnnser Ambtlewt zu
Gmunden das darüber darin ankömen werden, das
trennkhest, die Ros, so das tragen, zu dein Hannden
nemest, vnd die Semer, die das fürn, zu vnnsern
Hannдn in vennkhnuss nemest vnd daraus on vnser
sonnder gescheft vnd beuelhen nicht ledig lassest, vnd
dich hierin gutwillig vnd vleissig beweisest, damit vnser
Gmundisch Saltz sein aufganng destbas gehaben müg,
vnd wir an vnnserm Camergut nicht weitter abgang
gewynnen, Als wir vns des zu dir genntzlich versehen.
Daran tust du vns gut geuallen vnd vnnser ernstlich
maynung. Geben zu Nurmberg an Freytag nach

Sannd Jörgen tag Anno domini ꝛc. LXXXVII. vnnsers kaisertumbs im sechs vnd dreissigsten Jare.

Ein zweytes kaiserliches Schreiben an Gotthard von Starhemberg. Am 7. Junius 1488. Aus dem Original.

Friderich . . . Lieber getrewr. Wir haben vnnsern getrewn Casparn Perkhaimer zu Wölffsegk, vnd Hannsen Oberhaimer zu Valkhenstain, vnnsern Phlegern, mermalen geschriben vnd beuolhen, das frömbd Sältz in vnnser Fürstentumb Oesterreich ob der Enns durch vnser herrscheft Irer verwesung nicht fürn ze lassen nach lautt vnnser brief darumb ausgangen. Lanngt vns an, wie dasselb Saltz darüber dadurch bracht vnd gefürt werde, das vns, nachdem solhs an ausführung vnsers Gmundischen Saltz merkhlich verhynderung bringet, vnd wir dadurch an vnserm kamergut abganing haben, nicht geuellt. Vnd emphelhen dir ernstlich vnd wellen, daz du bey den bemellten Perkhaimer vnd Oberhaimer, auch an andern Orten, so du von vnsern Ambtlewten daselbs zu Gmunden bericht wirdest, von vnsern wegen darob seist vnd bestellest, daz Sy das berürtt frömbd Salltz wern, vnd das durch vnser Herrscheft Irer verwesung nicht mer fürn lässen, vnd darin nicht anders tun, damit wir nicht geursacht werden, dieselben vnser Geslösser mit andern Phlegern, die solhen vnsern gescheftn gehorsamblich nachgeen, zu besetzen, vnd wir an vnserm kamergut nicht weitter abganng gewynnen vnd darinn nicht sewmig seist. Daran tust du vns gut geualln vnd vnser ernstliche maynung. Geben im velld bey Genntt an Sambstag nach Gotsleichnamstag Anno Domini ꝛc. LXXXVIII. Vnnsers kaisertumbs im siben vnd dreissigisten Jare."

Als Gotthard von Starhemberg diesen Befehlen zu Folge die Bayerischen Salzhändler in Oberösterreich auffangen ließ, beklagte sich der Hertzog von

Bayern hierüber, und der Kaiser erließ an ersteren folgendes Schreiben:

„Friderich . . Lieber getrewr. Vns hat der Hochgeborn Georg Pfaltzgraue bey Rein, vnd Hertzoge in Bayrn, vnser Lieber Oheim, Rate vnd Fürst anbracht, wie du sein Lewtn, so mit Saltz von Scherding aus arbaittn, an demselben Irm Hanndl, den Sy von altter her geübt haben, Irrung tust, ettlich aus In zunagst gefanngen, Ir Roß vnd Saltz genomen, vnd In auf gelübd, daz Sy füran khain Saltz daselbs zu Scherding mer aufladen, sonnder ob Sy das fürn, daz Sy das allain zu Passaw, zu Hofkirchen, oder zu Haßlach heben wellen, widergeben habst, des er sich, nachdem sein Lewt solhen Hanndl mit Saltz ye vnd albeg gehabt, vnd die Strassen auf das Behemisch vnd Merherisch gebraucht haben, beswert bedunkht, vnd vns diemutticlich gebetten, die sein dabey gnediclich beleiben zu lassen. Empfelhen wir dir ernstlich vnd wellen, daz du des benannten vnsers Lieben Oheim Lewt daselbs von Scherding mit Saltz, wie Sy das vormals ze tun gehabt haben, hanndeln, Sy deshalben bey altem herkomen beleiben lassest vnd dawider nicht dringest, noch In daran ainicherlay Irrung tust. Wer aber icht annders darhinder, vns in geschrifft aigentlich berichtest, damit wir vns darnach gen demselben vnserm Oheim wissen ze halten. Daran tust du vns gut geuallen, vnd vnser ernstlich maynung. Geben zu Trientt an Sambstag nach Gotzleichnambs tag (den 20. Junius) Anno Domini etc. LXXXVIIII.

Von dem Salzhandel, der von Linz aus nach dem Mühlviertel, und über Freystadt nach Böhmen getrieben wurde, geschieht in der Beylage Nro. IX. weitläufig Erwähnung.

31

Die späteren Verordnungen über den Salzhan=
del findet man bey Guarient, Th. II. S. 269, u. f!
Th. III. S. 865, u. f.

⌇⌇⌇⌇⌇⌇⌇⌇⌇⌇⌇⌇⌇⌇⌇⌇⌇⌇⌇⌇⌇⌇⌇⌇

Beylage Nro. LII.

H. Albrecht erlaubt den Ennsern Italienische Weine einzu=
führen. Am 29. November 1368. Aus dem Original.

Wir Albrecht von gotes gnaden Hertzog ze Oe=
sterreich... Tun chunt, Daz Wir Unsern getrewn..
den Purgern ze Ens die gnad getan haben, und tun
ouch, Daz si durch die egenanten unsere Land, und
uber die Zeyrich gefüren mügen Welhischen Weyn,
von dem Tag, alz der brief geben ist, untz an unser
widerruffen, Doch also, daz uns von denselben Wey=
nen unser Mautt geualle, alz sitlich und gewönlich
ist, an unsern Mauttstetten, und daz ouch dieselben
Purger von Ens die rechten und gewönlichen Strazze
damit varen, daz uns unser Mautt dauon nicht ver=
fürt werde, Darumb gebieten wir unsern getrewn
lieben, Allen Lantherren, Rittern, und knechten,
Purggrafen, Richtern, Mauttern, und allen andern
unsern Amptleuten und undertanen, den diser brief
getzaigt wirt, und wellen ernstlich, Daz si die vor=
genanten unser Purger von Ens die egenanten We=
lischen Wein Also füren lazzen durch die obgenan=
ten unsere Land, und uber die Zeyrisch, und in an
der vorgenanten unser gnad chain irrung noch be=
swerung tun in dhain weise, Alle dieweil wir die
nicht widerrufft haben. Mit urchund ditz briefs. Ge=
ben ze Ens an sand Andres abent des zwelfbotten.

Anno domini Milleſimo. Trecenteſimo. Sexageſimo octauo.

Beylage Nro. LIII.

Zollabgaben von verſchiedenen Waaren, die aus Oeſterreich nach Venedig, oder von dorther nach Oeſterreich gebracht wurden. Ohne Jahresangabe. Aus dem Seitenſtetter Codex.

Hie vermerckt die maut zu Sand Veyt.

Item Ein (Wagen oder Kaufmann) gen Venedig gibt von einem cennttner Leinens oder queckſilber Oder wachs oder garn oder Zwilich oder plahen oder vedern oder ſmer oder Vnßlitt oder vel oder Jrich *) zu Maut XXIIII ₰., vnd hat im zappfen IX ₰.

Item von aim kuppffer vas zw maut LXXIX, vnd hat Im zappffn XXIIII ₰.

Item von aim mailer Zynn LXXIX ₰., vnd hat Im zappffn XXIIII ₰.

Item ein Hundert Leineins gib ze maut IIII ₰., vnd hat dieſelben IIII Im zappffen.

Item von ainem Teglvaß XII ₰., vnd hat nichts Im zapphen.

Item von ainem Tegelſaum III Helbing.

Item von ainem centner pley IIII ₰. Item von ainem centner ſpeck IIII ₰. auf genad.

Item auf grabe (graue) tuch vnd weyſſe, gib (für) ain tuch II ₰., vnd hat nichts Im zappffen.

---

*) Jrich, ein weiches Fell oder Leder. Jricher, ein Weißgärber.

Item ain Sam swert VI ₰.
Item ain Sam prennt (sic) IIII ₰.

Item Heraus von venedigh.

Item ein peschlagner centner geyt Zu maut XLIIII ₰.
— drey vnbeschlagn centner geben XLIIII ₰.
— ein Sam (sic) weinper geyt LVIII ₰.
— ein Saum Sayffprantz geyt ein j ℔ ₰.
(das ist ein halbes Pfund).
— ein meiler öl LXXX ₰. — ein Saum veigen
L ₰. — ein meyler Reystueigen LXVI ₰.
— ein Amph wein III ß VI ₰. — ein Saum
wein XX ₰. auf genad.
— ein vas Terrant IIII ₰. — ein Saum Terrant II ₰.
— von einem Cotpoln XII ₰. von einer glaß-
truhen IX ₰.
— von aim Centner porhörnl IIII ₰.
— was die wag nicht getragen mag geit ein
centner beschlagner Hab XXXII ₰., oder
drey vnbeschlagen als vil. Aber vmb das
Zappfgelt wert (werdet) selber vberain, Damit meinen Hern vnd den kauffleuten recht
geschech."— Das hier erwähnte Zapfengeld
kann vielleicht ein Zollbeamter erklären, der
mit den alten Satzungen bekannt ist.

Item das Sind der purger recht von Wienn an der Maut
gen Rewdorff vnd zu Salhennaw.

Was ein Burger auf einem beschlagen wagen
Hineinwertz aus dem Lannde vber den pergh gen venedig furt, Es sey Zynn, kuppfer, pley, Huttrauh,
Hewt oder Leineins, Lampvel oder vedern, Spece-
rey, schmer, vnßlit, gewant geverbtß oder vnge-

uerbts, Hawsen, Hering, visch, Saltz oder ander
kauffmonschatz, wie die genant ist, von ydem wagen
II ₰ vnd nicht mer. Item was er auf einem Ros
furt II ₰. Item was er tregt I ₰. Item was ein
purger ein gantze wochen (sic) kauffmonschatz auff wa=
gen von Venedig furt, da geyt er von (davon) 1 ℔
pfeffer vnd nicht mer Item von ainem krachssenwagen
mit glas VI ₰. vnd XXIIII ₰. (sic). Item von ainen
korb mit glas VI ₰. Item von waltglas was einer
tregt II ₰.

Item es sollen auch Ledrer, kursner, schuester oder
annder Hanntwerckher, die auff den marckht hin dis=
hälb des pergs varn, Der sol iglicher all die drey hoch=
zeit *) zwen phening, oder miteinander VI ₰. (geben)
So ist er das gantz Jar frey. Item was ein purger
alts gewant tregt, will ers verkauffn; der geb 1 ₰.
Item von dem newen wullein gewandt von dem pusin
(wahrscheinlich Puschen) 1 ₰. Item was ein purger
kursngewant auf ain wagen auf ein Jarmarkt furt oder
in einer kistn II ₰. Item von tausent pillichmeusein IIII
₰. Item was Ein purger essunds ding bedarff in sein
Haus, oder von assach (sic) preßpoting, Grautschaff,
wagen Reder, Vaß, Raiff oder wie das Hawsgereth
genand ist, dauon geit er nichts, Er chauff dann wein,
Da geb (er) vom fuder VI ₰. Item von seinen paw=
wein geit er nichts.

Item alle die, dy in des Hertzogen lannden gesessen
sind zu Osterreich, zu Steyr, zu kernnden, vnd die sein

---

*) Die drey Hochzeiten sind Ostern, Pfingsten und Weih=
nachten. Die Geschenke oder Abgaben, die man zu
diesen Festen bringen mußte, hießen Weisat oder Wi=
sode. Spieß, Aufklärungen in der Geschichte und Di=
plomatik. S. 37.

purger fein, Der geyt heraus von Venedig von aim
Saum, er fey beschlagen oder vnbeschlagen, Ein gast
XXIIII ₰. Item von einen Saum öls IIII ₰. Furt er
Welischen wein heraus, so geb er von einer Tafernitz
XXIIII ₰. Furt er Oel oder Saiffn heraus in vassen,
so geb er von iglichem vas XII ₰. Furt ers in lagelen,
so geb er von dem Sam IIII ₰. Furt ainer ainuarbs
gewant vber den perg herüberwerts, der geit vom Sam
XXIIII ₰. Item hineinwerts so geyt ein gast von einem
kuppfferwagen XII ₰. von einem Zynwagen XII ₰.
von einem wagen mit Huttrich (fic) XII ₰. von einem
graben tuch II ₰. von aim gantzen wagen mit visch
XXIIII ₰. von einem gantzen Hawsen IIII ₰. von ain
Drum visch XII ₰. von ainer wann visch XII ₰. von
aim Sumper visch VI ₰. von ain centner dürr visch
IIII ₰. von ainer Thun Hering II ₰. Item was ein
erber mon von essunden ding zu seinen hawßbedarff,
des er nicht empern mag, es sey wein, öl, veygn,
visch, Hering ꝛc. ꝛc., Röckh Tuch oder mantltuch ꝛc. ꝛc.
(fic) Zimmerholtz, prennwid, kalckh, maurstain, zigl
oder annderlay, wie das genant ist, das er zu wienn
kaufft an geuärde, da geit er nichts von.

Nota. Ein Raucher Samat zu venedig hat zu
wien XX ellen lang vnd IIIj quart prait. Hie soltu wissen, das alle sammat von lautern seyden sollen sein.
Auch wis, das Zweyerlay sammat sind: Samat von
venedig (vnd) Sammat von Rewssen oder von Haiden
land; dieselben sind kurtzer.

Item ein praytter Waldackin hat zu wienn IIII
ellen langk vnd VII quart prait. Vnd als Lang vnd als
prait Habend Zugatoni, kamacka, Corosyn, Spintel,
purpur, Maromat. Item Taffata vnd Saraßmat
Sind XIIII ellen langk vnd IIIj viertl praitt. Hie wis,
das mon (fic) das obgenant gewand vindet guldeins,

silbereins vnd seidens, vnd von halben seiden vindet mon es auch. Item es sol seyn von zweyen seden dickh. Item gesoten Zenndel vnd rab sanndalin sind XVI ellen langkh vnd IIIj viertl prait. Item lang Zendel Syndal haben XXIIII ellen an der leng. Item zenndl vorstat oder trippol haben chain gewise mas, Sy sein aber IIj quart broat (sic). Hie wiss, das mon sie manigerlay vindet: Halbe vnd gantz geschlecht, gemerbelt, Simplitz vnd duplitz, Das ist, ains Vadens vnd Zwayer veden. Item von gantzen seiden oder von Halben seiden. Item alle parchant, Rauhe vnd plosse, vordre vnd metle (sic) vnd Ringe von mailand, von Turawn (Turin), von montaw (Mantua), geuerbte, geschmirte Rambeis (oder Bambeis) tuch losch (sic), die haben Zw Venedig XXV pretschen langk, vnd zu wienn XX ellen lanckh oder mer. Item scheter haben zu wienn VIII ellen lanck oder mer. Item Englisch Sait habn zu wienn XXXVI ellen lanck. Item Romische pewtl tuch haben zu wienn IX ellen Lang. Item pewtl tuch von karment (dieses Wort ist zweydeutig zu lesen) habend chain gewise mass. Item zu venedig ain pretschen macht zw wienn IIIj viertl.

Druckfehler.

Seite:	Zeile:	statt:	lies:
30	30	Quarient,	Guarient,
—	34	—	—
31	31	—	—
77	26	In Jahren	In den Jahren
136	22	Beute	Leute
198	4	Der	Den
204	36	un	nu
221	21	Pfändung des	Pfändung, des
288	12	ihren	ihre
295	9	gegeben	geben
327	36	remanat.	remaneat.
353	31	oben	ober

Inhalt.

Einleitung.

32

Gedruckt bey Jos. Feichtinger's, sel., Witwe.

32 *

PLEASE DO NOT REMOVE
CARDS OR SLIPS FROM THIS POCKET

UNIVERSITY OF TORONTO LIBRARY

HF
3545
K9

Kurz, Franz
    Oesterreichs Handel in
alteren Zeiten

Lightning Source UK Ltd.
Milton Keynes UK
UKHW020235090119
334943UK00006B/761/P